詳解
改正民法

潮見佳男・千葉惠美子・片山直也・山野目章夫 編

商事法務

はしがき

　債権法の現代化をめざした「民法の一部を改正する法律」（平成29年法律第44号）は、2017年5月に成立し、2020年4月1日から施行されることとなった。

　この間、出版業界では、この改正を受けて、多くの教科書・体系書・解説書等が刊行されている。雑誌等でも、さまざまな企画が展開されている。他方で、改正の主要項目を網羅しつつ、学部学生・法科大学院学生を主要な読者対象とし、かつ、現時点での学説の到達点を踏まえた項目別解説書は、現時点では目にするところが少ない。授業の予習・復習の際の補助教材、自習の際に教科書等の記述を確認するための学習参考書、さらには、すでに民法を一通り学んだ人の法改正を契機とした学び直しのための教科書としての教材の開発を心待ちにしている人も多いと聞く。

　本書は、こうしたニーズにこたえるため、今回の民法（債権関係）の改正により新たに追加され、あるいは変更された制度を中心に、項目を網羅し、それぞれの分野を専門的に研究している研究者に解説をお願いしたものである。本書を構成している項目別論点解説は、いずれも、教科書としての説明や事例演習ものでは味わうことのできない含蓄のあるものであって、民法（債権関係）の改正を学び、その理解を深める上で、読者にとって大いに役に立つものと信じる。

　執筆をお願いした方々には、依頼をした分野についての専門家として学界を主導し、あるいは新規性に富む見解をお持ちであるにもかかわらず、これらを封印し、読者目線での平易かつ客観的な解説を心掛けて執筆をすることをお願いした。法改正直後であり、法改正により追加・変更された内容についての解釈論の方向が定まらないところもある中、執筆に当たられた皆様方には、本書の意図を汲んでいただき、短期間で、しっかりした解説を執筆していただいたことに対し、編者一同、心よりの感謝申し上げる次第である。

　また、本書が成るに当たっては、㈱商事法務の吉野祥子さん、大藤大さんに、企画段階から最終校正段階まで、夥しい作業をお願いすることとなった。この時期に、類書に先駆けて本書を刊行することができたのも、ひとえに、

お 2 人のご尽力の賜物である。

　本書が、こちらも間もなく改訂出版される千葉恵美子＝潮見佳男＝片山直也編『Law Practice 民法 I・II〔第 4 版〕』（商事法務、2018）とともに、定番の学習用教材として定着し、長きにわたって多くの方々に愛されるものとなることを希望するものである。

　2018 年 4 月

潮見　佳男
千葉恵美子
片山　直也
山野目章夫

目　次

はしがき　*i*
編者紹介　*xxxiii*
執筆者一覧　*xxxiv*
凡例　*xxxvi*

1　公序良俗 ……………………………………………………… *1*

Ⅰ　はじめに ……………………………………………………… *1*
Ⅱ　改正前民法下における法状況 ……………………………… *1*
1　改正前民法の立法過程における理解 ……………………… *1*
2　公序良俗に関する伝統的な理解 …………………………… *2*
3　最近の動向 …………………………………………………… *2*
Ⅲ　公序良俗の一般原則に関する見直し ……………………… *3*
Ⅳ　暴利行為準則の明文化をめぐる検討とその意義 ………… *4*
1　改正の審議過程における議論 ……………………………… *4*
⑴　中間試案・*4*　⑵　中間試案に対する批判・*4*　⑶　第 3 読会の議論・*5*
⑷　国会審議・*6*
2　改正民法下での解釈 ………………………………………… *7*
⑴　主観的要素・*7*　⑵　客観的要素・*9*
3　残された課題 ………………………………………………… *9*
⑴　附帯決議・*9*　⑵　消費者契約法の改正・*10*

2　意思能力 ……………………………………………………… *12*

Ⅰ　はじめに ……………………………………………………… *12*
Ⅱ　意思能力の意義 ……………………………………………… *13*
1　意思能力が必要とされる根拠 ……………………………… *13*
2　意思能力の定義 ……………………………………………… *13*
3　意思能力の位置付け ………………………………………… *14*
4　「意思表示をした時」 ……………………………………… *15*
Ⅲ　無効の意義 …………………………………………………… *15*
1　取消的無効 …………………………………………………… *15*
2　二重効の問題 ………………………………………………… *16*
3　原状回復義務 ………………………………………………… *17*
Ⅳ　いくつかの問題点 …………………………………………… *18*

iii

1	行為能力の制限との関係	18
2	適合性原則との関係	18
3	無効と日常取引	18
4	相手方の保護	19
5	適用範囲	20

⑴　遺言・20　⑵　身分行為・20　⑶　訴訟行為・20　⑷　その他・21

3 意思表示 … 22

Ⅰ　はじめに … 22

Ⅱ　改正前民法下における判例法理と学説の状況 … 23
  1　判例における動機表示構成の揺らぎ … 23
  2　学説の状況 … 24

Ⅲ　改正民法における二元的構成の意義 … 24

Ⅳ　事情の基礎化要件 … 26
  1　事情についての表示 … 26
  2　相手方による錯誤の惹起と事情の表示 … 26
  3　法律行為の基礎 … 27

Ⅴ　錯誤の重要性 … 28

Ⅵ　効果としての取消し … 29

Ⅶ　錯誤者の重過失と取消可能性 … 29

Ⅷ　意思表示法における第三者保護 … 29

Ⅸ　その他の改正点 … 30
  1　第三者詐欺の要件 … 30
  2　意思表示の到達 … 30

⑴　到達主義の適用範囲の拡大・30　⑵　相手方が到達を妨げた場合の
到達擬制・30　⑶　通知発信後の事情の拡大・31

4 代理⑴──有権代理 … 32

Ⅰ　序：民法総則の規定としての代理規定 … 32

Ⅱ　代理人の詐欺によってした相手方の意思表示への
　101条の不適用（同条1項および2項） … 33
  1　改正前民法における101条1項 … 33

⑴　内容・33　⑵　代理人の詐欺・34

  2　改正民法101条1項および2項 … 35

⑴　代理人による詐欺への101条の不適用の明確化──改正前民法101条1
項の「代理人が相手方にした意思表示」と「相手方が代理人にした意思表示」へ

iv　目　次

の書き分け・35 (2)「錯誤」の文言の追加（101条1項）・36

Ⅲ 本人による指図の不要性（101条3項） ……………………………… 36
　1 改正前民法 ……………………………………………………………… 36
　(1) 101条1項と2項との関係・36 (2) 本人の指図の必要性（旧101条
　2項）・36
　2 改正民法101条3項 …………………………………………………… 37
Ⅳ 他の制限行為能力者（本人）の法定代理人としてした
　制限行為能力者（代理人）の代理行為の取消し（102条） ………… 38
　1 改正前民法 ……………………………………………………………… 38
　(1) 平成11年改正前の民法・38 (2) 平成11年改正民法・39
　2 改正民法 ………………………………………………………………… 40
　(1) 内容および改正の理由・40 (2) 関連する規定の変更・40 (3) 具
　体例・41
Ⅴ 復代理人を選任した代理人の責任制限規定の削除（任意代理） ……… 41
　1 復代理の意義および許容性 …………………………………………… 41
　2 改正前民法 ……………………………………………………………… 42
　(1) 代理人の責任制限——復代理人の選任・監督責任（旧105条1項）・43
　(2) 法定代理・43
　3 改正民法 ………………………………………………………………… 43
　(1) 改正前民法105条の削除の理由・43 (2) 代理人の本人に対する債
　務不履行責任としての処理・43 (3) 法定代理における代理人の責任制
　限規定・44
Ⅵ 外部関係の規定としての「代理」規定と内部関係の
　規定としての委任の規定 ……………………………………………… 44
　1 改正前民法 ……………………………………………………………… 44
　(1) 総則の復代理の規定の契約各論で規定される委任等への類推適用可能
　性＝外部関係を規律する代理規定と内部関係を規律する委任の規定との関
　係・44 (2) 改正前民法107条・45
　2 改正民法 ………………………………………………………………… 46
　(1) 外部関係の規定としての「代理」規定と内部関係の規定としての委任
　の規定との整合性・46 (2) 本人に対する復代理人の権利義務の範囲・
　47

5 代理(2)——代理権の濫用・利益相反行為 ……………………… 49

Ⅰ はじめに …………………………………………………………………… 49
Ⅱ 代理権の濫用 ……………………………………………………………… 50
　1 改正前民法の下での議論の枠組み …………………………………… 50

v

2　改正民法の下での問題処理の枠組み ……………………… *51*
　　3　任意代理と法定代理 …………………………………………… *51*
　⑴　改正前民法・*51*　⑵　改正民法・*52*
　　4　相手方・第三者に対する効果 ……………………………… *52*
　⑴　改正前民法・*52*　⑵　改正民法・*52*
　Ⅲ　利益相反行為 …………………………………………………… *53*
　　1　改正前民法の下での議論の枠組み ……………………… *53*
　⑴　自己契約・双方代理・*53*　⑵　利益相反行為・*54*
　　2　改正民法の下での問題処理の枠組み ……………………… *55*
　　3　利益相反行為の判断基準 …………………………………… *55*
　⑴　改正前民法・*55*　⑵　改正民法・*56*
　　4　相手方・第三者に対する効果 ……………………………… *56*
　⑴　改正前民法・*56*　⑵　改正民法・*56*

6　代理⑶──表見代理 …………………………………………… *57*

　Ⅰ　はじめに ………………………………………………………… *57*
　Ⅱ　改正前民法 109 条と改正前民法 110 条の競合適用による表見代理の
　　明文化 …………………………………………………………… *58*
　　1　改正前民法下における判例 ………………………………… *58*
　　2　改正民法 109 条 2 項の新設 ……………………………… *59*
　Ⅲ　改正前民法 112 条の規定内容の明確化 …………………… *60*
　　1　改正前民法 112 条についての理解の対立 ……………… *60*
　　2　改正民法 112 条 1 項の規定 ……………………………… *61*
　Ⅳ　改正前民法 112 条と改正前民法 110 条の競合適用による
　　表見代理の明文化 ……………………………………………… *62*
　　1　改正前民法下における判例 ………………………………… *62*
　　2　改正民法 112 条 2 項の新設 ……………………………… *63*

7　無効・取消し ……………………………………………………… *64*

　Ⅰ　はじめに ………………………………………………………… *64*
　Ⅱ　従前の学説の整理 ……………………………………………… *64*
　Ⅲ　主張原因・主張権者・主張方法 …………………………… *65*
　　1　錯誤の取消原因化に伴う修正 ……………………………… *65*
　　2　相対無効論、取消的無効論存続の余地 ………………… *66*
　　3　制限行為能力による取消し ………………………………… *67*
　Ⅳ　無効および取消しの効果 ……………………………………… *67*

1	基本的な効果	67
2	原状回復義務	68
V	追認	69
1	追認の効果	69
2	追認の要件	70
3	法定追認	70

8 条件——不正な条件成就 ……… 72

Ⅰ	はじめに	72
Ⅱ	民法改正前の判例法理	72
Ⅲ	改正民法の下での問題処理の枠組み	73

9 時効(1)——時効期間、時効の起算点、時効の効果 ……… 75

Ⅰ	職業別の短期消滅時効の廃止	75
Ⅱ	債権の消滅時効における原則的な時効期間と起算点	76
1	典型的な適用事例	76
2	時効期間	77
3	消滅時効の客観的起算点	78
4	消滅時効の主観的起算点	79
Ⅲ	時効の効果	80
1	時効の基本的効果	80
2	時効の援用	81

10 時効(2)——時効障害 ……… 83

Ⅰ	はじめに	83
Ⅱ	改正前民法における時効の中断・停止	84
Ⅲ	改正民法における時効の完成猶予事由、時効の更新事由	85
1	時効の完成猶予事由	85

(1) 権利行使による完成猶予・85　(2) 権利行使困難による完成猶予・86

2	更新事由	86

(1) 権利の行使・86　(2) 権利の承認・87

3	従来の判例との関係	87

vii

11 時効(3)——時効期間の特例 …………………………………………… *89*

Ⅰ はじめに ……………………………………………………………………… *89*

Ⅱ 改正前民法下における議論の枠組み ………………………………… *89*

1 民法 724 条の 2 つの期間制限
——短期消滅時効と除斥期間の 2 本立て ………………………………… *90*

2 法律構成による消滅時効の相違 ………………………………………… *92*

Ⅲ 改正の概要と改正民法の下での問題処理の枠組み ………………… *92*

1 損害賠償請求権の消滅時効に関する改正規定の概観 …………… *92*

2 不法行為による損害賠償請求権の消滅時効（一般原則）…………… *93*

3 一般債権の消滅時効と不法行為法上の損害賠償請求権の
消滅時効 …………………………………………………………………………… *94*

⑴ 人の生命または身体の侵害による損害賠償請求権の消滅時効の統一
化・*94* ⑵ その他の損害賠償請求権・*95*

Ⅳ 残された解釈論上の問題 ………………………………………………… *96*

12 債権の目的 ………………………………………………………………… *97*

Ⅰ 特定物債権 …………………………………………………………………… *97*

1 保存義務の程度 …………………………………………………………… *97*

⑴ 改正前民法下における議論・*97* ⑵ 改正民法下の枠組み・*98*

2 目的物の滅失・毀損と売主の保存義務 …………………………… *99*

⑴ 改正前民法下における議論・*99* ⑵ 改正民法下の枠組み・*99*

Ⅱ 種類債権 ……………………………………………………………………… *100*

1 改正前民法下における議論 …………………………………………… *100*

2 改正民法下の枠組み ……………………………………………………… *101*

⑴ 特定の効果・*101* ⑵ 特定の要件——「物の給付をするのに必要な行
為」・*101*

Ⅲ 選択債権 ……………………………………………………………………… *102*

1 原始的不能と後発的不能の区別 …………………………………… *102*

2 選択権の保障範囲 ………………………………………………………… *103*

⑴ 選択の原則的保障・*103* ⑵ 選択の例外的制約・*103*

13 法定利率 …………………………………………………………………… *105*

Ⅰ はじめに ……………………………………………………………………… *105*

Ⅱ 改正前の議論 ………………………………………………………………… *106*

1 法定利率における変動利率制の導入の要否 …………………… *106*

viii 目 次

2　遅延利息を超える実損害賠償 ……………………………………… *106*

(1)　改正民法 419 条の構造・*106*　(2)　実損害賠償否定説・*107*　(3)　実
損害賠償肯定説・*107*　(4)　判例・*108*

Ⅲ　改正民法の概要 ……………………………………………………… *108*

1　民法 404 条 ……………………………………………………… *108*

(1)　民法 404 条の改正・*108*　(2)　法定利率の引下げ・*108*　(3)　変動利
率制の導入・*108*　(4)　変動利率の決定方法・*109*　(5)　商事法定利率の
廃止・*109*

2　民法 419 条 ……………………………………………………… *110*

Ⅳ　改正民法 404 条と改正民法 419 条の関係 …………………………… *110*

14　中間利息控除 …………………………………………………… *112*

Ⅰ　はじめに …………………………………………………………… *112*

Ⅱ　中間利息控除に関する従来の議論 ……………………………… *113*

1　中間利息控除の必要性 ………………………………………… *113*

(1)　将来において取得すべき利益の現価算定・*113*　(2)　損益相殺との関
係・*113*　(3)　逸失利益算定の擬制的性格・*114*

2　中間利息控除の算定の基礎となる利率 ……………………… *114*

(1)　法定利率に依拠することの不合理性・*114*　(2)　平成 17 年判決の立
場・*114*

Ⅲ　改正民法の立場 …………………………………………………… *115*

1　平成 17 年判決との関係 ……………………………………… *115*

2　賠償額が増加することはどう評価すべきか ………………… *116*

(1)　保険会社の負担増・*116*　(2)　中間試案の立場・*116*　(3)　法定利率
と中間利息控除・*117*

3　改正民法が法定利率による中間利息控除という考え方を
　とるにいたった事情 …………………………………………… *117*

(1)　長期に及ぶ金利の推移・*117*　(2)　中間試案に対するパブリックコメ
ント・*117*

4　「将来において負担すべき費用についての損害賠償」とは何か ‥ *118*

5　「その損害賠償額の請求権が生じた時点における法定利率」
　について ………………………………………………………… *119*

(1)　いつの時点の法定利率を用いるのか──改正民法の立場・*119*　(2)　い
つの時点を基準に現価が算出されるのか──改正民法がコミットしない問
題・*119*

ix

15 履行請求権・追完請求権とその限界 …………………………… *121*

I 履行請求権とその限界 ……………………………………………… *121*
1 履行請求権 ……………………………………………………………… *121*
(1) 改正前民法における履行請求権・*121* (2) 改正民法における履行請求権・*122*
2 履行請求権の限界 …………………………………………………… *123*
(1) 改正前民法における規律・*123* (2) 改正民法における規律・*124*

II 追完請求権とその限界 …………………………………………… *126*
1 追完請求権 ……………………………………………………………… *126*
(1) 改正前民法における追完請求権・*126* (2) 改正民法における追完請求権・*126*
2 追完請求権の限界 …………………………………………………… *127*
(1) 改正前民法における規律・*127* (2) 改正民法における規律・*127*

III 履行の強制 …………………………………………………………… *128*
1 改正前民法における規律 …………………………………………… *128*
2 改正民法における規律 ……………………………………………… *128*

16 履行・追完に代わる損害賠償 …………………………………… *130*

I 履行・追完に代わる損害賠償の概念 …………………………… *130*
1 履行・追完に代わる損害賠償と履行・追完とともにする
損害賠償 ………………………………………………………………… *130*
2 問題の所在——履行・追完に代わる損害賠償の要件 ………… *131*

II 履行に代わる損害賠償の要件 …………………………………… *132*
1 改正前民法における規律 …………………………………………… *132*
2 改正民法における規律 ……………………………………………… *132*
(1) 履行に代わる損害賠償のための付加的要件・*133* (2) 履行請求権と履行に代わる損害賠償請求権の併存可能性・*135*

III 追完に代わる損害賠償の要件 …………………………………… *135*
1 改正前民法における規律 …………………………………………… *135*
2 改正民法における規律 ……………………………………………… *136*
(1) 改正民法415条2項の規定と追完に代わる損害賠償・*136* (2) 追完に代わる損害賠償の要件に関する解釈の可能性・*138*

17 代償請求権 …………………………………………………………… *140*

I はじめに ……………………………………………………………… *140*

x 目 次

Ⅱ　改正前民法下における議論 ……………………………………… *141*
　1　学説 ……………………………………………………………… *141*
　2　判例 ……………………………………………………………… *141*
Ⅲ　改正民法下の枠組み ……………………………………………… *141*
　1　要件 ……………………………………………………………… *141*
　2　効果 ……………………………………………………………… *142*
　3　債権法全体の中での位置付け ………………………………… *143*
　⑴　履行請求権の限界を補充する制度・*143*　⑵　理論的根拠は危険負担
　か当事者意思の推定か・*143*
　4　法的性質 ………………………………………………………… *144*
　⑴　請求権か形成権か・*144*　⑵　行使によって優先権を取得しないこ
　と・*144*
　5　塡補賠償請求権との関係 ……………………………………… *145*
　⑴　請求権競合・*145*　⑵　一方の行使の効果・*145*　⑶　塡補賠償請求
　権に過失相殺事由があるとき・*146*　⑷　一方を第三者に譲渡したとき・
　146　⑸　塡補賠償請求権が時効消滅したとき・*146*
　6　契約総則との関係 ……………………………………………… *147*
　⑴　危険負担（536 条 1 項）との関係・*147*　⑵　解除（542 条 1 項）と
　の関係・*147*

18　債務不履行による損害賠償⑴──要件 …………… *148*
Ⅰ　はじめに ……………………………………………………………… *148*
Ⅱ　債務不履行による損害賠償からの免責要件 ………………… *149*
　1　損害賠償責任の帰責根拠 ……………………………………… *150*
　⑴　改正前の議論状況・*150*　⑵　改正民法が前提とする考え方・*150*
　2　「債務者の責めに帰することができない事由」の内容 ……… *151*
　⑴　改正前の議論状況・*151*　⑵　改正民法の考え方・*152*
　3　関連する概念との関係 ………………………………………… *152*
　⑴　「善良な管理者の注意」との関係・*152*　⑵　「不可抗力」との関係・
　153
Ⅲ　いわゆる「履行補助者責任」論の帰すう ……………………… *153*
　1　改正前の議論状況 ……………………………………………… *153*
　2　改正民法の考え方 ……………………………………………… *154*

19　債務不履行による損害賠償⑵──損害賠償の範囲 ………… *156*
Ⅰ　はじめに ……………………………………………………………… *156*

Ⅱ　損害賠償の範囲（416条） ································· *156*
　　1　改正による変更点 ································· *156*
　　2　予見可能性の規範性——改正による従来の解釈の明文化 ····· *157*
　　3　1項の処遇——改正の断念 ··························· *158*
　　4　予見の主体・時期・対象——改正による明確化の断念 ······· *158*
　　5　その他——立ち入った審議がされなかった点 ··········· *160*
Ⅲ　過失相殺 ··· *161*
　　1　改正による変更点 ································· *161*
　　2　過失の対象——改正による従来の解釈の明文化 ··········· *161*
　　3　過失の内実——改正の断念 ························· *161*
　　4　効果——改正の断念 ····························· *162*
Ⅳ　賠償額の予定 ····································· *163*
　　1　改正による変更点 ································· *163*
　　2　公序良俗違反による（一部）無効の可能性——改正による従来の解釈
　　　の反映 ··· *163*
　　3　過失相殺の可能性——改正による影響の可能性 ··········· *164*

20　契約の解除 ·· *165*

Ⅰ　はじめに ··· *165*
Ⅱ　改正前民法における議論の枠組み ····················· *166*
　　1　法定解除の要件 ································· *166*
　　2　法定解除の効果 ································· *167*
Ⅲ　改正民法における規律の枠組み ····················· *168*
　　1　法定解除の要件 ································· *168*
　　(1)　基本的な考え方・*168*　(2)　契約解除と債務者の帰責事由・*169*　(3)
　　不履行が「軽微」でないこと、「契約をした目的を達する」ことができな
　　いこと・*171*
　　2　法定解除の効果 ································· *172*

21　危険負担 ·· *174*

Ⅰ　はじめに ··· *174*
Ⅱ　改正前民法における議論 ··························· *174*
　　1　物権の設定・移転を目的とする双務契約 ··············· *174*
　　2　その他の双務契約 ······························· *175*
　　3　要件事実 ······································· *175*
　　4　解除との関係 ··································· *176*

Ⅲ　法制審議会における議論 ……………………………… *176*
Ⅳ　改正民法における危険負担 …………………………… *177*
　1　改正前民法 534 条の削除 ………………………… *177*
　2　履行拒絶構成 …………………………………… *177*
　3　債権者に帰責事由がある場合 …………………… *178*
　4　役務提供契約の場合 …………………………… *178*
　5　要件事実 ………………………………………… *179*
　6　解除との関係 …………………………………… *179*
Ⅴ　残された問題 ……………………………………… *180*
　1　既履行給付の返還 ……………………………… *180*
　2　要件としての「債務者の帰責事由」 ……………… *180*
　3　代金減額請求権との関係 ……………………… *182*

22　受領遅滞 ……………………………………………… *183*

Ⅰ　はじめに …………………………………………… *183*
Ⅱ　改正前民法下における議論 …………………………… *184*
　1　議論の基本的な枠組み ………………………… *184*
　2　議論が抱える問題点 …………………………… *184*
Ⅲ　改正民法下の枠組み ………………………………… *185*
　1　債権者の責任を考える基本枠組み ……………… *185*
　2　改正民法下で規定された受領遅滞の効果 ……… *186*
　(1)　目的物保存義務の軽減・*186*　(2)　増加費用の償還請求権・*187*　(3)
　危険の移転——債権者による対価危険の負担・*187*　(4)　受領遅滞の場面で
　問題となり得るその他の効果・*188*
　3　債権者の受領義務の存否 ……………………… *189*
　(1)　改正前の問題状況・*189*　(2)　改正民法の規律・*189*　(3)　今後の議
　論の展開・*189*

23　債権者代位権 ………………………………………… *191*

Ⅰ　はじめに …………………………………………… *191*
Ⅱ　被保全債権に関する要件 …………………………… *192*
　1　債権保全の必要性 ……………………………… *192*
　2　裁判上の代位の廃止 …………………………… *192*
　3　強制執行により実現することができない債権 ……… *193*
Ⅲ　代位行使の範囲および債権者への直接の支払・引渡し ……… *193*
　1　債権者への直接の支払・引渡し ………………… *193*

xiii

2　代位行使の範囲 ……………………………………………………… 194
　Ⅳ　**債務者の処分権の制限の見直しおよび訴訟告知制度の創設** ……… 195
　　1　改正前の判例法理 …………………………………………………… 195
　　2　立法の経緯 …………………………………………………………… 195
　　3　訴訟告知制度の創設 ………………………………………………… 196
　　4　債務者の処分権の制限の見直し …………………………………… 196
　Ⅴ　**登記・登録請求権の保全** …………………………………………… 197
　　1　いわゆる「転用」論 ………………………………………………… 197
　　2　個別権利実現準備型の債権者代位権 ……………………………… 198
　　3　登記請求権保全のための債権者代位権 …………………………… 198

24　詐害行為取消権(1)——要件 ………………………………… 200

　Ⅰ　**要件に関する規定の構造** …………………………………………… 200
　Ⅱ　**受益者に対する詐害行為取消請求の一般的要件（424条）** ………… 201
　　1　要件全般 ……………………………………………………………… 201
　　2　債権者の被保全債権の要件 ………………………………………… 202
　　3　詐害行為の要件 ……………………………………………………… 203
　Ⅲ　**行為類型に応じた特則（424条の2〜424条の4）** ………………… 203
　　1　総論 …………………………………………………………………… 203
　　2　相当の対価を得てした財産の処分行為の特則（424条の2）……… 204
　　3　担保の供与・債務消滅行為の特則（424条の3）………………… 206
　　⑴　総論・206　⑵　対象行為・207　⑶　支払不能・207　⑷　非義務行
　　為に関する時期の特則・208　⑸　通謀詐害意図・209
　　4　過大な代物弁済等の特則（424条の4）…………………………… 210
　　⑴　総論・210　⑵　過大な代物弁済等・210
　Ⅳ　**転得者に対する詐害行為取消請求（424条の5）** ………………… 211
　　1　総論 …………………………………………………………………… 211
　　2　受益者の悪意と主張・証明責任 …………………………………… 211
　　3　転得者の悪意の内容 ………………………………………………… 212

25　詐害行為取消権(2)——行使・効果 ………………………… 214

　Ⅰ　**はじめに** ……………………………………………………………… 214
　Ⅱ　**総論** …………………………………………………………………… 214
　　1　形成権説・請求権説・折衷説 ……………………………………… 214
　　2　取消しの効果 ………………………………………………………… 215
　　3　債権者平等との関係 ………………………………………………… 217

xiv　目　次

Ⅲ　各論 …………………………………………………………………… *218*
　1　財産の返還・価額償還請求 ………………………………………… *218*
　2　被告・訴訟告知 ……………………………………………………… *218*
　3　取消しの範囲 ………………………………………………………… *219*
　4　債権者に対する支払・引渡し ……………………………………… *219*
　5　判決効の及ぶ範囲 …………………………………………………… *220*
　6　受益者・転得者の権利 ……………………………………………… *220*
　7　権利行使期間の制限 ………………………………………………… *221*

26　多数当事者の債権・債務⑴──概観 ……………………… *222*

Ⅰ　はじめに ……………………………………………………………… *222*
Ⅱ　改正前民法下における議論 ………………………………………… *222*
　1　規律の概要 …………………………………………………………… *222*
　2　「共有」をめぐる議論との関係 …………………………………… *223*
　3　各種の規律を論じる意義 …………………………………………… *224*
Ⅲ　改正民法下の枠組み ………………………………………………… *224*
　1　「連帯債権」の明文化 ……………………………………………… *224*
　2　「不可分債権・債務」の定義（法的性質）の変更 ……………… *225*
　3　「絶対的効力事由」の整理・変更 ………………………………… *227*
Ⅳ　おわりに ……………………………………………………………… *229*

27　多数当事者の債権・債務⑵──連帯債務 ………………… *230*

Ⅰ　はじめに ……………………………………………………………… *230*
Ⅱ　債権者に対する連帯債務の効力 …………………………………… *231*
　1　相対的効力原則の強化 ……………………………………………… *231*
　2　絶対的効力が維持された事由 ……………………………………… *232*
Ⅲ　求償制度の整備 ……………………………………………………… *233*
　1　求償の要件とその範囲 ……………………………………………… *233*
　2　免除や時効と求償義務の関係 ……………………………………… *234*
　3　事前・事後の通知制度 ……………………………………………… *234*
Ⅳ　連帯の一元化 ………………………………………………………… *235*
　1　一元化の影響 ………………………………………………………… *235*
　2　免除の例 ……………………………………………………………… *236*

xv

28　保証一般——概観 ·· 239

Ⅰ　はじめに ··· 239
Ⅱ　主債務の事後的加重と保証債務の関係（448条2項）········ 239
Ⅲ　主債務者について生じた事由の効力 ······················· 240
　1　主債務の時効の完成猶予・更新（457条1項）············· 240
　2　主債務者が主張することができる抗弁（457条2項）······· 241
　3　相殺権・取消権・解除権（457条3項）····················· 242
　(1)　改正の趣旨・242　(2)　相殺権・242　(3)　取消権・解除権・243
Ⅳ　連帯保証人について生じた事由の効力（458条）············ 243
　1　改正前民法の下での議論 ································· 243
　2　改正民法の下での枠組み ································· 244
Ⅴ　保証人の求償権とその制限 ······························· 245
　1　受託保証人の求償権 ····································· 245
　(1)　事後求償権（459条・459条の2）・245　(2)　事前求償権（460条）・
　246
　2　無委託保証人の求償権（462条）························· 246
　3　事前・事後の通知義務——求償権の制限（463条）········· 246

29　根保証および個人保証人の保護 ···························· 248

Ⅰ　根保証規定の改正 ······································· 248
　1　今回の改正にいたるまで——2004年改正の概観 ············ 248
　(1)　個人貸金等債務についての包括根保証の禁止・248　(2)　賃金等根保
　証契約の元本確定期日・249　(3)　賃金等根保証契約の元本の確定事由・
　249　(4)　保証人が法人である賃金等債務の根保証契約の求償権保証契
　約・249
　2　今回の改正で変わった点——貸金等根保証以外への拡大 ·········· 250
　(1)　包括根保証禁止——貸金等根保証以外に拡大・250　(2)　元本確定期日
　——貸金等根保証に適用を限定することを堅持・250　(3)　元本確定事由・
　250　(4)　保証人が法人である根保証契約の個人求償保証・251
Ⅱ　保証人保護（個人保証人保護）··························· 252
　1　保証契約締結前段階における個人保証人保護 ············ 252
　(1)　保証委託に際する主債務者の情報提供義務——事業上の債務の保証・
　根保証であれば適用される・252　(2)　公正証書による保証意思の表示
　(宜明)——貸金等債務の保証・根保証のみ適用・253
　2　保証契約締結後の保証人保護 ···························· 255
　(1)　主たる債務の履行状況に関する情報提供義務——個人保証人に限定せ

ず・*255*　(2)　主債務の期限の利益喪失についての債権者の情報提供義務
——個人保証に限定・*255*

30　債権譲渡制限特約 ……………………………………………………………… *257*

Ⅰ　はじめに ………………………………………………………………………… *257*
Ⅱ　債権譲渡の有効 ………………………………………………………………… *257*
Ⅲ　譲渡制限特約による対抗不能 ……………………………………………… *258*
Ⅳ　悪意・重過失の第三者への対抗可能 …………………………………… *258*
　1　対抗可能な場合 …………………………………………………………… *258*
　2　譲受人に対して「その債務の履行を拒むことができる」
　　　ということの意味 ……………………………………………………………… *259*
　3　「譲渡人に対する弁済その他の債務を消滅させる事由」による
　　　対抗可能ということの意味——譲渡人に対する法定の受領権限の付
　　　与 …………………………………………………………………………………… *259*
Ⅴ　譲渡制限特約の抗弁の放棄——債務者の承諾 ……………………… *259*
Ⅵ　悪意譲受人の保護——債務者に対する催告 …………………………… *260*
Ⅶ　譲渡制限特約付債権の譲渡と供託制度 ………………………………… *260*
Ⅷ　債務者に対する譲受人の供託請求権
　　　——譲渡人の破産と譲受人の保護 ……………………………………… *261*
　1　譲受人の供託請求権を認めた理由——倒産隔離の容認 ………… *261*
　2　供託請求権を有する者——金銭債権の全額を譲り受けた者 …… *262*
Ⅸ　譲渡制限特約付債権に対する強制執行 ………………………………… *262*
　1　原則——強制執行が可能 ………………………………………………… *262*
　2　例外——悪意・重過失の譲受人の債権者による強制執行の場合 …… *263*
Ⅹ　将来債権譲渡と譲渡制限特約 ……………………………………………… *263*
　1　問題の所在 …………………………………………………………………… *263*
　2　改正民法 466 条の 6 第 3 項の準則 …………………………………… *263*

31　債権譲渡の対抗要件・債務者の抗弁 ……………………………………… *265*

Ⅰ　はじめに ………………………………………………………………………… *265*
Ⅱ　改正前民法下における議論の枠組み …………………………………… *266*
　1　債権譲渡の対抗要件の基本構造 ……………………………………… *266*
　(1)　通知・承諾方式（467 条)・*266*　(2)　債務者対抗要件と第三者対抗要
件との関係・*266*　(3)　第三者対抗要件の多重具備に伴う問題・*267*
　2　債務者の抗弁 ………………………………………………………………… *268*
　(1)　抗弁の対抗・*268*　(2)　抗弁の切断・*268*

xvii

Ⅲ　改正後民法下での処理と今後の課題 ……………………………… 269
　　1　第三者対抗要件 ………………………………………………… 269
　　⑴　判例法理の明文化——将来債権譲渡への適用・269　⑵　今後の立法課
　　題・270
　　2　債務者の抗弁 …………………………………………………… 270
　　⑴　抗弁切断規定の廃止・270　⑵　相殺の抗弁に関する規定の新設・
　　271　⑶　今後の課題・271

32　将来債権譲渡 ……………………………………………………… 274

Ⅰ　序論 ……………………………………………………………… 274
Ⅱ　明文化された判例法の規律 …………………………………… 275
　　1　判例法の3つの準則 …………………………………………… 275
　　2　判例法の準則が前提とする考え方 …………………………… 276
Ⅲ　改正条文の審議過程から見た立案趣旨 ……………………… 277
　　1　中間試案から要綱案のたたき台における提案 …………… 277
　　2　要綱仮案の原案における提案 ……………………………… 278
　　3　将来債権譲渡に関する規律の定式化の意義 ……………… 280
Ⅳ　将来債権の処分行為についての理論的正当化 …………… 280
　　1　近時の学説状況 ……………………………………………… 281
　　2　「現に発生していない債権」の処分権の理論的意義 ……… 282

33　有価証券 …………………………………………………………… 285

Ⅰ　規律の対象 ……………………………………………………… 285
Ⅱ　規律の概要と適用範囲 ………………………………………… 286
　　1　概要 …………………………………………………………… 286
　　2　適用範囲 ……………………………………………………… 288
Ⅲ　指図証券 ………………………………………………………… 289
　　1　譲渡・質入れの方式 ………………………………………… 289
　　2　資格授与的効力・善意取得・抗弁の制限・支払免責 …… 290
　　3　履行場所・履行遅滞など …………………………………… 292
　　4　喪失の場合 …………………………………………………… 293
Ⅳ　記名式所持人払証券 …………………………………………… 293
　　1　譲渡の方式 …………………………………………………… 293
　　2　資格授与的効力・善意取得・抗弁の制限・支払免責 …… 294
Ⅴ　その他の記名証券 ……………………………………………… 294
　　1　譲渡の方式 …………………………………………………… 294

	2	公示催告手続	295
VI		無記名証券	296
VII		解釈論上の論点	296
	1	改正前民法において「無記名債権」として扱われていた証券等の取扱い	296
	2	物権証券・社員権証券	297
	3	有価証券の定義と有価証券理論	297

34 債務引受 299

I		改正前民法下での議論の整理	299
	1	概説	299
	2	免責的債務引受	300
	3	併存的債務引受	301
II		併存的債務引受と免責的債務引受の関係	302
III		債務引受契約の形態	304
	1	併存的債務引受	304
	2	免責的債務引受	305
IV		債務引受の効果・引受人の抗弁・求償関係	306
	1	債務引受の効果	306
	2	債務引受がなされた場合における引受人の抗弁	307
	3	求償関係	307
V		担保権の移転	308

35 契約上の地位の移転 310

I	はじめに	310
II	改正前民法下における議論の枠組み	311
III	改正民法の下での問題処理の枠組み	312
IV	明文化されなかった問題点	313

36 弁済(1)──弁済の意義・方法 316

I		弁済の意義	316
	1	弁済の意義	316
	2	弁済の法的性質	317
II		代物弁済	318
	1	改正前の枠組み	318

xix

2　改正後の枠組み ……………………………………………………… *318*
　Ⅲ　弁済の方法 ……………………………………………………………… *319*
　　1　はじめに ………………………………………………………………… *319*
　　2　改正後の枠組み ……………………………………………………… *320*
　　⑴　給付の内容・*320*　⑵　履行時期・*320*　⑶　受取証書の交付義務・
　　321
　Ⅳ　弁済の提供 ……………………………………………………………… *321*
　　1　弁済の提供による免責の意義 ……………………………………… *321*
　　2　弁済の提供が不要な場面 …………………………………………… *322*

37　弁済⑵——弁済者・弁済の相手方 ………………………… *324*

　Ⅰ　第三者の弁済 …………………………………………………………… *324*
　　1　「第三者」について ……………………………………………………… *324*
　　2　債務者の意思に反することの債権者の認識（改正民法 474 条 2 項
　　　ただし書の新設） …………………………………………………… *325*
　　3　委託を受けた第三者の弁済（改正民法 474 条 3 項ただし書の新設）
　　　………………………………………………………………………………… *326*
　Ⅱ　制限行為能力者が弁済として引き渡した物の取戻し …………… *326*
　　1　改正前民法 ……………………………………………………………… *326*
　　2　改正民法による削除 ………………………………………………… *327*
　Ⅲ　預金または貯金の口座に対する払込みによる弁済 ……………… *327*
　　1　預金または貯金の口座に対する払込みによる弁済についての
　　　規定新設 ………………………………………………………………… *327*
　　2　弁済の効力発生時期 ………………………………………………… *327*
　Ⅳ　債務の履行の相手方 …………………………………………………… *328*
　　1　債務の履行の相手方に関する改正の全体像 …………………… *328*
　　2　改正前民法 478 条における「債権の準占有者」についての議論
　　　………………………………………………………………………………… *329*
　　3　改正民法 478 条の「取引上の社会通念に照らして受領権者としての
　　　外観を有するもの」 …………………………………………………… *329*
　　4　改正前民法 480 条（受取証書の持参人への弁済）の削除 ………… *330*

38　弁済⑶——弁済充当・弁済供託 ……………………………… *331*

　Ⅰ　弁済の充当 ……………………………………………………………… *331*
　　1　はじめに ………………………………………………………………… *331*
　　2　改正前民法下の弁済の充当 ………………………………………… *331*

3　改正民法下の弁済の充当 …………………………………… *332*
　Ⅱ　弁済の目的物の供託 …………………………………………… *333*
　　1　はじめに ………………………………………………………… *333*
　　2　改正前民法下の供託 …………………………………………… *333*
　　3　改正民法下の供託 ……………………………………………… *334*

39　弁済⑷──弁済による代位 …………………………………… *336*

　Ⅰ　はじめに ………………………………………………………… *336*
　Ⅱ　任意代位制度 …………………………………………………… *337*
　　1　従前の任意代位制度とその問題 …………………………… *337*
　　2　改正後の任意代位の要件 …………………………………… *337*
　Ⅲ　弁済による代位の効果──法定代位者相互の関係 ……… *339*
　　1　弁済による代位の効果 ……………………………………… *339*
　　2　改正前の法定代位者の相互関係の規律 ………………… *339*
　　⑴　第三取得者の意味の不明確さ・*339*　⑵　条文の欠落部分の存在・
　　340　⑶　あらかじめの付記登記・*340*
　　3　改正後の条文 ………………………………………………… *341*
　　⑴　第三取得者の意味の明確化・*341*　⑵　欠落部分の補充等・*341*　⑶
　　付記登記の要件の廃止・*343*　⑷　その他・*343*
　　4　法改正による対応がされなかった解釈上の問題 …………… *343*
　Ⅳ　一部弁済による代位 …………………………………………… *344*
　　1　一部弁済による代位の要件 ………………………………… *344*
　　2　一部弁済による代位の効果──配当の順位 …………… *344*
　Ⅴ　担保保存義務 …………………………………………………… *345*
　　1　担保保存義務とは …………………………………………… *345*
　　2　担保保存義務違反による免責の要件 …………………… *345*
　　3　担保保存義務違反による免責の効力が及ぶ範囲 ………… *346*

40　相殺⑴──差押えと相殺・相殺充当 …………………………… *347*

　Ⅰ　差押えと相殺 …………………………………………………… *347*
　　1　はじめに ………………………………………………………… *347*
　　2　改正前民法下における議論 ………………………………… *348*
　　⑴　法定相殺と差押え・*348*　⑵　相殺の要件を操作する特約についての
　　規制・*349*　⑶　相殺権濫用の法理・*350*
　　3　改正民法下の枠組み ………………………………………… *350*
　　⑴　法定相殺と差押え・*350*　⑵　相殺の予約・*353*

xxi

Ⅱ　相殺充当（512 条・512 条の 2）･･････････････････････････････ 353
　1　はじめに ･･ 353
　2　改正前民法下における議論 ･･････････････････････････････････ 354
　3　改正民法下の枠組み ･･ 355

41　相殺⑵──相殺禁止 ･･ 357

Ⅰ　はじめに──改正の要点 ････････････････････････････････････ 357
　1　【要点①】「重過失」の追加と立証責任の明確化 ･･･････････････ 357
　2　【要点②】不法行為等により生じた債権を受働債権とする
　　　相殺の禁止 ･･ 358
Ⅱ　相殺禁止の意思表示の第三者に対する効力（505 条 2 項）････････ 358
　1　改正前の議論 ･･ 358
　2　改正後の変更点 ･･ 360
Ⅲ　不法行為などによる債権を受働債権とする相殺の禁止（509 条）
　　 ･･ 360
　1　改正前の議論 ･･ 360
　2　改正後の変更点 ･･ 361
　⑴　損害賠償債務を受働債権とする相殺禁止の枠組みの全体像・361　⑵
　「悪意による不法行為」による損害賠償債務・362　⑶　人損の賠償債務
　を受働債権とする相殺の禁止・363
　3　改正では明確にされなかった問題 ････････････････････････････ 363
　⑴　交叉（双方）的不法行為に基づく債権間の相殺の可否・363　⑵　改
　正民法 509 条と異なる合意の効力（任意規定か、強行規定か）・364

42　更改 ･･ 365

Ⅰ　はじめに ･･ 365
Ⅱ　改正前民法下の議論 ･･ 366
　1　更改の制度の存在意義 ････････････････････････････････････ 366
　2　更改の概念の存在意義 ････････････････････････････････････ 366
　3　代物弁済、準消費貸借との関係 ･･････････････････････････････ 367
Ⅲ　更改の要件・効果 ･･ 369
　1　更改の要件 ･･ 369
　⑴　序論・369　⑵　債権・債務の存在・369　⑶　更改契約の締結・370
　⑷　新債権・債務の成立・371　⑸　債権・債務の重要な部分の変更・
　372
　2　更改の効果 ･･ 373

xxii　　目　次

⑴ 担保（権）の帰すう・373 ⑵ 抗弁（権）の帰すう・375 ⑶ その他・375

43 契約に関する基本原則 ……………………………………… 376

Ⅰ　はじめに …………………………………………………………… 376
Ⅱ　契約自由の原則の明文化 ……………………………………… 377
　1　はじめに ……………………………………………………… 377
　2　契約締結の自由 ……………………………………………… 377
　⑴　原則・377　⑵　「法令に特別の定めがある場合」の制約・378　⑶
　締結拒絶による損害賠償責任・378
　3　契約内容決定の自由 ………………………………………… 379
　⑴　原則・379　⑵　「法令の制限」による制約・379
　4　方式の自由——諾成契約の原則 …………………………… 380
　⑴　原則・380　⑵　要物契約の諾成契約化・380　⑶　「法令に特別の定
　めがある場合」の制約・381
Ⅲ　原始的不能による契約無効の否定 …………………………… 382
　1　改正前民法における考え方 ………………………………… 382
　2　改正民法における考え方 …………………………………… 383
　⑴　原始的不能に関する原則の転換・383　⑵　原始的不能の場合の法律
　関係・383

44 契約の成立 …………………………………………………… 386

Ⅰ　はじめに …………………………………………………………… 386
Ⅱ　改正前民法下での議論 ………………………………………… 386
　1　承諾における発信主義と到達主義 ………………………… 386
　⑴　2つの主義の相違点・386　⑵　付随的規範と現実の立法例・387
　2　改正前民法の立場 …………………………………………… 388
　⑴　承諾の発信主義と関連規定・388　⑵　対話者間の申込み・389
Ⅲ　改正後民法の内容 ……………………………………………… 390
　1　到達主義の採用と発信主義の発想 ………………………… 390
　⑴　到達主義の採用と付随的規範への影響・390　⑵　発信主義の発想と
　改正民法526条・391
　2　対話者間の申込み …………………………………………… 392
Ⅲ　結び——情報伝達手段の発展と民法 ………………………… 392

45　定型約款(1)──みなし合意・不当条項規制・開示 ……………… *395*

Ⅰ　改正の背景と概要 ……………………………………………… *395*
Ⅱ　改正前民法下における議論の枠組み ………………………… *396*
Ⅲ　改正民法の下での定型約款規制の枠組み …………………… *397*
Ⅳ　定型約款の合意 ………………………………………………… *398*
　1　定型約款の定義 …………………………………………… *398*
　⑴　要件①「定型取引において」・*398*　⑵　要件②「契約の内容とする
　ことを目的として」・*399*　⑶　事業者間取引における約款・*400*
　2　定型約款の合意 …………………………………………… *401*
Ⅴ　みなし合意規定の例外 ………………………………………… *404*
Ⅵ　不当条項規制 …………………………………………………… *407*
Ⅶ　「定型約款」に当たらない「約款」「契約条項」 ……………… *408*

46　定型約款(2)──定型約款の変更 ……………………………… *410*

Ⅰ　はじめに ………………………………………………………… *410*
Ⅱ　相手方の同意のない約款変更の基礎づけ …………………… *410*
　1　すべての相手方と個別に合意することの困難性 ……… *411*
　2　中心条項──個別合意との関係 ………………………… *411*
　3　付随条項 …………………………………………………… *412*
　⑴　拘束力の根拠としての組入合意・*412*　⑵　約款変更における組入合
　意の要否──改正民法 548 条の 2 第 1 項 2 号との関係・*412*
　4　変更条項による事前の変更同意 ………………………… *413*
Ⅲ　改正民法 548 条の 4 による変更の要件 ……………………… *414*
　1　相手方の一般の利益に適合するとき（548 条の 4 第 1 項 1 号）…… *415*
　2　変更が契約目的に反することなく、かつ、合理的であるとき
　　（548 条の 4 第 1 項 2 号）……………………………………… *415*
　⑴　契約目的に反しないこと・*415*　⑵　合理的であること・*415*
　3　変更約款の周知（548 条の 4 第 2 項 3 項）……………… *417*
Ⅳ　効果 ……………………………………………………………… *417*
Ⅴ　組入れにおける内容規制（548 条の 2 第 2 項）との関係（548 条の 4
　第 4 項）…………………………………………………………… *417*

47　第三者のためにする契約 ……………………………………… *418*

Ⅰ　概要 ……………………………………………………………… *418*
Ⅱ　改正前民法下における議論の状況 …………………………… *419*

1　第三者のためにする契約の概念 ・・・・・・・・・・・・・・・・・・・・・・・・・・・・・ *419*
　　2　契約時における第三者の現存性・特定性 ・・・・・・・・・・・・・・・・・・ *419*
　　3　第三者による受益の意思表示 ・・・・・・・・・・・・・・・・・・・・・・・・・・・・・ *419*
　　4　諾約者に対する要約者の履行請求の可否 ・・・・・・・・・・・・・・・・ *420*
　　5　要約者による契約の解除 ・・・・・・・・・・・・・・・・・・・・・・・・・・・・・・・・・ *420*
　Ⅲ　改正民法の立場 ・・ *421*
　　1　類型化の否定 ・・ *421*
　　2　契約時における第三者の不存在・不特定の容認 ・・・・・・・・・・ *422*
　　3　受益の意思表示の維持 ・・・・・・・・・・・・・・・・・・・・・・・・・・・・・・・・・・・ *422*
　　⑴　受益の意思表示を不要とする提案・*422*　⑵　不要説の論拠・*422*
　　⑶　不要説の評価・*423*　⑷　改正民法の下での議論の行方・*424*
　　4　受益の意思表示後の要約者の履行請求の取扱い ・・・・・・・・・・ *425*
　　5　要約者による解除の制限 ・・・・・・・・・・・・・・・・・・・・・・・・・・・・・・・・・ *425*

48 売買 ・・ *426*

　Ⅰ　売主の担保責任の見直し──契約不適合を理由とする債務不履行責任
　　としての一元的規律へ ・・・・・・・・・・・・・・・・・・・・・・・・・・・・・・・・・・・・・・・ *426*
　　1　従来の判例および学説の状況 ・・・・・・・・・・・・・・・・・・・・・・・・・・・・ *426*
　　2　改正民法における規律の枠組み──契約不適合を理由とする債務
　　　不履行責任への統合 ・・・・・・・・・・・・・・・・・・・・・・・・・・・・・・・・・・・・・・・ *428*
　Ⅱ　物・権利に関する契約不適合に対する買主の救済手段 ・・・・・・・・ *429*
　　1　契約不適合に対する買主の救済手段に関する規律の基本構造 ・・・ *429*
　　2　瑕疵についての買主の善意・悪意などの主観的要件を定める
　　　規律の排除 ・・・ *429*
　　3　契約不適合を理由とする追完請求権（562条）・・・・・・・・・・・・・ *430*
　　4　契約不適合を理由とする代金減額請求権（563条）・・・・・・・・・ *432*
　　5　債務不履行の一般規定の適用による損害賠償・解除（564条）・・・ *433*
　Ⅲ　契約不適合を理由とする買主の権利についての期間制限 ・・・・・・ *434*
　　1　物の種類・品質における契約不適合を理由とする買主の権利の
　　　期間制限（566条）・・・・・・・・・・・・・・・・・・・・・・・・・・・・・・・・・・・・・・・ *434*
　　2　権利および（物の）数量に関する契約不適合についての
　　　取扱い ・・・ *435*
　Ⅳ　危険の移転 ・・・ *436*
　　1　引渡しによる買主への危険の移転 ・・・・・・・・・・・・・・・・・・・・・・・・ *436*
　　2　買主の受領遅滞中の目的物の滅失・損傷に関する危険 ・・・・・・ *438*

xxv

49 贈 与 ……………………………………………………………… *439*

Ⅰ　はじめに ………………………………………………………… *439*
Ⅱ　改正前民法下の議論 …………………………………………… *440*
　1　贈与の目的 ………………………………………………… *440*
　⑴　「財産」の意味・*440*　⑵　他人の財産の贈与・*440*
　2　書面によらない贈与の解消 ……………………………… *441*
　3　贈与者の義務 ……………………………………………… *442*
Ⅲ　改正民法の枠組み ……………………………………………… *443*
　1　贈与の目的 ………………………………………………… *443*
　2　書面によらない贈与の解消 ……………………………… *444*
　3　贈与者の義務 ……………………………………………… *444*

50 消費貸借 …………………………………………………………… *446*

Ⅰ　はじめに ………………………………………………………… *446*
Ⅱ　典型契約としての消費貸借契約 ……………………………… *447*
　1　消費貸借契約の成立 ……………………………………… *447*
　⑴　諾成消費貸借契約の承認・*447*　⑵　書面を成立要件とする趣旨・
　448　⑶　準消費貸借の意義と制度趣旨の変更・*450*
　2　消費貸借契約の効力 ……………………………………… *450*
　⑴　書面による諾成的消費貸借の効力・*450*　⑵　期限前弁済・*452*
Ⅲ　消費貸借の予約 ………………………………………………… *453*

**51 賃貸借・使用貸借⑴──契約の成立と第三者・賃貸人の地位の
　移転** …………………………………………………………… *455*

Ⅰ　はじめに ………………………………………………………… *455*
Ⅱ　賃貸借の成立 …………………………………………………… *456*
　1　賃貸借契約の当事者の基本的な債務 …………………… *456*
　2　短期賃貸借 ………………………………………………… *456*
　3　賃貸借の存続期間 ………………………………………… *457*
Ⅲ　不動産賃貸借の対抗力・賃貸人たる地位の移転 …………… *457*
　1　不動産賃貸借の対抗力 …………………………………… *457*
　⑴　改正民法605条の規律対象・*457*　⑵　改正民法605条の改正点・
　458　⑶　「賃借権の対抗の問題」と「賃貸人たる地位の移転の問題」と
　の区別・*458*
　2　不動産の賃貸人たる地位の移転 ………………………… *459*

xxvi　　目　次

⑴　賃貸人たる地位の当然の移転・*459*　⑵　合意による賃貸人たる地位の移転・*460*　⑶　賃貸人たる地位の移転と敷金返還債務等の承継・*461*

　　3　不動産の賃貸人たる地位の留保 ………………………………………… *462*
⑴　改正前の議論状況・*462*　⑵　改正民法の規定・*464*　⑶　残された課題——賃貸人たる地位のみの移転・*465*

　Ⅳ　不動産の賃借人による妨害の停止の請求など ………………………… *466*
　　1　改正前の議論状況 ……………………………………………………………… *466*
　　2　改正民法の規定 ………………………………………………………………… *467*
　　3　残された課題 …………………………………………………………………… *467*

52　賃貸借・使用貸借⑵——契約の効力・転貸借・敷金 ………… *469*

　Ⅰ　はじめに ……………………………………………………………………………… *469*
　Ⅱ　目的物の修繕に関する規律 ……………………………………………………… *469*
　　1　賃貸人による修繕 ……………………………………………………………… *469*
⑴　賃貸人の目的物修繕義務・*469*　⑵　賃借人の責めに帰すべき事由による場合・*470*　⑶　賃借人の意思に反する修繕・*471*
　　2　賃借人による修繕 ……………………………………………………………… *471*
⑴　賃借人の修繕権限・*471*　⑵　費用償還請求権・*472*　⑶　賃借人の責めに帰すべき事由による場合・*472*
　Ⅲ　賃料額の調整に関する規律 ……………………………………………………… *472*
　　1　賃借人の賃料支払義務とその調整 ………………………………………… *472*
　　2　減収による賃料の減額請求・契約の解除 ……………………………… *472*
⑴　減収による賃料の減額請求（609条）・*472*　⑵　減収による解除（610条）・*473*
　　3　賃借物の一部滅失などによる賃料の減額など（611条）………… *473*
⑴　賃借物の一部滅失などによる賃料の当然減額・*473*　⑵　賃借人の責めに帰すべき事由による場合・*474*　⑶　賃借物の一部滅失などを理由とする解除・*475*
　Ⅳ　賃借権の譲渡・転貸に関する規律 ……………………………………………… *476*
　　1　賃借権の譲渡と転貸 ………………………………………………………… *476*
　　2　賃借権の譲渡・転貸の制限（612条）………………………………… *476*
　　3　適法な賃借権の譲渡 ………………………………………………………… *477*
　　4　適法な転貸 ……………………………………………………………………… *477*
⑴　賃貸人と転借人の関係・*477*　⑵　転貸と（原）賃貸借契約の解除・*478*
　Ⅴ　敷金に関する規律 ………………………………………………………………… *480*
　　1　敷金に関する規定の新設 …………………………………………………… *480*

xxvii

2　敷金の意義 ……………………………………………………… *480*
　　3　敷金によって担保される債務の範囲 ………………………… *481*
　　⑴　賃借人の債務——敷金返還請求権の発生時期・*481*　⑵　賃借権が譲渡
　　された場合・*482*
　　4　敷金の充当 ……………………………………………………… *482*

53　賃貸借・使用貸借⑶——契約の成立・終了 ……………………… *484*

　Ⅰ　はじめに ………………………………………………………… *484*
　Ⅱ　使用貸借の諾成契約化 ………………………………………… *485*
　　1　諾成契約化の現段階 …………………………………………… *485*
　　2　冒頭規定における返還および返還時期の約束 ……………… *486*
　Ⅲ　使用貸借の当然終了と解除による終了 ……………………… *486*
　　1　使用貸借の当然終了事由 ……………………………………… *486*
　　2　使用貸借の解除による終了事由 ……………………………… *487*
　　⑴　貸主の解除権・*487*　⑵　借主の解除権・*488*
　Ⅳ　賃借物の全部滅失等の使用・収益不能による賃貸借の当然終了 … *488*
　Ⅴ　附属物に対する収去の権利・義務および損傷に対する
　　　原状回復義務 …………………………………………………… *489*
　　1　附属物に対する収去権と収去義務 …………………………… *489*
　　⑴　使用貸借に関する規律・*489*　⑵　賃貸借に関する規律・*490*
　　2　損傷等に対する原状回復義務 ………………………………… *491*
　　⑴　使用貸借に関する規律・*491*　⑵　賃貸借に関する規律・*491*
　Ⅵ　損害賠償請求権・費用償還請求権の期間制限 ……………… *492*
　　1　使用貸借に関する規律 ………………………………………… *492*
　　2　賃貸借に関する規律 …………………………………………… *493*
　Ⅶ　おわりに ………………………………………………………… *493*

54　請負⑴——契約不適合責任 ……………………………………… *494*

　Ⅰ　はじめに ………………………………………………………… *494*
　Ⅱ　改正前民法における請負人の瑕疵担保責任の規律 ………… *495*
　　1　瑕疵担保責任の内容 …………………………………………… *495*
　　2　瑕疵担保責任の制限 …………………………………………… *495*
　　3　瑕疵担保責任の存続期間等 …………………………………… *496*
　Ⅲ　改正民法における請負人の契約不適合責任の規律 ………… *496*
　　1　契約不適合と改正民法における「担保責任」……………… *496*
　　2　個別の責任内容の修正 ………………………………………… *497*

xxviii　　目　次

(1) 修補請求権・497 (2) 報酬減額請求権・497 (3) 損害賠償・498
(4) 解除・500

 3 契約不適合責任の制限 ……………………………………… 501
 4 契約不適合責任の存続期間等 ……………………………… 501
Ⅳ 契約不適合責任に関する準用規定の適用範囲 ……………… 501

55 請負(2)──報酬請求権 …………………………………… 503

Ⅰ はじめに ……………………………………………………… 503
Ⅱ 改正前民法における報酬請求権の帰すう ………………… 504
 1 仕事の完成が不能になった場合 ………………………… 504
(1) 請負人の責めに帰すべき事由による不能・504 (2) 両当事者の責め
に帰することができない事由による不能・504 (3) 注文者の責めに帰す
べき事由による不能・504
 2 契約が解除された場合 …………………………………… 505
(1) 原則──全部解除・505 (2) 例外──一部解除・505
 3 仕事の続行が中止された場合 …………………………… 505
Ⅲ 改正民法における報酬請求権の帰すう …………………… 506
 1 新規定の創設とその概要 ………………………………… 506
 2 仕事の完成が不能となった場合 ………………………… 506
(1) 請負人の責めに帰すべき事由による不能・506 (2) 両当事者の責め
に帰することができない事由による不能・507 (3) 注文者の責めに帰す
べき事由による不能・508 (4) 両当事者の責めに帰すべき事由による不
能・509
 3 契約が解除された場合 …………………………………… 510
(1) 債務不履行解除・510 (2) 注文者の任意解除・511
 4 仕事の続行が中止された場合 …………………………… 511

56 委任 ……………………………………………………………… 513

Ⅰ リービス経済にふさわしい規定の模索 …………………… 513
 1 サービス契約の規制枠組再検討がもたらしたものとは ………… 513
 2 受任者の自己執行義務 …………………………………… 514
(1) 書かれざる原則とその例外則・514 (2) 委任者・復受任者関係・
515
Ⅱ 報酬に関する規定の整備 …………………………………… 516
 1 原則とその例外 …………………………………………… 516
(1) 原則は無償契約、特約があって有償契約・516 (2) 報酬の支払い

xxix

方：2パターン・516
  2 委任事務処理が中途で終了した場合 ……………………… 517
 Ⅲ 任意解除権 ……………………………………………………… 518
  1 原則：各当事者がいつでも解除可能 ……………………… 518
  2 例外則 ………………………………………………………… 518
  3 書かれざる論点 ……………………………………………… 519

57 雇用 ……………………………………………………………… 521

 Ⅰ はじめに ………………………………………………………… 521
 Ⅱ 民法と労働法の関係 …………………………………………… 521
  1 民法の雇用方式 ……………………………………………… 521
  2 雇用と労働契約の異同 ……………………………………… 522
  3 雇用・労働契約と他の労務提供契約 ……………………… 523
 Ⅲ 報酬の支払 ……………………………………………………… 524
 Ⅳ 一身専属性の規定 ……………………………………………… 524
 Ⅴ 雇用の解除 ……………………………………………………… 525
  1 民法の規定 …………………………………………………… 525
  2 期間の定めのない雇用の解約 ……………………………… 525
  3 期間の定めある雇用の中途解除 …………………………… 526
  4 期間満了等の場合の解除 …………………………………… 527
  5 雇用の黙示の更新 …………………………………………… 528
 Ⅵ その他 …………………………………………………………… 528

58 寄託 ……………………………………………………………… 529

 Ⅰ はじめに ………………………………………………………… 529
 Ⅱ 要物性の見直し ………………………………………………… 530
  1 要物性の空洞化 ……………………………………………… 530
  2 諾成契約化 …………………………………………………… 530
 ⑴ 諾成契約の一般化・530 ⑵ 寄託物受取前の寄託者の任意解除権・531 ⑶ 書面によらない無償寄託における寄託物受取前の受寄者の任意解除権・531 ⑷ 寄託物受取前の受寄者の寄託物引渡しに関する催告権と解除権・531
 Ⅲ 再寄託の取扱いの変更 ………………………………………… 532
  1 受寄者の管理義務 …………………………………………… 532
  2 再寄託の例外的承認とこれに伴う問題 …………………… 532
  3 再寄託に関する独自規定の設置 …………………………… 533

xxx 目 次

(1) 修補請求権・497 (2) 報酬減額請求権・497 (3) 損害賠償・498
(4) 解除・500

3 契約不適合責任の制限 ………………………………………… 501
4 契約不適合責任の存続期間等 …………………………………… 501
Ⅳ 契約不適合責任に関する準用規定の適用範囲 …………………… 501

55 請負(2)——報酬請求権 …………………………………… 503

Ⅰ はじめに ………………………………………………………… 503
Ⅱ 改正前民法における報酬請求権の帰すう ……………………… 504
1 仕事の完成が不能になった場合 ……………………………… 504
(1) 請負人の責めに帰すべき事由による不能・504 (2) 両当事者の責め
に帰することができない事由による不能・504 (3) 注文者の責めに帰す
べき事由による不能・504
2 契約が解除された場合 ………………………………………… 505
(1) 原則——全部解除・505 (2) 例外——一部解除・505
3 仕事の続行が中止された場合 ………………………………… 505
Ⅲ 改正民法における報酬請求権の帰すう ………………………… 506
1 新規定の創設とその概要 ……………………………………… 506
2 仕事の完成が不能となった場合 ……………………………… 506
(1) 請負人の責めに帰すべき事由による不能・506 (2) 両当事者の責め
に帰することができない事由による不能・507 (3) 注文者の責めに帰す
べき事由による不能・508 (4) 両当事者の責めに帰すべき事由による不
能・509
3 契約が解除された場合 ………………………………………… 510
(1) 債務不履行解除・510 (2) 注文者の任意解除・511
4 仕事の続行が中止された場合 ………………………………… 511

56 委任 …………………………………………………………… 513

Ⅰ サービス経済にふさわしい規定の模索 ………………………… 513
1 サービス契約の規制枠組再検討がもたらしたものとは ………… 513
2 受任者の自己執行義務 ………………………………………… 514
(1) 書かれざる原則とその例外則・514 (2) 委任者・復受任者関係・
515
Ⅱ 報酬に関する規定の整備 ………………………………………… 516
1 原則とその例外 ………………………………………………… 516
(1) 原則は無償契約、特約があって有償契約・516 (2) 報酬の支払い

方：2パターン・516
　　2　委任事務処理が中途で終了した場合 ……………………… 517
　Ⅲ　任意解除権 ………………………………………………… 518
　　1　原則：各当事者がいつでも解除可能 …………………… 518
　　2　例外則 …………………………………………………… 518
　　3　書かれざる論点 ………………………………………… 519

57　雇用 ……………………………………………………… 521

　Ⅰ　はじめに …………………………………………………… 521
　Ⅱ　民法と労働法の関係 ……………………………………… 521
　　1　民法の雇用方式 ………………………………………… 521
　　2　雇用と労働契約の異同 ………………………………… 522
　　3　雇用・労働契約と他の労務提供契約 ………………… 523
　Ⅲ　報酬の支払 ………………………………………………… 524
　Ⅳ　一身専属性の規定 ………………………………………… 524
　Ⅴ　雇用の解除 ………………………………………………… 525
　　1　民法の規定 ……………………………………………… 525
　　2　期間の定めのない雇用の解約 ………………………… 525
　　3　期間の定めある雇用の中途解除 ……………………… 526
　　4　期間満了等の場合の解除 ……………………………… 527
　　5　雇用の黙示の更新 ……………………………………… 528
　Ⅵ　その他 ……………………………………………………… 528

58　寄託 ……………………………………………………… 529

　Ⅰ　はじめに …………………………………………………… 529
　Ⅱ　要物性の見直し …………………………………………… 530
　　1　要物性の空洞化 ………………………………………… 530
　　2　諾成契約化 ……………………………………………… 530
　　⑴　諾成契約の一般化・530　⑵　寄託物受取前の寄託者の任意解除権・
　　531　⑶　書面によらない無償寄託における寄託物受取前の受寄者の任意
　　解除権・531　⑷　寄託物受取前の受寄者の寄託物引渡しに関する催告権
　　と解除権・531
　Ⅲ　再寄託の取扱いの変更 …………………………………… 532
　　1　受寄者の管理義務 ……………………………………… 532
　　2　再寄託の例外的承認とこれに伴う問題 ……………… 532
　　3　再寄託に関する独自規定の設置 ……………………… 533

Ⅳ　第三者の権利主張における受寄者の地位 ……………………… 533
　1　受寄者の通知義務 ……………………………………………… 533
　2　受寄者の寄託物返還義務 ……………………………………… 534
Ⅴ　受寄者利益の保護 ………………………………………………… 535
　1　報酬支払に関する規律 ………………………………………… 535
　2　返還時期前の返還請求における寄託者の損害賠償義務 ……… 535
Ⅵ　寄託者の損害賠償請求・受寄者の費用償還請求に関する
　　期間制限 …………………………………………………………… 536
Ⅶ　特殊な寄託 ………………………………………………………… 537
　1　混合寄託に関する規定の設置 ………………………………… 537
　2　消費寄託に関する規律の変更 ………………………………… 538

59　組合 ……………………………………………………………… 539

Ⅰ　はじめに …………………………………………………………… 539
Ⅱ　契約総則規定の適用排除 ………………………………………… 539
　1　同時履行の抗弁権の排除 ……………………………………… 539
　⑴　従来の議論——同時履行の抗弁権の原則的否定・540　⑵　改正民法
　　——同時履行の抗弁権の否定・540
　2　危険負担に係る履行拒絶権の排除 …………………………… 540
　3　解除規定の適用排除 …………………………………………… 540
　⑴　従来の議論——解除規定の包括的適用排除・540　⑵　改正民法——解
　　除規定の一部適用排除・541
Ⅲ　組合員の一部に無効原因・取消原因がある場合の主観的波及的効力の
　　不存在 ……………………………………………………………… 541
　1　従来の議論 ……………………………………………………… 541
　⑴　時点——対外的取引開始時・542　⑵　主観的波及的効力の原則性——
　　肯定・542　⑶　無効原因・取消原因がある者によるその主張——否定・
　　542　⑷　任意法規性——否定・542
　2　改正民法の立場 ………………………………………………… 542
　⑴　時点——組合契約締結時・542　⑵　主観的波及的効力の原則性——　否
　　定・542　⑶　無効原因・取消原因がある者によるその主張——沈黙・543
　⑷　任意法規性——肯定か・543
Ⅳ　業務執行関係の整理 ……………………………………………… 543
　1　組合代理とその他業務執行との区別 ………………………… 543
　2　意思決定手続と意思執行手続の区別 ………………………… 544
　3　業務執行者を選任する場合の法律関係の明確化 …………… 544
　⑴　組合員以外の業務執行者の明示的肯定・544　⑵　総組合員による意

思決定権限と意思執行権限の留保・544　(3)　業務執行者が1人である場合の意思決定権限と意思執行権限の明示・544

V　組合財産関係の明文化 ･･････････････････････････････････････ 545
1　組合債権者による組合財産への権利行使可能性 ･･････････････ 545
2　組合債権者による組合員への責任追及における立証責任 ･･････ 545
3　組合員責任の付従性 ･･････････････････････････････････････ 545
4　組合財産である債権の組合員単独での権利行使禁止 ･････････ 546
5　組合員債権者による組合財産への権利行使不能 ･･･････････ 546

VI　加入関係と脱退関係の整理 ････････････････････････････････ 546
1　加入関係の整理 ･･ 547
(1)　組合員加入の要件・547　(2)　加入前発生組合債務に対する加入者の個人責任の不存在・547
2　脱退関係の整理 ･･ 547
(1)　脱退組合員の脱退前組合債務に対する個人責任・547　(2)　組合に対する担保提供請求権と免責請求権・547　(3)　組合に対する求償権・547

VII　解散事由の明文化 ･･ 547

編者紹介

潮見　佳男（Shiomi Yoshio）
昭和 34 年生まれ。昭和 56 年京都大学卒業
現在：京都大学大学院法学研究科教授
主著：契約規範の構造と展開（有斐閣、1991）、契約責任の体系（有斐閣、
　　　2000）、契約法理の現代化（有斐閣、2004）、新債権総論Ⅰ・Ⅱ（信山社、
　　　2017）、民法（債権関係）改正法の概要（金融財政事情研究会、2017）

千葉惠美子（Chiba Emiko）
昭和 28 年生まれ。昭和 51 年北海道大学卒業
現在：大阪大学大学院高等司法研究科教授
主著：集団的消費者利益の実現と法の役割（商事法務、2014）〔共編著〕、新・
　　　シネマで法学（有斐閣、2014）〔共著〕、アルマ民法2──物権〔第3版〕
　　　（有斐閣、2018）〔共著〕

片山　直也（Katayama Naoya）
昭和 36 年生まれ。昭和 58 年慶應義塾大学卒業
現在：慶應義塾大学大学院法務研究科教授
主著：債権各論Ⅰ（弘文堂、2008）〔共著〕、詐害行為の基礎理論（慶應義塾大
　　　学出版会、2011）、財の多様化と民法学（商事法務、2014）〔共編著〕、法
　　　典とは何か（慶應義塾大学出版会、2014）〔共編著〕

山野目章夫（Yamanome Akio）
昭和 33 年生まれ。昭和 56 年東北大学卒業
現在：早稲田大学大学院法務研究科教授
主著：建物区分所有の構造と動態──被災マンションの復興（日本評論社、
　　　1999）、不動産登記法概論──登記先例のプロムナード（有斐閣、2013）、
　　　民法概論1──民法総則（有斐閣、2017）、ストーリーに学ぶ 所有者不
　　　明土地の論点（商事法務、2018）

xxxiii

執筆者一覧 (50音順)

秋山　靖浩（早稲田大学教授）……………………………………… 51

池田　清治（北海道大学教授）……………………………………… 44

石川　博康（東京大学教授）………………………………………… 48

石田　　剛（一橋大学教授）………………………………………… 31

遠藤研一郎（中央大学教授）………………………………………… 34

大澤　　彩（法政大学教授）………………………………………… 45

大澤慎太郎（千葉大学准教授）……………………………………… 26

大中　有信（同志社大学教授）……………………………………… 3

岡本　裕樹（筑波大学教授）……………………………… 47、58

沖野　眞已（東京大学教授）………………………………………… 24

荻野　奈緒（同志社大学教授）……………………………………… 18

笠井　　修（中央大学教授）………………………………………… 54

○片山　直也（慶應義塾大学教授）………………………………… 23

川地　宏行（明治大学教授）………………………………………… 13

神作　裕之（東京大学教授）………………………………………… 33

北居　　功（慶應義塾大学教授）…………………………………… 36

窪田　充見（神戸大学教授）………………………………………… 11

桑岡　和久（甲南大学教授）………………………………………… 46

小粥　太郎（一橋大学教授）………………………………………… 25

小林　友則（山口大学准教授）……………………………………… 22

三枝　健治（早稲田大学教授）……………………………………… 38

齋藤　由起（大阪大学准教授）……………………………………… 28

坂口　　甲（大阪市立大学准教授）………………………………… 55

佐久間　毅（同志社大学教授）……………………………………… 6

佐々木典子（同志社大学教授）……………………………………… 4

○潮見　佳男（京都大学教授）……………………………………… 30

角田美穂子（一橋大学教授）………………………………………… 56

曽野　裕夫（北海道大学教授）……………………………………… 43

田髙　寛貴（慶應義塾大学教授）…………………………………… 39

田中　宏治（千葉大学教授）………………………………………… 17

田中　教雄（九州大学教授）………………………………………… 2

田中　　洋（神戸大学准教授）……………………… 15、16

○千葉恵美子（大阪大学招聘教授）…………………… 50

中舎　寛樹（明治大学教授）…………………………… 5

長野　史寛（京都大学准教授）………………………… 19

難波　讓治（立教大学教授）…………………………… 37

西内　康人（京都大学准教授）………………………… 59

野澤　正充（立教大学教授）…………………………… 35

橋口　祐介（甲南大学准教授）………………………… 12

原田　昌和（立教大学教授）…………………………… 8

平野　裕之（慶應義塾大学教授）……………………… 29

深川　裕佳（南山大学教授）…………………………… 41

福田　誠治（駒澤大学教授）…………………………… 27

藤井　德展（大阪市立大学准教授）…………………… 42

松尾　　弘（慶應義塾大学教授）……………………… 53

松久三四彦（北海学園大学教授）……………………… 10

水野　　謙（学習院大学教授）………………………… 14

森田　宏樹（東京大学教授）…………………………… 32

山下　純司（学習院大学教授）………………………… 7

山田八千子（中央大学教授）…………………………… 40

○山野目章夫（早稲田大学教授）……………………… 9

山本　敬三（京都大学教授）…………………………… 1

横山　美夏（京都大学教授）…………………………… 49

吉政　知広（京都大学教授）…………………………… 52

和田　　肇（名古屋大学名誉教授）…………………… 57

渡邉　　拓（横浜国立大学教授）……………………… 21

渡辺　達徳（東北大学教授）…………………………… 20

○は編者を指す。氏名（所属）の後は担当項目番号を指す。

凡　例

○法令名略語・条文の引用

・法令名は、原則として、本文中は正式名称とし、括弧内は有斐閣版六法全書巻末の法令名略語によった。

・平成 29 年成立の民法の一部を改正する法律により改正された前後の民法の文中の表記については、下記の通りとした。また、「改正民法」および「民法」の条文は括弧内では条数のみで示し、「改正前民法」については、「旧○条」のように示した。

　　　改正民法　　　民法の一部を改正する法律によって改正された民法
　　　改正前民法　　民法の一部を改正する法律によって改正される前の民法
　　　民法　　　　　民法の一部を改正する法律によって改正されなかった民法

・平成 29 年成立の民法の一部を改正する法律の施行に伴う関係法律の整備等に関する法律により改正される前後の法律についても法律名の前に「改正」・「改正前」の表記を用いた。また、この改正前の法律については、括弧内では「旧」の表記を用いた。

・条文の引用は原文通りとするが、原則として新字体・アラビア数字に置き換えた。

○判例の引用

・判決文の引用は原文通りとするが、原則として新字体・アラビア数字に置き換えた。

・年月日・出典は示し方は下記の通りとした。大法廷、小法廷の番号は割愛した。

　　　最判平成 11・11・9 民集 53 巻 8 号 1403 頁

　　　＝最高裁判所平成 11 年 11 月 9 日判決最高裁判所民事判例集 53 巻 8 号 1403 頁

・出典は主なものを 1 つのみ示した。表示に当たっては原則として公式判例集を優先したが、一般に目にすることが困難なものの場合には例外的に扱った。

○判例集・雑誌の略語

　　　民録　　　大審院民事判決録
　　　民集　　　最高裁判所（大審院）民事判例集
　　　集民　　　最高裁判所裁判集民事
　　　判時　　　判例時報
　　　判タ　　　判例タイムズ

xxxvi　　凡　例

金法	金融法務事情
金判	金融・商事判例
新聞	法律新聞
曹時	法曹時報
民商	民商法雑誌
ジュリ	ジュリスト
法教	法学教室
法時	法律時報
法セミ	法学セミナー

○文献の略語

①主な立法関連文献・資料

民法（債権関係）の改正に関する中間的な**論点整理**（平成 23 年 6 月 3 日補訂）

法務省民事局参事官室・民法（債権関係）の改正に関する中間的な**論点整理**の**補足説明**（平成 23 年 6 月 3 日補訂）

民法（債権関係）の改正に関する**中間試案**（平成 25 年 7 月 4 日補訂）

法務省民事局参事官室・民法（債権関係）の改正に関する**中間試案**の**補足説明**（平成 25 年 7 月 4 日補訂）

民法（債権関係）**部会資料**（2009〜2015）

法制審議会民法（債権関係）部会**第○回会議議事録** PDF 版（2009〜2015）

筒井健夫＝村松秀樹編著・**一問一答**民法（債権関係）改正（商事法務、2018）

民法（債権法）改正検討委員会・債権法改正の**基本方針**（2009）

民法（債権法）改正検討委員会編・**詳解**債権法改正の基本方針 I 〜 V（商事法務、2009・2010）

広中俊雄編著・**民法修正案（前三編）の理由書**（有斐閣、1987）

日本近代立法資料叢書 1〜7 **法典調査会**民法議事**速記録一〜七（商事法務版）**

②主な体系書・教科書等

幾代通・民法**総則**〔第 2 版〕（青林書院、1984）

内田貴・民法 I 総則・物権総論〔第 4 版〕（東京大学出版会、2008）

内田貴・民法 II 債権各論〔第 2 版〕（東京大学出版会、2007）

内田貴・民法 III 債権総論・担保物権〔第 3 版〕（東京大学出版会、2005）

内田貴＝大村敦志編・民法の**争点**（有斐閣、2007）

梅謙次郎・民法**要義**巻之一総則篇（有斐閣書房、1896）

xxxvii

梅謙次郎・民法**要義**巻之三債権篇（有斐閣書房、1897）

大村敦志＝道垣内弘人編・解説 民法（債権法）改正のポイント（有斐閣、2017）

奥田昌道・**債権総論**〔増補版〕（悠々社、1992）

於保不二雄・**債権総論**〔新版〕（有斐閣、1972）

河上正二・**約款規制**の法理（有斐閣、1988）

北川善太郎・**契約責任**の研究（有斐閣、1963）

来栖三郎・**契約法**（有斐閣、1974）

潮見佳男・債権総論Ⅰ〔第2版〕（信山社、2003）

潮見佳男・債権総論Ⅱ〔第3版〕（信山社、2005）

潮見佳男・**新債権総論**Ⅰ（信山社、2017）

潮見佳男・**新債権総論**Ⅱ（信山社、2017）

潮見佳男・民法（債権関係）**改正法の概要**（金融財政事情研究会、2017）

四宮和夫・民法総則〔第4版〕（弘文堂、1987）

末川博・**契約法上・下**（岩波書店、1958・1975）

瀬川信久編著・債権法改正の論点とこれからの検討課題〔別冊 NBL147 号〕（商事法務、2014）

中田裕康・**債権総論**〔第3版〕（岩波書店、2013）

中田裕康・**契約法**（有斐閣、2017）

中田裕康**ほか**・講義 債権法改正（商事法務、2017）

平井宜雄・**債権各論**Ⅰ上──契約総論（弘文堂、2008）

平井宜雄・**債権総論**〔第2版〕（弘文堂、1994）

山野目章夫・新しい債権法を読みとく（商事法務、2017）

柚木馨・売主**瑕疵担保**責任の研究（有斐閣、1963）

我妻栄・**債権各論**上巻・中巻Ⅰ・中巻Ⅱ〈民法講義Ⅴ1～3〉（岩波書店、1954・1957・1962）

我妻栄・新訂**債権総論**〈民法講義Ⅳ〉（岩波書店、1964）

我妻栄・新訂民法**総則**（岩波書店、1965）

③主な講座・注釈書等

新版**注釈民法**(1)・(4)・(10)・(13)〔**補訂版**〕・(14)・(16)・(17)（有斐閣、1989～2015）

注釈民法(10)・(11)・(12)・(13)・(14)（有斐閣、1965～1987）

Ⅰ 公序良俗

京都大学教授 **山本 敬三**

要点

① 公序良俗に反する「事項を目的とする」法律行為という要件の削除
② 暴利行為準則の明文化の可否

解説

Ⅰ はじめに

改正前民法90条に定められた公序良俗の一般原則——「公の秩序又は善良の風俗に反する事項を目的とする法律行為は、無効とする」——は、確立した原則として受け入れられているものであり、改正民法でも基本的に維持されている。その上で、改正の過程において検討されたのは、次の2つの点である。

第1は、公序良俗の一般原則について、改正前民法の要件のうち、「事項を目的とする」という要件を維持するかどうかである。

第2は、公序良俗の一般原則を具体化したものとして、暴利行為に関する準則を明文化するかどうかである。

Ⅱ 改正前民法下における法状況

1 改正前民法の立法過程における理解

改正前民法90条は、制定時の起草者によると、公序良俗に関する法律がない場合にも法律行為を無効とするために定められたものである。ただし、公序良俗違反を理由に法律行為が無効とされるのはあくまでも例外であると

され、公序良俗の内容も限定的に捉えられていた。そこでは、もっぱら秩序の維持が念頭に置かれ、国の行政警察や性風俗に関するものが公序良俗の内容をなすと考えられていた。

2 公序良俗に関する伝統的な理解

その後、学説では、公序良俗は、個人の意思を制限する例外ではなく、法を支配する根本理念であり、契約自由もその枠内でのみ認められるものにすぎないとする見解が主張された。その上で、主として戦前の裁判例を手がかりとして、根本理念としての公序良俗の内実を類型化して示すことが試みられた。例えば、①人倫に反するもの、②正義の観念に反するもの、③他人の無思慮・窮迫に乗じて不当の利を博する行為（暴利行為）、④個人の自由を過度に制限するもの、⑤営業の自由の制限、⑥生存の基盤たる財産の処分、⑦著しく射倖的なものという類型化がその代表例である（我妻・総則272頁以下等）。

このように、公序良俗として扱われる問題領域は、相当広範囲にわたっているものの、最上級審判例にしぼっていえば、当初は、公序良俗違反を理由に無効を認めるものが比較的多かったのに対し、その後は、戦時期から戦後期を除くと、次第にそのようなものが少なくなっていった。例えば、暴利行為に関しても、大審院判例によって、「他人の窮迫・軽率・無経験に乗じて、著しく過当な利益の獲得を目的とする法律行為は、無効とする」という定式が確立したが（大判昭和9・5・1民集13巻875頁等を参照）、これにより実際に法律行為が無効とされた事例は、戦後に入って多発した代物弁済予約に関するケース等を除くと、限られていた。

3 最近の動向

以上に対して、1980年代に入る頃から、下級審裁判例を中心として、次のような動きが目立つようになった（山本敬三・公序良俗論の再構成〔有斐閣、2000〕155頁以下・186頁以下を参照）。

第1に、問題となる領域が、かつての「人倫に反するもの」といったものから、取引関係や労働関係をはじめ、経済活動に関するものへと変化してきた。

第2に、その際、経済秩序に関する法令を中心に、法令違反を理由の1つとして公序良俗違反を認めるものが増えてきた。しかもその際、個人の権利・自由の保護を目的とした法令の違反がしばしば問題とされた。例えば、優越的地位の濫用等をはじめとした不公正な取引方法に関する法令が、その代表例である。

第3に、個人の権利・自由を保護するために公序良俗違反を認めるものが増えてきた。例えば、営業・職業の自由など、憲法上の自由や平等権の侵害を問題としたケースが目立つようになっている。こうした傾向は、最近になって、最上級審レベルの裁判例にも現れるようになっている。

さらに、暴利行為についても、悪徳商法や不当な投資勧誘のように、相手方の窮迫や無知などを利用して不当な対価を取得するケースが多発した。そこでは、契約内容だけでなく、契約締結前後の事情も考慮して、公序良俗違反を判断するという傾向がみられる。これを受けて、学説では、伝統的な暴利行為の定式の前半部分——他人の窮迫・軽率・無経験に乗じること——を意思決定過程に関する主観的要素と捉え、後半部分——著しく過当な利益の獲得を目的として法律行為をすること——を法律行為の内容に関する客観的要素として捉えた上で、両者の相関関係によって不当性を判断し、法律行為の無効を導くという考え方——これは「現代的暴利行為論」と呼ばれる——が展開されるようになった（大村敦志・公序良俗と契約正義〔有斐閣、1995〕359頁以下等を参照）。

Ⅲ　公序良俗の一般原則に関する見直し

まず、公序良俗の一般原則について、改正民法では、「事項を目的とする」という文言が削除され、「公の秩序又は善良の風俗に反する法律行為は、無効とする」と改められることになった。

この「事項を目的とする」という文言は、法律行為の内容のみを対象にしているように読むことができる。しかし、改正前民法90条に関する裁判例は、公序良俗に反するかどうかの判断に当たって、法律行為がされた過程その他の諸事情を考慮しており、その法律行為の内容のみに着目しているわけ

ではない。このような裁判例の考え方を条文上も明確にするというのが、改正の趣旨である（一問一答15頁）。

IV　暴利行為準則の明文化をめぐる検討とその意義

1　改正の審議過程における議論

次に、暴利行為については、「公序良俗違反の一類型として暴利行為に関する判例・学説が蓄積されていることを踏まえ、一般条項の適用の安定性や予測可能性を高める観点から、暴利行為に関する明文の規定を設けるものとするかどうか」（論点整理86頁）が検討された。そこではとくに、前記の伝統的な定式ではなく、現代的暴利行為論に相当する最近の下級審裁判例の動きを受けとめることができる規定を新たに設けるかどうかが問題とされた。

(1)　中間試案

中間試案では、暴利行為準則を明文化すべきであるとして、「相手方の困窮、経験の不足、知識の不足その他の相手方が法律行為をするかどうかを合理的に判断することができない事情があることを利用して、著しく過大な利益を得、又は相手方に著しく過大な不利益を与える法律行為は、無効とするものとする。」と定めることが提案された（中間試案第1、2(2)）。とくに主観的要素について、伝統的な定式にいう「窮迫、軽率、無経験」を「困窮、経験の不足、知識の不足」にわかりやすく改めた上で、「相手方が法律行為をするかどうかを合理的に判断することができない事情」の例示として位置付けているのは、「近年の下級審裁判例の動向として異論がないと見られるところも加味して」、「現時点で現に妥当している暴利行為のルールを明文化しよう」としたものである（中間試案補足説明4頁を参照）。

(2)　中間試案に対する批判

この中間試案の提案は、現代的暴利行為論に従った暴利行為準則の明文化に積極的な立場（以下では「積極論」という）と消極的な立場（以下では「消極論」という）の双方から、厳しく批判された。

まず、積極論からは、客観的要素について、中間試案の提案が「著しく」としていることが批判され、むしろ「不当な」といった文言を採用すべきで

あると主張された。これは、「暴利行為の判断に当たっては主観的要素と客観的要素とが相関的に考慮されており、主観的事情の悪質さが高い場合には、客観的要素が『著しく過大』と言えない場合であっても暴利行為に該当する場合があり得る」ことを理由とする（中間試案補足説明5頁を参照）。

これに対して、消極論からは、まず、暴利行為準則を明文化するとしても、伝統的な判例の定式をそのまま規定すべきであるという考え方が主張された。これは、中間試案の提案は暴利行為に関する「現状のルール」を拡大する方向に変更するものであり、「現状のルール」をそのまま明文化するとすれば伝統的な判例の定式と同様の文言を用いるべきであるという前提に立つ（中間試案補足説明5頁を参照）。ただし、そこでいう「現状のルール」とは、前述した1980年代までの状況を念頭に置いたものであり、その後の下級審裁判例の展開を考慮していない。

また、消極論からは、そもそも暴利行為の規定を設けることに反対し、引き続き民法90条の解釈に委ねるという考え方も主張された。これは、「契約が無効になるリスクを検討するためにコストが高まったり取引の迅速性が阻害されたりするなど、自由な経済活動を萎縮させるおそれがある」ほか、「暴利行為に関するルールは、近時の下級審の判例に見られるように、判例法理が未だ形成途上にあり、現時点で要件効果を明文化することは今後の柔軟な判例法理の生成発展を阻害する」ことなどを理由としている（中間試案補足説明5頁を参照）。

(3) 第3読会の議論

以上の議論を受けて、中間試案以降の第3読会では、両論が折り合うことができる妥協点が模索された。

そこでは、まず、公序良俗違反ないし暴利行為に該当するかどうかを判断する際の考慮要素を規定するにとどめるという案（部会資料73B・13頁の乙案、部会資料78B・1頁の乙案）が示され、検討された。しかし、これは、とくに「規律の内容を直接示さずに、考慮要素のみを定める条文は異例であり、一般国民からみてその明確化に資するかには疑問がある」という理由などから、しりぞけられることになった（部会資料80B・3頁を参照）。

このほか、中間試案からさらに消極論に歩み寄り、「当事者の一方に著し

く過大な利益を得させ、又は相手方に著しく過大な不利益を与える契約は、相手方の窮迫、経験の不足その他の契約についての合理的な判断を困難とする事情を不当に利用してされたものであるときに限り、無効とする」と定めることが提案された（部会資料 80B・1 頁の甲案）。これに対して、積極論の立場からは、「著しく」という要件が維持されていることに加えて、主観的要素について「ときに限り」という限定がさらに加えられていることにより、客観的要素と主観的要素の相関的な判断を行うことが困難になるおそれがあるほか、これらの限定された要件を満たさない場合に、一般原則である民法 90 条によって無効を導くという道も閉ざされること等が懸念され、強い反対が表明された（第 92 回会議議事録 2 頁以下〔潮見佳男幹事・鹿野菜穂子幹事・松本恒雄委員・山本敬三幹事・安永貴夫委員・岡正晶委員発言〕・6 頁以下〔中井康之委員・沖野眞已幹事・松本委員・潮見幹事発言〕・7 頁以下〔山本（敬）幹事・潮見幹事・中田裕康委員・大村敦志幹事発言〕）。さらに、消極論の立場からも、このような限定を付した提案であっても、「濫用の危険」があること等から、なお受け入れがたいという意見が示された（第 92 回会議議事録 2 頁〔大島博委員発言〕・5 頁〔佐成実委員発言〕を参照）。

　以上の結果、この論点は「明文化すべき適切な要件についてはなお意見対立があり、合意形成が困難な状況にあると考えられることから、取り上げない」こととされた（部会資料 82-2・1 頁）。

⑷　**国会審議**

　これに対して、国会審議では、とりわけ「国民に分かりやすい民法」という観点から、明文化を図るべきではないかという意見が主張され、「当事者の一方に著しく過大な利益を得させ、又は相手方に著しく過大な不利益を与える法律行為は、相手方の窮迫、経験の不足、知識の不足その他の相手方が法律行為をするかどうかを合理的に判断することができない事情があることを不当に利用してされたものであるときは、無効とする」と定める修正案を明文化する修正案も提出されたが、否決された（第 193 回国会衆議院法務委員会議録 9 号 10 頁以下）。

2　改正民法下での解釈

以上のように、暴利行為準則に関しては、最終的に明文化が見送られることになったため、改正前民法の下で形成されてきた判例法が維持されることになる。したがって、そうした現在の判例法をどのように理解するかが、改正民法下においても引き続き問題となる。

この点については、審議過程における議論、とくに積極論からの提案が重要な手がかりとなる。というのは、積極論からの提案は、近年の下級審裁判例の動きを踏まえて、現在の判例法を準則の形で示そうとしたものだからである。それに対して、消極論がとくに懸念した「濫用の危険」とは、暴利行為準則が明文化されれば、そこに含まれる評価の余地のある文言を広げて解釈することにより、これまで無効とされてこなかった法律行為まで無効であるという主張を誘発するおそれがあることを指すと考えられる。これは、積極論からの提案が誤りであるということではなく、むしろ現在の判例法を過不足なく捉えることができるように、その意味するところをさらに精確に示していく必要があることを指摘するものと受け止められる。以下では、積極論からの提案を手がかりとしながら、そうした解釈の方向性を整理しておこう（現在の判例法の理解については、山本敬三「法律行為通則に関する改正の現況と課題」法時 86 巻 1 号〔2014〕14 頁以下を参照）。

(1)　主観的要素

まず、主観的要素について、中間試案では、「相手方の困窮、経験の不足、知識の不足その他の相手方が法律行為をするかどうかを合理的に判断することができない事情があることを利用して」と定めることが提案されていた。

(i)　「困窮、経験の不足、知識の不足」

(a)　困窮

このうち、「困窮」は、伝統的な定式の「窮迫」に対応する。「困窮」に改められたのは、主として「分かりやすくする」ためであるとされる（中間試案補足説明 4 頁）。もっとも、「困窮」では、単に金銭的に貧しい状態を広く意味していると理解される可能性があるため、「窮迫」のほうが適切であるという意見もあった（部会資料 78B・2 頁を参照）。

いずれにしても、その典型例は、経済状態の悪化であるが、応じてもらわなければ第三者に対する債務の履行ができなくなるという状況のほか、畏怖・困惑や断れない人間関係が利用される場合も含まれる。

(b) 経験の不足・知識の不足・思慮の不足

次に、「経験の不足」と「知識の不足」は、伝統的な定式の「無経験」と「軽率」に対応する。

このうち、「軽率」が「知識の不足」に改められたのは、近年の裁判例では、「知識の不足」が利用されるケースが多いことを反映したものと考えられる。しかし、これに対しては、努力して知識を集めた者が不利に扱われることになるのは不当であるという批判もあり、こうした事情を考慮してよいのは、その知識を集めることが相手方の属性等を考慮すると社会通念上期待することができない場合に限られるという考え方もあった（部会資料73B・15頁を参照）。実際の裁判例の多くもそのようなケースであり——さらに「思慮の不足」につけ込んでいるとみることができるケースが多い——、そうした限定を付して理解すべきだろう。

(ii) **その他の「相手方が法律行為をするかどうかを合理的に判断することができない事情」**

次に、中間試案が、「相手方の困窮、経験の不足、知識の不足」を「相手方が法律行為をするかどうかを合理的に判断することができない事情」の例示にとどめているのは、現在の判例法では、伝統的な定式にいう「窮迫、軽率、無経験」に限られない事情が考慮されていることを受け止めようとしたことによる。そうした事情として、とくに次の３つのものを挙げることができる。

第１は、従属状態である。これは、「既存の関係における優越的な地位を利用する」ことをいい、「事業者が他の事業者との間の継続的供給契約に依存している場合に、当該他の事業者がその地位を利用して不利な条件での取引に応じさせる行為」等がこれに当たる（中間試案補足説明４頁を参照）。

第２は、抑圧状態である。これは、「一方が心理的に他方の要求に従わざるを得ない状態にあることを利用する行為」をいい、「霊感商法のように相手方が恐怖心によって合理的な判断をすることができない状態に陥っている

ことを利用する行為」等がこれに当たる（中間試案補足説明4頁を参照）。

第3は、判断力の低下である。認知症やうつ病などにより判断力が低下している状態が利用される場合がその典型例であり、最近ではこの種の要素を重視したと考えられる裁判例が増えている。

(2) 客観的要素

次に、客観的要素については、中間試案では、「著しく過大な利益を得、又は相手方に著しく過大な不利益を与える法律行為」と定めることが提案されていた。もっとも、前述したとおり、積極論からは、このような定式では、現在の判例法を適切に反映していないことが指摘されていた。

(i) 利益の取得

まず、従来の裁判例によると、利益の取得に関しては、かなりの幅があり、取得された利益の絶対的な大きさだけでなく、相手方がそのような不利益を課せられる理由の存否のほか、相手方の財産状態、さらには主観的態様等によっても左右されている。「著しく過大な利益を得」という定式では、このような相関的な判断を行うことが難しい。そのため、積極論の立場からは、「不当な利益を得」とすることにより、「不当」性の評価の中でそうした判断を行うことができるようにすることが主張されていた。

(ii) 不利益の付与

このほか、中間試案では、伝統的な定式と異なり、「相手方に著しく過大な不利益を与える」ことも判断要素として挙げられていた。「このような行為も自らが著しく過大な利益を得る場合と同様に悪性が高く」、「無効とすべきである」というのがその理由である。例えば、表意者に権利を放棄させる行為、雇用契約等を解除させる行為、転居や廃業を約束させる行為等がこれに当たるとされている（中間試案補足説明5頁を参照）。ただし、ここでも、積極論の立場から、「不当な不利益を与える」とすることが提案されていた。

3 残された課題

(1) 附帯決議

前記のように、国会審議において、とくに「国民に分かりやすい民法」という観点から、明文化を図るべきであるという意見が主張されたことを受け、

衆参両院において次のような附帯決議が行われ、今後の課題が示されている。

「他人の窮迫、軽率又は無経験を利用し、著しく過当な利益を獲得することを目的とする法律行為、いわゆる『暴利行為』は公序良俗に反し無効であると明示することについて、本法施行後の状況を勘案し、必要に応じ対応を検討すること」（第 193 回国会衆議院法務委員会議録 9 号 10 頁）。

「情報通信技術の発達や高齢化の進展を始めとした社会経済状況の変化による契約被害が増加している状況を踏まえ、他人の窮迫、軽率又は無経験を利用し、著しく過当な利益を獲得することを目的とする法律行為、いわゆる『暴利行為』は公序良俗に反し無効であると規定することについて、本法施行後の状況を勘案し、必要に応じ対応を検討すること」（第 193 回国会参議院法務委員会議録 14 号 37 頁以下）。

(2) 消費者契約法の改正

このほか、民法の改正では、暴利行為準則の明文化が見送られることになったのに対し、消費者契約法において、合理的な判断をすることができない事情を利用して契約を締結させる場合について、規定を新設することが模索されている。もっとも、そこでも、どのような場合を対象とするかが判然としなければ、取引実務の混乱を招きかねないことが懸念され、できる限り客観的な要件をもって明確に定めることが課題とされている。

(i) 2016 年改正──過量販売の明文化

まず、2016 年の改正において、事業者が消費者契約の締結について勧誘をするに際し、過量な内容の契約に当たることを知っていた場合において、消費者がその勧誘により当該消費者契約の申込みまたは承諾の意思表示をしたときに、新たに取消しを認めることとされた（消費契約 4 条 4 項）。

(ii) 今後の改正課題

その後、さらに次の 2 つの類型について、取消しを認める規定を新設することが検討されている（2018 年 3 月 2 日に閣議決定され、第 196 回国会に提出された「消費者契約法の一部を改正する法律案」）。

第 1 は、合理的な判断をすることができない事情を利用して契約を締結させる類型についてである。具体的には、事業者の一定の行為によって消費者が困惑して意思表示をしたときの取消権を規定した消費者契約法 4 条 3 項に

おいて、次のような規定を追加して定めることとされている。

3号 当該消費者が、社会生活上の経験が乏しいことから、次に掲げる事項に
対する願望の実現に過大な不安を抱いていることを知りながら、その不安を
あおり、裏付けとなる合理的な根拠がある場合その他の正当な理由がある場
合でないのに、物品、権利、役務その他の当該消費者契約の目的となるもの
が当該願望を実現するために必要である旨を告げること。
　イ　進学、就職、結婚、生計その他の社会生活上の重要な事項
　ロ　容姿、体型その他の身体の特徴又は状況に関する重要な事項
4号 当該消費者が、社会生活上の経験が乏しいことから、当該消費者契約の
締結について勧誘を行う者に対して恋愛感情その他の好意の感情を抱き、か
つ、当該勧誘を行う者も当該消費者に対して同様の感情を抱いているものと
誤信していることを知りながら、これに乗じ、当該消費者契約を締結しなけ
れば当該勧誘を行う者との関係が破綻することになる旨を告げること。

　第2は、心理的負担を抱かせる言動等による困惑類型の追加である。具体
的には、事業者の一定の行為によって消費者が困惑して意思表示をしたとき
の取消権を規定した消費者契約法4条3項において、次のような規定を追加
して定めることとされている。

5号 当該消費者が当該消費者契約の申込み又はその承諾の意思表示をする前
に、当該消費者契約を締結したならば負うこととなる義務の内容の全部又は
一部を実施し、その実施前の原状の回復を著しく困難にすること。
6号 前号に掲げるもののほか、当該消費者が当該消費者契約の申込み又はそ
の承諾の意思表示をする前に、当該事業者が調査、情報の提供、物品の調達
その他の当該消費者契約の締結を目指した事業活動を実施した場合において、
当該事業活動が当該消費者からの特別の求めに応じたものであったことその
他の取引上の社会通念に照らして正当な理由がある場合でないのに、当該事
業活動が当該消費者のために特に実施したものである旨及び当該事業活動の
実施により生じた損失の補償を請求する旨を告げること。

2 意思能力

九州大学教授　田中　教雄

要点

① 意思能力が必要とされる根拠
② 意思能力の意義
③ 意思無能力による無効の意義

解説

I　はじめに

　意思能力を欠く状態で行われた法律行為は無効である。このことは、判例・学説が一致して認めていた（大判明治 38・5・11 民録 11 輯 706 頁。学説については、熊谷士郎・意思無能力法理の再検討〔有信堂、2003〕、須永醇・意思能力と行為能力〔日本評論社、2010〕、詳解 I 79 頁以下、民法改正研究会・日本民法典改正案 I 第 1 編（総則）〔信山社、2016〕282 頁以下参照）。改正により明文化されたものの、具体的にどのような場合に意思無能力とされるのか、誰がいつまで無効を主張できるのかなどについて議論の余地が残されている（改正およびそれに関係する議論については、山本敬三「民法の改正と意思能力の明文化——その意義と残された課題」水野紀子＝窪田充見編集代表・財産管理の理論と実務〔日本加除出版、2015〕23 頁以下、村田彰「『意思能力』を考える——『意思能力』を定義する場合の留意点を中心として」名城法学 66 巻 3 号〔2016〕183 頁以下。また、行為能力も含んだ最近の検討として熊谷士郎「『能力』法理の縮減と再生・契約法理の変容」消費者法研究 2 号〔2017〕11 頁以下も参照）。

II　意思能力の意義

1　意思能力が必要とされる根拠

　意思能力を欠く法律行為が無効とされる根拠としては、「意思の欠缺」が挙げられる。私的自治の理念を前提に、意思能力を欠く法律行為は、意思に基づく行為とはいえない、あるいは、法律効果の発生を欲する意思（効果意思）を欠くものとして、無効とされる。ここでは、法律行為、また、それによる法律関係の発生・変更・消滅を、表意者の意思に基づくものとして負担させることができるだけの理解力・判断力が前提にされている。

　意思の欠缺のほかに、理解したり判断したりする能力が低下した者を「保護」することが根拠として挙げられることもある。実際に、成年者の場合には審判を経なければ制限行為能力者とならないため、審判を受けていない者について意思無能力を理由に契約を無効とする判例が存在し、高齢者の保護に役立っている。今回の明文化も「判断能力が低下した高齢者をめぐる財産取引上のトラブルに対応するための規律」であることに注目したものである（部会資料73A・25頁、一問一答13頁）。

2　意思能力の定義

　意思を欠く状態、いいかえれば意識のない状態で行われた法律行為は無効である。泥酔、薬の作用、病気などのために一時的に意識を失っていた場合がこれに該当し、そもそも「行為」があったとさえいえないことも多い。しかしそれだけではなく、意思をまったく欠くわけではないが、行為の意味や結果について理解したり判断したりすることができない状態にある場合についても、意思無能力であるとして法律行為は無効とされる。

　今回の改正において、意思能力は定義されなかった。中間試案の段階では、「法律行為をすることの意味を理解する能力」とされていたが、一致した意見が得られなかったことから、規定されず、解釈に委ねられた（部会資料73A・24頁以下）。制限行為能力者の場合には「精神上の障害」が要求されている（7条等）が、この「精神上の障害」という「生物学的要素」を考慮す

るべきかどうかや自己の行為を支配するのに必要な制御能力を考慮するかどうかなどについて見解が一致しなかったようである。

改正に際して、意思能力を「事理弁識能力」とする見解も検討されている（中間試案補足説明7頁以下）。行為能力の際に問題となる事理弁識能力（7条等）を欠く状態は「日常的に必要な買い物も自分ではできず誰かに代わってやってもらう必要がある程度」とされており（最高裁判所事務総局家庭局・成年後見制度における鑑定書作成の手引〔2017〕2頁）、これは、すべての法律行為に一律に必要とされる最低限度の能力であると考えられる。

意思能力は、一般に、7歳程度の理解力とされることが多い。中間試案概要でも「7歳から10歳程度の理解力であって、取引の仕組みなどを理解した上で自己の利害得失を認識して経済合理性に則った判断をする能力までは不要であると言われている」とされているが、それは法律行為の種類・内容によっても異なるとされる（部会資料27・15頁以下）。法律行為ごとに異なる点についても、改正作業においては意見が一致しなかったようであるが（第193回国会参議院法務委員会会議録14号29頁、一問一答13頁以下）、これを前提にすれば、定型的に捉えられる事理弁識能力の欠如に比べ、もう少し幅のある概念ということになる。この場合には、法律行為の種類・内容に応じた説明や理解力・判断力の程度に応じた支援等を考慮した上で、意思能力の有無を判断することも考えられるであろう。

3　意思能力の位置付け

意思無能力の問題は、錯誤・詐欺・強迫と同じように意思表示の問題なのか、それとも、人の属性、すなわち意思能力を欠く人の問題なのか、そのいずれの問題として理解するかも争われている。これは、意思無能力が、意思の欠缺なのか、表意者保護の問題であるのかという、法律行為が無効とされる根拠に関係すると考えられるが、規定の位置や何を無効とするかにも関係している。今回の改正によって、行為能力と同様に「第2章　人」の部分に位置付けられ、法律行為が無効になるとされた。改正に際しては、「第5章　法律行為」の部分に位置付け、意思表示を無効とすることも議論された（第95回会議議事録2頁以下、第97回会議議事録4頁以下）。

14　**2**　意思能力

意思能力が行為能力と密接な関係にあることは疑いないが、一時的な意思無能力もあることから、人の属性として規律する行為能力とは異なり、やはり意思表示に関する規定として定めるべきであったと思われる。

4 「意思表示をした時」

中間試案において「法律行為の時に」とされていたものが「意思表示をした時に」に変更された。法律行為と意思表示の区別を前提に、契約の成立は承諾時に成立することとされているが（522条）、契約（法律行為）成立時ではなく、申込（意思表示）時に申込者が意思無能力であった場合に契約が無効であることが明確化された。改正民法97条によれば、意思表示は到達時に効力を生ずるが、発信後に意思無能力となっても、効力は妨げられないから、発信時に意思無能力である場合に無効となる（ただし526条）。また、意思表示の受領能力について「意思能力を有しなかったとき」が付け加えられた（98条の2）。

なお、意思能力を有しない者が代理人としてした行為も無効である（一問一答29頁注2）。また改正民法465条の6以下において、事業に係る債務についての保証契約について公正証書の作成が要求されており、準備的行為として表示される保証債務を履行する意思が公証人によって確認されるが、意思表示に瑕疵がないことが担保されるわけではなく、保証契約は意思無能力を理由として無効であることがあり得る（第192回国会衆議院法務委員会議録14号18頁以下）。

III　無効の意義

1 取消的無効

無効を主張できる者についても、意思無能力者側が主張した場合にだけ無効になるのか、それとも、相手方等からも無効を主張できるのかについて争いがあった。

法律行為が当事者の意思通りに法律効果を認める制度だとすれば、たとえ外形上法律行為が存在しているとしても、意思を欠く法律行為には、そもそ

も法律効果を認めることができない。したがって、当然に無効であり、追認もできず（119条）、取消しとは違って、誰からの主張によることなく（120条参照）、また、期間の制限もなく（126条参照）、誰もが誰に対しても主張できることになる。

　しかし、法律行為の相手方からの無効主張を認める必要性はないことが主張され有力化していた。この見解では、意思無能力者が無効を主張しない限り、法律効果が発生するのと同じことになる（いわゆる取消的無効）。期間制限についても、長期間経過後にも無効の主張を許すことに対して疑問が出されていた。

　改正に際して、「取消し」にする案が出されていたが、取消権者がいない場合に意思能力を欠く者の保護に欠けることや、取消権の行使期間には制限がある点で意思能力を欠く状態で法律行為をした者の保護に欠けることなどが考慮され、「無効」になり、争われていた主張できる者の範囲や期間制限等については、解釈に委ねられた（中間試案補足説明10頁、一問一答14頁注）。

　定義に関して述べたように、意思能力は法律行為の種類・内容ごとに異なり得るとしても、法律行為ごとに必要とされる最低限度の理解力・判断力の欠如は、なお「意思の欠缺」と理解されるようである（第30回会議議事録47頁以下参照）。意思の欠缺という理解には無効という効果が一貫する。ただし、意思無能力の場合と同様に意思欠缺ゆえに無効とされてきた錯誤は、取消しに変更された（95条）。錯誤の場合には表意者の帰責性が考慮できる点に違いがあるようである。

2　二重効の問題

　意思無能力を理由とする無効と、行為能力の制限を理由とする取消しとの関係も問題になる。すなわち、制限行為能力者の行為について、意思無能力を理由とする無効を認めることができるかという問題である。論理的に考えれば、無効であればそもそも法律効果が発生していないのであるから、取り消す対象が存在しないことになる。しかし、いずれも法律行為の効力を否定するもの（121条）であり、取消しを主張している表意者に対して、無効であり取り消せないと相手方が主張することは無意味である。また、表意者を

保護する制度であるとすれば、保護の手段は重要ではない。したがって、表意者側は、いずれも主張することができる（前掲・大判明治38・5・11が傍論として認める）。

　両者が競合する場合、年齢や審判という画一的な基準をもつ行為能力の制限のほうが立証が容易であることから、意思無能力を主張するメリットはあまりない。しかし、取消しには期間制限（126条）があり、無効については制限する規定がないため、いずれも主張できるということとは別に、取消しできなくなった後に、無効主張ができるかが問題になる。学説においては、少数説として、行為能力の制限は単に意思無能力を画一化しただけのものにすぎないという理解を前提に、意思無能力制度を、制限行為能力制度が機能しない範囲で補充的に認めれば十分であり、期間制限もすべきであるという見解が主張されていた。

　この二重効の問題も、「また、制限行為能力者が意思能力を欠く状態で行った法律行為は、行為能力の制限を理由として取り消すことができるとともに、意思能力を欠いたことを理由として無効を主張することもできると一般に理解されているが、この点についても、従前と同様の考え方が妥当することになる」（中間試案補足説明10頁）とされ、明確な形では解決されていない。

　なお、意思無能力者について成年被後見人に関する規定を類推適用できるかどうかも問題になり得る。意思無能力が人の属性でないとすれば、当然には類推適用できないことになるが、民法158条と同様に時効の完成猶予を認める判決がある（最判平成10・6・12民集52巻4号1087頁、最判平成26・3・14民集68巻3号229頁）。ちなみに、民法449条は、行為能力の制限によって取り消すことができる債務を保証した者について規定するが、保証債務の付従性に対する例外規定であることから、行為能力が制限されている場合に限定して適用すべきであろう。

3　原状回復義務

　無効な法律行為に基づいて給付がなされている場合には、不当利得の返還義務が生じる。しかし、いわゆる給付利得の場合に、民法703条・704条の

規定を適用することに反対する見解が有力化していた。また、制限行為能力者は、取り消した場合に、現に利益を受けている限度において返還の義務を負うとされていたが（旧121条ただし書）、これは制限行為能力者を保護する趣旨であり、意思無能力者にも同様の保護を与える必要があることから、類推適用が認められると考えられていた。

改正により、無効な行為に基づく債務の履行として給付を受けた場合について、給付利得についての特則として、原状回復義務が規定され、また、行為の時に意思能力を有しなかった者について、現に利益を受けている限度において、返還の義務を負うことが明示された（121条の2）。中間試案においては、意思能力を回復した場合には回復後に行為を了知した時点での現存利益とする提案がされていたが、解釈に委ねられた（部会資料66A・39頁）。

なお、詐欺の場合のように第三者を保護する規定（96条3項）がないことから、意思無能力者の法律行為が無効であるとすると、意思無能力者の相手方に対してはもちろん、相手方からの転得者等に対しても、無効を主張できることになる。

Ⅳ　いくつかの問題点

1　行為能力の制限との関係

制限行為能力制度につき、意思無能力の立証困難を緩和するものとする見解と、それにとどまらず、とくに未成年者の場合等を念頭に、意思能力があることを前提にそれ以上の能力を欠く者を保護するものとする見解が存在している。

意思能力が法律行為の内容ごとに異なり得ることを前提とすれば、制限行為能力制度は、意思無能力の立証困難を緩和するものと理解できるが、十代後半の未成年者の法律行為についても原則として取消可能とすることは、意思無能力の立証困難では説明できないように思われる。

2　適合性原則との関係

意思能力が法律行為の内容によって異なるとすると、主として金融取引等

の分野で問題とされてきた適合性原則（金商 40 条 1 号参照）との関係も問題になる。

適合性原則とは「高齢者や若者など消費者の特性（知識、経験及び財産の状況等）に応じた勧誘を行わなければならないという原則」とされ（第 1 期「消費者基本計画」〔平成 17 年 4 月閣議決定〕9 頁）、その違反については、民事上の効果として損害賠償等が考えられるが（最判平成 17・7・14 民集 59 巻 6 号 1323 頁）、狭義の「ある特定の利用者に対してはどんなに説明を尽くしても一定の商品の販売・勧誘を行ってはならない」（金融審議会第一部会「中間整理（第一次）」〔平成 11 年 7 月 6 日〕17 頁以下）とのルールは、理解力・判断力に関する面では、意思無能力に重なると考えられる。また、「意思の欠缺」とまではいえない場合については、適合性原則のほか、公序良俗（90 条）違反（いわゆる暴利行為）等による救済も検討する必要がある。

3　無効と日常取引

成年被後見人は、事理弁識能力を欠く常況にあるため、通常は意思無能力であると考えられるが、「日用品の購入その他日常生活に関する行為」については、取消しが認められていない（9 条ただし書）。このただし書には、本人の能力を最大限に活用するという観点が含まれているが、意思無能力であった場合には日常生活に関する行為であっても無効が認められる。この点について、意思無能力についても、相手方となるべき者が無効となることを警戒して取引に応じてくれないという懸念から、日常生活に関する行為については無効主張を認めないということが検討されたが、日常生活に関する行為が意思能力を欠く状態で行われることは現実にはまれであることなどから、採用されなかった（中間試案補足説明 10 頁）。意思能力を欠く状態にならないように、十分な情報提供や意思決定の支援等を行うことが、より重要である。

4　相手方の保護

意思無能力においては、取引の安全を犠牲にして、すなわち、たとえ相手方が善意・無過失であっても、表意者が保護される。しかし、取引の安全を重視する観点ならびに改正民法 95 条 3 項および 713 条ただし書と共通する

考え方から、表意者の帰責性の程度（いわゆる「原因において自由な行為」）や相手方の主観的事情（例えば善意）等によって、意思能力を欠く法律行為を有効とするべき場合があるという主張がなされ、検討されたが、採用されなかった（部会資料 27・18 頁、第 30 回会議議事録 53 頁）。意思無能力とされる場合には「意思が欠缺している」とされることからすれば、相手方の保護や表意者の帰責性を考慮する必要はないであろうが、意思無能力とされる理解力・判断力の程度によっては、意思の欠缺から表意者の政策的な保護へと重点が移ることになり、これらの観点を検討する余地もあり得ると思われる。

5　適用範囲

判例・学説が一致して認めてきたことを明文化したにすぎないことからすれば、従来、「意思能力」が問題になるとされてきた場合についての取扱いにも変化はないと考えられる。意思能力は、財産の取引以外に、次のような場面で問題にされてきた。

(1)　遺言

遺言は死後の法律関係に関する法律行為（単独行為）であるが、行為能力の規定（5 条・9 条・13 条・17 条）は適用されず（962 条）、15 歳に達した者は遺言をすることができ（961 条）、成年被後見人も事理弁識能力を回復した場合には遺言をすることができる（973 条）。しかし、遺言者は遺言をする時にその能力を有しなければならない（963 条）。ここでいう「能力」とは、意思能力であるとされる（973 条参照）。

(2)　身分行為

身分行為とは、婚姻、離婚、認知、養子縁組等の家族関係に関する法律行為をいうが、財産に関する法律行為とは異なる規律（742 条等）がされており、意思能力を欠く場合には、無効であるとされてきた（最判昭和 43・8・27 民集 22 巻 8 号 1733 頁参照）。その程度は、人生に及ぼす影響の重大性に鑑み、15 歳が限界とされているようである。（新注民(1) 246 頁 [高梨公之]）

(3)　訴訟行為

民事訴訟法 28 条は訴訟能力について、民法その他の法令に従うとしている。したがって、行為能力の有無で判断されるが、人事訴訟については、行

為能力の規定は適用がない（人訴13条）。いずれにしても意思能力が前提とされる（大判大正2・3・18民録19輯133頁、最判昭和29・6・11民集8巻6号1055頁。なお、刑訴28条・314条参照）。

(4) その他

そのほかにも、法律行為とは関係しない形で「意思能力」が問題になる場面がある。例えば、過失相殺に関する判例において、責任能力と区別する形で、「事理を弁識するに足る知能」という表現が使われている（最判昭和39・6・24民集18巻5号854頁）。また、意思能力のない幼児の監護は、人身保護法および同規則にいう「拘束」に該当するとされている（最判昭和43・7・4民集22巻7号1441頁）。民法824条ただし書の同意（大判大正8・3・1民録25輯352頁、ただし労基58条1項参照）や医療行為を受けることの同意等との関係も問題になる。

意思表示のほかに「意思」が問題になる場合としては、民法の条文に限っても、占有の「意思」（180条）、所有の「意思」（162条等）、債務者の「意思」（462条2項等）、事務管理における本人の「意思」（697条）、成年被後見人の「意思」（858条）等があり、例えば所有の意思については、15歳程度の者につき、特段の事情がない限り、自主占有が認められるとされている（最判昭和41・10・7民集20巻8号1615頁）。これらの「意思」は、権原や諸般の事情により認められ、また、反証がない限り存在するとされることが多いが、これらと意思能力との関係についても、従来からの議論に対する改正による影響はないと思われる。

さらに、責任能力（712条・713条）との関係も問題である。法律行為について理解・判断する能力と、不法行為について理解・判断する能力には違いがあるようにも思われるが、「意思に基づくとはいえない」という観点からすれば、意思無能力と責任無能力とは区別されない。しかし、判例は、監督義務者等の責任（714条）等との関係もあって、未成年者の責任能力が認められるのは12歳程度としている。また、責任能力を、帰責根拠である過失との関係ではなく、弱者保護等の政策的な制度と理解する見解が有力であり、この見解によれば、意思能力と同じ基準で判断する必要はない。

3 意思表示

同志社大学教授 **大中 有信**

要点

① 錯誤の構成要件についての二元的把握
② 第三者保護規定の整序

解説

I はじめに

改正前の民法典は、意思表示の有効性について、意思の不存在と瑕疵ある意思表示を峻別し、前者について意思表示の無効を、後者について意思表示の取消可能性を効果として規定した。そしてこのような態度は、いわゆる動機の錯誤について、それが詐欺・強迫の要件を充足しない限り原則として意思表示の効力に影響を及ぼさないとの基本構想に立脚するものである。

しかし、周知のように最高裁判例は、大審院判例を引き継いで「意思表示をなすについての動機は表意者が当該意思表示の内容としてこれを相手方に表示した場合でない限り法律行為の要素とはならないものと解するを相当とする」（最判昭和29・11・26民集8巻11号2087頁）と述べ、いわゆる動機表示構成を採用した。そして、その後抽象的な説示のレベルでは終始この態度を貫いてきた。

したがって、条文上「法律行為の要素」として一括される錯誤無効には、意思と表示の不一致を無効の根拠とする表示錯誤と表意者の事実認識との不一致が問題となる動機錯誤（事実錯誤）という2つの性質を異にする類型が包摂されることになった。意思表示法に関するもっとも重要な改正は、こうした現行判例法理のいわゆる二元的構成を明文化する点にある。

Ⅱ　改正前民法下における判例法理と学説の状況

1　判例における動機表示構成の揺らぎ

　最高裁判例は、基本的に前述の動機表示構成を維持しているものと理解されているが、従来から繰り返し指摘されてきたように、その表現ぶりには相当程度のばらつきがみられる。

　すでに、前掲・最判昭和 29・11・26 は、動機が表示されるだけでなく意思表示の内容となっていることを要求していたが、動機表示が存在することを認めるが法律行為の内容となっているかどうかを問題とする判決例が存在する（最判昭和 37・12・25 集民 63 号 953 頁、最判平成元・9・14 集民 157 号 555頁等）一方で、法律行為の内容化ではなく要素性の有無のみを判断するものがある（最判昭和 38・10・18 集民 68 号 455 頁、最判昭和 39・9・25 集民 75 号525 頁等）。さらに、近時、保証契約における主たる債務者がいわゆる反社会的勢力であるか否かを保証契約締結の動機であると位置付けた上で「動機は、たとえそれが表示されても、当事者の意思解釈上、それが法律行為の内容とされたものと認められない限り、表意者の意思表示に要素の錯誤はないと解するのが相当である」として、明確に、動機表示に加えて契約内容化を要求するものがあらわれた（最判平成 28・1・12 民集 70 巻 1 号 1 頁、最判平成 28・12・19 判時 2327 号 21 頁等）。

　他方、事実認識についての誤りが問題でありながら、要件としての動機表示について何ら言及しないものも存在する。この中にも、法律行為の内容化のみ問題とする裁判例があり（最判昭和 32・12・19 民集 11 巻 13 号 2299 頁、最判昭和 34・5・14 民集 13 巻 5 号 584 頁等）、あるいは動機表示について同じく言及することなしに、錯誤が表意者の相手方によって惹起されたことを認定した上で端的に要素の錯誤であるかどうかのみを問題とするものもある（最判昭和 37・11・27 判時 321 号 17 頁、最判昭和 40・6・25 集民 79 号 519 頁等）。

　このように、判例における動機表示構成は単に動機が意思表示の相手方に表示されたことによって錯誤による法律行為の解消を認めるのではなく、表意者の動機（事実認識）が相手方にあらわれていることは前提とした上で、

契約内容となったのかどうかあるいは法律行為の要素といえるかどうかといったさらなる基準によって事実認識の誤りからくるリスクを相手方に転化するという態度をみせてきた。もっとも、法律行為の要素は、法律行為の内容の重要な部分である以上、判例の大勢は論理的には動機が契約内容となっていることを要件としてきたといってよい。その上で、錯誤と意思表示の間の主観的・客観的因果関係をも要求してきた。

2　学説の状況

学説は以上のような状況にある判例の立場を合理的に再構成すべく、大別して2つの立場が有力に主張されてきた。

第1の立場は、法律行為の拘束力の基礎を相手方の信頼に置き、相手方の認識可能性を基軸として錯誤要件を再構成しようとする方向である。すでに、伝統的通説は動機表示を相手方が表意者の錯誤を認識する徴表と評価していたが、これを進め表意者が錯誤に陥っていることあるいは表意者にとって重要であることの認識可能性を要件として要求し、表示錯誤と動機錯誤とを一元的に取り扱おうとするものである。そして、錯誤に陥っていることについての認識可能性を要求する立場からは、これと並んで、錯誤の共通性もしくは表意者の相手方によって錯誤が惹起された場合にも錯誤無効を認める態度を示した。

これに対して、近時は、表示に対応する意思を欠く表示錯誤と動機錯誤の法的な異質性を承認して、動機錯誤を事実と法律行為の不一致と捉えた上で、誤った観念が法律行為の内容となっている場合に限って錯誤による法律行為の拘束力からの解放を承認するという立場が暫時有力化する方向にあった。

Ⅲ　改正民法における二元的構成の意義

こうした状況の中で、改正民法は従来判例が一貫して堅持してきた立場、すなわち表示錯誤と動機錯誤との区別を明確に規定している。

「法律行為の要素」という一元的な構成要件は条文上姿を消し、改正民法95条はその1項において錯誤取消しの基本的な構成要件として、2つの類型

を規定した、すなわち「意思表示に対応する意思を欠く錯誤」と「表意者が法律行為の基礎とした事情についてのその認識が真実に反する錯誤」である。前者が講学上の表示錯誤に、後者がいわゆる動機錯誤に当たることは明らかである。

　ただし、条文の表現上としては「動機錯誤」という用語は採られていない。伝統的に、動機は効果意思形成の動因と位置付けられる心理学的表現であり、意思内容そのものではない。したがって意思表示の内容とはなり得ないと理解されてきた。そのような理解を前提とすると、判例の「動機が表示されて意思表示の内容となる」という命題自体矛盾した表現と受け取られるおそれがあることから、これを避けたものであろう。そして、動機錯誤が事実認識についての誤りであるという論理的な関係を踏まえて「事情についてのその認識が真実に反する錯誤」という形で表現したものと見るべきである。

　このような二元的構成は、どのような法的意義を有するであろうか。意思表示に対応する意思を欠く錯誤は、意思表示に与えられる法律効果について表意者は決定を行っていない。これに対して、いわゆる動機錯誤の場合は異なる。

　法律行為を行うか否かを判断するに当たって、表意者はさまざまな事実認識に基づいてこれを行う。この法律行為を行う際に有意的な情報収集の誤りは原則的として表意者自身がこれを負う。したがって、情報収集の誤りから生ずるリスクを相手方に転化するためには特別の要件が必要となる。改正民法が意思表示に対応する意思を欠く錯誤について、95条1項の柱書の規定する錯誤の重要性のみを要件とするのみであるのに対して、法律行為の基礎とした事情についての錯誤については、重要性だけではなく、2項の規定する要件、すなわち「その事情が法律行為の基礎とされていることが表示されていた」との要件を充足する必要がある。

　改正民法は、表示錯誤と動機錯誤による法律行為の取消しを別の構成要件で捉え、動機錯誤については、錯誤の対象である事情が表示を通じて法律行為の基礎となったことを要求したものである。

25

Ⅳ　事情の基礎化要件

1　事情についての表示

さて改正民法95条2項は、表意者が法律行為の基礎とした事情についてのその認識が真実に反する錯誤がある場合、表意者が錯誤取消しを主張できるのは、その事情が法律行為の基礎とされていることが表示されていたときに限る。事情についての表示が要求されるのは、判例の動機表示を踏まえたものであって、この要件が従来の判例法理と錯誤が承認される範囲を変更するものではないことを明確化している。

改正民法はこれを告知ではなく「表示」と規定していることから、明示の表示のみならず、黙示の表示も含む表現となっている。すでに、最高裁は黙示による動機表示による錯誤無効を承認してきたところであるから（最判平成元・9・14集民157号555頁）、改正民法のこの表現はこの点について変更を加えるものではない。

2　相手方による錯誤の惹起と事情の表示

第2に、表意者にとっての法律行為を行うに当たってその基礎とした事情が、「法律行為の基礎とされていることが表示される」との文言は、いわゆる受け身の表現をとっており、表示の主体が表意者であるのか、相手方であるのかを明らかにせず、いずれであっても、この要件を充足する可能性を認めている。

すなわち、単に表意者が当該事情が法律行為の基礎であることを表示する場合だけでなく、相手方によって、その事情が法律行為の基礎であることが表示され、表意者に示された場合をも含み得る表現となっている。

改正民法の立法過程をみれば、中間試案第3、2(2)イは、「表意者の錯誤が、相手方が事実と異なることを表示したために生じたものであるとき」には、法律行為の内容化ないし基礎化という要件なしに錯誤取消しを承認し、相手方による錯誤惹起を別の構成要件として規定することを提案していた。

これに対して改正民法は、このような構成要件を正面から規定するにいた

らなかったが、表意者自身の表示によって一定の事情が法律行為の基礎となる場合だけでなく、相手方がそのような事情について表示し、これが表意者に表れていた場合にも、法律行為の基礎に関する錯誤として取消可能性が承認されている。

従来判例が、表意者が表示したか否かを問題とせず、明らかに相手方が誤った情報を伝達した場合に、表意者が動機を表示したことを認定することなく動機錯誤に基づく錯誤無効を承認した事例（最判昭和 37・11・27 判時 321 号 17 頁、最判昭和 40・6・25 集民 79 号 519 頁等）も、これによって文理に従って本条が適用されることとなる。

もっとも、中間試案とは異なり、当該事情の基礎化は要求する点で従来学説が主張してきた、相手方によって惹起された動機錯誤による法律行為の解消（通常、契約内容化は要求しない）とは、その要件構成において異なる。もっとも、改正民法も契約内容となることを要求しているわけではなく、行為の基礎とされたことを要求するのみであるから、法律行為の基礎化要件の内実をどのように解するかによって、解釈の分かれる余地がある。立法に際しては、表意者もしくは相手方の表示によって示された事情について、両当事者が合意ないし承認してはじめて法律行為の基礎となることを認める見解が強く主張されたが、他方で、相手方が当該事情が真実ではなかった場合法律行為による拘束を意欲しないことについての認識ないし認識可能性で足りるとする見解も有力に主張された。

この点は、今後の解釈に委ねられているとみるべきである。

3　法律行為の基礎

第 3 に、法律行為の基礎という表現である。法律行為の基礎という表現は、ドイツ法におけるいわゆる行為基礎概念を想起させる。行為基礎は法律行為の内容の反対概念であって、わが国における事情変更の法理（客観的行為基礎）と共通錯誤およびそれと同視される相手方によって惹起された錯誤（主観的行為基礎）の双方を含む。したがって、それには例えば典型的な契約内容である給付合意された事情は含まれない。

しかし、本条の「法律行為の基礎」という表現はこれと異なるというべき

27

である。

　従来の確立した判例法理によれば、特定物売買における特定物の性質についての錯誤は、当該性質について表示されていた場合、錯誤無効が承認されてきた（大判大正6・2・24民録23輯284頁〔受胎した良馬事件〕）。判例法理を明文化するという錯誤法における基本的態度からすれば、法律行為の対象たる特定物の性質はここでいう行為の基礎である。

　他方、改正民法は特定物と種類物を区別しないで約定された性質を備えた物を給付すべき義務を負うことを規定するから（562条・565条）、特定物が備えるべき性質についての表示はまさに意思表示の内容を構成し、同時に契約内容である。そうすると、体系的な整合性という観点からは、ここでいう行為の基礎と法律行為の内容とを対立概念と捉えることはできない。

　従来の判例の大勢は、法律行為の内容化を要素性判断の前提として要求する方向であることはすでに述べたが、必ずしも判例の定式が何を意味するかが明確でないために、伝統的には給付合意のみを意味すると解されるおそれのある「法律行為の内容」という用語を回避して「法律行為の基礎」としたものであって、給付合意を含むより広い概念と解し得るものである。立案担当者も、この文言によって従来の判例法理に変更を加えることを意図したものではないと説明している（部会資料83-2・2頁）。

Ⅴ　錯誤の重要性

　周知のように大審院は、法律行為の「要素」を定義して、次のような理解を示した。まず表意者の錯誤が、意思表示の内容に関するものであること、次に当該錯誤がなければ、表意者が意思表示を行わなかったと考えられるだけでなく（錯誤と表示の主観的因果関係）、通常人の合理的判断を勘案しても同様であると考えられるほど、錯誤は重要なものでなければならない（大判大正3・12・15民録20輯1101頁）。この要件を満たす場合に、錯誤は要素に関する錯誤である。

　改正民法95条は、その1項柱書において、この点を問題としている。しかし、その表現は「その錯誤が法律行為の目的及び取引上の社会通念に照ら

して重要なものであるとき」とされており、これは従来の客観的因果関係と同様の内容を規律するというべきである。主観的因果関係は存在しないが、客観的因果関係のみ存在する場合は、ほとんど考えることはできないし、主観的因果関係がなければ錯誤取消しを主張することも通常考えることはできないから、従来の判例法理を踏襲したものとみるべきである。

VI　効果としての取消し

　錯誤の効果は無効から取消しに改められている。改正前においても、無効の主張は原則として表意者に制限されてきた（最判昭和40・9・10民集19巻6号1512頁）。学説の大勢は錯誤無効をできる限り取消しに近づけるべきであることを主張してきた。これを改正民法においては正面から認めたものであり、取消権者は明文によって原則として表意者となった（120条2項）。

　取消しの結果、無効となった法律行為（無効な法律行為も同様）に基づく給付について、給付の受領者は原状回復義務を負う（121条の2第1項）。

VII　錯誤者の重過失と取消可能性

　改正民法95条3項は、表意者に重過失がある場合、取消権行使を認めない。この点は、改正前の取扱いと同様である。

　さらに、相手方が表意者の錯誤につき悪意もしくは重過失である場合、相手方も同一の錯誤に陥っている場合（東京地判平成14・3・8判時1800号64頁）には、表意者に重過失があった場合であっても取消権行使を認める。これも従来の通説的見解を明文化したものである。

VIII　意思表示法における第三者保護

　改正民法95条は、その4項において、錯誤取消しを善意無過失の第三者には対抗できないことを規定している。同様に、詐欺取消しについての改正民法96条3項も同様の規定とされた。これは従来の通説的見解を明文で規

定したものである。

　他方で、心裡留保による無効主張は善意の第三者に対して対抗できないとされた。これも判例（最判昭和44・11・14民集23巻11号2023頁）が代理人の権限濫用による無効について94条2項を類推して適用することを承認してきた規律の明文化である。意図的に行われた表示に対応する意思を欠く意思表示に対しては、第三者保護要件が緩和されており（第三者の過失の有無は問わない）、この点も通説・判例を踏襲したものということができよう。

IX　その他の改正点

1　第三者詐欺の要件

　第三者詐欺によって法律行為が取消可能となる場合は、改正前民法96条2項によれば、表意者は相手方が第三者による欺罔について悪意であることを主張証明してはじめて、取り消すことができた。しかし、改正民法96条2項は、相手方の有過失を主張証明した場合にも、取消権を認めている。

　これは、意図的に表示に対応する意思をもたずに意思表示を行う心裡留保の場合ですら、表意者は相手方の有過失を立証すれば、法律行為の無効を承認されるのと比較して、第三者の欺罔行為によって瑕疵ある意思表示をした表意者が保護される範囲が、相手方が悪意の場合にのみ限定されるのは、均衡を失していると評価されたためである（部会資料66A・3頁）。

2　意思表示の到達

⑴　到達主義の適用範囲の拡大
　改正民法97条は、まず1項において、改正前民法がその適用を隔地者間に限定していた到達主義原則を、広く意思表示一般に及ぼした。

⑵　相手方が到達を妨げた場合の到達擬制
　次に改正民法97条2項は、相手方が意思表示の到達を正当な理由なく妨げた場合、通常到達すべきであった時に到達したものとみなす旨の規定を置いた。

　判例には、内容証明郵便の内容を推知しながらその受領を拒むことで意図

的に意思表示の到達を妨げた場合になお意思表示の到達を認めたものがある（最判平成 10・6・11 民集 52 巻 4 号 1034 頁）。この規定は、この判例の趣旨を一般化したものである。

(3) 通知発信後の事情の拡大

最後に、改正民法 97 条 3 項は、表意者の通知発信後に生じても、意思表示が効力が有することを認められる場合として、改正前民法の「行為能力の喪失」という文言を「行為能力の制限」と改めて、表現を整えるとともに、意思無能力の規定の導入（3 条の 2）に伴い、新たに発信後意思能力を喪失しても意思表示が有効であることを規定した。

4 代理(1)——有権代理

同志社大学教授 **佐々木典子**

要点

① 代理人の詐欺によってした相手方の意思表示への改正民法 101 条の不適用
② 本人による指図の不要性
③ 他の制限行為能力者（本人）の法定代理人としてした制限行為能力者（代理人）の代理行為の取消し
④ 復代理人を選任した代理人の責任制限規定の削除（任意代理）
⑤ 外部関係の規定としての「代理」規定と内部関係の規定としての委任の規定

解説

I 序：民法総則の規定としての代理規定

A（本人）のためにすることを示して（顕名）、B（代理人）がC（第三者＝代理行為の相手方）との間で代理行為を行った場合、代理行為の効果である契約（法律行為）はAC間で成立する。

任意代理の場合、AがBに一定の法律行為をするべく委任する際、併せて代理権が授与されること（代理権授与行為）が多いが、民法総則の「代理」の箇所で規定されるのは、第三者（相手方）と本人との関係（AC）および第三者と代理人（BC）との関係（あわせて、外部関係）であり、本人が代理人に一定のことを委任する関係（AB間における権利義務を発生させる関係、内部関係）は、契約各論の「委任」などの箇所で規定される。

法定代理については、代理権の発生原因だけでなく、代理権の範囲、消滅

などについても民法総則以外の箇所で規定されているが、民法総則の代理規定は、法定代理の場合にも適用される。とくに、法定代理については、本人と代理人との関係について規定する箇所がないので、「代理」で規定された（法典調査会速記録一〔商事法務版〕1頁以下）。今回の改正に際して、総則の代理規定を、任意代理の場合のみに適用することも検討されたが、この点について改正はされなかった。

Ⅱ　代理人の詐欺によってした相手方の意思表示への101条の不適用（同条1項および2項）

1　改正前民法における101条1項

⑴　内容

101条1項では、代理における意思の欠缺・瑕疵の場合と、意思の内容ではなく、ある事情を知っているか否かという、意思に付帯する事実（主観的態様）が問題となる場合とにおいて、代理人を基準として判断することを規定している（鳩山秀夫・法律行為乃至時効〔信山社、1998〕272頁・276頁）。すなわち、代理人の意思表示の効力に直接関わる、意思の不存在・欠缺、瑕疵を誰の意思で判断するのか、という問題と、意思表示の効力に影響を及ぼしはするが、それは間接的であり、意思の内容ではなく（意思表示外の事情であり）、意思に付帯している事実——知・不知・過失などの主観的態様——について誰の認識で判断するのか、という問題である（新注民(4)58頁以下〔佐久間毅〕）。

前者は、代理の法的構成にも関わる部分であり、法律行為の当事者（規範としての法律行為の当事者）は本人だが，法律行為の要素である意思表示を実際に形成する者が代理人であることから、意思表示の瑕疵などについては、本人ではなく、原則として代理人を基準として判断されることを規定する。

後者は、代理人が実際に相手方との間で代理行為を行なうことから、例えば、相手方の心裡留保による意思表示の際の、相手方の真意についての悪意・過失（93条ただし書）は、代理人で判断されるとするものである。判例には、法人による即時取得の際の善意無過失の要件について、法人の代表機

関ではなく、取引行為をした代理人で判断したもの（最判昭和 47・11・21 民集 26 巻 9 号 1657 頁）がある。

(2) 代理人の詐欺

改正前民法 101 条 1 項の文言は、「意思表示の効力が意思の不存在、詐欺、強迫……によって影響を受けるべき場合には」、代理人について決するとだけ規定する。そこで、大判は、意思表示の効力が詐欺によって影響を受ける場合にも、この事実の有無は代理人について定めることを規定しているのが同条であると解し、代理人の詐欺により相手方が意思表示をしたときも、意思表示の効力が代理人の詐欺によって影響を受ける場合であるとして、同条を適用して代理人で判断されるとする。そして、その上で、代理人の詐欺を「第三者」の詐欺とした（本人の悪意が必要）上告理由に対して、大判は、代理人が相手方を欺罔した以上、第三者の詐欺ではなく、「相手方」の詐欺であるとして、本人のその事実についての知不知は関係がないとした（大判明治 39・3・31 民録 12 輯 492 頁）。大判昭和 7・3・5（新聞 3387 号 14 頁）も、傍論ではあるが、意思の欠缺詐欺強迫善意悪意などすべて意思表示の効力に影響を及ぼす事情は代理人で判断するということを同条は規定しているとする。

このように、判例は、代理人の詐欺で相手方が意思表示をした場合も、代理人の詐欺によって相手方の意思表示が影響を受けた場合であるとして、改正前民法 101 条 1 項を介してこの事実は代理人で判断されるとした上で、代理人が相手方を欺罔した場合であるとして、民法 96 条 1 項の「相手方の詐欺」に当たるとしたのである。

これに対して、学説は、改正前民法 101 条 1 項の代理行為における瑕疵の問題は、専ら代理による意思表示について意思の欠缺等を問題にするものであるから、代理人が詐欺をした場合には、同条の定めるところではない（鳩山・前掲 274 頁）として、同条 1 項を介在させることなく、端的に民法 96 条 1 項を適用し、代理人の詐欺は第三者の詐欺となるのではないとしていた（我妻・総則 349 頁）。

2 改正民法 101 条 1 項および 2 項

⑴ 代理人による詐欺への 101 条の不適用の明確化——改正前民法 101
条 1 項の「代理人が相手方にした意思表示」と「相手方が代理人に
した意思表示」への書き分け

改正前民法 101 条 1 項は、代理行為において代理人が意思表示をする場合
（101 条 1 項）と、相手方が意思表示をする場合（同条 2 項）とに書き分けら
れた。さらに、1 項では、意思表示における意思の不存在、錯誤、詐欺強迫
が問題となる場合と、ある事情についての善意・悪意・過失が問題となる場
合とが、2 項では、ある事情についての善意・悪意・過失が問題となる場合
について、いずれも代理人で判断されることが規定された。

そして、この書き分けによって、代理人による詐欺に改正民法 101 条が適
用されないことが明確にされた（部会資料 13-2・75 頁、同 66A・12 頁）。す
なわち、代理人による詐欺によって相手方が意思表示をした場合に、意思表示
の効力が問題となるのは、「相手方の意思表示」においてである（代理人の
した意思表示の効力の問題ではない）から、1 項の問題にはならない。かつ、2
項は、相手方のした意思表示における、ある事情の善意悪意過失などについ
て代理人で判断する規定であるから、2 項の問題にもならず、いずれにしろ、
同条の問題にはならない。したがって、代理人の詐欺によって相手方が意思
表示をした場合には、代理行為の行為者として表れた代理人が相手方を欺罔
して意思表示をさせた場合に該当するのであるから、「相手方」の詐欺とし
て民法 96 条 1 項が直接適用されることになる。

具体的には、本人 A の代理人 B が相手方 C に対して詐欺を行い、相手方
がこれによって錯誤に陥って意思表示をした場合には、C が意思表示をする
際に代理人 B によって欺罔されたのであるから、意思表示の瑕疵は C にあ
り、その瑕疵は代理人 B（代理行為の相手方）の詐欺に導かれたものである
から、「相手方」の詐欺として、民法 96 条 1 項が直接適用されることになる。

これにより、改正前民法 101 条 1 項に関する前掲・大判明治 39・3・31 な
どはその意味を失い、学説に従った解釈がなされることになる。

なお、媒介受託者または代理人による詐欺について、相手方である媒介委

託者または本人の主観的事情にかかわらず、表意者は取り消すことができる
旨の規定を、96 条で別途規定することが中間試案の際議論されていた（部
会資料 58・6 頁）が、この規定を置くことによって媒介受託者・代理人に限
定することになり、かえって表意者の救済を狭めるおそれがあるとして、解
釈に委ねられることになった（部会資料 66A・4 頁）。

(2) 「錯誤」の文言の追加（101 条 1 項）

95 条の錯誤規定の改正に対応して、「意思表示の不存在」に含め得ない、
「動機の錯誤」に本条を適用するために、1 項に、「錯誤」の文言を追加した
（詳細は、**3**の解説参照）。

Ⅲ　本人による指図の不要性（101 条 3 項）

1　改正前民法

(1)　101 条 1 項と 2 項との関係

起草者は、代理人行為説にたち、代理人は、自己の意思を持って法律行為
をなし、その意思表示は、代理人の意思表示であることから、代理における
意思表示の瑕疵は、原則として、代理人で判断されるとし（梅・要議一 261
頁）、2 項は、1 項の一部分に対する制限であるとする（法典調査会速記録一
〔商事法務版〕42 頁）。代理人が不知であっても本人が知り、または、知り得
べかりし事項については、代理人の不知を持ち出すことは公平に反するから
である（我妻・総則 350 頁）。

(2)　本人の指図の必要性（旧 101 条 2 項）

本人の「指図」については、当初から、厳格に解されてはいず、改正前民
法の起草者も、この 2 項は、本人が代理人の意思決定に当たって「勢力ヲ
持ッタ」場合であるとし（法典調査会速記録一〔商事法務版〕42 頁）、判例も、
特定の法律行為の委託以外に、常に「本人ノ指図ヲ受クル特種ノ事実」は不
要であるとする（大判明治 41・6・10 民録 14 輯 665 頁）。学説も、問題の部分
が本人の意思によって決定されるというだけの意味であるとして、特別の指
図が必要なわけではないとする（鳩山秀夫・日本民法総論下巻〔岩波書店、
1924〕396 頁、我妻・総則 350 頁）。また、文言上は、特定の法律行為を委託

された場合となっているが、法律行為を包括的に委託された場合でもよい（石田穣・民法大系(1)〔信山社、2014〕789頁）、さらに、委託すら不要で、本人が代理人をコントロールし得る可能性さえ存すれば足りるとする見解（四宮247頁）もある。

なお、改正前民法101条2項を法定代理に適用することについては、制限行為能力者（本人）による代理人に対するコントロール可能性が期待し得ないことを理由として、学説の見解は分かれている（例えば、幾代・総則318頁は、判断能力が不完全な本人に2項を適用するのは妥当でないとする）。

2　改正民法101条3項

改正前民法101条2項の規定から、「本人の指図に従って」の文言が削除され、前掲・大判明治41・6・10の判例法理が明文化された（部会資料66A・14頁）。すなわち、本項の適用に際しては、「本人の指図」（代理人による指図の遵守性も）を要することなく、「特定の法律行為をすることを委託された」の解釈の問題となる。また、ここでの「特定の」は、改正民法13条1項各号に列挙された特定の類型の法律行為の意味とされている（部会資料66A・14頁）。

「特定の法律行為をすることを委託された」の文言は維持されたが、改正前民法101条2項における「本人の指図」という文言の削除により、同項における判例・通説の緩やかな解釈が採用されたといえ、このことからすると、同項の下で展開された解釈論――例えば、代理人に対する本人のコントロール可能性があれば、本人は代理人の主観的態様を自己の有利に主張できない――は、今後もとり得ると解される。その際、「特定の法律行為をすることを委託された」の要件は、前述のように、公平の観点に基づく、同条1項の制限規定としての2項（改正民法では3項が、1項、2項の制限規定として機能する）の趣旨に従って判断されるべきである。

なお、代理権授与行為に際しての本人の事情の知・不知・過失は、3項の解釈において顧慮される余地がある。

また、改正民法101条の審議過程で、同条3項（旧101条2項）は、法定代理については適用されないことを規定する案も出された（部会資料53・13

頁）が、この点については変更されていない。

IV 他の制限行為能力者（本人）の法定代理人としてした制限行為能力者（代理人）の代理行為の取消し（102条）

1 改正前民法

(1) 平成 11 年改正前の民法

改正前民法 102 条は、代理人は行為能力者である必要はなく、これを理由として代理行為を取り消すことはできないと規定している。

起草者は、この制定理由として、①代理行為の法律効果は本人に帰属することから、本人保護の規定である制限行為能力者の規定を代理人に適用することは不要であること、②本人があえて制限行為能力者を代理人として選任していることを挙げる（法典調査会速記録一〔商事法務版〕35 頁以下）。②は、本人があえて制限行為能力者を代理人として選任した以上、そのリスクは本人が負うべきとするものである。

また、起草者は、本条が法定代理にも適用されることを前提としていた。そして、任意代理の場合には、制限行為能力者にも委任できるとしたほうが妥当であるとして、制限行為能力者も代理人となることは承認されるとされる。法定代理の場合には、②の理由付けは妥当しないが、後見の欠格事由等の制限規定で処理すればよく、広い規定にしておいたほうがよいとされたのである（法典調査会速記録一〔商事法務版〕36 頁）。

たしかに、未成年者が親権者となった場合には代行者の規定があり（833条・平成 11 年改正前民法 867 条 1 項）、禁治産者、準禁治産者については、大判明治 39・4・2（民録 12 輯 553 頁）が、親権を行使し得ないとしていた。後見については、未成年者、禁治産者、準禁治産者は後見人の欠格事由とされ（平成 11 年改正前民法 846 条、847 条 1 項で保佐人に準用）ていた。したがって、平成 11 年改正前民法の下では、法定代理への本条の適用に関しては、実際上あまり問題とされていなかった。

(2) 平成 11 年改正民法

　平成 11 年改正民法では、後見人の欠格事由は前述の三者から未成年者だけに変更され（847 条、この規定が 876 条の 2 第 2 項で保佐人に、876 条の 7 第 2 項で補助人に準用）、例えば、被成年後見人自身も、他の者の後見人となり得る可能性が生じた。すなわち、後見人、保佐人、補助人が、その選任後に被成年後見人、被保佐人等の制限行為能力者となり、成年後見開始の審判等を受けても、後見人などの資格を喪失しないのである。未成年者の親権者が制限行為能力者となった場合についても、親権の欠格事由の規定はない。たしかに、後見人・保佐人・補助人には解任手続（846 条・876 条の 2 第 2 項・876 条の 7 第 2 項）があり、親権についても民法 835 条の管理権喪失の規定はあるが、これらの手続がなされない、あるいは、手続の完了まで時間を要することもある。

　したがって、改正前民法では、制限行為能力者が、他の制限行為能力者の法定代理人として代理行為をすることは制度上あり得た（なお、後見開始の審判は、民法 111 条 1 項 2 号で代理権消滅事由とされており、保佐人・補助人として代理行為をするには、特定の法律行為についての代理権付与の審判を受ける必要があり、実際上問題となり得るのは、未成年者の親権者が、保佐、あるいは補助開始の審判を受けた場合であろう）。例えば、未成年者の親権者について、保佐開始の審判がなされ、制限行為能力者となった後に、未成年者を本人とする代理行為をしても、改正前民法 102 条は、制限行為能力者も有効に代理行為をすることができるとしており、また、保佐開始の審判が代理権消滅事由とされているわけでもない。また、このような代理行為について、改正前民法 13 条で保佐人の同意を要すると規定されているわけでもなく、取消事由ともされていないのである。

　このように、平成 11 年改正民法は、制限行為能力者の自己決定権の保護などの観点から、制限行為能力を理由とする法律行為の制限事由を限定したが、制限行為能力者が他の制限行為能力者を法定代理することが制度上あり得、その意味では、制度間に矛盾が生じ、その場合に、制限行為能力者によって（法定）代理される本人（他の制限行為能力者）の保護が図られないという問題が生じていた。

39

2　改正民法

⑴　内容および改正の理由

代理人は行為能力者であることを要しないとする（「取り消すことができない」と明示）改正前民法102条の原則は維持された（102条本文）が、それとともに、同条ただし書で、例外として、制限行為能力者が、他の制限行為能力者の法定代理人であった場合には、その制限行為能力者が、他の制限行為能力者を本人としてした行為について取り消され得ることが規定された（ただし、「法定代理としてした行為」についてである）。

改正前民法102条だけでは、制限行為能力者である本人の保護が図られないこと、法定代理の場合には本人が制限行為能力者を選任したわけではないことから、代理人のなした法律行為のリスクを本人に負わせることは妥当でないことを理由とする（部会資料66A・16頁）。

そして、取引安全の保護を顧慮して、本人に原則として効果が帰属しない無権代理構成ではなく、取消構成がとられた（部会資料66A・16頁）。

⑵　関連する規定の変更

改正民法102条ただし書で、制限行為能力者が他の制限行為能力者のためにした代理行為が取り消され得ることを規定したのに併せて、この場合には、当該代理行為を行った制限行為能力者などだけでなく、本人である「他の制限行為能力者」なども、取消権を有することが規定された（120条）。

個別的には、改正民法102条ただし書で、制限行為能力者が他の制限行為能力者の法定代理人となってした代理行為は取り消すことができることを示し、改正民法13条1項に10号を付加して、被保佐人が、制限行為能力者の法定代理人として同条1項1号から9号に規定する行為をする場合には、保佐人の同意が必要であるとし、この同意なくして、同条1項所定の法律行為を代理行為として行った場合には、取り消し得るものとし（被補助人についても、改正民法17条1項ただし書で、13条1項を準用）、さらに、120条1項に括弧書で、制限行為能力者によって代理された本人である「他の制限行為能力者」自身も取消権を有する規定が挿入された。

40　**4**　代理⑴──有権代理

(3) 具体例

未成年者Aの親権者である父Bが後に保佐開始の審判を受けた後でAを本人として、Cとの間でAの不動産を売却した場合には、売買契約の締結が改正民法13条1項3号に該当し、同項10号により、Aの親権者（法定代理人）としてなす代理行為について、保佐人の同意を要することになり、Bの保佐人をDとすると、Dの同意を得ずしてなされたAを本人とする代理行為（この場合には売買契約）は、同条4項により取り消し得るものとなり、改正民法120条によって、B（制限行為能力者）、Bの承継人およびD（同意をなしうる者）のみならず、A（他の制限行為能力者）およびAの母（その代理人）、Aの承継人も取り消し得ることになる。なお、Bが、成年後見開始の審判を受けた場合には、民法111条1項2号で代理権消滅事由となっており、また、改正民法102条ただし書および民法9条によってその代理行為は取り消され得ることになろうか。また、意思能力がない場合には、改正民法3条の2で無効とされる。

以上により、今回の改正で未成年者、被成年後見人・被保佐人などの制限行為能力者が、法定代理権に基づいてした代理行為は、改正民法102条ただし書により取り消され得る行為であることが示され、さらに、改正民法120条1項で、代理行為をした当該制限行為能力者（B）およびその承継人、その代理人（Bの親権者・後見人など〔この具体例の場合には存在しないが〕）、同意権者（D）、当該制限行為能力者によって代理された本人（A。同条の「他の制限行為能力者」）およびその承継人、その代理人（Aの母）、同意権者も取り消すことができることになった。

なお、施行日前に制限行為能力者が他の制限行為能力者の法定代理人としてなした行為については、従前の規定によることになる（附則3条）。

V　復代理人を選任した代理人の責任制限規定の削除（任意代理）

1　復代理の意義および許容性

例えば、A（本人）がB（代理人）を代理人として選任したが、Bが、さら

に、Bの名でC（復代理人）を代理人として選任したとする。このとき、Cが、Bより付与された代理権の範囲内で、Aの名でDとの間で代理行為をした場合には、Dとの間の代理行為の効果は、Aに帰属する。

　上記の例のように、代理人が自己の名においてさらに本人の代理人を選任し、この者に自己の代理権の範囲内の行為を行わせることを復代理という。このとき、代理人は、復代理人を自己の名において、すなわち、自己の資格において選任するが、復代理人は、代理人の代理人ではなく、本人の代理人であり（106条1項、旧107条1項）、復代理人が本人の名において代理行為をすれば、復代理人のなした意思表示ないし法律行為の法律効果は、直接本人に帰属するのである（なお、代理人が、本人の名において、すなわち、代理行為として復代理人を選任する場合は、通説は復代理ではないとする）。

　任意代理の場合には、代理人の選任が本人の代理人への信任に基づくことからすると、代理人には、自己執行義務がある、すなわち、代理人自身が代理行為を実行することが求められる。したがって、代理人が代理行為を行うに際して、自己以外の者に代理行為を実行させること、すなわち、復代理は妥当ではなく、任意代理の場合には原則として禁止されることになる（任意代理の定義にもよるが、法人における機関の代理などは別）。

　これに対して、法定代理の場合には、その職務が包括的かつ広範に及び単独では処理し得ないことが多いこと、かつ、法定代理人の選任は法律の規定に基づくものであって、本人と代理人との信任関係に基づくものではないことから、復代理は常になし得るものと解されている。

2　改正前民法

(1)　代理人の責任制限——復代理人の選任・監督責任（旧105条1項）

　任意代理の場合には、前述のように、復代理は原則として禁止されるが、民法104条は、本人の許諾を得た場合、あるいは、やむを得ない事由がある場合には、復代理は許容されると規定し、改正前民法105条で、復代理が許容される場合には、代理人の責任は、復代理人の選任・監督についての責任に制限されていた。原則として禁止される復代理が許容される場合における代理人の責任であるから、代理人は注意して復代理人を選任・監督しさえす

42　**4**　代理(1)——有権代理

れば復代理人の過失などについて責任を負わないとされたのである（法務大
臣官房司法法制調査部監修・法典調査会民法整理会議事速記録〔商事法務研究会、
1988〕46頁。ただし、本人の指名に従って復代理人を選任した場合には、選任・
監督責任すら負わない〔同条2項。ただし、例外あり〕）。そして、この代理人
の責任を制限する同条は、いわゆる「履行補助者の過失法理」における、債
務者の責任を制限する根拠規定として（我妻栄「履行補助者の過失に因る債務
者の責任」法学協会雑誌55巻7号〔1937〕71頁以下）機能した。

⑵　法定代理

　法定代理の場合には、復代理は許容されているが、代理人の責任について
は、「やむを得ない事由」により復代理人を選任した場合には、改正前民法
105条1項の責任に制限される（旧106条）。

3　改正民法

⑴　改正前民法105条の削除の理由

　復代理人の代理行為により本人に生じた損害について、代理人の責任を制
限している改正前民法105条は、今回の改正で削除された。復代理人の選任
が許容される場合に、代理人の責任が復代理人の選任・監督に制限される根
拠が明らかでなく、また、本人の指名に従って選任した場合には、この責任
すら負わないとされており、相当でないとする（部会資料66A・17頁以下）。

⑵　代理人の本人に対する債務不履行責任としての処理

　改正後、この問題は、代理人の本人に対する債務不履行責任として処理さ
れることになる。すなわち、改正前民法105条は、復代理人の代理行為によ
り本人に生じた損害に対する代理人の責任について規定しており、それは、
委任者（本人）から受任された債務者（代理人）が、第三者（復代理人）を、
委任事務という債務の履行に際して選任した場合に、その第三者の行為に
よって委任者（債権者）に生じた損害についての、債権者に対する債務者の
責任の問題だからである。したがって、改正民法の下では、この問題は、本
人代理人間の内部関係である委任などの契約関係における債務不履行責任と
して処理されることになる（詳細は、**18**の解説を参照）。すなわち、選任され
た復受任者（復代理人）が、債務者である、受任者（代理人）に代わって債

務を履行することについて、本人代理人間の契約、あるいは、復代理（復委任）の許諾の趣旨などに照らして、債務不履行責任に当たらないかという観点から処理されることになる（部会資料66A・17頁）。

　なお、改正前民法105条の削除に伴い、同条を準用していた、改正前民法658条2項（寄託物の第三者による保管）の準用部分、1016条2項（遺言執行者の復任権）が削除されている。

(3) 法定代理における代理人の責任制限規定

　法定代理については、代理人の責任制限の規定は維持されており、改正前民法105条の削除に伴い、改正前民法106条の「前条第1項の責任」が、「本人に対してその選任及び監督についての責任」と文言が変更され、改正民法105条として規定されている。

VI 外部関係の規定としての「代理」規定と内部関係の規定としての委任の規定

1 改正前民法

(1) 総則の復代理の規定の契約各論で規定される委任等への類推適用可能性＝外部関係を規律する代理規定と内部関係を規律する委任の規定との関係

　前述 I のように、総則の代理規定は外部関係を規律するものであるから、復代理の規定が、いわゆる代理の内部関係を規律する委任などの契約に類推適用されるかについて問題とされていた。受任者が委任事務をさらに第三者（復受任者）に委任した場合に、改正前民法104条、105条の類推適用は一般的に認められ（例えば、我妻・債権各論中 II 674頁。来栖・契約法523頁以下は105条の類推適用に反対）、107条2項については学説が分かれる。最判昭和31・10・2（民集10巻10号1260頁）は、同項に関して、問屋による受託事務の再委託（販売委託）で、委託者から再受託者への販売代金請求について、その本質が単なる委任であって代理権を伴わない問屋の性質に照らして、自己の名において法律行為をする問屋について、他人の名においてなされる代理の規定を類推適用することは妥当でないとしていた。同項は、復代理人の

代理行為の効果が直接本人に法律上生じる事実に対応した特別規定であることを理由とする（北村良一「判解」最判解民昭和 31 年度 180 頁）。

(2) 改正前民法 107 条

(i) 規定の内容

改正前民法 107 条は、1 項で、復代理人が第三者との間で代理行為をした場合における外部関係、すなわち、代理人の名で選任された復代理人が本人の代理人であり、授与された代理権の範囲内で本人の名で代理行為を行った場合には、その法律効果は、本人に直接帰属することを規定し、2 項で、復代理人と本人との内部関係、すなわち、復代理人と本人との間に直接の権利義務関係（内部関係）が成立することを規定する。

(ii) 2 項の意義——本人復代理人間の法律関係

代理人が自己の名で復代理人を選任した場合、代理人と復代理人との間には、委任契約などの権利義務関係が成立するが、それで復代理人と本人との間に権利義務関係が当然生じるわけではない。しかしながら、復代理人第三者間の代理行為の法律効果が直接本人に帰属することから、復代理人本人間の内部関係を成立させたほうが便宜であるとされて（川口冨男「判解」最判解民昭和 51 年度 121 頁）、この 2 項が規定されたのである（我妻・総則 357 頁も、本人にも復代理人にとっても便宜であるとする）。

次に、改正前民法 107 条 2 項に基づいて成立する復代理人本人間の権利義務関係（内部関係）の内容は、本人代理人間のそれと同様であるとされている（復代理人も善管注意義務〔644 条〕を本人に対して負い、受領した金銭の引渡義務〔646 条〕を負い、費用の償還を受け〔650 条〕、報酬請求権〔648 条〕がある。安田幹太「判批」民商 8 巻 2 号〔1938〕115 頁〔後掲大判昭和 13・3・10 の判批〕、川口・前掲 125 頁は、本人代理人間および代理人復代理人間にも同一の権利義務が存在することを前提としてこれらと矛盾しない範囲に限られるとされる）。ただ、例えば、復代理人代理人間が無償の場合に、本人に対して代理人が受けるべき報酬を復代理人が請求できるかなどということは問題となる（幾代・総則 412 頁）という指摘がある。

(iii) 本人復代理人間の法律関係と本人代理人間の法律関係との関係

最判昭和 51・4・9（民集 30 巻 3 号 208 頁）（復代理人が受領した物の返還義

務について争われた事案）は、両者の権利義務関係の併存を認め（川口・前掲
125頁）、復代理人は、その受領物を本人および代理人の双方に引き渡す義務
を負い、代理人に引き渡したときは、特別の事情のない限り、復代理人の本
人に対する受領物引渡義務は消滅するとした。また、大判昭和10・8・10
（新聞3882号13頁）は、本人から復代理人に対する、取立委任で受領された
金員の返還請求（金員は復代理人が保管。代理人への返還請求権は認めていな
い）を認めた（大判昭和13・3・10民集17巻392頁は、本人から、復代理人の相
続人に対する復代理人の死亡を原因とする委任関係の終了に基づく、委任の際交
付された恩給証書の返還請求を認めている。本人代理人間の委任関係も解除によ
り消滅しているようである）。

　なお、改正前民法107条2項は、復代理人は、第三者に対しても、代理人
と同一の権利義務を負うことを規定しているが、具体的には、例えば、民法
100条、改正前民法101条の適用があり、代理人と同様、無権代理人の責任
（旧117条）を負うと解されている。

2　改正民法

(1)　外部関係の規定としての「代理」規定と内部関係の規定としての委任の規定との整合性

　復代理が許容される要件について規定する民法104条と同じ内容が、委任
（644条の2第1項、新設）、寄託（658条2項、改正前民法658条1項に「やむを
得ない事由があるとき」の文言を付加）で規定された。また、復代理人本人間
に直接の権利義務関係を生ぜしめる、改正民法106条2項は、同じ内容が、
改正民法644条の2第2項（委任、「代理権を付与する委任において」の文言が
付加）で新たに規定され、改正民法658条3項（寄託）でも、準用ではなく、
同じ内容が規定された。

　この結果、代理と、委任・寄託の箇所で同じ内容の規定がなされたことに
なるが、その理由は以下である。すなわち、民法総則の代理の箇所の規定は、
復代理人が第三者との間でした法律行為の効果が本人に及ぶという外部関係
の問題であるのに対して、契約各論の委任の規定は、復受任者が委任者に対
してどのような権利義務を負うかという内部関係に関わる問題であり（復受

任者に事務を処理させることが受任者の委任者に対する債務不履行となるかも内部関係の問題である）、両者は異なる性質のものであるから、内部関係に関する規定は、委任の箇所で規定されるべきであるとされた。したがって、今後は、復代理人本人間の権利義務関係については、委任の箇所の規定が根拠規定とされることになる。また、改正民法106条2項は法定代理の場合にのみ適用されるべく変更すべきであるとの提案もされた（部会資料72A・10頁以下）が、改正民法106条2項については、法定代理に限定するとの改正はされていない。

　寄託については、寄託者再受寄者間の直接請求権を認めることは妥当でないとの指摘もあったが、委任との整合性が図られ、改正前民法658条2項の内容が維持されている（部会資料73A・13頁以下）。

(2)　本人に対する復代理人の権利義務の範囲

　改正民法106条は、2項で、「その権限の範囲内において」という文言が新たに挿入されているだけで、改正前民法107条の内容が維持されている。2項へのこの文言の挿入については、代理の箇所ではなく、「委任」の箇所の議論に際して挿入され（部会資料46・52頁では、「復委任において定めた範囲内」となっており、中間試案では、「その権限の範囲内」とされている）、復受任者が委任者に対して受任者と同一の権利・義務を有するのは、復受任者の負う委任事務のうち、復受任者の権限の範囲内のものであるとされた（部会資料59・59頁）。そして、同様の文言が復代理においても付加されたのである。復受任者委任者間の権利義務を、復受任者の権限の範囲内とする規定は、前述1(2)(ii)の改正前民法107条2項における本人復代理人間の権利義務関係の内容に関する判例・学説の解釈論と異なるものではないといえる。そして、改正前民法107条2項の下での、前述1(2)(iii)の判例・学説は、代理権を伴う委任の場合における、復受任者委任者間の権利義務の内容、および、復受任者委任者間の権利義務関係と復受任者受任者の権利義務関係との関係についても、参照されると解される。

　なお、改正民法106条2項における「その権限の範囲内において」の文言の付加は、復代理人と第三者（法律行為の相手方）との外部関係も、復代理人の権限の範囲内において生じるものであることを明示するものであろう。

また、改正前民法 107 条の下での、問屋に関する前掲・最判昭和 31・10・21 は、改正民法 644 条の 2 が、代理権授与を伴う委任についての規定であることから、適用場面が異なる問題である。

48　　■4　代理(1)——有権代理

5 代理(2)──代理権の濫用・利益相反行為

明治大学教授 中舎 寛樹

要点

① 代理人の内部的忠実義務違反の外部化──無権代理とみなす
② 義務違反の態様──代理人の主観的意図（代理権の濫用）と代理行為の客観的危険性（利益相反行為）

解説

I はじめに

改正前民法の下では、①代理権の濫用は、原則として有権代理であるが、相手方が悪意または有過失であるときは、代理行為は無効となるというものであったのに対して、②利益相反行為は、定型的に代理制度と矛盾する行為であり、原則として無権代理であるというものであった。すなわち、両者の関係は、有権代理を前提にしたものか、無権代理かという、択一的ないし段階的なものであった。

これに対して改正民法の下では、①代理権の濫用は、相手方が悪意または有過失であるときに無権代理とみなし、②利益相反行為もまた、無権代理とみなすこととし、両者はともに本人に対する代理人の内部的忠実義務違反であるとして理論的に統一され、その効果も無権代理とみなすことに統一された。これにより、両者の関係は、いずれも無権代理の主張として、併存し得るものとなった。

ただし、本人が代理権の濫用または利益相反行為について主張・立証すべき事項は、改正民法の下でも改正前民法の枠組みがそのまま維持される。

49

II 代理権の濫用

1 改正前民法の下での議論の枠組み

代理権の濫用とは、代理人が代理権の権限内で自己または第三者の利益を図ることを目的として代理行為をした場合であるが、代理人がそのような目的を有していても、有権代理であると解されていた。すなわち、99条の「本人のため」とは、代理行為の法律効果を本人に帰属させるという意味であり、たとえ代理権濫用であっても、代理意思と代理行為の表示との間に齟齬がないというのである。これは、代理における内部関係と外部関係を区別し、原則として内部関係は外部関係に影響を及ぼさないという考え方に基づいている。

しかし、相手方が代理人の目的を知っているかそれと同視できる場合には、代理行為に対する信頼を保護する必要はない。そこで、判例（最判昭和38・9・5民集17巻8号909頁〔法人代表〕、最判昭和42・4・20民集21巻3号697頁〔任意代理〕、最判平成4・12・10民集46巻9号2727頁〔法定代理〕）は、改正前民法93条ただし書を類推適用し、相手方が代理人の目的を知っていたかまたは知らないことに過失があった場合には、代理行為は無効となるとしていた。悪意・過失の主張・立証責任は本人にある（前掲・最判昭和42・4・20）。代理人の真意（代理意思）と表示（代理行為）との間に齟齬はないので、心裡留保ではないが、意図のレベルでは、代理人の背信的な意図と本人のためにするという表示との間に齟齬があり、この点を捉えて、悪意または過失がある相手方を排除するために、法律行為の効力否定の規定に仮託していたのである。

学説では、悪意と重過失の場合に限って改正前民法93条ただし書を類推すべきだとする説、無権代理であり例外的に越権代理による表見代理（旧110条）を類推適用すべきだとする説、一般条項（権利濫用ないし信義則違反）によるべきだとする説などが存在していた。これは、理論的に、代理権濫用が内部的な義務違反の問題なのか、それとも対外的な代理行為の効力の問題なのかが明確でなかったことにも原因がある。しかし、いずれの説も決定的な支持を得ることはなく、仮託的な法律構成には違和感があることを認めつつ、具体的な結論の点において判例理論を支持する見解が多かった。

2 改正民法の下での問題処理の枠組み

　改正民法 107 条は、相手方が代理人の目的について悪意または過失があるときは、代理権の濫用行為を無権代理とみなすというものであり、これは、改正前民法の下での判例のように無効とする（効果不帰属）ものではなく、中間試案第 4、7 のように本人に効果不帰属の意思表示を要求する（効果不帰属主張）ものでもなく、一部の学説が主張していたように相手方の主観的態様にかかわらず無権代理と構成するものでもない。明文はないが、代理権濫用であっても、代理人は代理権の範囲内で行動しているのであるから、相手方との関係では代理効果が本人に帰属することを原則と捉えた上で、相手方が代理人の背信的意図について悪意または過失によって知らない場合には、相手方を保護する必要がないことから、本来は本人と代理人間の内部的忠実義務違反の問題（本人がリスク負担）を例外的に外部化（相手方がリスク負担）するものである。このため、無効ではなく、有権代理を例外的に無権代理とみなすものであり、これにより代理権濫用の理論上の位置付けが明確になった。無権代理とみなされるためには、本人が、相手方の悪意・過失を主張・立証しなければならない。これは改正前民法の下での判例と同様である。

3 任意代理と法定代理

(1) 改正前民法

　改正前民法の下では、任意代理と法定代理では、代理権の発生原因・範囲に大きな違いがあり、これを代理権濫用の判断において区別すべきか否かが議論されていた。判例は、法定代理権である親権について、判断枠組み自体は任意代理と区別しないものの、親権の行使には広い裁量権が認められていることから、代理行為が「子の利益を無視して自己又は第三者の利益を図ることのみを目的としてされるなど、親権者に子を代理する権限を授与した法の趣旨に著しく反すると認められる特段の事情が存在しない限り」、代理権の濫用には当たらないとの限定的判断を示している（前掲・最判平成 4・12・10）。しかし学説では、本人が代理人を選任したわけでもなく、またコントロールできないにもかかわらず代理人に広い裁量権を認める法定代理では、

任意代理以上に濫用の危険性が高いとして、判例とは逆に、任意代理の場合よりも広く濫用を認めるべきだとする説も有力に主張されていた。また、これとは逆に、法人理事については、相手方は法人活動が代理権濫用によるものとは通常考えないことから、相手方保護のために代理権濫用となる場合を限定すべきではないかという議論があった。

(2) 改正民法

改正に関する議論の過程では、任意代理と法定代理を区別し、代理権濫用が認められるための相手方の主観的態様に差を設け、法定代理では代理権濫用を認めやすくすべきであるという議論があった。しかし、改正民法107条では、任意代理と法定代理を区別することなく、相手方が悪意または過失があるときは無権代理とみなすとされた。この結果、代理権濫用の要件という点では、任意代理と法定代理とで違いはなくなった。しかし、そもそもいかなる行為が代理権濫用となるかの判断において両者を区別すべきか否かという問題は、これとは別問題であり、改正前民法の下での議論がそのまま残されたことになる。

4　相手方・第三者に対する効果

(1)　改正前民法

改正前民法93条ただし書類推適用によれば、代理行為は無効となる。無権代理ではないので、無権代理に関する諸規定や表見代理規定の適用はない。ただし、相手方からの転得者は、代理行為の目的物が動産・不動産である場合には、即時取得（192条）・94条2項類推適用によって保護され得ると解されていた（最判昭和44・11・14民集23巻11号2023頁）。

(2)　改正民法

改正民法107条の下では、代理権の濫用の効果は、無権代理とみなされる。したがって、無権代理に関する規定（113条・116条〔追認〕・114条〔催告権〕・115条〔相手方の取消権〕・改正民法117条〔無権代理人の責任〕）が適用される。表見代理（改正民法110条）については、代理権濫用が本来は有権代理であることから、そのまま適用してよいか否かが解釈上問題になる可能性がないとはいえない。しかし実際上は、相手方が悪意または過失がある場合

にはじめて無権代理とみなされるので、代理人に権限があると信ずべき正当
理由があることはないと解される。また、第三者保護について、即時取得
（192条）、94条2項類推適用で保護される余地があることは、改正前民法の
下での取扱いと同様であると解される。

Ⅲ　利益相反行為

1　改正前民法の下での議論の枠組み

改正前民法の下では、自己契約・双方代理の禁止規定はあったが（旧108
条）、利益相反行為に関しては、明文規定がなかった。

(1)　自己契約・双方代理

自己契約・双方代理は、原則として禁止される（旧108条本文）。自己契約
とは、相手方が本人の代理人となって自分自身と契約することであり、双方
代理とは、同一人が当事者双方の代理人として法律行為をすることである。
これらが原則として禁止されるのは、代理人の利益が優先され、本人の自律
的な意思決定が適正になされるとはいえない危険性が定型的に存在するので、
私的自治の補充・拡充という代理制度と構造的に矛盾するという考え方によ
る。

明文では、禁止に違反した場合の効果が定められていなかったが、判例は、
同条は本人保護の規定であり、代理権が適切に行使されなかったという限り
で効力を否定すれば足りるという考え方に基づき、無権代理と解して（大判
大正11・6・6民集1巻295頁）、追認の余地を認めており（大判大正12・5・24
民集2巻323頁、最判平成16・7・13民集58巻5号1368頁）、通説もこれを支
持してきた。改正前民法108条は、任意代理・法定代理を区別していない。
また、地方自治体の長の双方代理による契約締結にも類推適用されている
（前掲・最判平成16・7・13）。

改正前民法の下では、自己契約・双方代理であっても、債務の履行および
本人があらかじめ許諾した行為については代理が許されていた（旧108条た
だし書）。

①　債務の履行は、すでに成立している債権債務関係を前提にしており、

適正な意思決定を阻害することはないことから、例外が認められる。このような法意から、厳密には債務の履行に当たらないが、本人に新たな不利益が生じない行為については、同様に例外が認められていた。例えば、売買契約に基づく登記申請行為（最判昭和 43・3・8 民集 22 巻 3 号 540 頁）、既存債務についての公正証書の作成（最判昭和 26・6・1 民集 5 巻 7 号 367 頁、最判昭和 45・3・24 判時 592 号 61 頁）は、厳密には国を相手とする別の行為であるが、双方代理が認められている。他方、債務の履行であっても、弁済期未到来の債務の弁済や時効消滅している債務の弁済は、本人の不利益となるので、ここでの債務の履行とはいえないと解されていた。

② 本人の許諾がある場合の例外は、以前から解釈上認められていたが、2004 年の民法現代語化による改正時に明文化された。これに関連して、自己の代理人を契約の相手方に選任させることをあらかじめ合意している場合には、本人が完全に自由な立場で許諾したといえるか疑問であり、判例は、改正前民法 108 条の趣旨により、このような合意を無効としている（大判昭和 7・6・6 民集 11 巻 1115 頁〔不動産の賃貸借契約において賃貸人に賃借人の代理人を選任させる旨の特約〕）。

(2) 利益相反行為

自己契約・双方代理に当たらない場合であっても、本人と代理人の利益が相反する場合がある。例えば、代理人が代理人の利害関係者のために本人を代理して保証契約を締結する場合などである。これは、本人の自由な意思決定プロセスが機能不全となるという点で、自己契約・双方代理の禁止と同じ状況にある。法定代理で、本人と代理人の利害が対立する構造を有する行為については、実際に利害が対立するか否かを問うまでもなく、利益相反行為として代理権は認められず、特別代理人の選任を家庭裁判所に請求しなければならない（826 条・851 条 4 号・860 条・866 条・876 条の 2 第 3 項・876 条の 7 第 3 項・876 条の 8 第 2 項）。また、法人代表でも、社員総会（一般社団法人）または理事会（一般財団法人）において、当該取引につき重要な事実を開示し、かつその承認を得なければならない（一般法人 84 条 1 項 3 号・197 条）。そこで、これらの規定の趣旨に基づき、明文規定はないが、利益相反行為は

無権代理であるというのが通説であった。

2 改正民法の下での問題処理の枠組み

改正民法108条は、従来の判例法理を明文化するものとして、1項で自己契約・双方代理、2項で利益相反行為を規定し、これらの行為は原則として無権代理とみなされると規定している。したがって、これは、自己契約・双方代理・利益相反行為が、本人と代理人間の内部的忠実義務違反ではあっても、代理制度の趣旨に反する定型的な危険性を有しているものと見て、相手方の主観的態様にかかわらず、本人と代理人間の内部問題を外部化し、基本的に相手方がリスクを負担すべきであるという考え方を受け継ぐものである。

改正民法108条1項ただし書は、債務の履行と本人の許諾がある場合を例外として、改正前民法108条ただし書を維持しており、従来の解釈論、例えば債務の履行であっても除外される行為の解釈もそのまま維持されることになる。改正の議論の過程では、債務の履行という文言に代えて、「本人の利益を害しないことが明らかであるとき」という実質的な基準が提案されたこともあったが、明文化されることはなかった。しかし、その趣旨は今後の解釈に活かされると思われる。

改正民法108条2項ただし書は、自己契約・双方代理以外の利益相反行為について、本人の許諾がある場合を例外としている。債務の履行が除外されていないが、これは、利益相反行為であるという判断がなされた上では、本人の利益を害さない債務の履行はあり得ないからである。

3 利益相反行為の判断基準

(1) 改正前民法

改正前民法の下では、利益相反行為か否かは、代理行為を定型的・外形的に見て判断され（外形説）、代理人の動機・目的は考慮されないと解されてきた（最判昭和37・10・2民集16巻10号2059頁、最判昭和43・10・8民集22巻10号2172頁）。代理人の背信的な動機・目的は、代理権濫用の問題になる。外形説は、826条、860条における利益相反行為の判断基準に従い、利益相反行為には代理制度に対する定型的な危険性があるという考え方に基づいている。

55

(2)　改正民法

　改正民法108条の下でも、基本的な考え方に変更はないので、利益相反行為の判断には外形説が維持される。これから漏れる場合は、代理権の濫用でカヴァーされることになるのも同様である。ただし、両者の関係については、改正前は、有権代理を前提とした主張（代理権の濫用）か無権代理であるという主張（利益相反行為）かという違いがあったが、改正民法の下では、いずれも、無権代理であるという主張を基礎付けるものとなる。したがって、本人は、当該代理行為が客観的に利益相反行為であるか、主観的に濫用目的でなされたものかを併行して主張できることになる。

4　相手方・第三者に対する効果

(1)　改正前民法

　改正前民法の下では、自己契約・双方代理が無権代理とされた場合には、構造的に相手方を保護する必要はなく、表見代理の適用はないと解されていたが、利益相反行為の相手方に表見代理の適用があるかについては、明確な議論がなかった。しかし、相手方からの転得者などの第三者は、即時取得（192条）、94条2項類推適用によって保護され得ると解されていた。ただし、判例は、本人が相手方・第三者の悪意を主張・立証したときに、無効を主張できるというものである（最判昭和43・12・25民集22巻13号3511頁、最判昭和47・4・4民集26巻3号373頁）。

(2)　改正民法

　改正民法の下でも、相手方に表見代理の適用があるか否かは明確でなく、また、第三者保護規定はとくに設けられていない。中間試案12頁の概要・補足説明40頁では、従来の判例（前掲・最判昭和43・12・25）が引き続き参照されることを想定しているとされていたが、この趣旨は定かでない。むしろ、利益相反行為の相手方については、構造的に利益相反行為をした者でないことから、本人の許諾を得たと誤信した場合のように、表見代理があり得ることを正面から認めるべきであろう。また、第三者については、改正前民法の下での解釈と同様、即時取得、94条2項類推適用があり得るものと解される。

6 代理(3)——表見代理

同志社大学教授 **佐久間 毅**

要点

① 表見代理に関する規定の競合適用による本人の責任を認める判例法理の明文化
② 代理権消滅後の表見代理の成立要件と効果の明確化

解説

I はじめに

代理権を有しない者が、本人の代理人であるとして相手方との間で行為をした場合（以下、当該行為をするための代理権を有しないにもかかわらず代理人として行為をした者を、「自称代理人」という）、その行為の効果は本人に帰属しないことが原則である。もっとも、相手方が自称代理人はその行為につき代理権を有すると正当に信じ、相手方がそう信ずるについて本人の責めに帰すべき事情（以下、「帰責性」という）があると認められるときは、相手方の信頼を保護するために行為の効果を本人に引き受けさせることが認められてよい。これを実現するのが、表見代理の法理である。

表見代理においては、本人にどのような帰責性があるときに、相手方がどのような主観的態様により契約をしていたならば、本人の責任が認められるかが問題になる。これに関して、改正前民法は、次の3つを定めていた。

第1は、本人がある者に代理権を授与した旨を相手方に対して表示した場合において、その者がその代理権の範囲内で本人の代理人として相手方との間で行為をしたときは、その者が実際にはその代理権を授与されていなくても、表見代理が成立する。ただし、相手方が、自称代理人がその代理権を有

57

しないことを知り、または過失によって知らなかったならば別である、とするものである（旧109条）。

第2は、代理権を有する者が、その代理権の範囲に属しない行為を本人の代理人として相手方との間でした場合において、相手方が、自称代理人がその行為につき代理権を有すると正当な理由をもって信じたときは、表見代理が成立するとするものである（旧110条）。

第3は、代理権を有していた者が、その代理権の消滅後に、その代理権の範囲内で本人の代理人として相手方との間で行為をした場合において、相手方が善意であったときは、表見代理が成立する。ただし、相手方に善意であることにつき過失があったならば別である、とするものである（旧112条）。

もっとも、表見代理の成立が認められるべき場合はこのほかにもあるとされ、判例においてもそのことが明らかにされていた。また、改正前民法112条については、その文言から曖昧な点がいくつかあった。改正民法では、前者について、判例法理が明文化された。後者について、明確化が図られた。

II　改正前民法109条と改正前民法110条の競合適用による表見代理の明文化

1　改正前民法下における判例

改正前民法の下で、判例上、改正前民法109条および改正前民法110条を併せ適用して、表見代理の成立が認められることがあり得るとされていた。すなわち、最判昭和45・7・28（民集24巻7号1203頁）は、概略、本人Aが B に売り渡した山林の所有権移転登記手続のために B に交付した登記済証、A の記名捺印のある売渡証書、印鑑証明書、白紙委任状を取得した C が、A の代理人として D との間で当該山林と D 所有の山林とを交換する契約を締結したという事案において、C は A を代理する権限を有しないが、A は、D に対し C に当該山林の売渡しの代理権を与えた旨を表示したものと認め、D において C にその山林の「交換契約につき代理権があると信じ、かく信ずべき正当の事由があるならば、民法109条、110条によって本件交換契約につきその責に任ずべきものである」とした。

58　　**6**　代理(3)──表見代理

学説上も、本人が自称代理人に対して代理権を与えた旨を相手方に対して表示した場合において、相手方が自称代理人との間でした行為はその代理権の範囲に属すると正当に信じたと認められるときは、表見代理が成立する、とされるべきことに異論はなかった。代理権の授与は、本人と代理人となる者との間の契約でされるため、実際にされたかどうかが第三者にはわからないことが多い。そのため、代理権が授与されていても、第三者は、そのことを信ずるに足る事情がなければ、代理人と称する者との行為、例えば契約の締結に応じないだろう。そこで、本人が、代理人を介して法律関係を形成することを可能にすることを目的として、代理権授与の事実を相手方に信じさせるためにするのが代理権授与の表示である。そうすると、代理権授与の表示については、代理権が実際には授与されていなかった場合も含めて、相手方がその表示から正当に信じた内容に従って効力を認める必要がある。代理権授与の表示を正当に信じて契約に応じた場合にその信頼を保護されないとなれば、第三者は代理権授与の表示を受けても代理人との間の契約の締結に応じないかもしれず、任意代理の制度の有用性が損なわれかねないからである。そこで、相手方が代理権授与表示により自称代理人は当該行為の代理権を有すると正当に信じた場合には、本人がその行為について責任を負うとされなければならない。

2　改正民法109条2項の新設

　こういった判例・学説を受けて、改正民法には、次のように定める109条2項が新たに設けられた。「第三者に対して他人に代理権を与えた旨を表示した者は、その代理権の範囲内においてその他人が第三者との間で行為をしたとすれば前項の規定によりその責任を負うべき場合において、その他人が第三者との間でその代理権の範囲外の行為をしたときは、第三者がその行為についてその他人の代理権があると信ずべき正当な理由があるときに限り、その行為についての責任を負う」。

　この規定による主張立証責任の構造については、Aを本人、Bを自称代理人、Cを相手方として、Cが契約の履行をAに対して求める場合を例にとれば、次の通りとなる（部会資料79-3・3頁、同66A・27頁以下参照）。すな

わち、Cは、①BC間で契約が締結されたこと、②その際に顕名がされたこと、③Cが、Bに①の契約をする代理権があると信じたこと、④Cがそう信じたことにつき正当な理由があること、⑤AがCに対して①に先立って①の契約以外の事項について代理権授与の表示をしたことを主張立証しなければならない。これに対し、Aは、ⅰ⑤に表示された代理権の不存在、およびⅱCが①の当時その不存在を知っていたこと、または過失によって知らなかったこと（厳密にいえば、その評価根拠事実。その評価障害事実がCの再抗弁となる）を主張立証することにより、表見代理の成立を妨げることができる。

　もっとも、この規定の下でも、前掲・最判昭和45・7・28の事案のように、明示された代理権の範囲に属しない契約について、相手方に「その行為についてその他人の代理権があると信ずべき正当な理由がある」場合がどれほどあるか、あるとすればどのような事情があるときかが問題になる。そのような場合はあまり考えられず、あるとすれば、その代理権授与表示とは別に、当該契約についての代理権を相手方が正当に信じてよいものとする何らかの態度を本人がとったときではないかと考えられる。そうであるとすれば、論理的には、本人のその態度が改正民法109条1項の代理権授与の表示に当たるとして問題を処理することが可能であるように思われる（この点については、佐久間毅・民法の基礎(1)〔第4版〕〔有斐閣、2018〕291頁以下参照）。

Ⅲ　改正前民法112条の規定内容の明確化

1　改正前民法112条についての理解の対立

　改正前民法112条は、「代理権の消滅は、善意の第三者に対抗することができない。ただし、第三者が過失によってその事実を知らなかったときは、この限りでない。」と定めていた。この規定については、①代理権の消滅が第三者に対抗され得ない結果として自称代理人のした行為に有権代理の効果が認められることを定めるのか、改正前民法109条や改正前民法110条と同じく本人の表見代理責任を定めるのか、②法定代理人であった者がその法定代理権の消滅後に本人のためにした行為についても適用があるか、③ここにいう「善意」の対象は何かについて争いがあった。

①については、改正前民法 112 条も改正前民法 109 条および改正前民法 110 条と同じく表見代理に関する規定であるとする見解が通説であったが、一部に異なる見解もあった。

②については、例えば親権者であった者が本人の成年後に本人を代理して契約を締結した場合など、法定代理権の消滅後にされた自称代理人の行為にも改正前民法 112 条の適用はあるとするのが判例（大判昭和 2・12・24 民集 6 巻 754 頁）・伝統的通説であったが、かつて法定代理の本人であったというだけでは表見代理の成立に必要な帰責性が認められないとして、その適用を否定する見解が有力になっていた。

③については、善意の対象は「代理権の消滅」とするのが判例であったが（最判昭和 32・11・29 民集 11 巻 12 号 1994 頁。ただし、Ⅳにおいて取り上げる改正前民法 112 条と改正前民法 110 条の競合適用の事例）、学説では行為時における代理権の存在に対する信頼とする見解も有力だった。

2 改正民法 112 条 1 項の規定

改正民法 112 条 1 項本文は、前記①～③についてどのように解すべきかを明らかにすべく、次のように定められた。「他人に代理権を与えた者は、代理権の消滅後にその代理権の範囲内においてその他人が第三者との間でした行為について、代理権の消滅の事実を知らなかった第三者に対してその責任を負う」。

これによると、①について、「その責任を負う」という文言から、改正民法 112 条 1 項は、改正民法 109 条および改正民法 110 条と同じく、表見代理に関する規定である。②について、「他人に代理権を与えた者は」という文言から、法定代理権消滅後の自称代理人の行為には適用がない。③について、「代理権の消滅の事実を知らなかった第三者」という文言から、第三者が保護されるためには（存在することを知っていた）代理権の消滅の事実を知らなかったことが必要である。

改正民法 112 条 1 項は、②と③のいずれについても、表見代理の成立要件を厳格に解する立場をとったということができる。②については、表見代理の成立には本人の帰責性が必要であるとする立場を前提として、法定代理の

本人であったことはその帰責性に当たらないとしたものである。③について
は、代理の相手方が信頼を保護されるためには、現在の代理権の存在を信ず
るだけでは足りず、存在することを知っていた代理権が消滅したことを知ら
ない結果として自称代理人が代理権を有すると信じたことが必要であるとし
たものである。

　もっとも、改正民法112条1項を形式的に適用して表見代理の成立を認め
てよいかが問題になることもある。例えば、Aがほかから融資を受けるた
めにBに代理権を与え、BがCから融資を受ける契約をAのために締結し
てその代理権が消滅した後に、BがDとの間でAのために融資を受ける契
約を締結して融資金を着服した場合において、Dが、たまたまBがAから
代理権を与えられて融資先を探していることをCから聞き知っていただけ
であり、Bが契約に際して偽造した委任状および印鑑などを用いていたとき
に、表見代理の成立を認めてよいのだろうか。同項を形式的に解するならば、
表見代理の基礎になる本人の帰責性は、自称代理人に過去に代理権を与えた
ことである。しかしながら、このことのみをもって相手方の主観的態様次第
で表見代理の成立が認められるとするならば、代理権の授与は、単発の行為
についても、その消滅後の事実上防ぎ得ない表見代理責任をも覚悟してすべ
きことになる。代理制度の社会的有用性の観点からは、これが適当であるか
には疑問がある。そうすると、自称代理人がかつて代理権を有していたこと
と現にされた無権代理行為との間の関連性が希薄であり、表見代理の成立を
認めることが適当ではない場合には、同項の規定の構造からすれば、委任状
等の代理権を証明する客観的資料が揃っている状況であっても相手方の過失
を認定する、という処理がされることもあり得るだろう。

IV　改正前民法112条と改正前民法110条の競合適用による表見代理の明文化

1　改正前民法下における判例

改正前民法の下で、判例上、改正前民法112条および改正前民法110条を
併せ適用して、表見代理の成立が認められてきた。すなわち、Aから貸付

を受けるための代理権を授与されていた B が、その代理権の消滅後に、C との間で A を他人の債務の保証人とする契約を A の代理人として締結した事案などにおいて、代理権の消滅につき善意無過失の相手方が自称代理人の行為につきその権限があると信ずべき正当な理由があるときは、本人がその責任を負うとされていた（大判昭和 19・12・22 民集 23 巻 626 頁、前掲・最判昭和 32・11・29）。学説においても、この考え方は異論なく支持されてきた。

2　改正民法 112 条 2 項の新設

こういった判例・学説を受けて、次のように定める改正民法 112 条 2 項が新たに設けられた。「他人に代理権を与えた者は、代理権の消滅後に、その代理権の範囲内においてその他人が第三者との間で行為をしたとすれば前項の規定によりその責任を負うべき場合において、その他人が第三者との間でその代理権の範囲外の行為をしたときは、第三者がその行為についてその他人の代理権があると信ずべき正当な理由があるときに限り、その行為についての責任を負う」。

この規定による主張立証責任の構造は、A を本人、B を自称代理人、C を相手方として、C が契約の履行を A に対して求める場合を例にとれば、次の通りとなる（部会資料 79-3・4 頁、同 66A・30 頁以下参照）。

C は、①BC 間で契約が締結されたこと、②その際に顕名がされたこと、③C が、B に①の契約をする代理権があると信じたこと、④C がそう信じたことにつき正当な理由があること、⑤A が C に対して①に先立って①の契約以外の事項について代理権を授与したことを主張立証しなければならない。

これに対し、A は、抗弁として、①⑤の代理権が①の契約の締結に先立って消滅したことを主張立証することができる。

その場合、㋐C が①に先立って⑤の代理権の授与を知っていたこと、および㋑C が①を知らなかったことが、C の再抗弁事由となる。

これに対し、(a)㋑につき C に過失があったこと（厳密にいえば、その評価根拠事実。その評価障害事実が C の再々再抗弁事由となる）が、A の再々抗弁事由となる。

63

7 無効・取消し

学習院大学教授 山下 純司

要点

① 無効・取消しの主張原因の改正に伴う主張権者などの修正
② 無効・取消しの効果としての原状回復義務の明文化
③ 追認に関する規定の修正

解説

I はじめに

法律行為や意思表示の無効および取消しに関する規定は、それ自体として大きな変更はないように見える。しかし、意思無能力が無効原因として明文化されたこと（3条の2）、錯誤が無効原因から取消原因とされたこと（95条）のように、民法のほかの部分の改正の影響を受けて改正されている規定があり、そこでは、無効および取消しについての従前の体系的な理解が前提となっている。

II 従前の学説の整理

ある法律行為や意思表示が無効と認められた場合、もしくは取り消された場合には、その行為は当初から効力が生じていなかったものと扱われる。ただし、無効は誰かが主張する必要もなく、当初から効力を生じず、また主張期間に制限もないのに対して、取り消すことのできる行為は、一応有効であり、取消権者が法定期間内に取消しの意思表示をすることによって、遡及的に効力が失われるという考え方で、条文が作られている。

このような無効と取消しの違いについて、改正前民法を明治期に起草した頃は、無効は法律行為の成立に必要不可欠な部分を欠いた状態であるのに対し、取消しは一応成立しているが、その成立に瑕疵がある状態であると説明されていた（梅・要義一305頁）。例えば、内心的効果意思を欠いた意思表示（旧93条ただし書・94条1項・95条）は無効とされ、詐欺や強迫による瑕疵ある意思表示（旧96条）は取り消し得るものとされた。

しかし、その後の学説は、行為の不成立と無効を区別した上で、無効と取消しは、成立した行為の効力否定原因として連続的に捉えるようになり、ある行為が無効か、取り消し得るものかは、論理必然ではなく、立法政策の問題にすぎないといった説明がされるようになった（我妻・総則386頁）。ここから、無効の主張権者の範囲、主張の期間、追認の可否について、取消しに近づける解釈論（無効の取消化）が主張された。なかでも、無効は誰からでも主張できるという原則を再考し、ある種の無効原因では、無効の主張権者が限定されているという考え方が広く受け入れられている。いわゆる相対無効の考え方である。

Ⅲ　主張原因・主張権者・主張方法

1　錯誤の取消原因化に伴う修正

前述の相対無効の考え方が、改正前民法下において早くから主張されていたのが、法律行為の要素の錯誤（旧95条）についてである。最高裁は、表意者自身において、意思表示に瑕疵を認めず、錯誤を理由として意思表示の無効を主張する意思がないときは、原則として、第三者が意思表示の無効を主張することは許されないという立場を採用しており（最判昭和40・9・10民集19巻6号1512頁、最判昭和45・3・26民集24巻3号151頁参照）、学説もおおむね異論なくこれを支持してきた。

判例および通説が、一致して錯誤による意思表示は相対無効であるとしてきた理由は、この無効が錯誤に陥った表意者の私的利益を守るためのものであるという理解（私益的無効）からである。もっとも、錯誤については、問題となる裁判例の多くがいわゆる動機の錯誤のケースであり、そもそも錯誤

によってなされた意思表示は内心的効果意思が欠如した場合というより、瑕疵ある意思表示の一類型と理解するほうが適切ではないかという疑問も提示されていた。

そこで、改正民法は、錯誤を意思表示の無効原因から、取消原因に移行し（95条）、それに伴って、取消権者について規定する120条に、「錯誤……によって取り消すことができる行為は、瑕疵ある意思表示をした者又はその代理人若しくは承継人に限り、取り消すことができる」ことが規定された。これにより、錯誤による意思表示について相対無効とする解釈論は意義を失った。

また、「意思表示に対応する意思を欠く錯誤」（95条1項1号）も取消原因としていることから、内心的効果意思を欠く意思表示は必然的に無効であるという考え方それ自体も、否定されたと見ることができる。

2　相対無効論、取消的無効論存続の余地

もっとも、相対無効の考え方が不要になったとはいえないであろう。

改正民法では、意思無能力による法律行為の無効の規定が新設された（3条の2）。立法過程では、意思無能力を取消原因とする可能性も検討されていたが、最終的に無効原因とされた。しかし、意思無能力による無効は、専ら意思無能力者の保護のために主張されるものであるとすると、取消しに類似した扱いが適当なはずである。このため、改正民法の無効は相対無効であるという解釈は説得力がありそうである。

また、いわゆる暴利行為について、立法過程では暴利行為を独立の取消原因とする可能性が検討されたが、立法にはいたらず、従来どおり公序良俗違反による無効の一類型として改正民法90条の解釈で対応することになった。しかし、暴利行為による法律行為の無効は、ほかの公序良俗違反による無効と比べて、私益保護の性格が強い。このため、改正民法90条により法律行為が無効となる場合の多くは絶対無効であるとしても、暴利行為による無効は例外的に相対無効であるといった解釈が依然として主張される可能性がある。

このように、改正民法の下でもある種の無効原因については取消しに近い

扱いがされるべきであるという解釈論の余地は残ると思われる。

3　制限行為能力による取消し

　行為能力の制限によって取り消すことができる行為は、制限行為能力者またはその代理人、承継人もしくは同意権者に限り、取消権者と認められ（120条1項）、行為の相手方に対する取消しの意思表示によって取消権を行使する（123条）。この点は改正前民法と違いはない。

　もっとも、制限行為能力者（A）が他の制限行為能力者（B）の法定代理人としてした行為については、自ら代理行為をした法定代理人（A）が取消権を行使できるとともに、本人の地位にある者（B）も行為能力の制限を理由に行為を取り消すことができてよいはずである。例えば、成年被後見人が親権者として未成年の子を代理して行為した場合、親権者だけでなく子も、親権者の代理行為を取り消す必要性が認められる。

　こうした場合に、法定代理人（A）が代理行為を取り消せることについては、改正民法は13条10号（保佐の場合）および102条ただし書で規定しているが、本人の地位にある制限行為能力者（B）も取消権者であることが120条括弧書によって明らかにされている。

IV　無効および取消しの効果

1　基本的な効果

　取消しの効果については、改正前民法から「取り消された行為は、初めから無効であったものとみなす。」（121条）として、一応有効であった行為が、遡及的に無効と擬制されることが明らかにされている。これとの対比で、ある行為が無効であるとは、その行為が当初から効力を生じないものと理解されている。この点は、改正民法でも変わらない。

　もっとも、無効も取消しも、行為の効力否定原因として連続的に理解されている点は前述のとおりであるから、例えば「無効な行為は当初から効力を生じていないから、取消権を行使することできない」といった、論理関係が成り立つとは考えられていない。無効原因と取消原因が競合する場合（いわ

ゆる二重効)は、規定の趣旨や制度の相互関係を考慮して優先関係などが定まると考えられている。これらは、改正民法においても解釈に委ねられる問題である（詳解Ⅰ338頁）。

同様に、改正民法は無効行為の転換や、無効行為を回避する潜脱行為についても規定を設けていない。一般ルールを設けることは適切でないと考えられ、解釈に委ねられたものである（詳解Ⅰ339頁）。

2　原状回復義務

改正前民法は、ある行為が無効である場合、あるいは取消しにより遡及的に無効となった場合の後始末について、特別な規定を置いていなかったため、不当利得の問題として扱われていた。しかし、ある行為が有効であることを前提に給付された物の返還が問題となる場合には、不当利得の一般規定（703条・704条）とは異なるルールが妥当するという指摘がされるようになり、いわゆる不当利得類型論の立場に立って、給付利得という類型を立てて考察をする学説が主流化した。もっとも、給付利得の返還ルールについては、契約前の状態への巻戻し、すなわち原状回復を原則とすべきという点では一致が見られるものの、返還前に生じた果実は返還の範囲に含まれるのかなど、細かい部分では学説内に対立が見られる。

改正民法は、給付利得の返還ルールについて、121条の2という規定を新設し、無効な行為（取消しにより遡及的に無効となった場合を含む）に基づく債務の履行として給付を受けた者は、相手方を原状に復させる義務を負うのが原則であることを明らかにした（同条1項）。この場合、給付物の受領者が現物をいまだ保持している場合には現物を返還することが原則であるが、現物返還が不可能な場合には、価額償還義務が生じることになる（部会資料66A・36頁）。なお、果実あるいは利息の返還については、解除の場合の原状回復義務（545条2項3項）と異なり、引き続き解釈に委ねられることになった。

もっとも、無効な無償行為に基づいて給付を受領した者が、給付受領時にその行為が無効であることを知らなかったとき、または取り消すことができることを知らなかったときは、給付全部の返還を求めることが酷な場合があ

る。このため、その行為によって現に利益を受けている限度に返還義務の範囲が縮減することとした（121条の2第2項）。これに対して、有償の行為に基づいて給付を受けた者は、受けた給付をすべて返還することになる。有償行為については、給付受領者が反対給付をすることなしに受領した給付を自己の物として保持することはできないのであって、121条の2第2項の善意者保護の趣旨は、逸出すると考えていた反対給付の返還を求めつつ、受領した給付について現存利益がないことを理由に返還を免れるという結論まで認めるものではないと説明されている（部会資料66A・36頁）。

　また、意思無能力による無効や、行為能力の制限による取消しの場合の原状回復義務についても、現受利益の返還にとどまるものとした（121条の2第3項）。改正前民法でも、制限行為能力者の返還義務の範囲は現受利益に限定されていたところ（旧121条ただし書）、意思無能力者の場合も含めて規定を移設したものである。

　さらに、改正民法と同時に施行される消費者契約法6条の2も、同法の規定により意思表示が取り消された場合の返還義務も、現受利益の範囲にとどまるものとしている。

　問題は詐欺による取消しの場合における被害者の返還範囲である。規定はないが、消費者契約法6条の2とのバランスから、現受利益にとどまるか、不法原因給付（708条）で返還を免れるという可能性がある。

V　追認

1　追認の効果

　無効な行為は、追認によっても、その効果を生じない。ただし、当事者がその行為の無効であることを知って追認をしたときは、新たな行為をしたものとみなされる（119条）。これに対して、取り消すことができる行為は、取消権者が追認をすると、以後取り消すことができなくなる（122条）。これらの点は、改正前民法から変化はない。

　もっとも、無効な行為に追認を認めないのは、公益保護を目的とする無効（公益的無効）の場合だけであるとして、ある種の無効原因については、追認

69

によって行為時に遡及して有効と扱われてよいとする学説も有力に主張されている。主張権者のところで言及したように（Ⅲ2）、相対無効論、取消的無効論はなお存続する余地があるが、どの無効原因がこれに当たるかも含め、解釈に委ねられる（詳解Ⅰ361-362頁）。

　なお、改正前民法122条は、改正民法と同文の本文の後に、「ただし、追認によって第三者の権利を害することはできない。」というただし書が付されていたが、削除されている。取り消すことができる行為ははじめから有効であるから、追認によって第三者の権利を害するということは考えられず、無意味な規定と考えられてきたからである。

2　追認の要件

　改正前民法124条2項は、成年被後見人の追認についてのみ、行為を了知後でなければ追認ができないことを定めていたが、未成年者の法律行為についても同趣旨の判例（大判大正5・12・28民録22輯2529頁）があった。改正民法124条1項は、追認は取消権の放棄である以上、取消権を有することを知った後でなければ権利の放棄はできないという考え方により、取消原因一般の追認の要件として、取消しの原因となっていた状況が消滅したことのほかに、取消権を有することを知った後であることを付け加えた。

　また、改正民法124条2項は、法定代理人または制限行為能力者の保佐人もしくは補助人が追認する場合（同項1号）、あるいは、成年被後見人を除く制限行為能力者が法定代理人、保佐人または補助人の同意を得て追認をする場合（同項2号）は、取消しの原因となっていた状況が消滅する前であっても追認が可能であることを定めるものである。同項1号は改正前民法124条3項と同趣旨であるのに対して、改正民法124条2項2号は従来から異論がないルールの明文化である。

3　法定追認

　改正民法125条は、基本的に旧規定と変わっていないが、同条柱書冒頭から「前条の規定により」が削除された。改正民法124条は「取消権を有することを知った」ことが追認の要件に含まれているところ、法定追認に関して

はこの要件が必要かについて解釈論上争いがあるため、解釈論上の方向性を与えないという意図で、文言が調整されたものである（一問一答37頁注2）。

　法定追認事由については、事由の見直しも一部提案されていた。例えば、取消権者による履行の全部または一部の受領や、担保の受領などである（詳解Ⅰ 372-374頁）。しかし、最終的に規定の変更は見送られた。

8 条件——不正な条件成就

立教大学教授 原田 昌和

要点

○ 条件を不正に成就させた場合の効果

解説

I はじめに

条件の成就によって利益を得る当事者が、故意に条件を成就させた場合の効果について、改正前民法は条文を持たなかったが、このような場合には、改正前民法130条の類推適用により、条件が成就していないとみなすことができるとする最判平成6・5・31（民集48巻4号1029頁）が存在した。今回の改正は、この判例法理を明文化するものである。

II 民法改正前の判例法理

前掲・最判平成6・5・31の事案は以下のとおりである。いずれも著名なかつらメーカーであるYからXに対する損害賠償請求事件において、①Xは櫛歯ピンを付着した部分かつらを製造販売しない、②Xがこれに違反した場合にはYに違約金1000万円を支払う旨の裁判上の和解調書が作成された。Yの取引先関係者Aは、Yの指示の下に、通常の客を装ってXの店舗に赴き、まず、櫛歯ピンとは形状の異なるピンを付着した部分かつらの購入を申し込んで、その購入契約を締結し、部分かつら本体の製作作業がかなり進んだ段階で、さらにYの意を受けて、上記形状のピンを付着した部分かつらであれば上記購入契約を解約したい、解約できないなら櫛歯ピンのよう

なストッパーを付けてほしい旨の申入れをした。困惑したXの従業員は、Aの強い要求を拒み切れず、契約の変更を承諾した上、櫛歯ピンを付着した部分かつらをAに引き渡した。Yは、これにより、前記和解条項の条件が成就したとして、Xに対する執行文の付与を受けた。これに対してXは、条件は成就していないとして、執行文付与に対する異議の訴えを提起した。

このような事実の下で、判決は、「XがAに櫛歯ピン付き部分かつらを販売した行為が本件和解条項第1項に違反する行為に当たるものであることは否定できないけれども、Yは、単に本件和解条項違反行為の有無を調査ないし確認する範囲を超えて、Aを介して積極的にXを本件和解条項第1項に違反する行為をするよう誘引したものであって、これは、条件の成就によって利益を受ける当事者であるYが故意に条件を成就させたものというべきであるから、民法130条の類推適用により、Xは、本件和解条項第2項の条件が成就していないものとみなすことができると解するのが相当である」、とした。

判決は、法律構成としては改正前民法130条類推適用を引合いに出し、「故意に」と述べるにとどまるが、前記事案を前提にすると、単に「条件の成就によって利益を受ける者が、条件の成就を知って」という意味ではなく、信義則に反する行為態様によって条件を成就させたことを重視しているものとみるべきであろう。

Ⅲ　改正民法の下での問題処理の枠組み

改正民法130条2項によれば、条件が成就することによって利益を受ける当事者が、不正にその条件を成就させたときは、相手方は、その条件が成就しなかったものとみなすことができる。

判例法理を明文化するに当たって議論になったのは、「不正に」という文言である。中間論点整理の段階では、「故意に条件を成就させた」というだけでは、何ら非難すべきでない場合が含まれてしまうため、適切な要件の設定についてさらに検討してはどうかとされていた（論点整理補足説明272頁）。非難すべきでない場合としては、入試に合格するという条件を故意に成就さ

73

せた場合が考えられる。懸命に勉強して入試に合格することは、何ら責められるべき行為ではないからである（詳解Ⅰ 382 頁、中間試案補足説明 63 頁）。

その後の審議では、「条件を付した趣旨に反して故意に」（中間試案第 6、1 ⑵ア）という表現を経て、最終的に、「不正に」（要綱仮案の原案〔その 1〕第 5、2、要綱仮案第 6、2）という表現に落ち着いた。ここでいう「不正に」とは、「信義則に反して故意に」の意味であるとされている（潮見・改正法の概要 35 頁。第 90 回会議議事録 38 頁も参照）。

なお、130 条 1 項に改正はなく、「故意に」という表現がとられているが、これも、「信義則に反して故意に」の意味とされる（潮見・改正法の概要 35 頁。第 90 回会議議事録 38 頁も参照）。

74　　8　条件——不正な条件成就

9 時効(1)——時効期間、時効の起算点、時効の効果

早稲田大学教授　山野目章夫

要点

① 職業別の短期消滅時効の廃止

② 時効期間の統一

③ 主観的起算点の導入

④ 時効の援用権者の範囲の明確化

解説

Ⅰ 職業別の短期消滅時効の廃止

　改正前民法の 169 条から 174 条までの規定が定める短期消滅時効の多くは、少なくとも今日的な合理性の説明が難しく、ときに疑義を伴う法律関係処理を余儀なくするおそれすらある。

　これら短期消滅時効を廃止し、時効期間の統一化を図ることが要請された（統一化）。では、統一して何年にすることがよいか。単純に短期消滅時効の規定群を削除するならば、従来において短期消滅時効に服してきた債権の時効期間が一挙に 10 年に伸長されることになるが、そのような劇的な変更に合理的な根拠があるとは考えられない。むしろ従来の 10 年という普通時効期間のほうこそ、いままでの短期消滅時効期間より若干長めの期間のところ、例えば 5 年というふうに短くするという解決が考えられる（短期化）。

　また、従来からも、権利者が知らないうちに時効期間が進行してしまう不合理が指摘されてきたところであり、そのことは、時効期間を 10 年から 5 年にする場合には、いっそう解決が強く要請される事項とならざるを得ない（起算点の主観化の要請）。

75

これら統一化・短期化・主観化の3つの要請を考慮しながら得られる解決が、改正民法166条1項である。権利行使可能時から10年の経過で消滅時効の完成が認められるほか、権利行使が可能であることを債権者が知った時、という主観的起算点から5年の経過でも消滅時効の完成が認められる。起算点と時効期間の2組の組み合わせが用意され、これに基づき債権の種類を問わない統一的な消滅時効制度の運用がされる。

　また、これらの見直しに関連して、商法522条が削除され、商事短期消滅時効の制度が廃止される。

II　債権の消滅時効における原則的な時効期間と起算点

　新しい規律において、債権の消滅時効の起算点と時効期間の標準的な規律は、上述のとおり、「債権者が権利を行使することができることを知った時」（主観的起算点）から「5年間行使しないとき」および「権利を行使することができる時」（客観的起算点）から「10年間行使しないとき」に、債権が時効により消滅する、というものになる（166条1項）。

1　典型的な適用事例

　これらの起算点と時効期間との組み合わせの適用の帰結を典型的な場面について示すと、次のようになる。

　まず、確定期限付き債権の場合は、期限到来の時が客観的起算点であるとともに、ふつう、暦日で定められる確定期限の到来は公知の事実であって債権者もその到来の時に知るから、主観的起算点も、期限到来の時である。

　次に、Aが死亡したときにBがCに100万円を支払うというような、不確定期限付き債権の場合は、Aが死亡した日が客観的起算点であり、その翌日に10年の時効が進行を始める（ただし、死亡したのが午前零時である場合は当日に起算する。140条ただし書）。また、Aの死亡をCが知る時が主観的起算点であり、原則として、その翌日に5年の時効が進みはじめる。これらの10年と5年のいずれかが経過したときに、Cの債権の消滅時効が完成する。

さらに、期限の定めのない債権は、債権成立の時が客観的起算点である。債権者が債権の存在を知ることにより履行の請求をして債権を行使することが可能になるから、債権者が債権の存在を知った時が、主観的起算点となる。703条に基づき不当利得の返還を請求することができる債権を例にとると、債権が成立した日の翌日に進行を始める10年と、それから、債権者が債権の存在を知ったことを知った日の翌日に起算される5年と、これらのいずれかが経過したときに、消滅時効が完成する。

2 時効期間

債権の消滅時効の標準的なルールとして、時効期間は、前述1のとおり、主観的起算点から5年間であり、また、客観的起算点から10年間である。この標準的なルールに対する特例として、不法行為による損害賠償請求権や、生命・身体の侵害の損害賠償請求権について特別の規律が用意される（**II**参照）。また、裁判により確定した権利の時効期間についても、改正前民法に引き続き特例がある。

まず、不法行為による損害賠償請求権は、原則として、被害者またはその法定代理人が損害および加害者を知った時から3年間、また、不法行為の時から20年間が時効期間となる（724条）。

ただし、人の生命・身体を害する不法行為による損害賠償請求権は、被害者またはその法定代理人が損害および加害者を知った時から5年間が時効期間となり（724条の2）、これと不法行為の時から20年間という客観的起算点からの時効期間の通則とが併用される。また、債務不履行による損害賠償請求権であって人の生命・身体の侵害によるものは、債権者が権利を行使することができることを知った時から5年という通則の時効期間（166条1項1号）に加え、権利を行使することができる時から20年という客観的起算点からの時効期間の特例（167条）が働く。

さらに、判決で確定した権利は、権利者が訴訟を提起するなどして行使し、裁判所も存在を認めたものであるから、短期で消滅時効が完成することは適当でない。そこで、主観的起算点から3年（724条1号）とか5年（166条1項1号・724条の2）とかいうふうに、10年より短い期間の消滅時効の期間の

77

定めがある権利であっても、裁判所の判決で確定した権利の時効期間は、確定の時に弁済期が到来していないものを除き、10年に変更される（169条）。確定判決と同一の効力を有するものによって確定した権利も、同じである。この点は、改正前民法と基本趣旨を同じくするルールが引き続き置かれる。

　なお、債権でない財産権の時効期間は、改正前民法と異ならない（166条2項）。従来の考え方を受け継いで、所有権は、時効により消滅しない。債権および所有権でない財産権の消滅時効は、権利を行使することができる時という客観的起算点から20年間と簡明に定められる（同項）。例えば地上権は、このルールに従い、時効消滅の成否が定まる。

3　消滅時効の客観的起算点

　起算点のうち、客観的起算点は、権利を行使することが可能になった時である。これは、一般には、権利の行使について法律上の障害がなくなった時をいう。停止条件が付された債権は、債権発生の時点では行使することができないのに対し、停止条件が成就するならば、権利行使の法律上の障害がなくなるから、この時が客観的起算点となる。債権者が停止条件の成就を知らないことがあるが、それは、後述4の主観的起算点の到来において考慮される問題である。このことは、言い換えると、客観的起算点の関係では、停止条件の成就に関する情報収集の負担を債権者に帰する、ということになる。

　もっとも、場合によっては、法律上の障害がない、ということに当たるかどうかが規範的な評価を要する問題となることがある。

　形式的に法律上の障害がないように見えるとしても、場合によっては権利行使が“できない”ことがあり、また、場合によっては権利者の意思として権利行使を“したくない”ことがあって、これらをどのように考えるか、が問われる。

　まず、権利の客観的な性質に照らし、権利の行使を実質的に期待することができない事情がある場合は、その事情がなくなった時を待って、客観的起算点からの時効が進行をはじめるものと解すべきである（最判昭和45・7・15民集24巻7号771頁は、改正前民法の下での事案について、「弁済供託における供託物の取戻請求権の消滅時効の起算点は、供託の基礎となった債務について紛

争の解決などによってその不存在が確定するなど、供託者が免責の効果を受ける必要が消滅した時と解するのが相当である」とする）。また、安全配慮義務に違反して労働者を病気に罹患させた場合において、その病気がじん肺であるときに、症状についての行政上の最終の決定がされた時から時効が進行するとされる。これは、権利行使が、その時にはじめて、法律上の障害がないことになるとともに、現実の行使も期待することができる状態になったものと考えられるからである（最判平成 6・2・22 民集 48 巻 2 号 441 頁。ただし、じん肺により死亡した場合には、事態の性質を異にし、死亡時から時効が進行する。最判平成 16・4・27 判時 1860 号 152 頁）。

　また、権利行使の法律上の障害という場合において、その権利行使が、権利者の自律的選択に委ねられるときに、権利行使の論理的な障害がなくなった時から時効進行の開始を容認することは、実際上、権利者の去就の判断を制約することになりかねない。例を挙げると、普通預金は、預金者が預入れをしたその時から払戻しを請求することができるが、そうであるからといって、預入れの時が客観的起算点になるということにすると、預金をして手許に金銭を保管しておく事務の負担をなくしたいとする預金契約の意義が損なわれる。そこで、当事者の解約申入れなどにより普通預金契約が終了した時が客観的起算点になると解すべきである。また、定期預金は、自動継続特約がされていることがあり、預金者が満期日までに申出をしない限り従前と同一の期間で当然に更新される。この場合には、この申出がされた場合の満期日が客観的起算点となる（最判平成 19・4・24 民集 61 巻 3 号 1073 頁）。

4　消滅時効の主観的起算点

　主観的起算点は、債権者が客観的起算点の到来を知った時である。債権の弁済期を暦日で定めた場合は、通常、2 つの起算点は一致し、したがって、客観的起算点が独立した意義を持つ場面は、稀である。

　ただし、いくつかの微妙な考察を要する局面が、想定される。1 つの例を挙げよう。親権者が未成年者のためにした法律行為の弁済期が暦日で定められた場合において、本人が成年に達した際、この事情を告げられなかった、というときは、どのように考えるべきであるか。相続した債務の弁済期を知

らない相続人の状況も、これに似る。法定代理でなく、委任による代理人が貸主となる者のために消費貸借をしたが、その弁済期を本人に告げていない、という場合において、委任契約の当事者らの間のコミュニケーションが適切でなかったことの不利益は誰に帰せられるべきであるか、という問題もある。これらの問題が、今後、検討が深められてゆかなければならない（山野目章夫「民法の債権関係規定の見直しについて——民法の債権関係の改正の5題」司法研修所論集126号〔2016〕参照）。

Ⅲ　時効の効果

1　時効の基本的効果

民法の法文は、消滅時効の効果について、「債権は……消滅する」（166条1項）という表現を与える。これを素直に受けとめるならば、時効の効果は、時効期間の経過という客観的事実のみにより確定的に発生すると構成されるもののようにも映る。しかし他方において、改正民法145条は、当事者の援用がない限り、時効を理由とする裁判はすることができないと定める。両条の関係は、必ずしも明確でなく、この点を説明するため、学説上さまざまな工夫がなされてきた。これが、いわゆる時効の法的構成の問題である。

この問題は、引き続き学説の理論的関心の対象であってよいし、その基本的な問題状況は、従来と異ならない。

判例が前提としていると見られる考え方は、実体法上、時効が期間経過により確定的に効果を生ずるということではなく、時効の援用が時効の効果に関する実体上の意味を持ち、それにより時効の効果が生ずるとする不確定効果説であると考えられる（最判昭和61・3・17民集40巻2号420頁）。そして、その不確定効果説の中で、さらに停止条件構成と解除条件構成とを比べると、停止条件構成のほうが、法律関係の簡明な説明を与えることができ、結果の妥当性の点でもとくに解除条件構成に劣るものではないから、時効援用をもってはじめて時効の効果が発生すると見るべきであろう。このような考え方をめぐる問題状況は、改正の前後で異なるものではない。

2 時効の援用

論議の状況に微妙な変化があり得るものは、時効の援用権者の範囲である。

時効は、当事者が援用するものである（145条）。この、時効を援用することができる「当事者」に、どのような範囲の者が該当するか、ということについては、論議がされてきた。

この問題について、消滅時効の場合については「権利の消滅について正当な利益を有する者」が時効援用権を有することが、改正民法145条括弧書において明らかにされる。さらに何をもって正当の利益を有すると見るかも、若干の例示がある。例示されるものは、保証人・物上保証人・第三取得者である。AがBに対し金銭を貸し付けるに当たり、この貸付債権の担保として、これをCが保証し、また、Bが有する甲土地およびDが所有する乙土地に抵当権が設定されたとしよう。貸付債権の消滅時効期間が経過すれば、たえBがBが時効を援用しなくても、C（保証人）、D（物上保証人、最判昭和42・10・27民集21巻8号2110頁参照）、甲土地を譲り受けたE（第三取得者、最判昭和48・12・14民集27巻11号1586頁）、そして乙土地を譲り受けたF（同じく第三取得者）のいずれも、Bの債務の消滅時効を援用し、自分に対するAの権利行使を阻むことができる。

消滅時効の場合において、145条括弧書に例示がない者の扱いは、今後も解釈に委ねられる。一例を示すと、詐害行為の受益者は、時効援用権を肯定してよいと考えられる。Bが有する丙土地の贈与を受けた者は、この贈与が改正民法424条により取り消される可能性のある場合において、同条括弧書が例示する物上保証人と類似する利益状況に置かれるから、援用権を肯定するべきである（改正前民法の下で同旨、最判平成10・6・22民集52巻4号1195頁）。これに対し、時効による権利消滅が反射的に利益を増進するにとどまり、独立した利害関係を有するにすぎない者は、従前の考え方を引き継ぎ、改正民法145条の「正当な利益」を有すると考えることができないということになるであろう。この観点から、一般債権者と後順位担保権者の時効援用権が否定される。Bに対し債権を有するにとどまり、物的担保の設定などを受けていない者は、他の要件を充足するときに改正民法423条1項によりB

の援用権を代位行使することは認められるとしても、自身の固有の援用権は
ないと解することになる。甲土地にAより後れる順位の抵当権の設定を受
けた者も異ならない。順位一番の抵当権が担保する債権の時効消滅に伴い順
位の上昇を期待することができる関係にある順位二番の抵当権者は、援用権
を認められないと考えられる（最判平成11・10・21民集53巻7号1190頁）。

　消滅時効の援用権者について新しい規定が整備されることに伴い、それが
取得時効の場合の時効援用をめぐる論議に及ぼす影響も、考察を要する。判
例は、援用権者が「直接利益を受ける者」に限定されるとしてきた（最判昭
和44・7・15民集23巻8号1520頁）。これに対しては、「直接」に利益を受け
る、ということの意味が明確を欠くという批判もされてきたところである。
取得時効についても、改正民法145条括弧書の文言を参考として、〈権利の
取得について正当な利益を有する者〉に援用権者を認めるべきであろう。換
言するならば、同条括弧書は、さしあたり消滅時効における援用権者の範囲
を具体に指示するにとどまるが、そこに示される考え方を取得時効に及ぼす
ことを妨げる事情は見当たらず、同じ考え方を妥当させてよいと考えられる。

10 時効(2)——時効障害

北海学園大学教授 **松久三四彦**

要点

① 時効の完成猶予事由
② 時効の更新事由

解説

I はじめに

　時効の完成の障害事由には、改正前民法では時効の停止と中断があった。時効の停止とは時効の進行が停止することであるが、停止の仕方には、立法論としては、時効期間のどの時点であっても進行を停止させるものと（進行停止）、時効完成が近づいている場合にのみ進行を停止させるもの（完成停止）が考えられる。民法改正の審議段階では、進行停止の導入も検討されたが、結局、改正前と同じく、完成停止のみを採用することになった。

　これに対し、時効の中断の定義は簡単ではない。一般的には、時効の進行がリセットされ、再度ゼロから時効が進行するものであるというように、時効が新たに進行を開始するところに焦点を当てて説明されている。しかし、例えば、中断事由である裁判上の請求（旧149条）では、訴えの提起により時効は中断するといわれるが、時効が新たに進行するのは裁判確定の時であり（旧157条2項）、裁判確定までは実質的には時効は停止している。他方で、改正前民法は、「中断した時効は、その中断事由が終了した時から、新たにその進行を始める。」（同条1項）としており、条文に忠実に考えるならば、中断は中断事由が終了するまで継続するものであり、中断の定義も前述したところとは変わってくることになる。

このように、改正前民法の中断事由は、停止と中断（新たな進行）を含むものであることから、改正民法では、改正前民法で一個の中断事由とされたものを、停止事由と中断事由の2つに分け、さらに、時効の「停止」と「中断」という用語を、時効の「完成猶予」と「更新」にあらためた（中断については内容もあらためた）。例えば、改正前民法では裁判上の請求は中断事由とされていたが、改正民法では、裁判上の請求は完成猶予事由とされ（147条1項1号）、確定判決による判決確定が更新事由とされた（同条2項）。さらに、新たな完成猶予事由が設けられ、時効完成の障害事由は格段に整備された。

Ⅱ　改正前民法における時効の中断・停止

改正前民法は、時効の中断事由として、①請求、②差押え・仮差押え・仮処分、③承認の3つを規定していた（旧147条1号2号3号）。①・②は一定の権利行使を中断事由とするものであり、③は相手方の権利を承認することを中断事由とするものである。そして、この請求（同条1号）が具体的に何を指すかは、中断の効力が生じない場合を定める規定（旧149条以下）を設けることで、裁判上の請求、和解の申立て・民事調停法および家事調停法による調停の申立て、破産手続参加・再生手続参加・更生手続参加、催告がこの請求に当たることがわかるようになっていた。

時効の停止については、①時効期間満了前6か月以内の間に未成年者または成年被後見人に法定代理人がないとき、②未成年者または成年被後見人がその財産を管理する父、母または後見人に対して権利を有するとき、③夫婦の一方が他の一方に対して権利を有するとき、④相続財産に関する権利、⑤時効期間の「満了の時に当たり」、天災その他避けることのできない事変のため時効を中断することができないときについて、一定期間、時効の完成を停止させていた（旧158条1項〜161条）。

Ⅲ 改正民法における時効の完成猶予事由、時効の更新事由

1 時効の完成猶予事由

時効の完成猶予事由には、権利行使がなされたために完成が猶予されるものと、権利行使が困難であるために完成が猶予されるものがある。

(1) 権利行使による完成猶予

これには、時効の更新事由と一体になっている（更新事由に接続する）ものと、そうでないものがある。

(i) 更新事由一体型

時効の更新事由と一体になっているものは、確定判決等による権利確定時に更新されるものと（147条）、強制執行等の終了時に更新されるもの（148条）に大別される。前者には、①裁判上の請求（147条1項1号）、②支払督促（同項2号）、③民事訴訟法275条1項による訴え提起前の和解・民事調停法による調停・家事事件手続法による調停（同項3号）、④破産手続参加・再生手続参加・更生手続参加（同項4号）があり、後者には、差押え（旧147条2号）を改めた、⑤強制執行（148条1項1号）、⑥担保権の実行（同項2号）、⑦民事執行法195条の競売（148条1項3号）、⑧財産開示手続（同項4号）がある。

147条1項柱書は、「……その事由が終了する（確定判決又は確定判決と同一の効力を有するものによって権利が確定することなくその事由が終了した場合にあっては、その終了の時から6箇月を経過する）までの間は、時効は完成しない。」、148条1項柱書は、「……その事由が終了する（申立ての取下げ又は法律の規定に従わないことによる取消しによってその事由が終了した場合にあっては、その終了の時から6箇月を経過する）までの間は、時効は完成しない。」としている。この柱書の括弧書は、改正前民法下における、いわゆる裁判上の催告という考え方（裁判中でなされた権利主張は、その間は催告が継続してなされているものとして、裁判終結後6か月〔旧153条参照〕経過するまでは時効は完成しないものとする）を採り入れたものである。

85

(ii) 更新事由非一体型

更新事由と一体になっておらず、完成猶予の効果だけが認められるものに、仮差押え・仮処分（149条）、催告（150条）、協議を行う旨の書面による合意（151条）がある。

仮差押え・仮処分は、改正前民法では中断事由とされていたが、後に裁判上の請求（147条1項1号）によって権利が確定されるまでその権利を保全する暫定的なものにすぎないので、改正民法では時効の更新の効果はない。

協議を行う旨の書面による合意は改正前民法にはなかったものである。権利についての協議を行う旨の合意が書面でされたときは、①その合意があった時から1年を経過した時（151条1項1号）、②その合意において当事者が協議を行う期間（1年に満たないものに限る）を定めたときは、その期間を経過した時（同項2号）、③当事者の一方から相手方に対して協議の続行を拒絶する旨の通知が書面でされたときは、その通知の時から6か月を経過した時（同項3号）、のいずれか早い時までの間は、時効は完成しない（同項柱書）。

催告（150条）と異なり、協議を行う旨の書面による合意で時効の完成が猶予されている間にされた再度の151条1項の合意にも、時効の完成猶予の効力が認められる。ただし、その効力は、時効の完成が猶予されなかったとすれば時効が完成すべき時から通じて5年を超えることができない（同条2項）。

(2) 権利行使困難による完成猶予

権利行使が困難であるため、時効の完成が猶予される事由（158条〜161条）は、改正前民法の停止事由（旧158条〜161条）と同じである。ただし、天災その他避けることのできない事変について、改正前民法では、それが消滅してから「2週間」は時効は完成しないとされていたが（旧161条）、それでは短すぎるとして「3箇月」に延長された（161条）。

2 更新事由

(1) 権利の行使

更新事由には、権利行使によるものと（147条2項・148条2項）、権利を承認したことによるものがある（152条）。権利行使による更新は、更新事由

86　**10**　時効(2)——時効障害

一体型の権利行使による時効の完成猶予事由のうち、裁判上の請求など（147条1項各号）確定判決または確定判決と同一の効力を有するものによって権利が確定するものについては、確定判決または確定判決と同一の効力を有するものによって権利が確定した時、つまり、その「事由が終了した時」に更新の効力が生じ、新たにその進行を始める（同条2項）。例えば、裁判上の請求により時効が更新されるのは、裁判上の請求が「終了した時」であり、これは判決が確定した時である（民訴116条参照）。支払督促、民事訴訟法275条1項の和解、民事調停法または家事事件手続法による調停（以上は147条1項2号3号）、破産手続参加、再生手続参加、更生手続参加（以上は同項4号）も、権利関係が調書に記載されるなどして確定すると、確定判決と同一の効力を有し（民訴396条・267条、民調16条・18条5項、家事268条1項・287条、破124条3項・221条1項、民再104条3項・180条2項・185条、会更150条3項・206条2項・235条1項）、時効は更新される。

強制執行等の場合（148条1項各号）は、未回収の債権が残る限り、強制執行等のたびに、その「事由が終了した時」に時効は更新される（同条2項）。

(2) 権利の承認

権利の承認による更新の効力は、権利を承認した時に生じる（152条）。改正前民法において規定のなかったところを整備したものである。

3 従来の判例との関係

改正前民法下の判例は、①債務者から提起された債務不存在確認訴訟の被告として債権者が債権の存在を主張し、原告の請求棄却の判決を求めた場合（大判昭和14・3・22民集18巻238頁）、②抵当権者が債務者でもある抵当権設定者からの債務不存在を理由とする抵当権設定登記抹消登記手続請求訴訟の被告として被担保債権の存在を主張し、原告の請求棄却の判決を求めた場合（最判昭和44・11・27民集23巻11号2251頁）、③占有者から提起された移転登記手続請求訴訟の被告として所有者が自己に所有権のあることを主張し、原告の請求棄却の判決を求めた場合（最判昭和43・11・13民集22巻12号2510頁）には、裁判上の請求に準じて時効の中断が認められるとした。

また、いわゆる一部請求の訴えは、④一部請求であることが明示されてい

るときには残債権の時効は中断しない（最判昭和34・2・20民集13巻2号209頁〔裁判上の請求があったというためには権利が訴訟物となったことを要するとの理由による〕）が、⑤明示されていないときには、かえって、債権全部に付き中断の効力が生ずるとした（最判昭和45・7・24民集24巻7号1177頁）。

　改正民法下においては、上記①〜③は、いずれも時効の完成猶予の効果は認められよう。さらに、裁判上の請求に準じて時効の中断が認められるとした判例の考え方からは時効の更新の効力も認められそうである。もっとも、解釈としては、「確定判決」により時効が更新される（147条2項）根拠をどう考えるかによっては、これと異なる考え方もあり得るところである。

　一部請求の訴えについては、確定判決によって残部が確定するわけではないので、改正民法下でこの問題が争われたならば、一部請求であることを明示していた場合だけでなく、明示していなかった場合でも、残部について時効の更新の効力は認めないというのが判例となろう。もっとも、判例は、近時、「明示的一部請求の訴えが提起された場合、債権者が将来にわたって残部をおよそ請求しない旨の意思を明らかにしているなど、残部につき権利行使の意思が継続的に表示されているとはいえない特段の事情のない限り、当該訴えの提起は、残部について、裁判上の催告として」の効力を有するとした（最判平成25・6・6民集67巻5号1208頁）。したがって、この判例の考え方からは、改正民法の下では、明示的一部請求の訴えにより残部の時効の完成は猶予されることになろう。

11 時効(3)──時効期間の特例

神戸大学教授 窪田 充見

要点

① 不法行為に基づく損害賠償請求権についての消滅時効としての明確化
② 生命・身体侵害による損害賠償請求権の消滅時効についての統一化

解説

I はじめに

　今回の民法改正は、法律行為法を含む契約法に関する改正を主とするものであり、法定債権である不法行為に関する規律については、原則として見直しの対象とはされなかった。その数少ない例外が、消滅時効についての改正である（ただし、中間利息の規定の新設、連帯債務の規定の改正など、間接的に不法行為に基づく損害賠償請求権に関わる改正は少なくない）。

　具体的には、①民法724条の規定が改正され、長期の期間制限についても消滅時効であることが明確にされるとともに、②新設された改正民法724条の2、167条により、人の生命または身体の侵害による損害賠償請求権については、不法行為による場合と債務不履行による場合とで消滅時効期間に関する違いがなくなり、法律構成の違いにかかわらず、消滅時効の扱いは統一化されることになった。

II 改正前民法下における議論の枠組み

　改正前民法における損害賠償請求権について、とくに、上記の論点①②に

沿う形で整理しておくことにしよう。

1 民法724条の2つの期間制限
——短期消滅時効と除斥期間の2本立て

　改正前民法724条は、「不法行為による損害賠償の請求権は、被害者又は
その法定代理人が損害及び加害者を知った時から3年間行使しないときは、
時効によって消滅する。不法行為の時から20年を経過したときも、同様と
する」と規定しており、その文言からは、①損害および加害者を知った時を
起算点とする3年間の消滅時効（短期消滅時効）と②不法行為の時を起算点
とする20年間の消滅時効（長期消滅時効）を定めていたものと理解すること
ができる。実際、立法者も、そのような2つの消滅時効を規定したものとし
て理解していた。

　しかし、その後、ドイツ法の影響を受けて、改正前民法724条後段の20
年間の期間制限については、除斥期間であるとする学説（除斥期間説）が有
力となった。このような立場によれば、同条後段の「同様とする」は、同条
前段の「時効によって消滅する」をそのまま受けるものではなく、あくまで
「消滅する」という点のみを受けるものだと理解することになる。除斥期間
について、わが国では明文の規定は置かれていないが、それは、中断や停止
がない、援用が必要ではないといった点で、消滅時効とは異なるものと理解
されていた。

　このような学説の状況を受けて、最判平成元・12・21（民集43巻12号
2209頁）は、改正前民法724条後段は、「被害者側の認識のいかんを問わず
一定の時の経過によって法律関係を確定させるため請求権の存続期間を画一
的に定めたもの」だとして、被告側の援用は不要であり、「信義則違反又は
権利濫用の主張は、主張自体失当」だとし、除斥期間説の立場をとることを
明らかにした。もっとも、同判決に対する学説の評価はおおむね否定的で、
むしろ、判例が除斥期間説を採用したことによって、学説においては消滅時
効説がかえって一気に支配的になったともいえる。

　また、判例においても、その後は、やや混乱しているといってもよい状況
が見られるようになる。すなわち、最判平成10・6・12（民集52巻4号1087

頁）は、被害者が不法行為によって心神喪失の常況に陥り、法定代理人の選任が遅れたこともあり、権利行使が遅れたという事案において、「心神喪失の常況が当該不法行為に起因する場合であっても、被害者は、およそ権利行使が不可能であるのに、単に20年が経過したということのみをもって一切の権利行使が許されない」のは正義・公平の理念に反するとして、「被害者が不法行為の時から20年を経過する前6箇月内において右不法行為を原因として心神喪失の常況にあるのに法定代理人を有しなかった場合において、その後当該被害者が禁治産宣告を受け、後見人に就職した者がその時から6箇月内に右損害賠償請求権を行使したなど特段の事情があるときは、民法158条の法意に照らし、同法724条後段の効果は生じない」とした。さらに、最判平成21・4・28（民集63巻4号853頁）は、殺人事件の加害者が被害者の死体を隠したため、相続人が被害者の死亡を知ることができず、相続人が確定しないまま殺害の時から20年が経過したという事案について、改正前民法724条後段が除斥期間を定めた規定であるという従来の立場を確認しつつ、「被害者を殺害した加害者が、被害者の相続人において被害者の死亡の事実を知り得ない状況を殊更に作出し、そのために相続人はその事実を知ることができず、相続人が確定しないまま除斥期間が経過した場合にも、相続人は一切の権利行使をすることが許されず、相続人が確定しないことの原因を作った加害者は損害賠償義務を免れるということは、著しく正義・公平の理念に反する」とし、相続人が確定した時から6か月内に相続人が損害賠償請求権を行使したなど特段の事情があるときは、民法160条の法意に照らし、改正前民法724条後段の効果は生じないとしている。

　いずれの判決も、改正前民法724条後段を除斥期間であるという立場は維持し、その枠組みの中で民法158条、160条の法意を根拠として示して問題を解決しようとしてはいる。しかし、特定の被告との関係で、期間制限の主張の妥当性を判断しようとしている点では、画一的に法律関係を確定させるという除斥期間説の立場はすでに揺らいでいたと理解することができる（前掲・最判平成元・12・21で示された判断を素直に受け止めるのであれば、特定の加害者との関係で正義・公平の理念を論じること自体、一貫しないだろう）。

2 法律構成による消滅時効の相違

　不法行為に基づく損害賠償請求権の消滅時効に関する論点のもう1つが、法律構成によって、消滅時効期間が異なるという点であった。すなわち、不法行為に基づく損害賠償請求権が改正前民法724条によって規律される一方、債務不履行によって同種の損害賠償を求めた場合には、一般債権として、改正前民法167条1項により、10年間の消滅時効に服するという扱いとなる。

　この点に関する相違をとくに意識させることになったのが、安全配慮義務違反を理由とする損害賠償である。安全配慮義務の嚆矢となったのは最判昭和50・2・25（民集29巻2号143頁）であるが、同判決は、安全配慮義務違反という債務不履行責任だと構成することで、すでに不法行為に基づく損害賠償請求権は消滅時効にかかっていたが、債務不履行に基づく損害賠償請求を認めたものである。いうまでもなく、安全配慮義務違反が問題とされるような事案においては、不法行為の成立が認められる場合も多い。このように2つの法律構成による損害賠償が認められる場面において、法律構成ごとの消滅時効が異なるという点は、いずれの法律構成を選択するのかという点で実践的な意義を有していたのである。

　同様の問題は、安全配慮義務違反以外にも、医療過誤における損害賠償についても当てはまるものであった。

III　改正の概要と改正民法の下での問題処理の枠組み

1 損害賠償請求権の消滅時効に関する改正規定の概観

　今回の改正では、冒頭に示したように、①民法724条の規定が書きあらためられ、長期の期間制限についても消滅時効であることがより明確にされるとともに、②新設された改正民法724条の2、167条により、人の生命または身体の侵害による損害賠償請求権については、不法行為による場合と債務不履行による場合とでの違いがなくなり、法律構成の違いにかかわらず、消滅時効の扱いは統一化されることになった。

　これらの改正について、以下では、もう少し詳しく見ておくことにしよう。

2 不法行為による損害賠償請求権の消滅時効（一般原則）

今回の改正により、民法724条は、以下のようにあらためられた。

民法724条　不法行為による損害賠償の請求権は、次に掲げる場合には、時効によって消滅する。

一　被害者又はその法定代理人が損害及び加害者を知った時から3年間行使しないとき。

二　不法行為の時から20年間行使しないとき。

文言だけでみれば、改正前民法724条とそれほど大きく異なっているわけではない。すでに言及したように、立法者は、同条前段の3年間も、後段の20年間も、いずれも消滅時効と解していたのであり、それを前提とすれば、今回の改正によって示された内容との間にずれはない。しかし、後段を除斥期間とする学説が有力となり、判例も、そうした除斥期間説をとったという点からは、今回の改正が持つ意義は非常に大きいものである。

すなわち、改正民法724条は「次に掲げる場合には、時効によって消滅する」として、同条1号、2号のいずれも消滅時効だということを明確にし、その点に関して疑義が生じないようにしたものだからである。この点で、同条による改正は、判例によって展開されてきた法理を民法の中に取り込むといった他の場面で多くみられる改正とは異なり、むしろ、判例によって形成された立場を明確に否定するものとして位置付けられ、積極的な立法的な解決を行ったものと理解されることになる。

もっとも、判例（前掲・最判平成元・12・21）によって採用されたといっても、その後の判例では、むしろ除斥期間説を貫徹することによって生じる問題を回避しようとする流れがあったこと（前掲・最判平成10・6・12、前掲・最判平成21・4・28）、除斥期間説を積極的に擁護する見解が学説においてもほとんど見られなかったことに照らせば、このように短期と長期の期間制限のいずれもが消滅時効だと明確に規定されたことは妥当なものだと考えられる。

なお、消滅時効と除斥期間の相違は、すでに言及したようにいくつかの点で挙げられるが、その中でも、とくに、「援用」を要件とする点は、実際の紛争解決においても大きな意味を有する。すなわち、被請求者側の時効の援用を要件とすることで、消滅時効の主張の妥当性を問題として扱うことができるからである。その点で、前掲・最判平成10・6・12については、心神喪失の常況を生ぜしめた不法行為の加害者の主張として、また、前掲・最判平成21・4・28については、被害者を殺害した加害者が、被害者の相続人において被害者の死亡の事実を知り得ない状況をことさらに作出したという場合の加害者の主張として、その消滅時効の援用の妥当性を端的に論じ、権利濫用、信義則違反などによって解決するという可能性が認められることになる。両判決が、特定の被告との関係で、「正義・公平」を問題としていたことからも、こうした方向性は十分に考えられるものであろう。

3　一般債権の消滅時効と不法行為法上の損害賠償請求権の消滅時効

⑴　人の生命または身体の侵害による損害賠償請求権の消滅時効の統一化
　今回の改正では、人の生命または身体の侵害による損害賠償請求権についての規定が2つ設けられた。すなわち、以下の両規定である。

> 民法167条　人の生命又は身体の侵害による損害賠償請求権の消滅時効についての前条第1項第2号の規定の適用については、同号中「10年間」とあるのは、「20年間」とする。
>
> 民法724条の2　人の生命又は身体を害する不法行為による損害賠償請求権の消滅時効についての前条第1号の規定の適用については、同号中「3年間」とあるのは、「5年間」とする。

　この両条文だけでは明確ではないが、改正民法167条は、改正民法166条の債権の消滅時効（主観的起算点からの5年間、客観的起算点からの10年間）のうち、客観的起算点からの消滅時効を20年間とするものであり、また、改正民法724条の2は、改正民法724条の消滅時効（主観的起算点からの3

年間、客観的起算点からの 20 年間）のうち、主観的起算点からの消滅時効を 5 年間に変更するものである。その結果、人の生命または身体の侵害による損害賠償請求権の消滅時効は、いずれによっても、主観的起算点から 5 年間、客観的起算点から 20 年間で統一されることになる。

この結果、安全配慮義務違反の事案、医療過誤、学校事故、旅客運送における事故など、債務不履行と不法行為の両方によって人の生命または身体の侵害による損害賠償請求権を基礎付けることが可能なケースにおいて、消滅時効の点は、その実践的な解決における意義を失うか、著しく実践的な意義を減少させることになる（主観的起算点については、改正民法 166 条 1 項 1 号の「債権者が権利を行使することができることを知った時」と改正民法 724 条 1 号の「被害者又はその法定代理人が損害及び加害者を知った時」と完全に同じなのか、客観的起算点については、改正民法 166 条 1 項 2 号の「権利を行使することができる時」と改正民法 724 条の「不法行為の時」が完全に一致するのかという問題は残る）。

すでに言及したように、とくに安全配慮義務という法律構成が登場した直接の背景には、法律構成による消滅時効の相違があった。しかし、その後の安全配慮義務違反をめぐる判決においては、債務不履行と不法行為の構成による実質的相違は必ずしも存在しないのではないか（立証責任をめぐる問題）、さらに、債務不履行による解決は必ずしも不法行為による解決より被害者に有利なわけではない（遅延損害金の起算点、近親者の慰謝料請求）、といった点も示されている。今回の改正はあくまで消滅時効に限っての統一であり、法律構成の相違によって生じるその他の問題に直結するものではないとしても、「人の生命又は身体の侵害による損害賠償」という類型が括り出されたことは、今後、これらの問題を考える上で影響を与えることも予想されるだろう。

(2)　その他の損害賠償請求権

もっとも、上記の点とともに、今回の改正があくまで、人の生命または侵害による損害賠償請求権に限定されたものであるということも、同時に確認しておくべきであろう。

人の生命または身体を侵害するものではない損害賠償についても、それについて債務不履行構成と不法行為構成の両方が考えられるという場合は少な

くない。契約関係にある当事者に物的損害が生じ、債務不履行と不法行為の両方が考えられるという場合も少なくない。また、説明義務違反や情報開示義務違反の場面でも、そうした状況が考えられるであろう。

これらについては特則が置かれていないので、改正民法166条1項、724条がそのまま適用される。その結果、主観的起算点からの消滅時効については債務不履行構成のほうが有利であり、他方、客観的起算点からの消滅時効については不法行為構成のほうが有利であるという状況が残されることになり、消滅時効との関係で法律構成が意義を有するという状況は残されることになる。

IV　残された解釈論上の問題

不法行為に基づく損害賠償請求権の消滅時効をめぐる問題としては、継続的な侵害による不法行為における消滅時効、潜在していた状況が時間を経過して発現するタイプの不法行為における消滅時効の問題など、さまざまな問題が残されている。これらについては、今回の改正においては、直接の対象とされておらず、なお、今後も解釈論上の問題として対応が求められることになる。

12 債権の目的

甲南大学准教授 **橋口 祐介**

要点

① 保存義務の程度を示す「善良な管理者の注意」の判断枠組み
② 目的物の滅失・毀損に基づく売主の責任と保存義務との関係
③ 種類債権における特定の要件と効果
④ 選択債権における原始的不能と後発的不能との区別
⑤ 不能となった給付への選択を選択権者に認める範囲

解説

I 特定物債権

1 保存義務の程度

(1) 改正前民法下における議論

特定物債権において、債務者は目的物をその引渡しまで保存する義務を負い、その義務の程度は「善良な管理者の注意」という規準によって定まる。この規準を選んだ理由について、改正前民法400条の起草担当者は、注意の程度を客観的に1つに固定して定める必要があるため、と説明した。この説明によると、注意の程度が契約その他の法律関係の特性に左右されることはなく、その債務が有償か無償かという点も原則として影響を与えない。ただ、無償寄託に関する改正前民法659条のような特段の定めのある場合に限って、例外的に注意の程度が引き下げられるにすぎない。併せてこの規準はその沿革から過失の標準とも理解されており、改正前民法400条が規律する保存義務の違反は過失を意味するとされた。

起草担当者のこうした構想は、もっともその後の通説において維持されな

かった。というのも、通説が「善良な管理者の注意」を「債務者の職業、その属する社会的・経済的な地位において一般に要求される注意」と定義するとき、注意の程度は債務者の職業や地位に応じて類型化され、個別的には異なるものと理解されるためである。さらに改正前民法400条は沿革的に売買契約への適用を想定した規定であることから、売買契約以外の特定物債権への適用が疑問視され、適用範囲を限定しないとしても、注意の程度は第一次的には基礎となった契約その他の法律関係の解釈によって定められるべきであり、同条はそれらに依拠し得ない場合の補充的な規定にすぎないと評価された（以上につき、平井・債権総論21頁）。つまるところ、改正前民法下の通説によれば、なすべき保存の程度は「善良な管理者の注意」によって定まるが、その具体的内容は契約その他の法律関係に基づき個別的に定められる、ということになる。

(2) 改正民法下の枠組み

そうした通説の理解を明示すべく、改正民法は、「善良な管理者の注意」が「契約その他の債権の発生原因」に照らして定まることを明らかにした。改正民法400条において、なすべき保存の程度は基礎となった契約その他の法律関係の解釈に基づき個別的に定められる。

契約その他の法律関係の解釈というとき、とくに契約に関しては、契約書の記載内容がことさら重視されるのではないかとの懸念が生じ得る。そこで改正民法400条は、「取引上の社会通念」を明示的に取り上げることで、契約の解釈に当たり、契約締結にいたる経緯、契約をした目的、契約の性質、契約に関連する取引通念など、契約をめぐる客観的事情が考慮され得ることを明確化した。なお「取引上の社会通念」が「契約その他の債権の発生原因」と「及び」によって並列されている点は、法制執務の慣行に対応するための工夫にすぎず、契約その他の法律関係の解釈によって定められた内容が「取引上の社会通念」によって修正されることはない（第95回会議議事録10頁）。

このようにして定められる「善良な管理者の注意」は、改正前民法の起草担当者が想定したものとは異質な概念になったといえる。それゆえその沿革とも関連を持ち得なくなった「善良な管理者の注意」はもはや過失の標準と

して機能し得ず、改正民法400条が規律する保存義務の違反を過失と評価することもできない。この点は、次に説明する目的物の減失・毀損との関係で重要な意味を有する。

2 目的物の減失・毀損と売主の保存義務

(1) 改正前民法下における議論

改正前民法下の通説において、改正前民法400条の規律する保存義務は、特定物たる目的物が後発的に減失・毀損した場面における売主の責任判断規準として重要な役割を果たしていた。というのも、目的物の減失・毀損に対して売主が責任を負うか否かは、もっぱら同条に基づく保存義務を尽くしていたか次第であると理解されたためである。その理解の具体的内容は、おおむね次のようなものである。

まず目的物が後発的に毀損した場合、売主は原則として責任を負わない。なぜなら、売主はもとより毀損していない目的物を引き渡す義務を負わず、毀損した目的物を引き渡しても不履行と評価されないからである（旧483条）。ただ例外的に、売主が改正前民法400条に基づく保存義務を尽くしていなかったときには、同義務の不履行を理由に責任を負う。次に目的物が後発的に減失した場合、売主の負担する目的物引渡債務は履行不能となるが、責任の要件となる過失が売主に認められるか否かは、同条に基づく保存義務を尽くしていたか次第である（我妻・債権総論27頁）。

(2) 改正民法下の枠組み

改正民法は以上のような枠組みを維持せず、目的物の減失・毀損に対する売主の責任を次のように判断する。すなわち、改正民法は売主に契約に適合した品質を有する目的物を引き渡すべき義務を課し（562条1項参照）、毀損した目的物を引き渡した場合、それ自体を不履行と評価する（483条参照）。そして減失による目的物引渡債務の履行不能の場合を含め、責任の要件として過失を要求せず、不履行に基づく損害賠償について免責事由が認められるかどうかは契約の趣旨に照らして判断し（564条・415条1項ただし書）、売買契約の類型的特質から、売主が保存義務を尽くしたことをもって一律に免責することはない。

こうした新たな責任判断枠組みにおいて、改正民法400条の規律する保存義務は売主の責任判断規準としての重要性を失っている。それゆえ立案過程では判断枠組みの変更を明確化するため規定の削除も検討されたが、最終的には、目的物の保存に向けられた売主の行為規範を提供する規定として存置された。

II　種類債権

　改正民法において、民法401条の表現自体に変更は見られない。しかし危険負担を規律する改正前民法534条2項の削除と売買契約における危険の移転を規律する改正民法567条1項の新設によって、民法401条2項が定める「特定」の要件と効果をめぐる解釈は、その変更を余儀なくされる。以下では、そうした変更を種類物を目的とする売買契約を想定して説明する。

1　改正前民法下における議論

　改正前民法下の通説は、まず特定の効果について、「その物を債権の目的とする」ことを特定物債権の法理が適用されることと理解した。この理解から、特定によって①目的物の所有権は買主に移転し（176条）、②その目的物を売主は引渡しまで善良な管理者の注意をもって保存しなくてはならないが（旧400条）、③引渡しまでに目的物が滅失・毀損したとしても売主は再度の調達義務や修補義務を負うことはなく（旧483条参照）、④その滅失・毀損が当事者の責めに帰することのできない事由によるとき、反対債務である代金支払債務が消滅することもない（旧534条2項・同条1項）。

　次に特定の要件として、まず当事者の合意による特定を、次いで債権者の同意を得た目的物の指定を、そして特定について債権者の関与を想定しない、債務者による「物の給付をするのに必要な行為」の完了を挙げる。このうち「物の給付をするのに必要な行為」であるためには、それが給付に向けられた債務者の行為であり、弁済の提供との関係を想定して、目的物に瑕疵が存在しないことを前提に、持参債務においては現実の提供（493条本文）が、取立債務においては口頭の提供（同条ただし書）、すなわち通知が必要とされ

100　　**12**　債権の目的

る。さらに特定の効果のうち、給付危険と対価危険の移転を意味する③および④が重大であることを理由に、取立債務の場合には通知に加えて分離までもが必要とされ、最判昭和30・10・18（民集9巻11号1642頁）もこのような解釈を支持するものとして理解される（以上につき、奥田・債権総論42頁）。

2　改正民法下の枠組み

(1)　特定の効果

改正前民法下の通説が予定していた特定の効果のうち、③および④を、改正民法における特定の効果として維持することはできない。というのも、対価危険の問題を解除制度に一元化する文脈において改正前民法534条2項を含めた危険負担に関する規定は削除され、売買契約における給付危険と対価危険とはともに「引渡し」によって買主に移転することとされたためである（567条1項）。改正民法567条1項では、引渡しの前提として目的物の特定が必要とされており、このことが翻って、③および④が特定そのものの効果ではないことを明らかにしている。それゆえ改正民法下における特定の効果としては、所有権の移転（①）と目的物の保存義務（②）とが残されるにすぎない。

したがって改正民法下において目的物が滅失・毀損したとき、それがたとえ特定後であったとしても、引渡しの前段階であれば、買主は目的物の滅失・毀損を理由として各種の救済手段を行使することができる。もっとも注意が必要であるのは、それら救済手段が予定する範囲内においては、なお買主による権利行使の可能性は制約され、その限りで危険の集中を語ることが可能である、ということである。例えば買主が代替物の引渡しを含む追完を求めた場面において、履行不能（412条の2）や買主への「不相当な負担」（562条1項ただし書）が判断されるとき、そこで特定がなされたとの事実は考慮される（第97回会議議事録33頁）。

(2)　特定の要件——「物の給付をするのに必要な行為」

「物の給付をするのに必要な行為」についても、改正前民法下の通説による解釈を維持することはできない。もとより弁済の提供と目的物の特定とは目的を異にする別の制度であり、給付危険と対価危険の移転も改正民法では

特定の直接の効果ではない。それゆえ「物の給付をするのに必要な行為」は、改正民法における特定の効果と同行為の位置付けを踏まえ、解釈論的に新たに構成し直される必要がある。そして改正民法における特定の効果は主に所有権の移転と結び付けられており、所有権の移転について民法は意思主義を採っていること（176条）、そして同行為が当事者の特定に向けられた合意や債権者の同意を得た指定と連続性をもって位置付けられていることなどから、「物の給付をするのに必要な行為」とは、所有権の移転を基礎付けるに足る行為とはいかなるものかという観点から、個別の売買契約の趣旨に照らして定まる債務者の給付に向けられた行為というべきである。

それゆえ改正前民法下の通説とは異なり、取立債務における分離や瑕疵（改正民法下では、品質に関する契約内容適合性）の不存在も特定の必須の要件となるわけではない。たしかに、所有権の移転という観点から分離の有無は今後も重要な考慮要素ではあろうし、また個別の救済手段が予定する範囲内において危険の集中と結び付けられていることから、瑕疵が存在するとき特定は原則として認められないが、その程度が軽微であるときに限り、例外的に特定は認められるとの準則も検討に値する。しかしそれらは契約解釈の手がかりとなることを超えるものではなく、特定が認められるか否かは、あくまで個別の売買契約の趣旨次第である。

III　選択債権

1　原始的不能と後発的不能の区別

改正前民法410条は、給付について「初めから不能であるもの」と「後に至って不能となったもの」、すなわち原始的不能と後発的不能とを区別し、原始的に不能である給付が含まれていたときには、その対象を一律に残存する給付へ特定した。こうした原始的不能に関する規律は、契約の有効性について原始的不能と後発的不能とを区別し、「原始的に不能な給付を目的とする契約は無効である」との定式化を支持する通説と関連付けて説明されることが多かった（川島武宜・債権法総則講義第一〔岩波書店、1949〕41頁）。

改正民法は、給付が原始的に不能であっても契約を当然には無効とせず、

契約の有効性に関して両不能を区分しないとの立場を採用する（412条の2第2項参照）。こうした立場と平仄を合わせるべく、410条は「給付の中に不能のものがある場合」との表現を採用し、選択債権においても両不能を区別しない（部会資料68A・42頁）。

2　選択権の保障範囲

(1)　選択の原則的保障

　給付に不能のものが含まれる場面において、改正前民法410条は、選択債権の対象を残存する給付へ特定することで、選択権者に不能となった給付への選択を原則として認めなかった（同条1項）。ただ、その不能が「選択権を有しない当事者の過失」によって後発的に引き起こされたものであるときに限って、残存する給付へ特定せず、その選択を例外的に許容した（同条2項）。

　不能となった給付への選択が認められると、選択権者が債権者であるときには、履行不能を理由とする損害賠償を請求し（旧415条）、契約を解除して自己の債務を免れることができる（旧543条）。また選択権者が債務者であるときには、自らの債務の履行を免れつつ反対債務の履行を求めることができる（旧536条2項）。こうした規律を選択権者に自由な選択を認めることで事案の柔軟な解決を図るものであると積極的に評価するとき、その適用範囲を限定することの必然性が問われる。むしろ、原始的不能の場面や当事者双方の過失によらない不能の場面などにまで広く拡張すべきではないか、ということになる（部会資料68A・41頁）。

　そこで改正民法は、選択権者に不能となった給付への選択を広く許容する立場を採用し、給付に不能のものが含まれる場合であっても、原則としてその対象を残存する給付へ特定しないこととした。この原則は、改正民法410条の反対解釈によって導かれる。

(2)　選択の例外的制約

　選択権者に不能となった給付への選択を許容するとしても、不能が選択権者自身の過失によって引き起こされた場合にまでその選択を認めるべきかは別論である。改正民法は、自身の過失により不能となった給付を選択するこ

とは不当であると評価して、選択権の保障を選択権者自身の過失による不能の場面に及ぼさず、選択権を制約する構成として改正前民法 410 条 1 項の規律を改正民法 410 条において維持する。

　立案過程では、改正前民法 410 条 1 項の規律を維持せず、選択権が相手方当事者に移転するとの構成も検討された。同項の規律が維持されると、選択権者でない当事者に不利益が生じ得るためである。例えば、債権者が選択権者であるとき、債務者はなお残存する給付を履行する義務を負うため、反対債務の履行と同時に、履行不能となった給付について不法行為などに基づきその損害の賠償を請求しなくてはならない。

　もっとも最終的には、その給付のうちいずれでもよいと考えていた相手方当事者を保護するとの目的に比して選択権の移転構成は過剰であるとの意見を踏まえ、前述の通り、改正前民法 410 条 1 項の規律が維持されることとなった（部会資料 68A・42 頁）。

13 法定利率

明治大学教授 **川地 宏行**

要点

① 法定利率における変動利率制の導入
② 金銭債務不履行における遅延利息を超えた実損害賠償の可否

解説

I はじめに

利息は元本使用の対価であり元本の一定割合である利率によって表されるが、改正民法404条は法定利率について定めている。

法定利率は多種多様な局面で用いられる。利子付金銭消費貸借（589条2項）における利息は、当事者間で特約があれば約定利率によって算定されるが（ただし利息制限法によって有効となる約定利率の上限が定められている）、約定利率の特約がなければ法定利率によって算定される。また、金銭債務不履行によって生ずる損害賠償額を利率で表した「遅延利息」は、改正民法419条1項により、原則として法定利率に依拠して算定されるが（同項本文）、約定利率が法定利率を上回る場合は約定利率によって算定される（同項ただし書）。そのほかに、民法には利息について定めた条文が数多く存在するが（442条2項・545条2項・575条2項・647条・650条1項・704条など）、これら法定利息の利率は法定利率による。さらに、人身侵害の不法行為において将来の逸失利益を算定する際に法定利率により中間利息を控除するというのが判例（最判平成17・6・14民集59巻5号983頁）の立場である。

以上のように、法定利率は多様な局面で利息を算定するために用いられるが、このうち本項目では、法定利率それ自体を定めた改正民法404条と、改

正民法 419 条における金銭債務不履行の「効果」である遅延利息を取り上げる。不法行為の逸失利益算定における中間利息控除の問題については**14**を参照。また、419 条の「要件」については**18**を参照されたい。

II　改正前の議論

1　法定利率における変動利率制の導入の要否

　金銭債務の履行遅滞における遅延利息は原則として法定利率によって算定されるが、弁済期に債務額を受領できなかった債権者は、債務額を他者からの借入によって賄う場合には借入利息などの調達費用を出費せざるを得ず、あるいは、債務額を銀行の預金などで運用する予定であった場合には運用利益を逸失する。その一方で、弁済期に履行しなかった債務者は債務額を銀行の預金などで運用することができるので運用利益を不当に取得する機会を得る。それゆえ、債権者が支出した調達費用の償還もしくは債権者が逸失した運用利益の回復を実現し、かつ、履行遅滞に起因する不当な利益を債務者に取得させないようにするために、遅延利息の算定に用いられる法定利率は市場金利に近い利率であることが望ましい（調達費用や運用利益の平準化としての遅延利息）。ところが、バブル経済崩壊以降の長期にわたる低金利政策の下で、預貯金等の金利が低率に抑えられる状況が続き、年 5％という法定利率が市場金利をはるかに上回り続けていることから、法定利率で算定された遅延利息の支払義務を債務者に課すことにより債権者が実際に被った損害を上回る賠償を得ることになるとの批判がなされるようになった。また、諸外国の動向に目を向けると、ヨーロッパ諸国のように法定利率について変動利率制を採用する国が多く見られるようになり、変動利率制導入の要請も高まっていた。

2　遅延利息を超える実損害賠償

(1)　改正民法 419 条の構造

　債務不履行に基づく損害賠償における要件と効果については改正民法 415 条と 416 条に一般規定が置かれているが、改正民法 419 条は金銭債務不履行

（金銭債務については履行不能があり得ないので履行遅滞のみを指す）における賠償責任の特則を定めている。それによると、金銭債務の債務者は不可抗力により弁済期を徒過した場合でも責任を免れず（同条3項）、遅延利息の賠償義務を負い（同条1項）、債権者は損害を被ったことについての証明を要しない（同条2項）。つまり、金銭債務について履行遅滞に陥った債務者は帰責事由の有無を問わず遅延利息の支払義務を負い、債権者は遅延利息相当額の損害を実際に被ったことを証明する必要がない。さらに、改正前民法419条の文言を見る限り、遅延利息を超えた実損害の賠償請求が債権者に認められるかが明らかではないので、この問題は解釈に委ねられてきた。

(2) 実損害賠償否定説

改正前民法419条の起草者ならびに通説は、遅延利息を超える実損害の賠償請求に否定的であった。金銭債務の履行遅滞から生ずる損害は千差万別多種多様であり、実損害賠償の責任を課すと債務者に過重な負担を負わせる危険性があること（債務者の過剰負担回避の要請）、債権者が通常被るであろう損害としては弁済期に得られなかった債務額をほかから借り入れる際に支払う利息などの「調達費用」、あるいは、弁済期に履行されていたならば債務額を運用することにより得られたであろう「運用利益」が考えられるので、立証の負担を軽減して債権者が調達費用あるいは運用利益などの遅延損害について最低限の賠償を確実に得られるようにすべきであること（債権者の立証負担軽減の要請）、そして、以上の2つの要請を実現するために、債権者に遅延利息の賠償を確実に得させる一方で、債務者に実損害賠償の責任を負わせないようにすべきであるという考えが通説の根底にある。

(3) 実損害賠償肯定説

これに対して、遅延利息を超える実損害の賠償を認めるべきとする見解として、改正前民法419条が定める遅延利息を改正前民法416条1項の通常損害に関する特則と捉え遅延利息を超える実損害の賠償を同条2項の特別損害として認めようとする説や、債務者に帰責事由がない場合でも債権者は遅延利息の支払を受けられるがさらに債務者に帰責事由があれば遅延利息を超える実損害賠償も認めるべきとする説などが有力に主張されてきた。

(4) 判例

　判例は従来から一貫して改正前民法419条の解釈として遅延利息を超える
実損害の賠償を否定し（最判昭和48・10・11判時723号44頁）、同条に基づ
き弁護士費用等の取立費用について損害賠償を請求することはできないとし
ているが、その一方で、不法行為に基づく損害賠償としてであれば弁護士費
用などの取立費用についての賠償請求が認められている。

III　改正民法の概要

1　民法404条

(1)　民法404条の改正

　改正された民法404条は、法定利率を年5％から年3％に引き下げるとと
もに（同条2項）、3年を1期として1期ごとに法務省令により法定利率が変
動するとし（同条3項）、利率変動の具体的な算定方法が同条4項に定めら
れている。そして、利息債権についていつの時点の法定利率が適用されるの
かについては、当事者間の特約がなければ利息債権が発生した最初の時点の
法定利率によるとされている（同条1項）。利子付金銭消費貸借においては
貸主が借主に金銭を交付した日（589条2項）の法定利率が適用されること
になる。そして、利息債権に適用される法定利率は当該債権に関してはその
まま固定され、変更されることはない。

(2)　法定利率の引下げ

　改正民法404条2項は法定利率を年3％に引き下げているが、これは、低
金利の状況が長期間にわたって続いている現下の経済情勢を踏まえ、年5％
の法定利率が高すぎるとの指摘がされていることに伴い、当面これを引き下
げることを目的としている。

(3)　変動利率制の導入

　法定利率について変動制が採用されたのは、法定利率を一般的な経済情勢
の変動などに連動させて適切な水準を確保するためとされている。法定利率
は3年を1期として見直される。法制審議会の中間試案では1年ごとの変動
が提案されていたが、その後の要綱案では3年ごとの変動という提案に緩和

され、この案に従い改正がなされた。

(4) 変動利率の決定方法

改正民法 404 条 4 項によると、法定利率は以下のように決定される。法定利率は 3 年を 1 期として見直されるが、まず、各期の初日が属する年の 6 年前の年の 1 月から前々年の 12 月までの各月における新規短期貸付（貸付期間が 1 年未満のものに限る）の平均利率（日本銀行が公表）の合計を 60 で除して計算した割合が「基準割合」となる。各期の基準割合は法務大臣により告示される。そして、法定利率が変動した期のうち直近の期（直近変動期）における基準割合と当期の基準割合との差（ただし 1% 未満の端数は切り捨てる）に相当する割合を直近変動期における法定利率に加算あるいは減算した割合が各期の法定利率となる。このようにして決定された法定利率は 3 年間固定される。

改正民法が 2020 年 4 月 1 日に施行されたと仮定すると、2020 年 4 月 1 日から 2023 年 3 月 31 日までが第 1 期となり、2020 年の 6 年前である 2014 年 1 月から 2018 年 12 月までの各月における新規短期貸付の平均利率の合計を 60 で割った割合が第 1 期の基準割合（A%）となる。もっとも、第 1 期の法定利率は 2 項で定められた年 3% であるから、第 1 期の期間中の法定利率は年 3% で固定される。第 2 期（2023 年 4 月 1 日から 2026 年 3 月 31 日まで）から法定利率が変動することになり、2023 年の 6 年前である 2017 年 1 月から 2021 年 12 月までの各月における新規短期貸付の平均利率の合計を 60 で割った割合が第 2 期の基準割合（B%）となる。そして、第 1 期の法定利率である年 3% に（B − A）を加えた割合が第 2 期の法定利率（年 C%）となり、第 2 期の期間中の法定利率は年 C% で固定される。ただし、B − A は 1% 未満の端数が切り捨てられるので、実際には 1% 以上の利率の変動があった場合のみ法定利率が見直されるにすぎず、変動が 1% 未満の場合には前の期の法定利率がそのまま維持される。以上の方法により第 3 期以降の法定利率も決定される。

(5) 商事法定利率の廃止

変動利率制の導入に伴い、民事法定利率と商事法定利率の区別が廃止され、商事法定利率を定めていた商法 514 条が削除されることになった。

109

2 民法419条

中間試案では、民法419条の改正が提案され、遅延利息を超える実損害賠償を認める案が提示された。諾成的消費貸借に基づく貸付義務の不履行の場面などを念頭に、遅延利息を超えた実損害の賠償を認めるべき実際上の必要性が存在するとの指摘がなされ、また、流動性の高い目的物の引渡債務を念頭に、非金銭債務と金銭債務とで、損害賠償の範囲につきカテゴリカルに差異を設ける合理性が乏しいとの批判もなされたことを受け、判例法理を否定するために実損害賠償が可能であることを文言上明らかにする必要があるとの意見や、法定利率に一定の数値を加えた利率で遅延利息を算定すべきとの意見などが出されたが、その後の法制審議会の要綱案ではいずれの意見も採用されなかった。

最終的に、要綱案に従って改正された民法419条は、条文の文言上、改正前と同様に金銭債務における履行遅滞の損害賠償責任の範囲を遅延利息に限定し、また、改正民法404条において変動利率制が採用されたことに伴い、新たに、遅延利息算定に用いられる法定利率の基準時は債務者が遅滞の責任を負った最初の時点になることが明文化された。これにより、期限の定めのある金銭債務の場合は弁済期（412条1項）の翌日の法定利率が、期限の定めのない金銭債務の場合は債権者が履行の請求をした日（同条3項）の翌日の法定利率がそれぞれ適用される。

IV 改正民法404条と改正民法419条の関係

改正民法404条が法定利率について変動利率制を導入したことが、改正民法419条の解釈として遅延利息を超える実損害賠償を認めるべきかの問題にどのような影響を及ぼすのか。市場金利に連動する形で法定利率が変動することにより、「調達費用あるいは運用利益」を平準化したものとしての遅延利息は、市場金利に限りなく近接した額になることから、今回の改正は、実損害賠償に否定的な見解にとっては自説の正当性を高める根拠として引き合いに出されるであろう。しかしながら、遅延利息が市場金利と連動すること

110 🔳 法定利率

が、実損害賠償の否定に直結するとは限らない。

　他国の例を見ると、2000年の改正によりドイツ民法247条が基礎利率（わが国の法定利率に相当）に変動利率制を導入し、ドイツ民法288条1項は遅延利息を基礎利率プラス5％とする内容に改正されたが、遅延利息を超える実損害賠償を認める旨を定めた288条4項は何らの変更も加えられなかった。つまり、ドイツ民法は金銭債務の履行遅滞において遅延利息を超える実損害賠償を明文で肯定しており、遅延利息について変動利率制を導入した後も、実損害賠償を認める規定はそのまま維持された。変動利率制の導入が実損害賠償の否定に結び付かない一例といえる。

　遅延利息を超える実損害としては、インフレ差損、外貨債務における為替差損、弁済額によって購入したであろう目的物の転売利益、訴訟に要した弁護士費用などが考えられるが、このうち、インフレ差損は変動利率制の採用により遅延利息でカバーできると考えられるが、そのほかの実損害については改正後においても遅延利息ではカバーできないので、引き続き実損害賠償の可否の問題が残される。実損害賠償を肯定した中間試案と関連して、実損害賠償否定説に対して、諾成的消費貸借に基づく貸付義務の不履行において実損害賠償が必要となるのではないか、流動性の高い種類物の引渡債務と対比して非金銭債務と金銭債務とで賠償の範囲をカテゴリカルに区別する合理的根拠があるのかなどの批判がなされたが、こうした批判についても検討が求められる。

111

14 中間利息控除

学習院大学教授 **水野　謙**

論点

① 中間利息控除の必要性
② 法定利率と中間利息控除の算定の基礎となる利率との理論的な関係
③ 改正民法が採用した立場とその理由
④ 将来において負担すべき費用についての損害賠償
⑤ 損害賠償の請求権が生じた時点における法定利率

解説

I　はじめに

　改正民法は、中間利息の控除について、417条の2を設け、その1項で、「将来において取得すべき利益についての損害賠償の額を定める場合において、その利益を取得すべき時までの利息相当額を控除するときは、その損害賠償の請求権が生じた時点における法定利率により、これをする。」と規定する。従来、中間利息の控除に関しては解釈に委ねられていたところ、改正民法は、規定を新設し、その算定の基礎となる利率は法定利率によることを明文化したのである。

　しかし、中間利息を法定利率で算定する、ということは理論的にどのように正当化できるのだろうか。また、改正民法は、法定利率について年3%という初期利率を定めた上で緩やかな変動利率制を採用しているが（404条）、このような法定利率を算定の基礎とすることによって、中間利息の控除の計算に、どのような影響が生じるだろうか。以下ではこれらの検討を行うが、その前に、改正前民法の下で、中間利息の控除がどのように行われていたの

かについて確認しておくことにしよう。

II 中間利息控除に関する従来の議論

1 中間利息控除の必要性

(1) 将来において取得すべき利益の現価算定

　債務不履行（安全配慮義務違反や医療過誤などを債務不履行で争う場合）や不法行為によって、被害者（債務不履行により被害を受けた債権者も、以下では「被害者」という）が死亡したり負傷して後遺障害が残ったりしたとき、通常、被害者やその遺族は、将来取得すべき利益を一時金賠償方式で請求する。具体的には、死亡の場合は死亡に伴う逸失利益（①）を、後遺障害が残った場合は（症状固定までの休業損害とは別に）症状固定後の逸失利益（②）を将来の損害分として請求することが考えられる。しかし、これらの逸失利益は、本来であれば毎年、被害者が少しずつ得たであろう利益である。にもかかわらず、一時金で前払を受けてしまうと、被害者またはその遺族は、①または②を将来にわたり運用できる結果となる。よって、損害賠償額算定の際は、その分の中間利息（＝前払で受けた逸失利益を構成する年ごとの逸失利益を、損害賠償額算定の基準時から、本来であれば各逸失利益を得られたであろう時点まで、それぞれ運用した場合に予想される利益の総和。複利による運用を想定したライプニッツ係数を用いるのが今日の実務の趨勢である）を控除して、将来取得すべき逸失利益の現価を算定する必要がある。改正前民法には明文の規定はなかったが、これは当然のことであると解されていた。これについて2点補足するならば、次のとおりである。

(2) 損益相殺との関係

　第1に、学説の中には、中間利息の控除を「損益相殺」と説明するものもある。しかしそのような説明をする必要はとくにない。中間利息を控除するのは、被害者が損害を被ったのと同一の原因によって利益を受けたから、というよりも、一時金賠償方式の下で、将来において取得すべき利益の現価を算定する必要があるからである。

113

(3) 逸失利益算定の擬制的性格

第2に、逸失利益を一時金で支払われた被害者側は、実際には、その一部を何らかの形で少しずつ費消していくことも考えられよう。しかし、逸失利益について中間利息を算定する際に、裁判実務は、そのような想定は一切行わない。実務が行う逸失利益の現価算定は、このようにかなり擬制的な性格を伴うのである（ほかにも、上の①の場合は〔基礎収入額（年収）〕×〔1－生活費控除率〕×〔就労可能年数に対応するライプニッツ係数〕、②の場合は〔基礎収入額（年収）〕×〔労働能力喪失率〕×〔労働能力喪失期間に対応するライプニッツ係数〕という算定方式が通常用いられるが、生活費控除率、就労可能年数、労働能力喪失率、被害者に収入がない場合の基礎収入額などについても、実務は、個別性を捨象した統一的基準に基づく認定をしている）。

2　中間利息控除の算定の基礎となる利率

(1) 法定利率に依拠することの不合理性

では、中間利息を控除する際に、算定の基礎となる利率はいくらか。これについて、一時金で得た賠償金を金融機関で実際に運用すると、どれくらいの利息が生じるかと考えると、昨今の低金利の下では、民事法定利率の年5％（旧404条）で運用できると想定した場合との乖離がかなり大きくなってしまう。下級審裁判例の中には、したがって、民事法定利率に依拠せずに、実質金利により近い利率で中間利息控除を行うものもあった。理論的にも、民事法定利率は、金銭消費貸借契約を締結したが利息が約定されていない場合や、法定債権に関する遅延損害金を算定する場面などで本来用いられるものであり、同条を、将来において取得すべき利益の現価算定に適用することには合理性がないと指摘する裁判例や学説もあった（川井健「逸失利益の中間利息控除率について」NBL814号〔2005〕44頁以下参照）。

(2) 平成17年判決の立場

しかし、最判平成17・6・14（民集59巻5号983頁。事故当時9歳の被害者が交通事故により死亡した事例。以下、「平成17年判決」という）は、中間利息の算定は民事法定利率によることを明らかにした。その理由として、判決は、まず改正前民法404条の沿革に触れ、〔①〕「ヨーロッパ諸国の一般的な貸付

金利や法定利率、我が国の一般的な貸付金利を踏まえ、金銭は、通常の利用方法によれば年5％の利息を生ずべきものと考えられた」とする。次に、ほかの現行法の規定（民執88条2項、民再87条1項1号2号など）を例に挙げ、〔②〕「現行法は、将来の請求権を現在価額に換算するに際し、法的安定及び統一的処理が必要とされる場合には、法定利率により中間利息を控除する考え方を採用している」と述べる。そして、〔③〕「損害賠償額の算定に当たり被害者の将来の逸失利益を現在価額に換算するについても、法的安定及び統一的処理が必要とされる」。「民事法定利率により中間利息を控除すること……によって、事案ごとに、また、裁判官ごとに中間利息の控除割合についての判断が区々に分かれることを防ぎ、被害者相互間の公平の確保、損害額の予測可能性による紛争の予防も図ることができる」としている。このように最高裁は、賠償金を実際に運用するとどうなるかという現実的な想定をするのではなく、「法的安定及び統一的処理」（②）や「被害者相互間の公平の確保、損害額の予測可能性による紛争の予防」（③）という規範的な観点を重視していたのである。

Ⅲ　改正民法の立場

1　平成17年判決との関係

改正民法は、法定利率により中間利息を控除する旨を定める417条の2を新たに設け（Ⅰ）、この規定は、改正民法722条1項で「不法行為による損害賠償について準用する」とされている。この限りで改正民法は、平成17年判決の枠組み（Ⅱ2⑵）を明文化したものだと整理できそうである。しかし、法定利率に関する改正民法404条は，変動利率制を採用しているが（同条3項）、その初期利率は年3％（同条2項）であり、これまでより2ポイントも低い。また、短期的な市場金利の変動がただちには反映されないようなシステムも採用している（同条3項〜5項）。したがって、法定利率に依拠して中間利息を控除するという枠組み自体は、改正民法の下でも変わらないとしても、被害者側に認められる逸失利益の賠償額は、当面、現状よりも大幅に増えることが予想される。この意味で、改正民法417条の2は、今般改正

115

された民法の諸規定の中でも、実務に極めて大きな影響を与える条文の1つだと考えられている。

2 賠償額が増加することはどう評価すべきか

このように現状が大きく変更される結果は、改正民法が実質金利により近い利率を採用したことによるものであり、しかも、それを法定利率という「法的安定及び統一的処理」（Ⅱ2(2)②）を可能とする枠組みの中で実現したものである。したがって、これを望ましい立法と評価することは十分可能である。しかし、立法の過程では、このような改正の方向に対して懸念の声も寄せられた。

(1) 保険会社の負担増

なぜなら、賠償額の増加は、不法行為の大半を占める交通事故の保険者である損害保険会社にとって、コストの著しい増加となり、それは、結局のところ、保険料への転嫁を通じて、（潜在的な加害者にすぎず、また、国民の多くを占める）保険契約者に跳ね返ることを意味するからである。また、逸失利益の算定は、上に述べたように擬制に擬制を重ねたものである（Ⅱ1(3)）。本来であれば賠償額の算定に関する現在の実務のあり方をも検討すべきところ、それをしないまま、中間利息の控除についてのみ金融市場の実勢に合わせ、賠償額を大幅に増やすような改正は望ましくないともいえる。

(2) 中間試案の立場

以上のような考え方を背景に、中間試案は、変動利率制を採用する法定利率によるのではなく、改正前民法と同じく年5%という固定利率をもって、中間利息の控除割合とする立場をとった（ただし金利はブラケットで表記され、変動制の法定利率を適用する考え方もあるなどの注記も付された）。たしかにこのように解すると、平成17年判決のいう「法的安定及び統一的処理」は、別の形で実現できるだろう。また、変動利率制による場合と比較して「被害者相互間の公平の確保、損害額の予測可能性による紛争の予防」にも、より資するともいえる。さらに、中間利息控除に当たり法定利率を用いることに伴う理論的難点（Ⅱ2(1)）も回避できる。

(3) 法定利率と中間利息控除

上の最後に述べた点は、法制審議会民法（債権関係）部会（以下、「部会」という）でもたびたび取り上げられた。法定利率に依拠して中間利息控除の算定を行うことに対する違和感が、一部の委員や幹事の間で根強かったことがうかがえるのである（例えば、利率を定めないで金銭を貸した場合の利率、遅延損害金の利率、中間利息控除の利率は、それぞれ性質が異なるとして「法定利率解体論」を唱える岡正晶委員発言〔第 19 回会議議事録 14-15 頁〕、法定利率は「金銭債権そのものに関する基本的規律」の問題であるが、中間利息控除は「損害賠償額の算定方法の問題」であると指摘する山野目章夫幹事発言〔同議事録 13-14 頁〕、法定利率と中間利息控除は「本来は全く別の問題である」と主張する佐成実委員発言〔第 61 回会議議事録 26 頁〕など参照）。

3　改正民法が法定利率による中間利息控除という考え方をとるにいたった事情

このような問題を抱えつつも、改正民法が法定利率により中間利息を控除する旨を定めるにいたったのは、（実質金利により近い利率を採用することの合理性、法定利率が「法的安定及び統一的処理」に資するという上に述べた理由以外に）大きく 2 つの事情が考えられる。

(1) 長期に及ぶ金利の推移

まず、改正民法は、法定利率の変動について、長期に及ぶ金利の推移を踏まえた安定的な制度設計を志向している。したがって比較的長期の運用利益が問題となることが多い中間利息控除に当たり、法定利率を算定の基礎としても、それほど不都合な結果にはならないのではないか（部会でも、このような意見が出された。緩やかな変動利率制を採用している改正民法の下では、平成 17 年判決のいう「被害者相互間の公平の確保、損害額の予測可能性による紛争の予防」も、ある程度、実現し得るともいえる）。

(2) 中間試案に対するパブリックコメント

また、改正民法が法定利率を採用した、より直接的な理由として、中間試案に対するパブリックコメントで、法定利率の初期利率よりも中間利息控除の割合のほうが高いことを不公平とする意見が多く寄せられたことが挙げら

れる。この不公平感は、損害賠償を求める同一の訴訟で鮮明に顕れる。つまり、損害額は年5%で割り引かれるのに、損害賠償金の支払遅滞時に付加される遅延損害金が年3%の初期利率でしか算定されないというのでは、被害者側の納得が得られないというわけである。もっとも、遅延損害金の算定と逸失利益の現価の算定とは性質が異なる——部会の幹事の1人は、前者を「リアルの世界」、後者を「フィクションの世界」に属すると表現する（山野目幹事発言〔第83回会議議事録22頁〕）——という立場に立てば、両者を同列に位置付けて不公平と批判するのはおかしいともいえる。しかし、社会の人々が抱く以上のような不公平感は、部会もこれを無視できず、「〔法定利率とは〕別の基準を作るということは理論的な問題としてはあり得るとは思いますが、〔要綱案の取りまとめに向けて〕……残された時間はそれほど長くない中で……パブリックコメントで示された反応を見る限り、〔別の基準の策定は〕そう簡単なことではない」（村松秀樹関係官発言〔同議事録25-26頁〕）という見解が、部会内で最終的に優勢になったのである。

4 「将来において負担すべき費用についての損害賠償」とは何か

改正民法は、417条の2第2項で「将来において負担すべき費用についての損害賠償の額を定める場合において、その費用を負担すべき時までの利息相当額を控除するときも、前項と同様とする。」と規定する。これは、被害者に後遺障害が生じたときに問題となる規定である。例えば、被害者が症状固定後も、治療費・手術費・通院交通費（以下、「将来の治療費等」という）（①）を支出する場合、債務不履行や不法行為と相当因果関係がないとされることも少なくないが、症状固定後も、将来にわたって治療や手術を受ける必要があるとされることもある（例えば、痛みを緩和するための神経ブロック注射、関節の機能を維持するためのリハビリ、歯科インプラント治療や人工骨頭置換術など、用いる人工物に耐用年数があるため一定の頻度で治療や手術を繰り返す場合など）。その場合、将来の治療費等を請求する際には、逸失利益と同様に中間利息を控除する必要がある。また、被害者に重篤な後遺障害（例えば、遷延性意識障害〔植物状態〕、高次脳機能障害、脊髄損傷など）が残ったため近親者や職業付添人による介護が必要となるとき、将来の介護費（②）に

ついても、やはり中間利息を控除しなければならない。改正前民法の下では、裁判例の多くは年5%の民事法定利率を用いて①②の現価を算定してきたが、同項は、これについて、将来において取得すべき利益と同様に、新しく定められた法定利率によることを明文化したのである。

5 「その損害賠償の請求権が生じた時点における法定利率」について

(1) いつの時点の法定利率を用いるのか──改正民法の立場

このように将来において取得すべき利益や負担すべき費用について、損害賠償の額を定める場合、法定利率を用いて中間利息が控除されるが、変動利率制の下では、いつの時点の法定利率を用いるかについても定める必要がある。改正民法は、417条の2第1項で、「その損害賠償の請求権が生じた時点における法定利率」を用いると定め、この規定が債務不履行によって生じる将来において負担すべき費用にも（同条2項）、また不法行為による損害賠償の場合にも（722条1項）準用されている。改正民法は、このように、債務不履行や不法行為があった時点の法定利率を適用することによって、例えば症状固定時の法定利率を用いた場合の混乱（症状の固定時期をめぐって深刻な争いが生じ得る）を避けようとしている。

(2) いつの時点を基準に現価が算定されるのか──改正民法がコミットしない問題

最後に付言するならば、いつの時点の法定利率を用いるのかという問題と、将来において取得すべき利益や負担すべき費用について、いつの時点を基準に現価が算定されるのかという問題とは、理論的にはリンクしない。改正民法417条の2第1項のいう「その損害賠償の請求権が生じた時点」というのは前者の問題に関わるのに対して、後者の問題については、後遺障害が生じた場合の現価算定の基準時を事故の時点（①）と考えるのか、症状固定の時点（②）と考えるのかで従来から大きく2つの見解が対立している。多くの裁判例は、後遺障害による逸失利益についても、また、後遺障害に伴う将来の手術費等や介護費についても、②説を採用しているという理解が一般的である。これは、事故発生時に「損害」が発生すると考えるのか（①）、それ

とも症状が固定しないと損害額が確定しないことを重視するのか（②）とい
う問題とも関わるし、とくに不法行為の場合は、遅延損害金の算定の基準時
が不法行為時と解されている（最判昭和37・9・4民集16巻9号1834頁）こと
と平仄を併せるべきか（①）、それとも遅延損害金と中間利息控除は性質が
異なるのであえて整合的に理解する必要はないと考えるのか（②）という論
点にも関連している。いずれにしても、後遺障害が生じた場合の現価算定の
基準時については、今後とも解釈に委ねられており、改正民法は、この問題
に何らコミットしていないことに留意すべきである（北河隆之「債権法改正
と中間利息控除」法時87巻12号〔2015〕71頁、潮見・新Ⅰ240頁注17。なお、
山野目86頁も参照）。

15 履行請求権・追完請求権とその限界

神戸大学准教授 田中 洋

要点

① 履行請求権とその限界
② 追完請求権とその限界
③ 履行の強制

解説

I 履行請求権とその限界

1 履行請求権

債権者が、債務者に対して、債務の履行（現実的履行）を請求することができる権利を、履行請求権という。

(1) 改正前民法における履行請求権

改正前民法においては、明文の規定はなかったものの、一般に、債権者には履行請求権が認められるものと解されていた。もっとも、こうした履行請求権がどのような法的性質を有するものであるかについては、次のような争いがあった。

(i) 債権の効力としての履行請求権

通説的見解によれば、債権とは、債権者が債務者に対して特定の行為（給付）を請求することができる権利であるとされ、履行請求権は、こうした債権に内在する効力・権能の1つと理解されていた。

これによれば、債権は、次のような実体法上の効力・権能を有するとされるのが一般的であった（中田・債権総論61頁以下など）。

① 請求力：債務者に対して任意の履行を請求することができる権能

121

② 給付保持力：債務者がした給付を適法に保持することができる権能

③ 訴求力：債務者に対して訴えによって履行を請求することができる権能

④ 執行力：債務者が履行しない場合において、強制執行手続により国家機関を通じて債権の内容を強制的に実現することができる権能

そして、通説的見解によれば、債権者は、こうした債権の効力・権能として、債務者に対し、債務の履行を請求することができる権利（履行請求権）を有するとされていた。履行請求権は、上述した債権の効力・権能との関係では、①請求力と③訴求力（併せて広義の請求力とよばれる）に対応する権利と位置付けられることになる（中田・債権総論62頁）。

このような考え方に従えば、履行請求権は、債権に内在する効力・権能であることから、原則として、債権の発生（例えば、契約の成立）によってただちに——債務不履行が生じるのを待たずに——発生するということになる。

(ii) **債務不履行に対する救済手段としての履行請求権**

これに対して、履行請求権を、債務不履行に対する救済手段の1つと位置付ける見解もある（潮見I 25頁以下など）。

これによれば、履行請求権は、債務不履行が生じた場合において、債務不履行の効果として債権者に認められるものであるとされる。履行請求権は、債権に内在する効力・権能ではなく、債務不履行に対する救済手段の1つとして、損害賠償請求権や契約解除権などと同じ次元に位置付けられるものであるというわけである。

このような考え方に従えば、履行請求権は、債務不履行の効果であることから、債権の発生（例えば、契約の成立）によってただちに発生するわけではなく、債務不履行が生じるのを待ってはじめて発生するということになる。

(2) **改正民法における履行請求権**

改正民法においても、債権者の履行請求権について定める明文の規定は設けられていない。

法制審議会民法（債権関係）部会における審議の過程では、「債権者は、債務者に対し、その債務の履行を請求することができる。」という旨の規定を設けることが提案されていた（部会資料79-1・7頁）。これは、履行請求権

を債権の効力として位置付ける通説的見解（上記(1)(i)の見解）に従って、履行請求権に関する明文の規定を設けようとしたものと見られる（部会資料68A・1頁）。

しかし、結局のところ、このような明文の規定は設けられないこととなった。その理由は、「債務の履行が不能であるときは債権者はその債務の履行を請求することができない旨を定めれば、債権者が債務者に対してその債務の履行を請求することができる旨の規律も表現されているとみることができる」とされたことによる（部会資料83-2・8頁）。すなわち、後述する「履行の不能」に関する改正民法412条の2第1項の規定（例外規定）によって、債権者に履行請求権が認められるという原則もすでに表現されていることから、そうした原則について定める規定を重ねて設ける必要はないとされたわけである。

以上の経緯からすると、明文の規定は設けられなかったものの、債権者に原則として履行請求権が認められることについては、改正民法においても当然の前提とされていることになる。もっとも、上記のような明文の規定が設けられなかった結果として、履行請求権が、①債権の効力として位置付けられるのか、②債務不履行に対する救済手段として位置付けられるのかについては、改正民法においても明示的な態度決定はされていないと見ることもできる。そうだとすれば、こうした履行請求権の法的性質については、引き続き解釈に委ねられたものと考えることになる（潮見・新I 275頁も参照）。

2　履行請求権の限界

(1)　改正前民法における規律

改正前民法の下では、履行請求権の限界として、一般に、債務の履行が「不能」となった場合（履行不能の場合）には、債権者は債務の履行を請求することができないと解されていた。

もっとも、これについて定めた明文の規定はなく、履行請求権の限界は、①債務不履行による損害賠償の要件に関する規定（旧415条後段）や、②危険負担に関する規定（旧536条1項）にいう「履行をすることができなくなったとき」の解釈として導き出されていた。すなわち、債務の履行が「不能」

となった場合には、①損害賠償請求権の発生や、②反対給付請求権の消滅とともに、その前提として、履行請求権の消滅という効果も当然に生じるものと解されていた。

その上で、どのような場合に履行が「不能」とされるかについては、学説上、①債務の目的物の滅失等により債務の履行が物理的に不可能である場合（物理的不能の場合）のほか、②債務の履行が物理的には可能であるが、法的には「不能」と評価すべき場合（いわゆる「社会通念上の不能」の場合）にも、履行は「不能」であると解されてきた（潮見Ⅰ160頁以下など）。②の社会通念上の不能としては、例えば、(a)指輪の売買契約において、目的物である指輪が湖の底に沈んでしまった場合などのように、債務の履行のために必要な費用とそれによって実現される債権者の利益との間に著しい不均衡がある場合（事実的不能）や、(b)契約締結後に、法律によって目的物の取引が禁止された場合などのように、債務の履行が法的に禁止される場合（法律的不能）といったものが挙げられる。判例においても、例えば、不動産の二重譲渡の場合において、第2買主が所有権移転登記を備えたときには、第1買主に対する売主の債務は原則としてただちに履行不能となるものとされていた（最判昭和35・4・21民集14巻6号930頁）。

(2) 改正民法における規律

改正民法は、履行請求権の限界について、「債務の履行が契約その他の債務の発生原因及び取引上の社会通念に照らして不能であるときは、債権者は、その債務の履行を請求することができない。」とする明文の規定（412条の2第1項）を新たに設けている。

この規定は、①履行請求権の限界事由を「不能」概念で一元的に把握していること、②その「不能」の判断を「契約その他の債務の発生原因及び取引上の社会通念に照らして」行うべきものとしていることをその特徴としている。

(i) 「不能」概念による履行請求権の限界事由の一元的把握

まず、①の点について見ると、法制審議会民法（債権関係）部会における審議の過程では、履行請求権の限界事由を、(a)「履行が物理的に不可能であること」、(b)「履行に要する費用が、債権者が履行により得る利益と比べて

著しく過大なものであること」、(c)「その他、当該契約の趣旨に照らして、債務者に債務の履行を請求することが相当でないと認められる事由」に分けて具体的に規定する旨の提案もされていた（中間試案第9、2）。これは、上述した改正前民法の下での議論を踏まえて、その内容を明示しようとしたものであった。しかしながら、結局のところ、そのような提案は採用されず、履行請求権の限界は、「不能」概念で一元的に把握されることとなった（部会資料68A・2頁以下）。

　これにより、改正前民法の下で履行請求権の限界事由と考えられていたものは、改正民法では、いずれもこの規定の「不能」概念によって把握されることになる。上述した(a)〜(c)に相当する事由についても、すべてこの「不能」概念によって把握することが予定されている（第78回会議議事録2頁以下〔金洪周関係管発言〕）。

　なお、この規定が「債務の履行が……不能であるとき」という文言を用いているのは、ここでの「不能」が、後発的不能の場合（契約の成立後に履行が不能となった場合）だけではなく、原始的不能の場合（契約の成立当初から履行が不能である場合）をも含むことを示す趣旨である（部会資料68A・3頁参照）。

(ii) 「不能」の判断と債務の発生原因との関連付け

　次に、②の点は、こうした「不能」の判断が、契約その他の債務の発生原因と関連付けて行われるべきこと、また、その際には取引上の社会通念も考慮に入れられるべきことを示すものである。

　これは、契約に基づく債務について見れば、その債務の履行が「不能」かどうかは、「契約の内容（契約書の記載内容等）のみならず、契約の性質（有償か無償かを含む。）、当事者が契約をした目的、契約の締結に至る経緯を始めとする契約をめぐる一切の事情を考慮し、取引通念をも勘案して」判断されるべきことを意味する（部会資料68A・2頁参照）。これによると、債務の履行が「不能」かどうかの判断は、債務の発生原因である契約の性質・内容に応じて異なってくることになる（例えば、中田・債権総論108頁を参照）。

II　追完請求権とその限界

1　追完請求権

債務の履行が不完全であった場合に、債権者が、債務者に対して不完全な履行の追完を請求することができる権利を、追完請求権という。

⑴　改正前民法における追完請求権

改正前民法においては、債権者の追完請求権について、請負において「仕事の目的物に瑕疵があるとき」に注文者に修補請求権を認める旨の規定（旧634条1項）が存在していた。しかし、債権者に追完請求権を認める旨の一般規定は存在していなかった。もっとも、そうした明文の規定を欠くとしても、例えば、種類売買において目的物に瑕疵があったときなどには、買主に追完請求権（修補請求権や代物請求権）が認められるとするのが一般的であった。

⑵　改正民法における追完請求権

改正民法においては、売買において「引き渡された目的物が種類、品質又は数量に関して契約の内容に適合しないものであるとき」に買主に追完請求権を認める旨の規定（562条）が新たに設けられた。そして、この規定が、民法559条の規定を通じて、請負を含むほかの有償契約に準用されることとなった。その結果、上述した請負における注文者の修補請求権の規定（旧634条1項）は、その規律内容を上記の準用規定に委ねることとして、削除された（部会資料84-3・16頁以下）。

その一方、改正民法においても、債務の不完全な履行があった場合に債権者に追完請求権が認められる旨を定める一般規定は設けられていない。法制審議会民法（債権関係）部会における審議の過程では、債権者の追完請求権に関する一般規定を設けるかどうかも審議対象とされていたが（部会資料32・8頁以下）、審議の途中の段階で、審議対象から外されることになった（部会資料53・35頁、審議の過程について詳しくは、潮見佳男「追完請求権に関する法制審議会民法（債権関係）部会審議の回顧」高翔龍ほか編・星野英一先生追悼・日本民法学の新たな時代〔有斐閣、2015〕671頁以下を参照）。

しかし、このことは、買主の追完請求権の規定（562条）が適用ないし準用（559条）される場合——売買契約その他の有償契約の場合——を除いて、債権者の追完請求権が一律に否定されることを意味するものではない。どのような契約において、どのような場合に、どのような内容の追完請求権が認められるかは、今後、それぞれの契約類型に即して具体的に検討される必要がある。

　なお、改正前民法の下においては、追完請求権の法的性質（履行請求権と追完請求権の関係）をどのように理解するか——追完請求権を、①履行請求権の一態様ないし具体化と見るのか、②履行請求権とは異質な権利であると見るのか——について争いがあった。これについても、改正民法において明示的な態度決定がされているわけではなく、引き続き解釈に委ねられている（これについて詳しくは、潮見・新Ⅰ328頁以下を参照）。

2　追完請求権の限界

(1)　改正前民法における規律

　改正前民法においては、追完請求権の限界について、上述した注文者の修補請求権に関する規定が、「瑕疵が重要でない場合において、その修補に過分の費用を要するとき」には、修補請求が認められない旨を定めていた（旧634条1項ただし書）。すなわち、ここでは、修補請求権の限界として、①修補が「不能」である場合にはもちろん、②「瑕疵が重要でない場合において、その修補に過分の費用を要するとき」にも、修補請求は認められないものとされていた。

(2)　改正民法における規律

　これに対して、改正民法において、買主の追完請求権に関する規定（562条）は、上述した改正前民法634条1項ただし書に対応するような追完請求権の限界に関する特別の規律を定めていない。これは、追完請求権の限界についても、履行請求権の限界（「履行の不能」）について定める改正民法412条の2第1項の規定の適用によって対応することが予定されているためである（部会資料75A・13頁）。

　そしてまた、そこでは、改正前民法634条1項ただし書が修補請求権の限

127

界として定めていた「修補に過分の費用を要する」場合についても──「瑕疵が重要でない場合」という要件は不要とされた上で──改正民法412条の2第1項の「不能」に含むものとして理解することが予定されている（一問一答341頁注1、部会資料72A・5頁、同81-3・18頁、第90回会議議事録45頁〔金関係官発言〕参照）。

Ⅲ　履行の強制

1　改正前民法における規律

　債務者が、債権者の履行請求に応じて、任意に債務の履行をしないときは、債権者は、国家の助力を得て強制的に債務内容の実現を図ることができる。これを、履行の強制という。

　こうした履行の強制については、改正前民法414条がその内容を定めていた。この規定は、①債権者が国家の助力を得て強制的に債務内容の実現を図ることができることを定めるとともに、②その強制的実現の方法についてもその具体的な規律を定めるものであった。

　学説においては、この規定は、強制執行を求める権限やその方法といった手続法上の規律を定めるものであって、実体法である民法に規定するのにふさわしくないとする見解もあった。もっとも、国家の助力を得て強制的にその実現を図ることができること（履行の強制が可能であること）自体（上記①）については、債権の実体法上の効力の1つであって、実体法である民法に規定しておくのが適切であるとするのが、一般的な理解であった。

2　改正民法における規律

　そこで、改正民法においては、実体法・手続法の役割分担を明確にするために、民法414条の規定について、次のような趣旨での改正が行われている（部会資料68A・4頁以下）。

　①　履行の強制を求める権能を債権の実体法上の効力の1つと位置付け、債権者が、原則として、「履行の強制」を裁判所に請求できることを、実体法である民法に規定する（414条1項）。なお、同項ただし書が「債

務の性質がこれを許さないときは、この限りでない。」と定めているの
は、債務の性質上、いかなる方法によるかにかかわらず、およそ履行の
強制が認められない場合があること（履行の強制の限界）を示す趣旨で
ある。

② 債権者が、具体的にどのような場合にどのような執行方法（履行の強
制の方法）を用いることができるかについては、実体法である民法では
規定せず、「民事執行法その他強制執行の手続に関する法令の規定」に
委ねる（旧414条2項・3項の削除）。これを受けて、民事執行法におい
ては、直接強制、代替執行、間接強制などの強制執行の方法に関する具
体的規律が設けられている。

16 履行・追完に代わる損害賠償

神戸大学准教授　田中　洋

要点

① 履行・追完に代わる損害賠償の概念
② 履行に代わる損害賠償の要件
③ 追完に代わる損害賠償の要件

解説

I 履行・追完に代わる損害賠償の概念

1 履行・追完に代わる損害賠償と履行・追完とともにする損害賠償

　債務不履行に基づく損害賠償は、債権者が求める損害賠償の内容に従って、それが本来の債務の履行を受けることと両立する性質を有するか（債権者が本来の債務の履行と自らが求めた内容の損害賠償の双方を受けることができるか）どうかという観点から、①履行に代わる損害賠償と、②履行とともにする損害賠償の2つに分類することができる。

　このうち、「履行に代わる損害賠償」とは、債務が履行されたのに等しい経済的地位の回復を目的とする損害賠償である。これは、塡補賠償ともよばれる。例えば、目的物の引渡債務の不履行の場合に、目的物の価格相当額について損害賠償を求める場合がこれに当たる。この損害賠償は、本来の債務の履行によって得られるべき経済的地位を金銭で実現することを目的とするものであるため、本来の債務の履行を受けることと両立しない。債権者が本来の債務の履行（目的物の引渡し）と履行に代わる損害賠償（目的物の価格相当額の賠償）の双方を受けることができるとすると、同様の経済的地位の実

現を目的とする給付の二重どりが生じてしまうからである。

これに対して、「履行とともにする損害賠償」とは、債務の履行がされたとしてもなお残る損害の回復を目的とする損害賠償である。例えば、目的物の引渡しが遅れたことによる損害の賠償（遅延賠償）や、目的物の引渡しの際に買主の生命・身体・財産等の完全性利益を侵害したことによる損害の賠償などが、これに当たる。この損害賠償は、本来の債務の履行を受けることと両立するものであり、債権者は、本来の履行の請求に加えて、この種の損害賠償を請求することができる。

債務の不完全な履行があった場合（例えば、売買において買主に引き渡された目的物に契約不適合があった場合）においても、そこで問題となる損害賠償は、それが履行の追完を受けることと両立する性質を有するかどうかという観点から、①追完に代わる損害賠償と、②追完とともにする損害賠償の２つに分類することができる（なお、債務の不完全な履行があった場合には、後述するように、上記①・②のほか、〔債務全部の〕履行に代わる損害賠償もまた問題となり得る）。

2　問題の所在——履行・追完に代わる損害賠償の要件

これらのうち、「履行に代わる損害賠償」については、これと内容的に両立しない履行請求権との関係をどのように調整するかという問題が生じる。すなわち、債権者は、債務不履行があった場合において、債務不履行に基づく損害賠償の一般的要件（415条１項）を充たせば、①履行請求権によることなく、それだけでただちに、履行に代わる損害賠償の請求をすることができるのか、それとも、②履行請求権が存在することとの関係で、履行に代わる損害賠償の請求には、一定の制約（付加的要件）が課されることとなるのかが問題となる。これと同様の問題は、追完請求権と追完に代わる損害賠償請求権との間においても生じる。

この問題の解決のあり方については、理論的には、大きく分けると次の２つの考え方があり得る。

①　履行請求権と履行に代わる損害賠償請求権との間に優劣関係はなく、債権者は、履行請求権によることなく、ただちに、履行に代わる損害賠

償を請求することができるとする考え方

② 履行請求権と履行に代わる損害賠償請求権との間には、原則として履行請求権（本来の履行）を優先すべきであるという優劣関係（履行の優先）があり、債権者は、一定の付加的要件を充たさない限り、履行に代わる損害賠償を請求することができないとする考え方

改正前民法においては、この問題について定める明文の規定がなく、その解決は、判例・学説に委ねられていた。これに対して、改正民法は、改正前民法の下での判例・学説の展開を踏まえて、これについて新たな規定を設けている。

Ⅱ　履行に代わる損害賠償の要件

1　改正前民法における規律

改正前民法においては、履行に代わる損害賠償（塡補賠償）の要件についての明示的な規定は設けられておらず、債務不履行があった場合において、どのような要件の下で履行に代わる損害賠償の請求が認められるかは、解釈に委ねられていた。

そこで、これについては、かつて債務転形論とよばれる考え方が提唱された。債務転形論とは、「履行不能又は解除によって、履行請求権が塡補賠償請求権に転形する」という考え方である（これについて詳しくは、森田修・契約責任の法学的構造〔有斐閣、2006〕17頁以下）。この考え方によれば、履行に代わる損害賠償の請求が認められるのは、履行請求権が履行不能または解除によって消滅した場合に限られる――したがって、履行請求権と塡補賠償請求権が併存することはない――ものとされた。

しかし、判例・通説は、これに必ずしも従っておらず、履行請求権が消滅していない場合においても、塡補賠償請求が認められる余地があるとしてきた（我妻・債権総論112頁など）。

2　改正民法における規律

改正民法においては、債権者が、債務不履行に基づく損害賠償として、履

行に代わる損害賠償を請求するための付加的要件を定める規定（415条2項）が新設された。これは、原則として履行請求権（本来の履行）を優先するという考え方（先に見た②の考え方）に従って、債権者が、履行に代わる損害賠償を請求するためには、債務不履行に基づく損害賠償の一般的要件（同条1項）に加えて、一定の付加的要件を充たすことが必要であるとするものと見ることができる。

(1) 履行に代わる損害賠償のための付加的要件

これによれば、履行に代わる損害賠償の請求が認められるのは、次のいずれかの付加的要件を充たす場合であるとされている。

(i) 履行不能

債務の履行が不能である場合には、債権者は、履行に代わる損害賠償を請求することができる（415条2項1号）。この場合には、そもそも履行請求権が認められない（412条の2第1項）ため、履行請求権との関係を問題にする必要がないからである。

(ii) 債務者の明確な履行拒絶

債務者がその債務の履行を拒絶する意思を明確に表示した場合にも、債権者は、履行に代わる損害賠償を請求することができる（415条2項2号）。この場合には、履行請求権がなお認められるものの、債務者が任意に履行する可能性は低く、債権者に本来の履行を待つことをもはや期待できないと考えられるからである。債務者の履行拒絶は、履行期前のものであっても履行期後のものであってもよい。

(iii) 契約の解除

債務が契約によって生じたものである場合において、その契約が解除されたときは、債権者は、履行に代わる損害賠償を請求することができる（415条2項3号）。この場合には、契約解除の効果として、いずれにしても履行請求権はもはや存在していないため、履行請求権との関係を問題にする必要がないからである。

もっとも、債権者が債務不履行を理由として契約を解除した場合については、その前段階として債務不履行による契約解除権が発生し、それによって履行に代わる損害賠償が認められることになる（下記(iv)参照）。したがって、

133

この要件が実際に意味を持つのは、①債権者と債務者との間で契約が合意解除された場合や、②双務契約における当事者の双方が債務不履行をしている場合において、債権者ではなく債務者が契約を解除したときなどである（部会資料 79-3・11 頁参照）。

⑷ 債務不履行による契約解除権の発生

債務が契約によって生じたものである場合において、債務の不履行による契約の解除権が発生したときにも、債権者は、履行に代わる損害賠償を請求することができる（415 条 2 項 3 号）。債務不履行による契約解除権が発生したときというのは、総じていえば、債権者に本来の履行を待つことをもはや期待できない事態が生じており、それゆえに、債権者に契約の拘束力からの解放を認めることが正当化される場合であるといえる。そのため、この場合には、履行に代わる損害賠償の請求が認められるとされている。

このことは、債権者に債務不履行による契約解除権が発生した段階で、契約の解除をしなくとも、履行に代わる損害賠償の請求が認められるということを意味している。このような規律は、「継続的供給契約の給付債務の一部に不履行があった場合に、継続的供給契約自体は解除しないで、不履行に係る債務のみについて塡補賠償を請求するような場面や、交換契約のように自己の債務を履行することに利益があるような場面で、債権者が契約の解除をしないで自己の債務は履行しつつ、債務者には塡補賠償を請求しようとする場面」で実益があるとされる（中間試案補足説明 116 頁以下）。

どのような場合に債務不履行による契約解除権が発生するかについては、改正民法 541 条以下が定めている。それによると、①債務者が債務を履行しない場合に、債権者が、債務者に対して、相当の期間を定めて履行の催告をし、その期間内に履行がないときは、原則として、契約解除権が発生する（同条）。また、②履行不能、債務者の明確な履行拒絶、定期行為における履行遅滞の場合など、債権者が催告をしても契約をした目的を達するのに足りる履行がされる見込みがないことが明らかである場合には、無催告で契約解除権が発生する（542 条 1 項）。

なお、そうした契約解除権の発生原因のうち、履行不能（542 条 1 項 1 号）と債務者の明確な履行拒絶（同項 2 号）は、上記(i)・(ii)の要件と重複するこ

とになる。そのため、上記(i)・(ii)の要件が独自の意味を持つのは、契約に基づく債務以外の債務が問題となる場合であると整理されている（第90回会議議事録54頁〔金洪周関係官発言〕）。

(2)　履行請求権と履行に代わる損害賠償請求権の併存可能性

以上によれば、上記(1)(ii)または(iv)の要件に当たる場合については、履行請求権がなお存続していながら、履行に代わる損害賠償請求権もまた認められることがあり得る。そのため、そこでは、履行請求権と履行に代わる損害賠償請求権が併存することになる（この場合、債権者はいずれを行使するかを選択することができる）。したがって、改正民法は、その限りでは、上述した債務転形論の立場——履行請求権と履行に代わる損害賠償請求権の併存を否定する——を明示的に排斥していることになる。

もっとも、このように履行請求権と履行に代わる損害賠償請求権とが併存する場合においても、債権者が本来の履行と履行に代わる損害賠償の双方を重ねて受けることができるわけではない。そのため、ここでは、何らかの方法でこれら2つの請求権の間の調整を行う必要がある。改正民法は、そのような請求権間の調整については規定を設けず、解釈に委ねることにしている（部会資料68A・10頁）。

その解決方法としては、例えば、①履行に代わる損害賠償請求権を行使した段階で履行請求権が排除されるとする方法、②両請求権の併存的行使をいったん認めた上で、一方の請求権の内容が実現されれば、他方の請求権も消滅するとして、強制執行の段階で——請求異議の訴えなどで——対応する方法などが考えられるが、いずれにしても、その解決は、判例・学説に委ねられている（潮見・新I482頁以下は、②の方向性を示唆するものと見られる）。

III　追完に代わる損害賠償の要件

1　改正前民法における規律

改正前民法においては、追完に代わる損害賠償の要件についても、明文の規定は設けられておらず、債務の不完全な履行があった場合において、どのような要件の下で追完に代わる損害賠償が認められるかは、解釈に委ねられ

ていた。

　これについて、判例は、請負における注文者の修補に代わる損害賠償（旧
634条2項）の要件に関して、「仕事の目的物に瑕疵がある場合には、注文者
は、瑕疵の修補が可能なときであっても、修補を請求することなく直ちに修
補に代わる損害の賠償を請求することができるものと解すべ」きであるとし
ていた（最判昭和54・3・20判時927号184頁）。すなわち、注文者は、修補
請求権を有するときでも、特別の付加的要件を課されることなく、ただちに
修補に代わる損害賠償の請求ができるとされていた。

2　改正民法における規律

(1)　改正民法415条2項の規定と追完に代わる損害賠償

　改正民法においては、履行に代わる損害賠償の要件について、上述した改
正民法415条2項の規定が存在している。しかし、この規定は、以下で詳し
く見るように、あくまで、債権者が（債務全部の）履行に代わる損害賠償を
請求する場合を想定したものであって、債権者が追完に代わる損害賠償を請
求する場合までその射程に含んでいるものではないと考えられる（一問一答
76頁注2・341頁注2も参照）。

　追完に代わる損害賠償とは、例えば、売買において引き渡された目的物に
契約不適合があった場合に、買主が、引き渡された目的物を保持したまま、
売主に対し、不適合の追完（目的物の修補など）に代えて請求するものであ
り、①目的物の修補費用や、②不適合による目的物の減価額などの賠償をそ
の内容とするものである。もちろん、こうした契約不適合の場合においても、
買主が、売主に対して、目的物を返還することを前提に、（債務全部の）履行
に代わる損害賠償——目的物全部の価格相当額の賠償など——を請求するこ
とは考えられる。そして、その場合には、先に見たように、債務不履行によ
る契約解除権の発生など（415条2項3号参照）の付加的要件を充たすことが
必要になる。しかし、買主が、契約の内容に適合しない目的物を保持して、
売主に追完に代わる損害賠償を請求するにとどまる場合にまで、これと同様
の要件を充たす必要があるとは考えられない。

　ここでも、たしかに、①追完が不能の場合や、②債務者の明確な追完拒絶

があった場合については、改正民法415条2項1号・2号により、追完に代わる損害賠償の請求が認められると解することも不可能ではない。ところが、それ以外の場合、とりわけ、債権者が追完の催告をし、相当期間が経過しても履行の追完がされないという場合については、「その期間を経過した時における債務の不履行が……軽微であるとき」に当たると、契約解除権が発生せず（541条ただし書）、したがって、改正民法415条2項3号の要件を充たさないために、追完に代わる損害賠償の請求は認められないことになる。もちろん、このような場合においても、事情によっては、契約の一部解除権の発生を認めることを通じて、同号により、追完に代わる損害賠償の請求が認められると解する余地はある（例えば、種類売買において数量に関する契約不適合〔数量不足〕があった場合）。しかし、「一部解除が可能なのは一つの契約のうちの一部分のみを解消することが可能な程度に当該部分が区分されている場合に限られる」ところ（部会資料83-2・10頁）、そのような状況にはない種類・品質に関する契約不適合の場合には、そもそも契約の一部解除が認められない（そこで、この場合には、契約の一部解除に類似する機能を有するものとして、代金減額請求権の制度〔563条〕が用意されている）。そのため、そうした場合には、やはり追完に代わる損害賠償の請求は認められないことになってしまう。

　以上のような帰結が不当である——契約の（一部）解除権の発生が認められない場合など、改正民法415条2項の要件を充たさない場合であってもなお、追完に代わる損害賠償の請求を認めるべき場合がある——とすれば、改正民法415条2項の規定は、結局のところ、追完に代わる損害賠償の請求が問題となる場合までその射程に含んでいるものではないと解すべきことになる。

　実際、法制審議会民法（債権関係）部会における審議では、当初は、「追完に代わる損害賠償」の要件についても——「履行に代わる損害賠償」の要件とは区別した形で——審議の対象とされていたものの（部会資料32・18頁以下）、審議の途中の段階で、審議の対象から外されることとなった（部会資料53・43頁参照）。このような審議の経緯からしても、追完に代わる損害賠償の要件については、解釈に委ねられることとなったものと考えられる。

137

(2) 追完に代わる損害賠償の要件に関する解釈の可能性

そこで、追完に代わる損害賠償の要件については、次のような解釈の可能性が考えられる。

(i) 原則的要件——追完の優先

上述したように、履行に代わる損害賠償の要件について定める改正民法415条2項からは、原則として、履行に代わる損害賠償請求権よりも履行請求権を優先するという考え方（履行の優先）を見てとることができる。このような考え方が、追完に代わる損害賠償についても同様に妥当すると見るのであれば、ここでも、原則として、追完に代わる損害賠償請求権よりも追完請求権を優先するという考え方（追完の優先）に従うべきことになる。

(a) 改正民法415条2項の規定の修正適用

そこで、追完に代わる損害賠償については、上記のような考え方（追完の優先）に従って、改正民法415条2項が定める要件を一部修正するという可能性が考えられる。

それによれば、「①追完が不能のとき、②債務者が追完をする意思がない旨を（確定的に）明らかにしたとき、③債務が契約によって生じたものである場合において、当該契約が一部解除され、もしくは債務の不履行による契約の一部解除事由またはそれに相当する事由（追完が可能であるにもかかわらず、催告をしても追完がされなかった場合）が存在するとき」に、追完に代わる損害賠償の請求が認められると解することになる（潮見・新Ⅰ483頁）。

(b) 代金減額請求権の要件に関する規定の類推

これと同様の帰結は、代金減額請求権の要件に関する規定の類推によっても導き出すことができる。

すなわち、代金減額請求権の要件について定める規定（563条）は、ここで問題となっている目的物の契約不適合（不完全な履行）の場面に即して、代金減額請求権と追完請求権との関係について、上記のような考え方（追完の優先）を具体化したものであると見ることができる。そこで、この規定を、追完に代わる損害賠償請求権についても類推するという可能性が考えられる。

それによれば、①債権者が、相当の期間を定めて履行の追完の催告をし、その期間内に履行の追完がないとき（563条1項類推）、あるいは、②追完不

能や明確な追完拒絶など、債権者が催告をしても履行の追完を受ける見込みがないことが明らかであるとき（同条2項類推）に、追完に代わる損害賠償の請求が認められることになる。

(ii) 契約類型に応じた異なる解釈の可能性

原則としては、以上のように考える場合であっても、上記のような考え方（追完の優先）ないし規律が、あらゆる契約類型において等しく妥当するかどうかについては、なお検討の余地がある。

法制審議会民法（債権関係）部会の審議においては、先に述べた改正前民法の請負における修補に代わる損害賠償の要件に関する規律（修補に代わる損害賠償について付加的要件を課さないとする規律）の実質的内容が、改正後も維持されるのかどうかという趣旨の質問（第99回会議議事録1頁以下〔岡正晶委員発言〕）に対して、これについては、包括準用規定（559条）によって処理されることとなるため、その契約の特質に応じた解釈の余地は否定されないという旨の説明がされている（同議事録2頁〔村松秀樹関係官発言〕）。

この説明に従うとすれば、上記のような考え方（追完の優先）ないし規律が原則であるとしても、契約類型によって、その契約の特質に応じて、追完に代わる損害賠償の要件について異なる解釈が展開される可能性は、なお残るということになるだろう。

17 代償請求権

千葉大学教授 **田中 宏治**

要点

```
① 債権法全体の中での位置付け
② 法的性質（請求権か形成権か）
③ 塡補賠償請求権との関係
④ 契約総則との関係
```

解説

I はじめに

　代償請求権規定新設を基礎付けた最大のものは、最判昭和41・12・23（民集20巻10号2211頁）の存在であり、改正民法422条の2の規定は、それに由来する通説が明文化されたものである。

　その判決は、「一般に履行不能を生ぜしめたと同一の原因によって、債務者が履行の目的物の代償と考えられる利益を取得した場合には、公平の観念にもとづき、債権者において債務者に対し、右履行不能により債権者が蒙りたる損害の限度において、その利益の償還を請求する権利を認めるのが相当であ」ると判示していた。

　もっとも、上記判決にいう代償請求権の実体を備えている裁判例は、戦前の長崎控判昭和8・3・20（新聞3560号5頁）ただ1件である。そのため、上記判決が現在の裁判実務で先例として機能しているとは言い難く、上記判決自体も説得力があるとは言い難いことが審議過程において認識されていた（第78回会議議事録14頁）。

　このように、新規定の必要性に疑問が呈される中での立法であったことか

ら、その解釈は謙抑的であるべき、つまり疑わしい場合には要件を厳しく効
果を小さく解釈するべきであろう。

要点としては、債権法全体の中での位置付けがまず挙げられる（Ⅲ3）。ま
た、そもそも請求権か形成権かという法的性質も問題であり（Ⅲ4）、代償請
求権と履行不能による塡補賠償請求権との関係も問題となる（Ⅲ5）。さらに、
双務契約においては契約総則の危険負担および解除の規定の適用可能性が問
題となる（Ⅲ6）。

Ⅱ　改正前民法下における議論

1　学説

代償請求権の規定は、ドイツ民法にもフランス民法にも明文のものが存在
する。他方、わが国では、旧民法には明文の規定が存在していたが、改正前
民法には規定がなかった。にもかかわらず、改正前民法成立後にドイツ法か
らの学説継受によって代償請求権肯定説が通説となっていた。

2　判例

その通説を前提に判例を確立したのが前掲・最判昭和41・12・23であっ
た。

Ⅲ　改正民法下の枠組み

1　要件

改正民法422条の2の規定の要件は、①履行不能、②目的物の代償である
権利または利益を債務者が取得したこと、③それが履行不能と同一の原因に
よること、④代償以上の損害の発生、である。

①の履行不能は、412条の2第1項の規定する履行不能と同一であり、し
たがって、有責・無責、原始的・後発的を問わない不能である。審議過程に
おいては債務者の責に帰すべき履行不能を含むか否か議論があったけれども、
これを肯定し、履行不能による塡補賠償請求権との併存を認めるものとされ

た（第78回会議議事録13頁以下）。もっとも、債務者の免責事由の要否が今後の解釈に委ねられているとする有力な見解もある。

②の権利または利益は、一身専属のものを除く民法上の権利および利益すべてを含む。例えば、金銭所有権や金銭債権が代表的である。典型例として、債務者が第三者に対して有する損害賠償請求権が挙げられている（中間試案補足説明118頁）。なお、改正民法422条の2の「債務の目的物」と改正民法422条の「債権の目的」とは無関係である。改正民法422条の2という条番号の由来は、審議過程において当初、「債務不履行による損害賠償の免責事由」が要件とされたために、代償請求権の規定が損害賠償の中に位置付けられたことにある（部会資料54・9頁）。その後、その要件が不要とされてからも、位置付けの再検討がなされなかったため、損害賠償の中に取り残されているにすぎず、改正民法422条の2は、民法422条を受けた規定ではないからである。

③は、①の原因と②の原因の同一性である。例えば、売買目的物が引渡前に焼失したことによる売主の保険金取得（②）は、引渡債権の履行不能（①）と同一の原因である（中間試案補足説明118頁）。また、火災保険金取得には火災保険契約も必要であるために履行不能が唯一の原因ではないにもかかわらず同一の原因と認められる（前掲・長崎控判昭和8・3・20）。

④の要件は、損害を超える代償を債権者が取得することを許さない趣旨の消極的要件であり、代償が損害を超えることについて債務者が証明責任を負う、と解すべきである。

2　効果

効果は、債権者の債務者に対する権利移転または利益償還を目的とする請求権（代償請求権）の発生、である。その代償請求権について多くの解釈問題が生じるため、法的性質（4）、塡補賠償請求権との関係（5）および契約総則との関係（6）と項をあらためて論じよう。

3　債権法全体の中での位置付け

(1)　履行請求権の限界を補充する制度

債権法全体の中での位置付けが当初から問題となり（論点整理補足説明56頁）、中間試案では「債務不履行による損害賠償の可能性が尽きたときの補充的な救済手段であると考えられることを踏まえ、中間試案においては、債務不履行による損害賠償のパートに置いている」（中間試案補足説明119頁）と説明されていた。しかし、その後の審議過程においてその理解が捨てられ、代償請求権と塡補賠償請求権との併存が認められるにいたった（部会資料68A・13頁）。

したがって、代償請求権は、債務不履行による損害賠償請求権を補充する制度としてではなく、改正民法412条の2第1項の不能による履行請求権の限界を当事者意思の推定によって補充する制度として位置付けられるべきである。

(2)　理論的根拠は危険負担か当事者意思の推定か

代償請求権の理論的根拠としては、無責不能における危険負担の制度の一部だという考え方がわが国では従来から根強く、代償請求権論の祖国ドイツでも、パンデクテン法学の時代にそのような考え方が見られた。しかし、ドイツ民法典編纂過程において考え方が変化し、すでにドイツ民法典成立時において危険を負担することが代償請求権発生の要件とは規定されず、むしろ、当事者意思の推定を立法趣旨にして、債務者の帰責事由を問わない後発的不能が要件と定められていた。そして、現行ドイツ新債務法においても、無責不能における危険負担とは無関係なものとして代償請求権は規定されている。

改正民法422条の2の規定は、判例が明文化されたものであり、ドイツ法継受による通説を前提に判例は確立されたのであるから、わが国においても、ドイツ法と同様に解することができる。つまり、債務の履行が不能になったのと同一の原因により債務の目的物の代償である権利または利益を取得したときは、債務者は、債権者の請求に従って、債権者に対して代償である権利を移転しまたは利益を償還しなければならないという（債権者に有利な）合意をしたであろうという推定が理論的根拠である。

143

当事者の公平も副次的な根拠として挙げてよいが、それは民法のほかの規定にも共通する趣旨であり、強調されるべきではない。

4 法的性質

(1) 請求権か形成権か

代償請求権を行使するか否かは債権者の自由であり、行使することによってはじめて債務者も履行することができる。債権者が行使しない限り、債務者は弁済またはその提供をすることができない。行使は、債権者の意思表明によってなされる。意思表明によって法律効果が生じる（債務者が弁済またはその提供をすることができるようになる）点では、たしかに、通常の請求権とは異なり、形成権的効力のある特殊な請求権である。これを形成権とよぶか請求権とよぶかという問題であるが、請求権の1つと考えるべきで、形成権とよぶべきではないだろう。なぜならば、ある権利を形成権とよぶときは、意思表示によってその権利の本体的な効力としての権利変動が生じるが、代償請求権の場合には、行使前から請求権自体は存在し、意思表明によってごく小さな法律効果（債務者が弁済またはその提供をすることができるようになること）が生じるにすぎないからである。

審議過程においては、改正民法422条の2の権利移転または利益償還のうち前者を請求する場合の代償請求権が形成権である、という解釈も示されていた（第78回会議議事録13頁）。しかし、代償請求権が形成権だとすると、その行使によって債務者の行為なくして法律上当然に権利が債権者に移転するというあまりに強い権利になってしまうだろう（第78回会議議事録13頁・15頁）。

結局、代償請求権は、常に請求権だ、と解すべきである。したがって、代償請求権を主張して裁判所に対してする判決の要求は、常に通常の給付の訴えであり、被告は債務者である。具体的な給付は、取得された代償次第であり、金銭の支払、物の引渡し、債権の譲渡（の意思表示）などになる。

(2) 行使によって優先権を取得しないこと

代償請求権は一般債権に対する優先権を生じさせるか否か、という疑問も上記問題と関連する（第78回会議議事録12頁）。もし形成権だとすると、競

合債権者がいる場合に代償請求権を行使した債権者が一般債権者に対して優先権を取得するように解されてしまうからである。

しかし、上述のとおり、代償請求権は形成権ではなく常に請求権であり、したがって、その行使によって優先権が生じるわけではない。

5　塡補賠償請求権との関係

代償請求権の要件の履行不能は、改正民法412条の2第1項の規定する履行不能と同一であり、したがって、有責・無責、原始的・後発的を問わない不能である。重要なのは、有責・無責を問わないという点である。なぜならば、有責不能であるときは、履行不能による塡補賠償請求権（415条1項2項）と併存することになるからである。この場合に関して提起された問題の多くが審議過程では未解決なまま残った（第78回会議議事録14頁、第90回会議議事録58頁）。それら残された問題は、以下のように解すべきである。

(1)　請求権競合

併存する場合において、2つの請求権は競合する。そして、この請求権競合は、一般のそれと同様に、一方が弁済されない限り継続する。

(2)　一方の行使の効果

2つの請求権の関係は、請求権競合であるので、債権者が債務者に対して一方を行使しても（たとえ確定判決を得ても）、弁済されない限り双方が存続する。

なお、2つの請求権の価額が異なることがある。その場合は、履行された価額だけ他方の請求権が縮減する。

その際、履行が「権利の移転」によるときは、どれだけの価額が縮減するかが問題となる。権利には、価額算定の幅があるからである。例えば、塡補賠償請求権（甲）と併存する代償請求権の行使として、有責債務者の第三者に対する損害賠償請求権（乙）が債権者に移転されたときである。言い換えると、有責債務者の債権者に対する乙の移転は、弁済に代えて（支払に代えて）なされるのか、弁済のために（支払のために）なされるのか、という問題である。もし前者と解すれば、たとえ移転した乙が完全な空振りに終わっても、甲の価額は乙の券面額だけ縮減し、債権者は後から甲の全額の履行を

145

請求することができない。後者と解すれば、乙が完全な空振りに終わったときは、債権者は後から甲の全額の履行を請求することができる。

　思うに、第1に、代償請求権は当事者意思の推定を立法趣旨として債権者を有利にする規定であり（3(2)）、有責債務者に対する代償請求権を肯定して塡補賠償請求権と併存させるのは債権者の債権満足の可能性を高めるためである。第2に、一般に、有責債務者の第三者に対する債権を差し押えて取立訴訟を提起するときは、その強制執行は弁済のためになされるのであるから、その場合よりも代償請求権を行使する債権者を不利に扱うべきではない。したがって、第三債務者無資力の危険を債権者に負担させてはならず、後者（弁済のために）と解すべきである。

(3) 塡補賠償請求権に過失相殺事由があるとき

　塡補賠償請求権について過失相殺事由があるときは、損害賠償が減額されることがある（418条）。そのときは、その減額された塡補賠償請求権と代償請求権が競合する。過失相殺は代償請求権についてはなされない。例えば、100万円の損害が発生し、100万円の代償が取得された場合において、過失相殺事由があるために80万円に減額された塡補賠償請求権と100万円の代償請求権が競合するときは、債権者は、代償請求権を100万円全額について行使することができる、と解すべきである。

(4) 一方を第三者に譲渡したとき

　一方を第三者に譲渡したときも、債務者がどちらかを弁済しない限り、双方が存続する。もっとも、実際は、第三者への譲渡契約の解釈として、双方が目的とされている、と解されることが多いだろう。また、一方を第三者に譲渡した債権者が他方を行使するときは、譲渡契約の趣旨に照らして信義則違反または権利の濫用となる可能性をとくに考慮するべきである。

(5) 塡補賠償請求権が時効消滅したとき

　損害の発生から遅れて代償が取得される場合に、塡補賠償請求権が先に消滅時効にかかることがある。しかし、代償請求権は、塡補賠償請求権の消長に依存しない独立した請求権であるので、塡補賠償請求権が時効消滅しても、代償請求権は影響を受けずに存続する、と解すべきである。また、消滅時効の新規定の下においては、履行不能による塡補賠償請求権の消滅時効の起算

点が明文で定められず解釈に委ねられることになるところ（第74回会議議事録14頁）、旧規定と同様に本来の履行請求権の起算時と同一と解するのであれば、填補賠償請求権が先に時効消滅する場合が多くなるだろう。

6 契約総則との関係

(1) 危険負担（536条1項）との関係

　改正民法では、双務契約において代償請求権を行使する債権者の負担する債務の帰すうについて明文の規定が欠けている。しかし、当事者双方の責めに帰することができない事由によって債務を履行することができなくなった場合において、債権者が代償請求権を行使するときは、改正民法536条1項の規定を援用して反対給付の履行を拒むことは許されない、と解すべきである。もっとも、代償請求権を行使するか否かは債権者の自由であり、行使することによってはじめて債務者も履行することができるので、行使しなければ（行使するまでは）、債権者は、同項の規定に従って反対給付の履行を拒むことができる、と解すべきである。

　なお、債務者有責であれば、そもそも改正民法536条1項の規定を適用する余地がないので、上記問題が生じず、単純に、債権者は自らの債務を負担しつつ、本来の給付請求権に代わる填補賠償請求権および代償請求権を取得するだけである。

(2) 解除（542条1項）との関係

　また、反対給付義務以外に何らかの付随義務を負う懸念が債権者にあるときは、履行不能による解除権（542条1項）を行使することでそれを解消することができる。しかし、先に解除権を行使してしまうと、明文の規定はないが、もはや代償請求権を行使することができない、と解すべきである。逆に、先に代償請求権を行使する場合については、それだけでは解除権を喪失しない、と解すべきである。

147

18 債務不履行による損害賠償(1)——要件

同志社大学教授 **荻野 奈緒**

要点

① 債務不履行による損害賠償からの免責要件
② いわゆる「履行補助者責任」論の帰すう

解説

I はじめに

　債務者がその債務を履行しない場合に債権者がとり得る手段としては、履行の強制（414条）と損害賠償の請求（415条）があり、その債務が契約から生じたものであるときは、契約の解除をすることもできる（541条・542条）。このうち債務不履行による損害賠償は、どのような要件の下で認められるか。

　改正民法は、①債務がその本旨に従って履行されず（債務不履行）、②それによって（因果関係）、③債権者に損害が生じた場合には、債権者の損害賠償請求は原則として認められるが、④債務不履行が「債務者の責めに帰することができない事由」によるものであるときは、債務者は損害賠償義務を負わないという枠組みを採用している（415条1項）。このような枠組み自体は、改正前民法が採用していたものと異ならない。

　もっとも、①債務不履行に関しては、改正前民法下における通説とは異なり、目的物の契約不適合（564条。**48**参照）や、原始的不能（412条の2第2項。**43**参照）も含まれることには、注意が必要である。なお、改正民法が「債務の本旨に従った履行をしないとき又は債務の履行が不能であるとき」という表現を採用していることは（415条1項本文）、「債務の本旨に従った履行をしないとき」に「履行が不能であるとき」が含まれることを注意的に記載し

たものにすぎない（部会資料 83-2・8 頁）。

　また、改正民法は、415 条 2 項を新設し、「履行に代わる損害賠償」（塡補賠償）が認められる場合を列挙している。そこでは、履行不能の場合（同条 1 号）や契約が解除された場合（同条 3 号前段）のほか、債務者が履行を拒絶する意思を明確に表示した場合（同条 2 号）や債務不履行による契約の解除権が発生したとき（同条 3 号後段）にも、履行に代わる損害賠償が認められることが明記された。後二者の場合には、履行請求と塡補賠償請求が併存することになる（**16**参照）。同項については、追完に代わる損害賠償にもその射程が及ぶのかが問題となる。追完請求権と履行請求権が基本的に同一の性質を有すると考えるならば、射程が及ぶとも考えられるが、これを肯定すると、契約不適合が軽微なものであって契約の解除が認められない場合（541 条ただし書）に追完に代わる損害賠償が認められないこととなり（415 条 2 項 3 号）、不都合である。また、追完に代わる損害賠償に改正民法 415 条 2 項が適用ないし類推適用されるとすれば、改正前民法 634 条 2 項前段に関し「仕事の目的物に瑕疵がある場合には、注文者は、瑕疵の修補が可能なときであっても、修補を請求することなく直ちに修補に代わる損害の賠償を請求することができる」とする判例の立場（最判昭和 54・3・20 判時 927 号 184 頁）を維持することが難しくなるが、改正民法が判例の立場を積極的に変更する意図に出たものとは思われない。改正民法 415 条 2 項の文言からしても、同項の適用範囲は履行に代わる損害賠償に限られ、追完に代わる損害賠償はその射程外だと解すべきだろう（一問一答 76 頁・341 頁）。

　以下では、④免責事由の意義に関して、債務不履行による損害賠償からの免責要件一般と、「履行補助者責任」論の帰すうとに分けて、解説する。

Ⅱ　債務不履行による損害賠償からの免責要件

　債務不履行による損害賠償責任を免れるための要件は、債務不履行が「債務者の責めに帰することができない事由」によることである（415 条 1 項ただし書）。もっとも、当事者双方の責めに帰することができない事由による履行不能が債務者の履行遅滞中に生じたときは、債務者は損害賠償責任を免

れない（413条の2第1項）。また、不履行となった債務が金銭債務である場合には、債務者は不可抗力を証明しても免責され得ない（419条3項）。これらは従来の判例の立場（大判明治39・10・29民録12輯1358頁）ないし規定を踏襲するものである。

　問題は、「債務者の責めに帰することができない事由」（免責事由）の意義である。「債務者の責めに帰することができない事由」という文言は、改正前に存した「債務者の責めに帰すべき事由」（旧415条後段）を免責要件として規定し直したものであるが、従来から債務者は債務不履行がその責めに帰すべからざる事由によることを立証しない限り免責されないとされていたから（大判大正14・2・27民集4巻97頁）、主張立証責任に関する従来の判断枠組みは変更されない。その一方で、改正民法は、これに「契約その他の債務の発生原因及び取引上の社会通念に照らして」との修飾句を付加している。かかる修正はどのように理解されるべきか。

1　損害賠償責任の帰責根拠

⑴　改正前の議論状況

　改正前民法下の伝統的理論が、債務不履行責任も不法行為責任と同じく過失責任の原則に立脚していると考えていたのに対し、1990年代以降に登場した新理論は、契約上の債務の不履行が問題となる場面を念頭に、契約責任の基礎は契約の拘束力に求められるべきだと主張した（小粥太郎「債務不履行の帰責事由」ジュリ1318号〔2006〕117頁参照）。

⑵　改正民法が前提とする考え方

　この点に関する改正民法の立場は、条文の文言からは必ずしも明らかでないが、法制審議会における審議の過程にかんがみれば、契約責任の基礎を契約の拘束力に求める考え方が採用されたと見ることもできる（渡辺達徳「債務不履行」法時86巻12号〔2014〕24-25頁）。もっとも、このことは、≪債務不履行がある以上、債務者の免責は認められない≫、あるいは≪損害賠償責任の成否の判断に当たって債務者の行為態様の評価が問題となることはない≫といった考え方が採用されたことを意味しない。その意味において、債務不履行による損害賠償責任が「厳格責任」ないし「無過失責任」になった

と考えることは相当でない（潮見佳男「債権法改正と『債務不履行の帰責事由』」曹時68巻3号〔2016〕635頁以下参照）。

　また、改正民法は、契約から生じる債務の不履行について、免責事由の有無が「契約……及び取引上の社会通念に照らして」判断されることを明らかにした。これにより、《債務者は、契約とは切り離された客観的な注意義務違反がない限り、損害賠償責任を負わない》との考え方は否定された。債務者が免責されるか否かは、債務者が契約上どのような義務を負っていたかによって判断されるのである（中田ほか89頁以下〔道垣内弘人〕）。

　以上のような改正民法の考え方をもって「過失責任の原則」が否定されたと評価するか否かは、同原則ないし「過失」概念をどのように理解するのかにかかっているものと思われる（小川浩三「幾度もサヴィニーの名を——法学と法典」法時82巻10号〔2010〕26-27頁参照）。

2　「債務者の責めに帰することができない事由」の内容

⑴　改正前の議論状況

　伝統的理論は、債務不履行の帰責事由を「債務者の故意・過失または信義則上これと同視すべき事由」と解してきた。通説は、債務者の過失について、債務者の職業、その属する社会的・経済的な地位などにある者として一般に要求される程度の注意（善良な管理者の注意）を欠いたために、債務不履行を生ずべきことを認識しないことだとする（我妻・債権総論105-106頁）。もっとも、過失を債務者の心理状態として把握する傾向は、その後、債務者の行為態様を問題とする方向へと展開し、過失の主要な要素は「債務者がその債務不履行との関連でなすべきであった具体的な行為を懈怠したことである」とされた（注民⑽398頁・400頁以下〔北川善太郎〕）。

　以上に対し、新理論からは、「債務不履行における『帰責事由』は、債務者が『契約において約束したことを（不可抗力によらず）履行しないこと』のなかに含まれている」として、「債務の内容・射程」により帰責事由の有無を判断すべきだとの見解や（森田宏樹・契約責任の帰責構造〔有斐閣、2002〕55頁）、「債務不履行をもたらす原因となった事態……が契約において考慮に入れられておらず、かつ、考慮すべきものでもなかったとき」には、その

リスクを債務者が引き受けることは当該契約の下で予定されておらず、債務者は免責されるとの見解（潮見佳男・債務不履行の救済法理〔信山社、2010〕89頁以下）が主張されていた。

(2) 改正民法の考え方

改正民法によれば、免責事由の有無は、「契約その他の債務の発生原因及び取引上の社会通念に照らして」、すなわち契約から生じる債務の不履行については「契約の趣旨に照らして」、判断される。「取引上の社会通念」が「契約その他の債務の発生原因」を離れて独立の判断基準になるわけではない（山本敬三「契約責任法の改正——民法改正法案の概要とその趣旨」曹時68巻5号〔2016〕1232頁）。

もっとも、このことは、損害賠償責任の有無の判定をすべて当初の契約に求めるべきことを意味するものでは必ずしもない（中田裕康「債権法における合意の意義」新世代法政策学研究8号〔2010〕21頁参照）。免責事由の有無は、狭い意味での契約内容のみならず、契約をめぐる一切の事情や取引通念を考慮しつつ、規範的に判断されることになるだろう。その判断構造の明確化は、今後の重要な課題の1つである（そのような試みとして、森田宏樹・債権法改正を深める——民法の基礎理論の深化のために〔有斐閣、2013〕1頁以下）。

3 関連する概念との関係

⑴ 「善良な管理者の注意」との関係

改正前民法下では、帰責事由としての債務者の過失は、「善良な管理者の注意」（旧400条）と関連付けて理解されてきた。もっとも、≪債務者の善管注意義務違反がすなわち過失であり、帰責事由である≫という伝統的な定式に対しては、従来から、これを維持することはできないとの指摘があった（道垣内弘人「善管注意義務をめぐって」法教305号〔2006〕40-42頁）。

改正民法は、「契約その他の債権の発生原因及び取引上の社会通念に照らして定まる」との修飾句を付加した上で「善良な管理者の注意」概念を維持したが（400条）、それは取引上一般に要求される注意の程度を示すものとはいえない（**12**参照）。そうであるとすれば、上記の伝統的な定式はもはや妥当し得ない。

なお、特定物債権については、改正民法 400 条の定める保存義務と債務者の免責事由との関係が問題となり得るが、両者は必ずしも表裏の関係にあるわけではない。例えば、特定物売買において目的物に契約不適合があった場合、売主は、保存義務を尽くしていたとしても、契約不適合を理由とする責任を当然に免れるわけではない（大村＝道垣内 396-397 頁〔石川博康〕）。

(2) 「不可抗力」との関係

　改正前民法下では、419 条 3 項にいう「不可抗力」と、債務不履行の免責事由としての無過失との関係について、多数説は両者を同一視していた（於保・債権総論 93 頁）。

　改正民法の下でも、「不可抗力」と免責事由との関係が問題となる。免責事由の有無は契約の趣旨に照らして判断されるところ、不可抗力を人の力による支配・統制を観念することができない外的事象（戦争や大災害等）と解するのであれば、これを免責事由と同視することは難しい。もっとも、「不可抗力」概念の理解はこれに限定されるものではない（潮見・新 I 383 頁以下）。

III　いわゆる「履行補助者責任」論の帰すう

1　改正前の議論状況

　債務者が債務の履行のために他人を使用した場合において、その他人（履行補助者）の行為によって債務不履行が生じたとき、債務者は損害賠償責任を負うか。

　判例は、古くから、債務者が履行補助者の行為を利用して債務を履行しようとする限りにおいて補助者の行為を債務者の行為と同視し、債務者は、履行補助者の選任監督に過失がある場合のみならず、補助者が履行について必要な注意を怠った場合にも債務不履行責任を負うとしてきた（大判昭和 4・3・30 民集 8 巻 363 頁）。もっとも、判例の多くは、賃借人が目的物を他人に利用させていた場合において、その他人（利用補助者）の過失によって目的物が滅失したときに、賃借人が目的物返還義務の履行不能について責任を負うかが問題となった事例に関するものであった（大判昭和 4・6・19 民集 8 巻

153

675頁〔承諾ある転借人〕、最判昭和30・4・19民集9巻5号556頁〔配偶者〕、最判昭和35・6・21民集14巻8号1487頁〔住込みで雇い入れた使用人〕など）。

伝統的通説は、履行補助者の過失は「信義則上債務者の故意・過失と同視すべき事由」に当たり得ると解していた（我妻・債権総論106頁以下）。そして、履行補助者を、債務者がその手足として使用する「真の意味の履行補助者」と債務者に代わって債務を履行する「履行代行者」とに分類し、前者の過失については債務者は常に責任を負うのに対し、後者に関しては、履行代行者の使用が許されている場合において、必要な条件を充足した上で履行代行者が使用されたときは、債務者はその選任・監督についてのみ責任を負うという（旧105条など参照）。また、この基準を利用補助者の場合にも応用し、承諾ある転借人の過失について賃借人の責任を認める判例を批判した。

これに対し、1970年代後半から、履行補助者責任を他人の行為による特殊の債務不履行責任として再構成すべきだとする見解が有力に主張された（落合誠一・運送責任の基礎理論〔弘文堂、1979〕）。有力説は、被用者的補助者（715条参照）のみならず独立的補助者（716条参照）の過失による債務不履行についても債務者の責任を認めることができる点に履行補助者責任の存在意義があるという。また、利用補助者に関しては、そもそも履行補助者責任の問題としてではなく、賃貸借法理の一貫として解決すべきだとの見解も主張されていた（平井・債権総論86頁）。

以上に対し、契約責任の帰責根拠を契約の拘束力に求める新理論からは、履行補助者責任の独自性を否定し、債務の内容やその履行過程に履行補助者の行為がどのように組み込まれているのかに着目した判断がされるべきだとの主張がされていた（森田・前掲契約責任159頁以下、潮見Ⅰ295-296頁）。

2　改正民法の考え方

改正民法は、履行補助者責任に関する規定を設けなかった（その経緯について、新堂明子「契約と第三者」法時86巻1号〔2014〕52頁参照）。他方で、改正前民法下の伝統的通説が一定の履行代行者について債務者の責任を軽減する際に参照していた改正前民法105条、658条2頁、1016条2項は、改正によりいずれも削除された（**4**参照）。

上述したような免責事由に関する改正民法の考え方からすれば、債務不履行一般に広く妥当する「履行補助者責任」論を構築することは難しく、改正民法の下では、上記の判例理論は、少なくとも一般的な射程を維持し得ないものと思われる。今後は、契約類型ごとに、あるいは個別の契約ごとに、履行補助者の行為がどのように評価されるのかについて検討されることになるだろう。

　もっとも、従来の判例の結論は維持され得る。例えば、利用補助者については、賃借人が善良な管理者の注意をもって保管義務を尽くしたことを主張立証すれば、目的物返還義務の履行不能による損害賠償責任を免れ得るとしつつ（大判昭和 11・3・7 民集 15 巻 376 頁。森田・前掲債権法 41 頁以下参照）、その免責事由の有無の判断に当たって、利用補助者の行為を債務者の行為と同視すべきだと考えることはできるだろう。また、安全配慮義務の履行補助者に関する判例の立場（最判昭和 58・5・27 民集 37 巻 4 号 477 頁、最判昭和 61・12・19 判時 1224 号 13 頁）は、改正民法の下でも維持されるものと思われる。

19 債務不履行による損害賠償(2) ——損害賠償の範囲

京都大学准教授 **長野 史寛**

要点

- ① 債務不履行による損害賠償の範囲
- ② 過失相殺の要件・効果
- ③ 賠償額の予定の合意がされた場合の効果

解説

I はじめに

債務不履行による損害賠償の効果に関する規定のうち、改正民法 417 条の 2（中間利息の控除）、改正民法 419 条（金銭債務の特則）および改正民法 422 条の 2（代償請求権）については別の項目が用意されている。そこで、本項目では、民法 416 条（損害賠償の範囲）、民法 418 条（過失相殺）および民法 420 条（賠償額の予定）に関する改正につき概説する。これらの規定のいずれについても、基本的には、従来の解釈を明文化してわかりやすさを向上させるための改正がされたにとどまり、特段大きな変更があるわけではない。しかし、契約責任の捉え方のレベルで重要な理論的含意を含む点も決して少なくない点には注意を要する。

II 損害賠償の範囲（416 条）

1 改正による変更点

「損害賠償の範囲」につき定める民法 416 条に関しては、特別の事情に

よって生じた損害（特別損害）の賠償を定める2項についてのみ改正がされている。改正前の同項が、特別損害は「当事者がその事情を予見し、又は予見することができたとき」に限り賠償されるとしていたのに対し、改正民法は、これを「当事者がその事情を予見すべきであったとき」に置き換えたのである。

2 予見可能性の規範性——改正による従来の解釈の明文化

改正前民法が特別損害について用いる「予見し、又は予見することができた」との文言は、一見すると、実際に予見していたかどうか、あるいは予見できたかどうかという事実を問題とするもののように見える。この点、かつての通説は416条をもっていわゆる相当因果関係を定めた規定と理解し、2項は単に因果関係の相当性を判断するに際してどこまでの事情を基礎に据えるべきかを定めるにすぎないものと見ていた。そこでは、予見可能性の判断が事実的なものか規範的なものかといったことは必ずしも意識的に論じられてはいなかった。しかし、その後、同条をもって相当因果関係を定めたものと見る理解は同条の構造にそぐわないことが指摘され、むしろ同条は予見可能性によって賠償範囲を画する発想（予見可能性ルール）に出たものであるとの理解が普及していったため、そこでの予見可能性をいかなる観点から把握するかという問題が重要性を増すこととなった。そして、最近の学説は、この予見可能性が規範的に判断されるべきものであるという点でほぼ一致を見ていた。この考え方の背後には、予見可能性ルールと契約による損害リスクの分配とを結び付ける見方がある。つまり、契約債務不履行に基づく損害賠償の範囲は、不履行により生ずべき損害につき債務者がどこまでそのリスクを引き受けていたか、裏からいえば当該契約においてどこまでの契約利益が債権者に保障されていたかによって判断されるべきだというわけである。

改正民法は、このような見方そのものを明示的に採用するものではないが、その帰結としての、予見可能性の有無は事実的にではなく規範的に判断すべきであるとの理解に限って、見解の一致ありと見てこれを明文化するものである。その際、「予見すべきであった」かどうかをいかなる観点から評価すべきかについては、改正民法416条2項は何の手がかりも与えていないよう

に見える。しかし、予見可能性判断の規範性を支えるのが上述のような見方であることを踏まえれば、その判断も、改正民法415条1項における帰責事由の判断と同様、「契約その他の債務の発生原因及び取引上の社会通念に照らして」すべきものということになろう（なお、中間試案第10、6では、「契約の趣旨に照らして予見すべきであった」との表現が用いられていた）。

3　1項の処遇──改正の断念

　2項が以上のように改正されたのに対し、通常生ずべき損害（通常損害）の賠償を定める1項は何らの変更も受けていない。もっとも、審議の過程では、通常損害の規律を存続させるかどうか、存続させるとして特別損害との関係をどのように定めるかについて議論が紛糾した。通常損害とは個別の事情を問わず当然に予見すべき損害であると見る立場からは、1項は2項に包摂される関係に立つことになるため、1項を削除するか、あるいはそれを2項の例示と位置付ける方向での改正が支持されたのに対し、実務家の側から、改正前民法における通常損害の運用の安定性や、通常損害には必ずしも予見可能性に解消されない意義があり得るといったことを理由とした反対が根強く出されたのである。その結果、結局改正前民法の定め方が維持されることになった。

　通常損害に、予見可能性に解消されない固有の理論的意義が認められるという議論は、従来必ずしも一般的に説かれてきたものではなく（予見可能性立証の要否に関する帰結レベルでの相違は、当然ながら別論である）、今後その実証的・理論的追試が求められる。改正民法における1項の意義をどのように理解すべきかは、その結果にかかってくることになろう。

4　予見の主体・時期・対象──改正による明確化の断念

　改正前民法の下では、以上に述べた点とも関連して、416条2項で問題となる予見の主体、時期および対象について見解の対立が見られた。かつての通説たる相当因果関係説においては、2項は相当因果関係の判断に際してどこまでの事情を基礎に据えるかを定めたものと位置付けられるため、予見の対象は文言どおり特別の事情とされた。また、同説は、債務不履行の事実と

因果関係を有するすべての損害が賠償されるべきことを出発点としつつ、債務者を不測の不利益から保護する点に相当因果関係＝416条の意義を見出すものだった。これによると、予見の主体としては債務者だけで十分であり、その時期については、不履行の時点までに予見ができれば債務者保護として十分であるため、不履行時が基準とされた。

　これに対し、民法416条をもって予見可能性ルールを定めたものと理解し、かつその背後に契約による損害リスクの分配の視点を見出す立場においては、改正前民法の文言とはずれるものの、損害を予見の対象に据えるのが自然である。もっとも、ほかの２点、すなわち主体および時期については、この立場の中でも見解が分かれていた。一方で、契約による損害リスクの分配は契約締結時において確定的・終局的に行われているのであり、事後的な事情の変動によるそれへの影響はあり得ないと考えるならば、すべての契約当事者による契約締結時点での予見（可能性）が問題とされることになる。他方で、契約利益の保障とそれに向けた契約当事者の規範的拘束とを切り離して捉え、前者は契約締結時点において確定するものの後者についてはその後の事態の展開に即して具体化していくと見るならば、債務者が不履行時までに予見した損害についても、賠償されるべき場合があり得ることになる。

　以上の点につき、中間試案第10、6は、予見の対象を損害と変更し、主体および時期については伝統的見解に従い債務者・不履行時としつつ、別途「損害が、債務者が契約を締結した後に初めて当該不履行から生ずべき結果として予見し、又は予見すべきものとなったものである場合において、債務者がその損害を回避するために当該契約の趣旨に照らして相当と認められる措置を講じたときは、債務者は、その損害を賠償する責任を負わない」旨の規定を予定していた。これにより、契約締結時以降に予見可能となった損害（＝契約締結時にそのリスクが分配されていなかった損害）については、その損害を回避すべき義務の違反が認められることが実質的に賠償の要件とされていたわけである。

　もっとも、パブリック・コメントを経た結果、この提案は放棄され、改正民法416条の規定に帰着することになった。そのため、以上の問題点は、改正民法の下でも引き続き解釈に委ねられることになる。そのうち、予見の対

象については、損害を事実として捉えるならばそれを事情に求めるか損害に求めるかによってとくに違いは生じないということもあり、それほど大きな問題ではないと指摘されている。予見の主体および時期については、基本的に従来どおりの議論が妥当するといえる一方で、上述のように予見可能性判断が規範的なものであることが明文上承認されたことの含意を無視することもできない。このとき、その規範性の背後にすでに述べたような契約による損害リスクの分配の発想があることを踏まえるならば、まず、契約当事者全員が契約締結時に予見すべきであった（事情による）損害が賠償されるべきものとなることに疑いはない。これに対し、その後に予見可能となった（事情による）損害についてそもそも、またどこまで賠償されるべきものとするかは、いわゆる当初契約意思をどこまで重視するか、あるいは信義則や社会関係などに由来する他律的規範の契約への介入をどこまで許容するかといったそれぞれの契約理論によって違ってくることになろう。逆からいえば、今般の改正は、損害賠償の範囲に関する限り、特定の契約理論を公権的に採用するようなものではない。

5　その他——立ち入った審議がされなかった点

以上のほか、債務不履行が故意または重過失による場合の損害賠償の範囲に関する特則、賠償額算定の基準時および算定ルールについても中間論点整理には掲げられていた。しかし、これらについては、その後立ち入った審議がされることなく改正対象としないことにされた。さらに、損益相殺については、中間試案の段階までは1か条が予定されていたものの（第10、8）、パブリック・コメントを経た結果、損益相殺全般につき一律の規準を立てるのは困難であるとして規定の新設が見送られた。これらの点については、改正前民法下での議論が今後もそのまま妥当することになる。

もっとも、以上のうち、賠償額算定の基準時は、通常は塡補賠償において問題となるところ、新設された415条2項において塡補賠償を請求するための要件が定められるにいたったことから、改正による間接的な影響が今後の解釈論に及ぶ可能性もある。具体的には、第1に、同項では履行請求権が解除により塡補賠償請求権に転形するとの見方（いわゆる債務転形論）がとら

れていないことから、同様の論理によって解除時を基準時とすべきだとした
判例（最判昭和28・12・18民集7巻12号1446頁など）は、先例としての価値
を失うことになると考えられる。第2に、同項を塡補賠償請求権の発生要件
を定めたものと見るならば、そこに掲げられた要件が備わった時、すなわち
塡補賠償請求権の発生時点における目的物の価値については、当然にその賠
償が認められるべきである（ただし、そのような時点は通常複数あることに留
意を要する）との解釈が、同項から導かれることが考えられる。もっとも、
仮にそのように考えるとしても、債権者がそれ以外の時点を選択することが
できないかどうかは、引き続き解釈に委ねられている。

III 過失相殺

1 改正による変更点

過失相殺に関する418条については、改正前民法における「債務の不履行
に関して債権者に過失があったとき」との文言が、「債務の不履行又はこれ
による損害の発生若しくは拡大に関して債権者に過失があったとき」と変更
されている。

2 過失の対象——改正による従来の解釈の明文化

改正前民法418条は、その文言を厳密に理解するならば、債務不履行の発
生それ自体について債権者に過失があった場合のみを対象とし、債務不履行
によって損害が発生したこと、またはその損害が拡大したことについて債権
者に過失があった場合にまでは適用されないようにも読める。しかし、これ
らの間で扱いを異にする合理的理由はないとして、いずれの場合にも本条に
よる過失相殺が認められるということにつき、見解の一致を見ていた。今般
の改正は、こうした従来の一般的解釈を明文化するものである。したがって、
その限りでは、改正による実質的な変更は存在しない。

3 過失の内実——改正の断念

以上のほか、審議の過程では、「過失」の文言についても変更する必要が

ないかどうかが検討された。そこでは、契約責任における過失相殺は契約ないし信義則に照らして債権者にいかなる措置が期待されるかという観点から判断される点で民法709条にいう「過失」と同じではないこと、さらに、要件面で過失責任主義に帰責根拠を求める発想からの転換が図られたため、債権者側についてのみ「過失」を問題とするのは不均衡と感じられることが問題視された。そして、中間試案段階では、「過失」に代えて、債務不履行ないしこれによる損害の発生または拡大を「防止するために状況に応じて債権者に求めるのが相当と認められる措置を債権者が講じなかった」ことを要件とする改正が予定されていた（第10、7）。もっとも、これに対しては、この文言で過失相殺を認めるべき場合を過不足なく捕捉できているかどうかにつき疑念が表明され、その結果改正にはいたらなかった。

　もとより、以上の議論は改正前民法下での扱いに変更を加えることを意図したものではなかった。そのため、いずれにせよ改正民法418条の「過失」の理解については従来の議論が基本的に妥当することになる。もっとも、契約責任の帰責根拠が契約の拘束力に求められることが明確にされ、債務者の帰責事由が「契約その他の債務の発生原因及び取引上の社会通念に照らして」判断すべきものとされたことは、過失相殺における債権者の「過失」の理解についても間接的に影響を及ぼすと考えられる。少なくとも契約債務に関する限り、契約は両当事者を拘束するものである以上、同様の視点は債務者側についてだけでなく債権者側にも及ぶと理解するのでないと一貫しないからである。このような理解によるならば、どのような場合に債権者に過失があるといえるかの判断においても、債務不履行に該当する事実の発生に関するリスクが契約においてどのように配分されていたかが出発点に据えられるべきことになろう（このような解釈は、すでに改正前民法下でも有力に説かれていたところである）。

4　効果──改正の断念

　以上は過失相殺の要件面に関する点だが、その効果についても、改正の審議過程で一定の議論がされた。改正前民法418条は、過失相殺の効果として、「裁判所は、これを考慮して、損害賠償の責任及びその額を定める」として

おり、損害賠償責任の存在自体を否定できる点、および過失の考慮が必要的とされる点において、不法行為における過失相殺を定める民法722条2項よりも強い効果を定めるように見える。もっとも、かねてから、両者の文言の相違に積極的理由は認められないとの理解が一般的となっていたため、中間試案第10、7は、民法722条2項の文言に合わせる形での改正を予定していた。しかし、とくに免責の可能性を認める点については、帰責事由の有無を問わずに損害賠償責任を負う旨の特約がされていたような場合にはなお区別に合理的な理由が認められるとされ、結果として改正前民法の定め方を維持することになった。したがって、この点についても引き続き解釈に委ねられることになるが、その際、過失の考慮を722条2項と同様に裁量的なものとすべきだという点に関してはとくに大きな異論が出されていなかったということは留意されてよいだろう。

IV　賠償額の予定

1　改正による変更点

損害賠償額の予定に関する民法420条については、「この場合において、裁判所は、その額を増減することができない。」とする1項後段が削除されている。

2　公序良俗違反による（一部）無効の可能性
——改正による従来の解釈の反映

改正前民法420条1項後段の文言は、いかなる内容の賠償額予定合意であっても裁判官による審査を排除するもののように読めなくもない。しかし、実際には、同後段は合意によってあらかじめ損害賠償額を確定させておくことも契約自由の原則の範疇として可能であることを明らかにするにとどまり、公序良俗違反などを理由とする合意の効力の制限までをも排除するものではないというのが改正前民法下での一致した理解だった。改正民法は、こうした理解に条文を適合させ、民法のわかりやすさを向上させるとの観点から、同後段を削除したものである。したがって、この限りでは、改正の前後で実

質的な変更はない。後段が削除されたからといって、裁判官が予定賠償額を裁量により自由に増減できるようになったわけではない点に注意が必要である。

3　過失相殺の可能性──改正による影響の可能性

以上のほか、改正前民法の下では、損害賠償額の予定がされていた場合に過失相殺による減額が認められるかどうかという点についても議論がされていた。これについては、債権者が賠償額予定合意を理由に自己の過失のリスクを債務者に転嫁することは認められるべきでないとして、これを認める見解が一般的だった。しかし他方で、合意の尊重や債権者の立証省略の利益を覆すような債権者側の行為があったときに限り例外的に過失相殺を認めるにとどめるべきだとする少数説も説かれていた。

この問題は、今般の改正においては議論の対象とされなかったため、基本的には改正前民法の下での議論が引き続き妥当することになる。もっとも、1項後段の削除は、改正民法の立法者の意図を離れてこの問題に対し一定の影響を与える可能性がないわけではない。というのも、沿革的には、旧民法が債権者に過失がある場合につき裁判官による減額を認めていたところ、1項後段は訴訟や損害の証明負担の回避という観点からこれを明示的に否定するために置かれた規定である。そうすると、本来こうした趣旨を有する1項後段が削除されることにより、上述の少数説のように過失相殺を例外的にのみ許容するという解釈はとりにくくなる可能性がある。もっとも、改正民法420条1項は任意規定にすぎないから、過失相殺を排除する旨の当事者の意思が明確であれば、（公序良俗違反等の余地があり得ることは別論として）それが尊重されるべきことはいうまでもない。

20 契約の解除

東北大学教授 **渡辺 達徳**

要点

① 債務者の「帰責事由」を法定解除の要件としない立場を採用
② 法定解除の法的性質（直接効果説、間接効果説、折衷説、契約内容変更説など）の明示は見送り
③ 解除により金銭以外の物を返還する場合における果実の返還に関する条項を新設

解説

I はじめに

契約の解除は、従来の通説によれば、債務の履行を怠った有責な債務者に対する制裁的な効果と位置付けられ、債務不履行による損害賠償と同じく、不履行の事実に加えて、債務者の帰責事由および違法性を要件として認められる債権者の権利と解されてきた。判例も、同様な理解に立ってきたと考えられる。

しかし、改正民法は、契約の解除は債務者の帰責性とは無関係であり、それに代えて、債権者を契約に拘束することを正当視し得ない事情が要件の中心に据えられるべきであるという考え方を採用した。

一方、解除の効果との関係では、改正民法は、金銭を返還する場合に利息を付すべきこと（545条2項）と平仄を合わせ、金銭以外の物を返還する場合に果実をも返還すべきこと（同条3項）を新たに規定した。

なお、解除権者の行為による目的物の損傷等を理由とする解除権の消滅について定める改正前民法548条は、「中間試案」段階では削除されるよう提

165

案されていたが（中間試案補足説明140頁）、最終的には改正前民法548条の文言を修正の上、改正民法に引き継がれた。また、同一当事者間で密接に関連する複数の契約が締結されている場合における解除について、判例理論（最判平成8・11・12民集50巻10号2673頁）を法文化する提案（基本方針3.1.1.81）は、最終的には見送られた。

II　改正前民法における議論の枠組み

1　法定解除の要件

　従来の判例および通説は、債務不履行の効果として、債権者は、債務者に対して損害賠償を請求し、また、契約を解除することが認められるものと理解してきた。そのため、契約の解除の要件として、損害賠償におけるのと同じく、債務者の帰責事由および違法性が挙げられていた。そして、帰責事由が要件とされるのは、契約が解除されることにより、債務者は、その後は債権者に履行を提供しても受領してもらうことができず、履行に向けたそれまでのコストが無に帰することに加えて、解除後の原状回復および損害賠償の請求に復するという不利益を被るためであると説明されてきた。

　その上で、改正前民法541条から改正前民法543条までは、順次、履行遅滞等による解除、定期行為の履行遅滞による解除および履行不能による解除について定めていた。これは、債務不履行の態様に着目した条文構成である。履行遅滞の場合には、相当の期間を定めた催告とその期間の徒過を要件とする一方（旧541条）、定期行為においては特定の日時または一定の期間内に履行がなければ債権者が契約した目的を達することができないことを理由として、また、履行不能においては催告をしても無意味であることに着目して、無催告での解除が認められた（旧542条・543条）。また、いわゆる不完全履行については、追完の可否に対応して、履行遅滞に準ずるときは改正前民法541条に、また、履行不能に準ずるときは改正前民法543条に、それぞれ位置付けて処理されてきたと考えられる。

　なお、改正前民法においても、債務者の不履行によって債権者が「契約をした目的を達することができない」という状況が解除を正当化する、という

考え方が、いくつかの法文に示されていた（旧542条のほか、旧563条・565条・566条・570条など）。この思想の延長線上に、いわゆる「付随的債務の不履行と解除」に関する判例理論が存在し、債務が履行されなかったために債権者が契約をした目的を達することができず、または不履行となった債務が契約目的の達成に重大な影響を与える場合に、（無催告で）解除をすることができる、という準則が形成されていた（最判昭和36・11・21民集15巻10号2507頁、最判昭和43・2・23民集22巻2号281頁など）。

2　法定解除の効果

解除の効果をめぐっては、判例が直接効果説を採用し、学説においては、間接効果説、折衷説、契約内容変更説などが唱えられて議論されてきた。改正民法は、この問題について特定の立場を明らかにしなかったので、この論争は、今後も引き継がれることになる。

また、改正前民法は、解除により当事者が原状回復義務を負うこと（旧545条1項本文）および解除権の行使により当事者の一方が金銭を返還するときはその受領の時から利息を付さなければならないこと（同条2項）を定めていた。これに伴っては、①現物返還できない場合の処理、②金銭以外の物が返還される場合の果実返還の要否、③使用利益の返還の要否などが問題とされてきた。

①は、返還されるべき現物に代わる価額返還の問題であり、返還債務を負う債務者に帰責事由がある場合に限り価額返還するべきであると解する立場（我妻・債権各論上195頁）と、帰責事由の有無を問わず価額返還を肯定する見解（末川・契約法上167頁）に分かれていた。

②については、金銭における利息との均衡を考慮して、返還を肯定するのが判例（最判昭和34・9・22民集13巻11号1451頁）および通説（末川・契約法上168頁）であり、③についても返還を肯定するのが通説であったと見られる。

Ⅲ　改正民法における規律の枠組み

1　法定解除の要件

(1)　基本的な考え方

まず、改正民法は、債務者の帰責事由の存在（免責事由の不存在）を契約解除の要件としていない。すなわち、改正民法は、契約解除は不履行につき帰責事由ある債務者に対する制裁ではなく、不履行により契約を維持する意味を失った債権者を契約から解放する制度と捉えている。したがって、その効果は、契約上の義務から当事者を解放して契約前の状態に戻すこと（履行義務の消滅＋原状回復）に尽き、他方において、損害賠償は、債務不履行につき免責事由が認められない場合の効果として位置付けられる（415条参照）。

改正前民法が債務者による不履行の態様（履行遅滞等、定期行為、履行不能）に着目して法文を構成していたのに対し、改正民法は、解除における催告の要否に着目して、「催告による解除」（541条）と「催告によらない解除」（542条）に各1か条を当て、後者については、さらに契約全部の解除（同条1項）と一部解除（同条2項）とに細分する形で条文を構築した。

改正民法は、当事者の一方がその債務を履行しない場合において、改正民法542条に定める各場面に当てはまらないときは、相当の期間を定めた催告とその期間の徒過を要件として解除を認めることを原則とする（541条本文）。ただし、催告期間を徒過した時における債務者の不履行がその契約および取引上の社会通念に照らして「軽微」であるときは、債権者による解除は、認められない（同条ただし書）。この同条本文は、改正前民法541条と同じであり、それを前提として、催告期間経過時における不履行の「軽微性」が解除権の発生を阻却する旨のただし書が加えられたことになる。

続く改正民法542条は、催告によらない解除（無催告解除）について定める。同条1項1号および同条2項1号は、改正前民法543条に定める履行の全部または一部不能に対応し、改正民法542条1項4号は、改正前民法に定める定期行為の履行遅滞（旧542条）による解除に対応する。これに加えて、改正民法542条は、債務者による明確な履行拒絶があった場合（同条1項2

号）および債務の履行の一部不能または一部履行拒絶により残存する部分だけでは債権者が契約した目的を達することができない場合（同項3号）という2つの場面において、無催告で契約全体を解除することができると定めている。さらに、同条2項2号は、債務の履行の一部拒絶において契約の当該部分だけの解除ができるものとしている。このように同条に通底する要件は、債権者の契約目的不達成である（同条1項5号）。

　債務の不履行が債権者の責めに帰すべき事由によるものであるときは、債権者は、改正民法541条および改正民法542条に定める解除権を行使することができない（543条）。こうした場合にまで債権者が契約上の義務から解放されることを認めるのは、公平を欠き、相当でないという考慮に基づくものである。ここで債権者が契約を解除することができないというのは、当該債権者が反対給付を免れないことを意味する。すなわち、この考え方は、改正前民法が定めていた危険負担規定のうち536条2項と通じるものである（そのほか解除と危険負担との関係については、**21**に譲る）。

　なお、売買契約において引き渡された目的物が契約の内容に適合しないものである場合には、買主は、売主に対し、目的物の修補、代替物の引渡しまたは不足分の引渡しによる履行の追完を請求することができるほか（562条）、改正民法415条の規定による損害賠償の請求、さらには改正民法541条および改正民法542条の規定による解除権を行使することもできる（564条）。すなわち、売買における目的物の契約不適合についても、催告による解除および催告によらない解除の規定が適用されることになる。

(2)　契約解除と債務者の帰責事由

　すでに述べたとおり、改正民法は、債務者の帰責事由の存在（免責事由の不存在）を契約解除の要件としていない。このことは、法文上、改正前民法543条において履行不能による契約解除の要件として掲げられ、改正前民法541条においても妥当すると解されていた債務者の帰責事由の存在という要件が、改正民法541条および改正民法542条にはまったく現れていないことにより示されている。

　例えば、売主をA、買主をBとして物品の売買契約が締結され、目的物はAが陸路を運送してBに届けることになっていたところ、大規模な自然

169

災害の発生により AB 間の交通手段が途絶し、A が約定の日までに目的物を提供することができなかった場合を考えてみる。改正前民法によれば、A が履行期を徒過したことに帰責事由はないので、B は、この売買契約を解除することはできない（改正前民法 541 条により「催告」をするための要件を満たさない）。しかし、改正民法によれば、541 条が債務者の帰責事由を要件としていないので、B は、相当の期間を定めた催告およびその期間の徒過を経て、その債務の不履行が軽微であると評価されない限り、この売買契約を解除することができる（「軽微」の概念については後述(3)）。なお、自然災害後の復旧に時日を要し、B が催告しても履行される見込みがないことが明らかなときは、催告を経ず解除することもできる〔542 条 1 項 5 号〕）。ただし、この場合において、A が、自らの不履行は大規模な自然災害によるものであって免責されるべきであると主張・立証することができれば、B が A に対して損害賠償を請求することはできない（415 条 1 項ただし書）。

　すなわち、改正民法の下では、A の不履行につき免責事由があっても、B は、A との契約を解除して行動の自由を回復し、この自然災害の影響を受けない相手方から目的物を調達することが許されるのであって、ただし、A に免責事由がある以上、A に対する損害賠償の請求は認められない、ということになる。

　改正前民法において、債務不履行の一類型としての履行不能が生じた場合に、債務者に帰責事由があれば債権者は契約を解除することができ（旧 543 条）、帰責事由がなければ危険負担の問題（旧 534 条以下）として処理されることが予定されていた。しかし、債務者が履行期を徒過した場合において、なおその履行が可能であるときは、債務者に帰責事由があれば、債権者は、改正前民法 541 条に基づき契約を解除することができるが、債務者に帰責事由のない履行の遅延においては、債権者は、契約を解除することができず、危険負担の規定も適用されないため、当事者は、不当に契約に拘束されたままとなることが指摘されていた。改正民法によれば、こうした不都合は生じない。

170　**20**　契約の解除

⑶　不履行が「軽微」でないこと、「契約をした目的を達する」ことがで
きないこと

（ⅰ）　不履行が「軽微」でないこと（541条）

　改正民法541条は、催告による解除について、履行のために定めた相当の
期間経過後の不履行が、その契約および取引上の社会通念に照らして「軽
微」でないこと、を要件としている。その趣旨は、改正前民法541条は、催
告解除の前提となる債務不履行について、「当事者の一方がその債務を履行
しない場合」とのみ定めているので、債務不履行の程度を問わずに催告解除
をすることができるのかについて疑義が生じるので、不履行の部分が数量的
にわずかである場合や、付随的な債務の不履行にすぎない場合は、改正民法
541条の催告解除が認められないことを示すところにある。この方針は、改
正民法の審議過程において一貫している。

　ただし、この方針を示すための文言については変遷がある。「民法（債権
関係）の改正に関する要綱案のたたき台⑶」（部会資料68A・21項）までは、
改正民法541条ただし書に相当する部分は、「ただし、その期間の経過時ま
でに履行された部分のみであっても相手方が契約をした目的を達することが
できるとき」とされており、改正民法542条（催告によらない解除）におけ
る契約目的の不達成と平仄が揃えられていた。しかし、「民法（債権関係）
の改正に関する要綱仮案の原案（その1）」（部会資料79-1・9頁）において、
541条ただし書は、「ただし、その期間を経過したときにおける債務の不履
行が当該契約及び取引上の社会通念に照らして軽微であるときは、この限り
でない。」とあらためられ、これが改正民法541条に引き継がれた。

　以上に整理されたとおり、催告による解除においては、数量的にわずかな
不履行や付随的債務の不履行の場合に解除権の行使を封ずる趣旨を法文化す
る必要があり、この趣旨を表現するために、「契約した目的の達成」の有無
でなく、不履行の「軽微」性という基準が採用されたことになる。このとき、
「契約をした目的が達成されないこと」と、「不履行が軽微とはいえないこ
と」に共通するのは、もはや債権者が当該契約に拘束される期待ないしは利
益を失っていること、すなわち「重大な契約違反」が生じていることである
と理解することができよう（潮見・改正法の概要241頁）。

171

(ii) 「契約をした目的を達する」ことができないこと（542条）

　民法（債権関係）改正の過程において、542条の文言が定まるまでの間、同条の項および号の構成には変遷が見られるものの、「催告をしても契約をした目的を達するのに足りる履行をする見込みがないことが明らかであるとき」（同条1項5号参照）に無催告解除を認めるという要件の骨格は、一貫している。催告によらない解除の要件を債権者の契約目的の不達成と関連付けるのは、改正前民法にも現れていた着想であり（旧566条・570条など）、改正民法は、この考え方を正面に据えて催告によらない解除の要件を構築したといえよう。

　上の(i)に述べたとおり、今回の改正過程において、審議の途中までは、「催告による解除」および「催告によらない解除」のいずれについても、契約した目的の達成不能が解除を正当化する基準とされていたが、「催告による解除」について、最終的には、不履行が「軽微」でないこと、という要件に変更されている。その理由は、債務の不履行があっても契約目的を達することはできるが、不履行が軽微とはいえないという中間的な段階があり、この場合は、催告による解除を認めるべきだ、というところに求められている（民法（債権関係）の改正に関する要綱仮案の原案（その1）補充説明〔部会資料79-3・14頁〕）。ただし、その具体的場面は必ずしも明確でなく、こうした整理の適否および実務上の評価は、今後に委ねられることになろう（多くの文献が、この問題の帰趨に着目する。潮見・新I 558頁、中田・契約法204頁、大村＝道垣内147頁〔吉政知広〕、中田ほか84頁〔道垣内弘人〕、一問一答236頁など）。

2　法定解除の効果

　改正民法は、契約解除の効果としての原状回復との関係において、II 2に述べた①から③までの問題のうち、②について、金銭以外の物を返還するときは、その受領の時以後に生じた果実をも返還しなければならないと定めた（545条3項）。①と③については明文化が見送られたので、従来の判例・学説および改正民法の規定全体を見渡しての運用が、引き続き必要とされることになる。

なお、①との関連で、今回の民法改正の過程において、無効（取り消された行為がはじめから無効であったとみなされる場合を含む）における原状回復義務（121条の2第1項）には、現物返還不能な場合の価額償還が含まれることが示唆されていた（部会資料66A・35-36頁）。したがって、解除後の原状回復について定める改正民法545条2項においても、これと同じ解釈をすることが考えられる。しかし、解除の場合には、双務契約における義務の巻戻しという観点をも考慮し、「原状回復」という趣旨をもっとも適切に実現する理論構成を試みるべきであるとの見解も見られ、この問題に関する議論は今後も残されることになった。

② 危険負担

横浜国立大学教授 **渡邉　拓**

要点

① 履行拒絶構成とは何か

② 解除との違いは何か

③ 要件事実的にはどのように構成されるか

解説

I　はじめに

双務契約において、一方の給付が履行不能となった場合に、残されたもう一方の給付はどうなるのか、という問題がいわゆる危険負担の問題である。

II　改正前民法における議論

改正前民法では、双務契約の目的が物権の設定・移転を目的とするかどうかによって規律が分けられていた。

1　物権の設定・移転を目的とする双務契約

改正前民法534条1項により、契約の目的が、特定物に関する物権の設定または移転である場合に、債務者の責に帰すべき事由なく履行不能が生じたときには、反対給付を受ける権利（以下、「反対債務」という）は消滅しない（すなわち、履行不能によって消滅した債務のリスクはその債務の債権者が反対債務を依然として負うことによって負担する〔債権者主義〕）。その根拠は、「利益の帰するところに損失も帰する」、あるいは「所有者が危険を負担するべき

174　② 危険負担

である」に求められるとされている。

　この、改正前民法 534 条 1 項の債権者主義の当否については従来から批判があった。そもそもこのルールは前述のように、利益帰属者危険負担や所有者危険負担の発想から生まれたものであるが、目的物の実質的な支配の有無を問うことなく、価格上昇の利益を目的物滅失のリスクと対置させている点や、観念的な所有権の移転のみで、危険も移転させる点に問題があるとされており、圧倒的多数の学説が立法的には不当な制度であると位置付けていた。

　さらに、改正前民法 534 条 2 項は、不特定物の場合については、特定によって危険が移転すると定めていた。

2　その他の双務契約

　物権の設定・移転を目的とする双務契約以外の場合には、改正前民法 536 条 1 項は、一方の給付が債務者の責に帰すべき事由なく履行不能になった場合には、反対給付を受ける権利も消滅すると定めていた（すなわち、履行不能によって消滅した債務のリスクは、その債務の債務者が反対給付も受けられないことによって負担する〔債務者主義〕）。これは、「給付なければ対価なし」の牽連性の原則から導かれるといわれている。

　よって、反対債務が未履行の場合には、反対債務は消滅するため、反対債務の債務者はその履行を拒絶できる。また、請負のような先履行型の契約の場合に、先履行債務が履行不能となると、そもそも反対債務は発生しないため、結論的には同じである。

　反対債務が既履行の場合も、反対債務は消滅するため、法律上の原因のない利得となり、反対債務をすでに履行した債務者は不当利得返還請求権を取得する。

　これらの場合には例外があり、履行不能が債権者の責に帰すべき事由による場合には、反対債務は消滅しない（旧 536 条 2 項前段）。

3　要件事実

　例えば、特定物の売買契約において、契約締結後に売買目的物が債務者の責に帰すべき事由なく滅失したとする。

この場合に、売主から代金請求がなされたとしても、牽連性の原則により反対債務も当然消滅するので、買主は、後発的不能の事実を主張立証して、代金債務も消滅した旨の危険負担の抗弁を出すことができる。これに対して、売主は、債務者の責に帰すべき事由がなかったことを主張立証して、改正前民法534条1項によって、反対給付である代金債務は消滅しない旨の再抗弁を出すことができる（なお、このような立場に対しては、売買契約の存在の主張の段階で、特定物の物権の設定または移転を目的とする双務契約であることは明らかであるので、当然に同条1項が適用されることになり、売主の代金請求に対して買主は抗弁を出す余地はなくなる、と解する立場もある）。

4　解除との関係

双務契約における一方の債務が履行不能となった場合には、改正前民法534条、改正前民法536条の危険負担だけでなく、改正前民法543条の履行不能解除も問題となり得る。この点、改正前民法においては、債務者の帰責事由が解除の要件となっていたため、債務者に責に帰すべき事由がなかった場合には危険負担の問題となり、債務者に責に帰すべき事由があった場合には解除の問題となる、というように条文の文言上は棲み分けがなされていた。

Ⅲ　法制審議会における議論

危険負担制度については、今回の民法改正の議論では廃止も含めてさまざまな意見が出された。

今回の改正では、解除について、債務者の帰責事由を要件から外す方向で検討が進んでいたため、改正前民法のように、債務者の帰責事由の有無によって、解除と危険負担の棲み分けができなくなり、両者の関係をどのように位置付けるのかが議論された。この点に関しては、①危険負担制度を廃止し、解除に一元化する案、②危険負担制度を残し（債権者主義を定めていた改正前民法534条、535条は削除）解除制度と併存させる案、が議論された。

中間試案では、危険負担制度を廃止し、解除制度に一元化する①の案が提案されていた。しかし、その後の審議では、改正前民法534条、535条の削

除についてはほぼ異論はなかったが、危険負担制度自体を廃止することについては批判が多く出された（第78回会議議事録49頁以下）。

第91回会議では、要綱仮案の原案（その1）（部会資料79-1・10頁）として、534条、535条は削除した上で、536条の債務者主義の効果について、当然消滅から履行拒絶構成とすることが提案された。後に見るように、要件として債務者の帰責事由をどのように位置付けるかについて議論がなされたが、基本的に仮案の原案どおりに法案が作成された。

Ⅳ　改正民法における危険負担

1　改正前民法534条の削除

改正前民法534条は削除され、また、これに関連して、停止条件付双務契約についての改正前民法535条も存在意義が乏しいものとして削除された。これによって、改正前民法のように、物権の設定・移転を目的する契約かどうか、または特定物か不特定物かどうかで規律を区別する必要はなくなり、改正民法536条がすべての双務契約に適用されることとなった（さらに、改正民法412条の2第2項では、契約の成立時に債務の履行が不能であっても、契約は無効ではないことが前提とされているため、この場合にも危険負担の規律が及ぶ可能性が示唆されている〔一問一答225頁〕）。ただし、売買目的物の滅失・損傷に関するリスクは、目的物の引渡しによって移転するというルールが、売買の節の改正民法567条1項に規定された。

2　履行拒絶構成

また、改正民法536条1項は改正前民法の当然消滅構成ではなく、反対給付について履行拒絶の抗弁権を債権者に与える構成となった。これにより、双務契約において一方の給付が滅失・毀損した場合でも、反対債務は当然には消滅せず、相手方から反対債務の履行を求められた場合には、履行拒絶ができるのみとなる。もっとも、立案担当者の理解によれば、履行拒絶の抗弁権が発生することにより、反対債務については、永久的に、請求力、訴求力、執行力を失い、給付保持力のみとなり、いわゆる自然債務と同様になるとい

177

う（第 91 回会議議事録 25 頁以下〔金洪周関係官発言〕）。

よって、反対債務が未履行の場合には、反対債務自体は消滅しないが、改正民法 536 条 1 項により履行拒絶権が与えられるため、反対債務の債務者はその履行を拒絶できる。また、請負のような先履行型の契約の場合は、そもそも反対債務は発生しないのは改正前と同じであるため、結論は同じである。

反対債務が既履行の場合については、Vで述べる。

3 債権者に帰責事由がある場合

改正民法 536 条 2 項は改正前民法と同じ構造であり、債権者に帰責事由がある場合には、反対給付を拒むことができないが、債務者が利益を得た場合にはこれを償還しなければならない。なお、この債務者の償還義務は、いわゆる代償請求権と同趣旨の規定であるとされているが、改正民法では、422 条の 2 に代償請求権の一般規定が置かれている。

4 役務提供契約の場合

法制審議会では、役務提供契約において、サービスの提供を依頼した側（請負の場合の注文者、委任の場合の委任者）の責に帰すべき事由によって、サービスの提供ができなくなった場合における報酬請求権の発生根拠が問題となった。改正民法の危険負担の効果は、改正前民法とは異なり履行拒絶となったことから、改正民法 536 条 2 項が報酬発生の根拠条文とならないおそれがあったため、各契約類型ごとに、報酬請求権の発生根拠となる条文を置くことも検討されたが、最終的に、改正前民法の場合と同様に、同項が根拠条文となるとして、個別の根拠条文を置くことは見送られた（第 94 回会議議事録 32 頁以下〔金関係官発言〕、一問一答 229 頁）。しかし、本条から、報酬請求権を導くことは理論的には困難であるとして、明文の規定を置くことが不可欠であったという批判もある（山本敬三「契約責任法の改正——民法改正法案の概要とその趣旨」曹時 68 巻 5 号〔2016〕1256 頁以下）。

5　要件事実

　例えば、特定物売買において目的物が滅失したにもかかわらず、売主から代金支払請求がなされた場合には、買主は、引渡債務の履行不能の事実を主張した上で、改正民法536条1項に基づいて、反対給付である代金支払債務の履行を拒絶する旨の権利主張、いわゆる危険負担の抗弁（権利抗弁）を出すことができる。これに対して、売主は、履行不能について、買主に責に帰すべき事由がある場合には、同条2項により、その事実を再抗弁として主張することができる。

　さらに、売主が自らに責に帰すべき事由があることも、再抗弁事由となるかどうかについては、後述するように争いがある。仮にこれを認める立場に立つと、買主からの危険負担の抗弁に対して、売主は、不能については自らに帰責事由がある事実を主張すれば、売主の引渡債務は、損害賠償債務として存続することになり、危険負担の抗弁は認められないことになる。これに対して、買主は、改正民法533条に基づいて、損害賠償債務と代金債務の同時履行の抗弁権をあらためて主張するか、あるいは、相殺することになろう。

6　解除との関係

　改正民法では、解除の要件として、債務者の帰責事由は不要とされるため、少なくとも、当事者双方の責に帰さない事由による履行不能の場合には、542条の無催告解除と、536条の危険負担に基づく履行拒絶の両方を主張することができる。もっとも、解除の効果は債務の消滅と原状回復義務の発生であるのに対して、危険負担の場合には単に自己の債務の履行を拒絶することしかできない点に注意を要する（既履行給付の返還の問題については後述Ⅴ1）。よって、残った反対債務を完全に消滅させたい場合には解除をする必要がある。

　また、債権者に帰責事由がある場合には、536条2項および543条により、解除も履行拒絶もできない。

　なお、債務者に責に帰すべき事由がある場合には、解除は問題なくできるが、危険負担に基づく履行拒絶ができるかについては後述Ⅴ2のとおり争いがある。

179

V 残された問題

1 既履行給付の返還

債務の一方が履行不能となった場合に、反対債務の全部または一部が既履行の場合には、改正民法では危険負担は履行拒絶構成をとるため、解除しない限り反対債務は存続するので、返還を求める根拠が明らかではなくなる。とくに、軽微性の要件などで解除が認められない場合などには原状回復義務を認める必要がある（第 91 回会議議事録 17 頁〔中田裕康委員発言〕、同 21 頁〔鹿野菜穂子幹事発言〕、磯村保「解除と危険負担」瀬川 89 頁以下）。

この点については、改正民法が、解除と危険負担の制度の併存構成を採用した以上は、危険負担の規律に依拠した場合でも、善意の債権者は既履行の反対給付の返還を請求することができるとされている（潮見・新 I 618 頁）。

これに対して、立案担当者の理解では、履行拒絶の抗弁権は永久性があるため、反対債務は消滅はしないが訴求力のない自然債務的なものになるため、そのような抗弁権のあることを知らずに弁済した場合には、非債弁済として処理される（一問一答 228 頁）。しかし、解除もできず、非債弁済にもならないという場合も極論すればあり得、その場合には返還を求めることができず、逆に、解除と危険負担制度の併存というのはそのような場合があり得ることを許容しているとする（第 91 回会議議事録 23 頁以下〔金関係官発言〕）。

しかし、そうであるとすれば、そもそも、解除権構成と別に履行拒絶権構成を認める必要があったかどうかが問われることになるとする批判もある（山本・前掲 1251 頁以下）。

2 要件としての「債務者の帰責事由」

改正民法 536 条 1 項は、「当事者双方の責めに帰することができない事由によって」という文言になっている。債権者に帰責事由がある場合には、同条 2 項により、債権者は反対債務の履行を拒絶できないが、債務者に帰責事由がある場合にも、同条 1 項の文言どおりであれば、債権者は反対債務の履行を拒絶できないことになる。立案担当者は、この場合は、塡補賠償債務が

発生し、この塡補賠償債務と反対債務が同時履行の関係に立つと理解するが（第91回会議議事録18頁〔金関係官発言〕）、法制審議会においては、債務者に帰責事由があったとしても危険負担の問題になるとする見解も有力に主張された（潮見佳男＝山本敬三＝松岡久和「民法（債権関係）の改正に関する要綱仮案の原案（その1）についての意見及び説明の要望」6頁以下、第91回会議議事録16頁〔潮見佳男幹事発言〕）。制度間競合の視点から、解除できるのに履行拒絶はできないというのはおかしいということである。

　立案担当者の理解によれば、例えば、債務者に帰責事由があることが明らかな事案で、債務者から代金請求がなされた場合には、買主が危険負担の抗弁を出しても、債務者から自己に帰責事由がある旨の主張、もしくはそれを根拠付ける事実が主張された場合には、危険負担の抗弁は排斥され、その場合は、塡補賠償債務との同時履行の抗弁を再度主張しなければならない。さもないと、塡補賠償は満額の請求ができるのに、代金債務については、永久に履行拒絶ができるというのは不合理だというのである（第91回会議議事録18頁〔金関係官発言〕）。

　しかし、そもそも、抗弁の主張を受けている方が、自らの帰責事由を主張して抗弁の対抗を免れるというのは妥当ではなく、また、同時履行の抗弁権を認めるにしても、危険負担の抗弁から、同時履行の抗弁に切り替えなければならないというのも適切ではない（自らの帰責事由を主張することで、相手方に新たな抗弁の行使を強いるというのは妥当ではない）。危険負担の抗弁の場合には、債務者の帰責事由は問題とならないと解するべきであろう。

　塡補賠償債務との関係については、代金債務に履行拒絶権が発生した段階で、損害賠償の算定によって、賠償額から控除されると解するか、または、相殺を認めるべきである（自働債権に抗弁権が付着しているが、請負の報酬と修補に代わる損害賠償の関係と同様に相殺を認めるべきである〔第91回会議議事録30頁〔沖野眞已幹事発言〕〕。なお、改正民法533条には、「（債務の履行に代わる損害賠償の債務の履行を含む。）」との括弧書の文言を挿入するという修正がなされたことによって、同条は、本来の債務の履行だけでなく、広く塡補賠償と対価の関係も規律する規定となった）。

3 代金減額請求権との関係

　双務契約の一方の債務が債務者の責に帰すべからざる事由で一部不能となった場合には、改正民法 536 条 1 項に基づいて、不能となった給付の部分に対応した反対債務の履行を拒絶できると同時に、有償契約である場合には、民法 559 条により、改正民法 563 条も準用されるため、代金減額請求権を行使することもできる（山野目 101 頁）。代金減額請求権は一部解除としての性質を有すると解されているので、一部不能による危険負担との関係は、全部不能の場合の危険負担と全部解除と同様に、選択的に行使することが可能である。減額の幅については、代金減額請求権の場合は、割合的に減額を算定する方法が支配的であり、危険負担の場合も、給付の一部減失に対応した、反対給付の割合的履行拒絶であるため、ほぼ同じになるものと思われる。

　もっとも、残債務が履行遅滞に陥る時期については、危険負担の場合は、単に反対給付の一部履行拒絶にすぎないため、残債務は約定の弁済期から遅滞に陥るのに対し、代金減額請求権を行使した場合は、行使の時から遅滞に陥ると解する余地もあるため、違いが生じる可能性がある。

22 受領遅滞

山口大学准教授　小林　友則

要点

① 受領遅滞の効果の具体化
② 受領義務の存否

解説

I　はじめに

　債権者が受領を行わないために債務の履行が完了しない場合（受領遅滞）につき、改正前民法は413条を置いて規律していた。もっとも、同条は、債権者が「遅滞の責任を負う」と定めているのみであったため、受領遅滞の場合に具体的にどのような効果が生じるのかが不明確であった。そこで、今回の改正では、受領遅滞の効果が具体的に定められることとなった。

　改正民法において定められた受領遅滞の効果は、基本的には、改正前民法下における議論においてもほぼ問題なく認められていた効果である。ただし、この改正に伴い、受領遅滞の規律の仕方が、受領遅滞の場面における債権者の責任を包括的な形で規律する形式から、受領遅滞の具体的な効果を個別に定める形式へと変更されている。

　他方、受領遅滞の場面における債権者の責任について、改正前民法下における議論では、債権者が受領義務を負うかという点が重要な問題として位置付けられていた。受領義務の存否は、受領遅滞の効果として債務者に損害賠償請求権や契約の解除権が認められるかに関わる問題である。しかし、改正民法では、受領義務の問題については明文で規律されるにはいたっていない。

Ⅱ　改正前民法下における議論

1　議論の基本的な枠組み

改正前民法下における議論では、改正前民法413条が定める責任の法的性質から受領遅滞の効果を導き出すことが試みられた。この法的性質論では、同条が定める責任を「債務者を保護するために法が特別に認めた責任」と解する法定責任説と、「債権者の受領義務の違反に基づく債務不履行責任」と解する債務不履行説が対立することとなった。

この法定責任説と債務不履行説の対立点の中核は、債権者が受領義務を負うかという点にある。すなわち、債務不履行説は債権者も一般的に受領義務を負うとする考えを基盤に据えるのに対し、法定責任説は債権行使の自由を尊重すべきという考え方から債権者の受領義務を原則として否定する。

この対立においては法定責任説が通説の地位を獲得し、受領遅滞の効果として少なくとも次の3つの効果が、法定責任という枠組みの下で認められていた。すなわち、①債務の目的物の保管に関する債務者の責任が軽減されること、②増加費用を債権者が負担すること、③危険が債権者に移転することである。他方で、債務者の損害賠償請求権や契約の解除権は、債権者の受領義務違反を前提とするものであるとして、受領遅滞の効果としては認められなかった。

このように、従来の議論の基本的な枠組みは、"受領遅滞の効果"を改正前民法413条が定める「遅滞の責任」との関係で包括的に把握した上で、その"受領遅滞の効果"を確定するところの「遅滞の責任」を債権者の受領義務の存否によって決めるというものであった。

2　議論が抱える問題点

しかし、債務不履行説では、要件として常に債権者の過失を要求するため債務者を保護し得る範囲が過度に狭くなり、法定責任説では、損害賠償請求権や契約の解除権を認めて債務者を保護する必要がある場合に対応できないという問題があった。

このため、判例（最判昭和 46・12・16 民集 25 巻 9 号 1472 頁）および学説は、改正前民法 413 条の法的性質論においては法定責任説をとる一方で、信義則等に基づき例外的に債権者の受領義務を認めて債務者を保護することを認め、具体的な結論の妥当性を確保した。もっとも、信義則等に基づく例外的な受領義務と、"受領遅滞の場合に債権者が負う責任" を "受領義務の否定を基盤とする法定責任" と解することとの関係をどのように考えるのかについては、必ずしも明確にされないままであった。

Ⅲ　改正民法下の枠組み

1　債権者の責任を考える基本枠組み

改正前民法 413 条の改正で受領遅滞の場面における債権者の責任を包括的な形で定めていた「遅滞の責任」という文言がなくなったことにより、"受領遅滞における債権者の責任" を法定責任か債務不履行責任かの二者択一で考える基盤は失われた。これにより、受領遅滞の場面でどのような効果が生じるかを、具体的な効果ごとに個別に考えることが容易になった。

ただし、改正前民法 413 条という債権者の責任についての包括的な根拠規定がなくなったことで、受領遅滞の個々の効果について、法的な根拠を個別に考える必要が生じている。もっとも、同条との関係で認められていた 3 つの効果は、改正民法の下、413 条および 413 条の 2 第 2 項という条文上の根拠を獲得している。他方、損害賠償請求権や契約の解除権については、その前提となる債権者の受領義務を契約あるいは民法 1 条 2 項の信義則を法的根拠として認めた上で、改正民法 415 条や改正民法 541 条によって基礎付けていくこととなる。

そして、受領遅滞の各効果につき法的根拠を個別に求めるのであるから、その解釈も個々の法的根拠を中心として個別に行われることになる。この点、改正前民法下における議論では、改正前民法 413 条との関係で認められる効果のすべてが、法定責任というくくりの下、「当事者間の公平」あるいは「債務者の保護」という一括の制度趣旨で把握されていた。しかし、改正民法の下では、例えば債権者が賠償すべき増加費用の範囲に含まれるのはどこ

までかといった問題は、債務者の目的物保存義務の軽減といった効果とは一応切り離された形で、改正民法413条2項の解釈によって考えていくこととなる。また、債権者が受領義務を負うかという問題、ひいては受領遅滞の場合に債務者に損害賠償請求権や契約の解除権、さらには履行請求権が認められるかという問題を考えるに当たっては、契約の解釈が重要な位置を占めることになる。

　もちろん、受領遅滞の個別の効果の相互の関連性を考えることはなお必要である。また、改正前民法413条の「遅滞の責任」という文言上の足掛かりがなくなったからといって、受領遅滞の場面における債権者の責任について包括的な責任を観念し、その下で各効果を位置付けて統一的に把握する考え方がとれなくなったわけではない。

2　改正民法下で規定された受領遅滞の効果

　改正民法では、法定責任説が受領遅滞の主たる効果として想定してきた3つの効果が具体化され、規定されることとなった。これらの効果は基本的に法定責任説の考え方を継承して構築されており、それゆえに要件として債権者の過失を要求することも想定されていない。

(1)　目的物保存義務の軽減

　特定物引渡債務の債務者は引渡しまでの間、改正民法400条に基づき、目的物の保存義務を負う。その際に債務者に要求されるのは善良なる管理者の注意である（いわゆる善管注意義務）。そして、目的物が滅失・毀損した場合、債務者にこの保存義務の違反があれば、債務者は債務不履行責任を負うことになる。しかし、受領遅滞後は、債務者が目的物の保存義務を負うことに変わりはないものの、改正民法413条1項に基づき、債務者に要求されるのは「自己の財産に対するのと同一の注意」となる。

　債権者の受領遅滞によって目的物がなお債務者の下にとどまり続けることになった場合に、目的物の保管・保存との関係で債務者が負う負担を受領遅滞の前よりも軽減することは、受領遅滞の効果として従来から認められてきた。もっとも、債務者の負担の軽減には2つのアプローチが存在していた。第1に、目的物の保管に関する債務者の注意義務の程度を軽減するアプロー

186　　**22**　受領遅滞

チ。第2に、債務者が注意義務違反に基づき債務不履行責任を負うのは債務者に故意または重過失がある場合に限定するというアプローチである。改正民法は第1のアプローチをとったものである。

(2) 増加費用の償還請求権

特段の合意がない限り、債務の履行に要する費用は債務者が負担する（485条）。しかし、受領遅滞がなければ支出する必要がなかった費用については、債務の履行に要する費用であるとしても債務者が負担しなければならないかは問題である。改正前民法下においては、このような費用は債権者が負担すべきとされ、受領遅滞の効果として債務者に増加費用の償還請求権が認められていた。改正民法413条2項はこれを明文で規定したものである。

もっとも、受領遅滞によって増加した支出には、改正民法413条2項で償還請求することが認められず、改正民法415条の損害賠償によって請求しなければならないものもある。この増加費用の内容・範囲の問題について、今後は改正民法413条2項の「履行の費用」という文言が1つの解釈指針になると考えられる。

(3) 危険の移転——債権者による対価危険の負担

双務契約において、一方の債務の履行が両当事者の責に帰さない事由により不能となった場合でも、その履行不能が受領遅滞後に生じたのであれば、債権者による反対給付はなお履行されなければならないとされる。この点は、改正前民法下でも改正民法下でも変わりはない。もっとも、当該結論の実現の仕方について、改正民法は改正前民法と異なっている。

改正前民法の下では、両当事者の責に帰さない事由による履行不能の場合について、危険負担制度の下、債権者の反対債務が当然に消滅するか、それとも存続するかという問題で考えられていた。そして、この履行不能が受領遅滞後に生じた場合について、受領遅滞後は債権者が対価危険を負担するとして、反対債務は消滅しないという処理がなされていた。これに対し、改正民法の下では、反対債務が当然に消滅するという構成を採用せず、契約の解除権（542条）や履行拒絶権（536条1項）によって対応する構成をとっている。

改正民法の下では、542条の契約の解除権および536条1項の履行拒絶権

は、債務の履行が不能となった場合には、債務者の帰責事由の有無に関わりなく債権者に認められる。しかし、履行不能につき債権者に帰責事由が存在する場合には、契約の解除権は改正民法543条により、履行拒絶権は改正民法536条2項により否定されることになる。そこで、改正民法413条の2第2項は、受領遅滞後に債務の履行が両当事者の責に帰さない事由により不能となった場合につき、当該履行不能を債権者の責に帰すべき事由によるものとすることにより、改正民法543条・改正民法536条2項で債権者の契約の解除権および履行拒絶権を否定し、反対給付がなお履行されなければならないという結論を導くのである。

　他方、改正民法413条の2第2項は債務の履行が不能となった場合についての規律であるため、引渡債務における目的物の滅失・毀損が履行不能と評価されない場合、当該規定の規律対象とならないことから、改正民法562条の追完請求や改正民法563条の代金減額請求ができるかどうかが問題となる。しかし、改正民法はこれを認めないとする567条2項を置いている。したがって、受領遅滞後に両当事者の責に帰さない事由で目的物が滅失・毀損することの危険は、履行不能か否かにかかわらず、債権者たる買主が負担することになる。

⑷　受領遅滞の場面で問題となり得るその他の効果

　改正前民法下における議論では、上記の3つの効果以外に、債務者が債務の不履行を原因とする責任を免れるという弁済の提供制度の効果、同時履行の抗弁権の喪失、および供託権の発生などが受領遅滞の効果として挙げられる場合があった。

　しかし、改正民法においては、改正前民法413条の「遅滞の責任」というさまざまな効果の受け皿がなくなり、また、受領遅滞の効果が具体化されたのであるから、これらの効果を受領遅滞の効果として把握する基盤は弱くなったといえる。このため、これらの効果は各制度の効果、すなわち債務者が債務の不履行を原因とする責任を免れるという効果は改正民法492条、同時履行の抗弁権の喪失は改正民法533条、供託権は改正民法494条の効果として把握することが妥当である。

3 債権者の受領義務の存否

(1) 改正前の問題状況

債権者の受領義務の存否をめぐる議論は、当初、改正前民法413条の定める債権者の責任が法定責任か債務不履行責任かを決めることに焦点を当てた議論であった。ここでは、債権者の受領義務は、あるかないかの二者択一の形で議論された。そして、債権者が原則として受領義務を負わないとする法定責任説の立場が受領義務をめぐる議論の出発点となった。その後、債権者の受領義務の存否をめぐる議論は、債務者に損害賠償請求権や契約の解除権を認めて債務者を保護することに焦点が当てられ、受領義務がどの範囲で認められるかが議論されることとなる。もっとも、現在では一定の場合に債権者に受領義務が認められることについては争いがない一方で、どのような場合であれば受領義務が認められるかについては見解の一致を見ていない。

(2) 改正民法の規律

改正民法では、債権者の受領義務に関する明文の規定は置かれていない。この点、審議の過程においては、債権者が受領義務を負う場合があることを明記すること、あるいは売買の箇所に買主の目的物引取義務を規定することが検討されたが、採用はされなかった。

しかし、改正民法において債権者が受領義務を負うことが否定されたわけではない。たしかに、債権者であるということから当然に受領義務を負うことは否定されたといえるが、契約の趣旨や目的、あるいは信義則から債権者が受領義務を負うことにまで消極的な評価がなされたわけではない。このため、改正前民法下における債務者保護に焦点を当てた受領義務の議論は、改正民法においてもそのまま妥当することになる。

(3) 今後の議論の展開

債権者が受領義務を負うか否かは、今後も具体的な事案につき契約の趣旨や目的などを勘案して個別に判断していくことになる。ただし、その場合にも受領義務を根拠付ける理論の精緻化は必須となる。債務者保護にのみ着目して信義則から受領義務を根拠付けていくことには限界があるといえるからである。また、受領義務の存否を個別に判断するとしても、債権者が受領義

務を負う範囲につき一定の指針を示すことはなお必要である。そして、この2つの課題を考える際には、契約関係のあり方、具体的には、契約の履行プロセスにおける債権者と債務者の関係、および当該プロセスにおける受領の位置付けの検討が重要となる。

　他方、債権者の受領義務をめぐる従来の議論においては、売買における目的物の受取りのような履行の最後に必要となる債権者の協力が想定されていた。しかし、債務の履行との関係で問題となる債権者の協力は、このような狭い意味での受領行為に限られない。この点は改正の審議過程においても言及されていたところである。このため、今後は債務の履行との関係で問題となるさまざまな協力行為についても視野に入れて、債権者が負う義務の問題を検討していくことが求められる。

23 債権者代位権

慶應義塾大学教授　片山　直也

要点

① 被保全債権に関する要件
② 代位行使の範囲および債権者への直接の支払・引渡し
③ 債務者の処分権の制限の見直しおよび訴訟告知制度の創設
④ 登記・登録請求権の保全

解説

I　はじめに

　債権者代位権に関する改正のポイントは、以下の4点に集約される。すなわち、①被保全債権に関して、強制執行により実現することのできる債権に限定する点を明記するとともに（423条3項）、裁判上の代位の制度を廃止し（非訟85条〜91条は削除）、被保全債権の期限が未到来の場合の代位権の行使を保存行為に限定すること（423条2項）などの改正を行った点（Ⅱ）、②被代位権利の目的が可分の場合の代位行使の範囲を被保全債権の債権額の範囲とすること（423条の2）、および被代位権利の目的が金銭または動産の場合には代位債権者への直接の支払・引渡しを請求できること（423条の3）を明記した点（Ⅲ）、③改正前民法下の判例法理が、債権者代位訴訟を法定訴訟担当として、勝訴および敗訴判決の効力を債務者に及ぼし、同時に債務者の処分権を制限し、訴訟物たる権利につき代位債権者の代位行使に一本化する運用をなしていたのに対して、改正民法は、代位権が行使されても債務者の処分権が制限されることはなく（423条の5）、かつ代位債権者に債務者への訴訟告知を義務付けること（423条の6）とした点（Ⅳ）、④改正前民法下に

おける判例法理は、金銭債権以外の特定債権につき、広く債権者代位権行使を認めていたが、そのうち登記請求権の保全についてのみ明文規定（423条の7）を置いた点（V）の4点である。

II　被保全債権に関する要件

1　債権保全の必要性

改正民法は、債権保全の必要性の要件につき、改正前民法の「自己の債権を保全するため」（旧423条1項）を、「自己の債権を保全するため必要があるときは」（423条1項）と文言上明記したにとどまる。よって、金銭債権を被保全債権として債権者代位権を行使する場合、債務者が「無資力」（債務者が債権を弁済するに足る資力を有しないこと）であることを要するとする判例法理（最判昭和40・10・12民集19巻7号1777頁など）は改正後も引き継がれる（潮見・新I 658-660頁）。判例は、売主の地位を相続した共同相続人の1人が登記義務の履行を拒絶している事案において、ほかの共同相続人が、同時履行の抗弁権を失わせて買主に対する代金債権を保全するために、登記に応じない相続人に対する買主の所有権移転登記手続請求権を代位行使する場合には、金銭債権の保全であっても、債務者の資力の有無を問わず代位行使を認めるが（最判昭和50・3・6民集29巻3号203頁）、この判例法理も維持されよう。なお、賃借権や不動産登記請求権などの特定債権の保全については、Vで述べる。

2　裁判上の代位の廃止

改正民法は、改正前民法423条2項の被保全債権の期限が未到来の場合に、裁判上の代位によることができるとする部分を削除し、それに伴い非訟事件手続法上の裁判上の代位の制度も廃止された（非訟85条～91条は削除）。これは、民事保全手続が用意されているのであるから、保存行為を除いては、被保全債権の期限到来前に代位権行使を認める必要性は乏しく、実際に用いられることのなかった裁判上の代位の制度はそれを廃止することが妥当と判断したことによる（一問一答91-92頁）。

3 強制執行により実現することができない債権

改正前民法では、条文上、明記されていなかったが、債権者代位権の制度目的が、責任財産を保全し、強制執行の準備を行う点にあることから、被保全債権は、強制執行によって実現することができるもの（執行力があるもの）でなければならないと解されていた（東京高判平成20・4・30金判1304号38頁。なお、詐害行為取消権につき、最判平成9・2・25判時1607号51頁）。改正民法では、「債権者は、その債権が強制執行により実現することのできないものであるときは、被代位権利を行使することができない」と明記することとした（423条3項の新設。詐害行為取消権につき、424条4項）。例えば、破産者につき免責許可決定が確定した場合、破産者は破産債権について責任を免れるので（破253条1項）、破産債権者は、破産債権を被保全債権として代位権を行使できなくなる（一問一答91-92頁）。

Ⅲ　代位行使の範囲および債権者への直接の支払・引渡し

1　債権者への直接の支払・引渡し

改正前民法下においては、明文規定は存しないが、判例は古くから、被代位権利が金銭債権の場合には、代位債権者は、第三債務者に対して、自己への直接の給付を請求することができるとしてきた（大判昭和10・3・12民集14巻482頁など）。これは被保全債権の弁済を受けるものではなく、単に、債務者が第三債務者の給付を受領しないと、債権の保全を図ることができなくなるので、あくまで債務者に対する第三債務者の債務の履行として、代位債権者への直接の給付を請求することができるとするものである。しかしながら、配当手続などを定める明文の規定が存しないため、代位債権者は受領した金銭を相殺等の方法により自己の債権に充当することができ、「事実上の優先弁済」を是認する結果となっていた。この点については、それを肯定する立場と、債権者代位権に「債権回収機能」を付与するもので債権（責任財産）の保全という制度趣旨を逸脱していると批判する立場との対立が存し

ていたところである（中田・債権総論206-208頁）。

　改正民法の立法過程においては、事実上の優先弁済を否定し、代位行使の範囲については全部行使を原則とする考え方が優勢であった。とくに、基本方針3.1.2.02は、「事実上の優先弁済」（債権回収機能）を明確に否定し、相殺を禁止するとしていた。また、中間試案でも、その立場を承継し、「代位行使に係る権利の全部を行使することができるものとする」としつつ、注記において「被代位権利の行使範囲を被保全債権の額の範囲に限定するという考え方がある」との選択肢が別案として提示されていたにとどまった（中間試案第14、2）。しかし、実務界から、債権者代位権の債権回収機能が否定されると、債権の保全の努力をしようとする債権者のインセンティブが奪われるだけでなく、任意整理などにおいて、債権者代位権の債権回収機能は労働債権の回収を図る上で重要なものであるから、その機能が否定されると労働債権の回収に支障が生ずるおそれがあるとの指摘がなされ、改正民法は、相殺禁止規定を設けることなく、金銭または動産の代位債権者への直接の支払請求または引渡請求を明文化すること（423条の3）とした（立法の経緯につき、潮見・新Ⅰ689-692頁）。改正民法は、「優先主義」に舵を切り、改正前民法の下で判例法上容認されていた「事実上の優先弁済権」が、立法によって承認されるにいたったと評価することができよう。

2　代位行使の範囲

　それに対応して、改正民法は、代位行使の範囲について、「被代位権利の目的が可分であるときは、自己の債権の額の限度においてのみ、被代位権利を行使することができる」との明文規定を置くこととした（423条の2）。改正前民法下においては、債権者代位権行使の範囲について、最高裁は、金銭債権を被保全債権として、債務者の第三債務者に対する金銭債権を代位行使するケースについて、「債権者代位権は、債権者の債権を保全するために認められた制度であるから、これを行使しうる範囲は、右債権の保全に必要な限度に限られるべきものであつて、債権者が債務者に対する金銭債権に基づいて債務者の第三債務者に対する金銭債権を代位行使する場合においては、債権者は自己の債権額の範囲においてのみ債務者の債権を行使しうるものと

解すべきである」としていたが（最判昭和44・6・24民集23巻7号1079頁）、改正民法は、判例法理を敷衍して、「被代位権利の目的が可分であるときは」、自己の債権の額の限度においてのみ、被代位権利を行使することができるとの明文規定を置くものである（潮見・新I 683頁）。

IV 債務者の処分権の制限の見直しおよび訴訟告知制度の創設

1 改正前の判例法理

改正前民法下の判例法理は、債権者代位訴訟を法定訴訟担当として、勝訴および敗訴判決の効力を債務者に及ぼし（大判昭和15・3・15民集19巻586頁）、同時に、債務者の処分権を制限し（最判昭和48・4・24民集27巻3号596頁）、訴訟物たる権利につき代位債権者の代位行使に一本化する運用をなしてきた。しかし、かかる判例法理に対しては、判決効の拡張につき、勝訴判決に限定すべしとする学説、債務者の手続保障を確保した上で判決効を拡張すべしとする学説が有力に主張され、さらに処分制限については、裁判所が介入しない私人の通知・了知にこのような一種の私的差押効果を認めることは不当であり、代位権が行使されても債務者の権利行使や第三債務者の弁済が可能とすべきであるとの批判がなされていた（学説の整理につき、中田・債権総論217-219頁・220-222頁参照）。

2 立法の経緯

改正民法の立法過程においては、当初、債務者の訴訟告知により、手続保障を図りつつ、判決効を債務者に及ぼし、かつ債務者の処分権を制限するという制度設計がなされていたが（基本方針3.1.2.05）、中間試案以降は、軌道修正がなされて、訴訟告知からは債務者の処分禁止の効果が奪われ、手続保障の機会を与えて、債務者に判決効を及ぼす意味のみをもたせることとなった。これは、「もともと債権者代位権は、債務者の権利行使の巧拙などには干渉することができず、債務者が自ら権利行使をしない場合に限ってその行使が認められるものであること等から、債務者の処分権限を奪うのは過剰で

あるとの批判があるため、判例と異なる帰結を明文化するものである」との
理由による（中間試案補足説明157-158頁参照）。

3　訴訟告知制度の創設

　改正民法423条の6は、債権者が代位訴訟を提起する場合に、遅滞なく、
債務者に訴訟告知を義務付けている。これは、代位訴訟において債権者が法
定訴訟担当の地位にあり（民訴115条1項2号）、その判決の効力が債務者に
及ぶという改正前の運用を前提とした上で、訴訟告知を行うことにより、債
務者が代位訴訟に関与する機会を与えて手続保障を図る趣旨である。同じく
法定訴訟担当の1つとされている株主代表訴訟（責任追及等の訴え）において、
株主等は遅滞なく株式会社等に対して訴訟告知をしなければならないとされ
る会社法849条4項の規定が参考にされたといわれている。訴訟告知を受け
た債務者は、共同訴訟参加（民訴52条）、または独立当事者参加（民訴47条）
をなすことができる（畑瑞穂「債権法改正と民事手続法──債権者代位権と詐害
行為取消権」司法研修所論集125号〔2015〕134-138頁、高須順一「債権法改正後
の代位訴訟・取消訴訟における参加のあり方」名城法学66巻3号〔2016〕66頁以
下、潮見・新Ⅰ698-701頁など参照）。

4　債務者の処分権の制限の見直し

　他方、債権者が債務者の権利を代位行使しても、債務者の処分権は何ら制
限されない。これは改正前民法下の判例法理を変更するもので、明文の規定
でその点が確認された（423条の5）。その点は、債務者が債権者から債務者
の権利を代位行使した旨、通知または訴訟告知を受けても同様である。もっ
とも、債権者代位訴訟が提起された場合、同一訴訟物である被代位権利につ
いて、債務者が別訴を提起することは重複訴訟の禁止（民訴142条）に抵触
するので許されない（訴訟での権利行使は参加に限られる）とするのが多数説
であるが、債務者の処分権が制限されるわけではないので、債務者は、訴外
で権利行使（取立てその他の処分）をすることは可能であり、債務者が履行
を受領すれば、被代位権利が消滅する場合もある。このように、改正民法に
おいては、債務者の処分権制限が見直されたため、実際上、金銭債権を被代

位権利として代位行使をする代位債権者にとっては、債務者自身による取立てのリスクが残り、代位権行使のメリットひいては債権回収機能は大幅に減殺されたと分析できる。債権者としては、債務者の取立ておよび第三債務者の弁済を禁止して、確実に債権回収を図るためには、保全手続または執行手続によることが推奨される（潮見・改正法の概要81頁）。

　なお、他の債権者との関係も同様である。すでに債権者代位訴訟が提起されている場合、同一訴訟物である被代位権利について、他の債権者が別訴として代位訴訟を提起することは重複訴訟の禁止（民訴142条）に抵触するので許されない（訴訟での権利行使は参加に限られる）とするのが多数説であるが、債務者の処分権が制限されるわけではないので、他の債権者が被代位権利を差し押えたり、訴外で代位行使したりすることは可能である（潮見・新Ⅰ702-703頁）。

V　登記・登録請求権の保全

1　いわゆる「転用」論

　改正前民法下においては、学説の多くが、債権者代位権の制度目的を「責任財産の保全」と捉えて、それゆえに金銭債権以外の特定債権（登記請求権や賃借権）の保全の紛争類型を「転用例」とよぶのに対して、判例は、一貫して「転用」との呼称を用いず、本来の適用場面として、無資力とは別のところで、債権保全の必要性を認定してきた。この点では、最判平成11・11・24（民集53巻8号1899頁）は、抵当権者による設定者の所有権に基づく妨害排除請求権の代位行使の可否が争点となった事案につき、「423条の法意」という表現によって、423条の本来の適用領域を超えた範囲で代位権の行使を認めたが、これこそが真の意味での「転用」例であったということができる。同判決においては、「抵当権の効力として、抵当権者は、抵当不動産の所有者に対し、その有する権利を適切に行使するなどして右状態を是正し抵当不動産を適切に維持又は保存するよう求める請求権を有する」ことを前提に、同請求権（便宜上、「担保価値維持請求権」とよぶ）の保全の必要があるときには、代位権を行使できるとされた。おそらく、被保全権利が、債

197

権（一般債権または特定債権）ではなく、その性質は、抵当権の効力として認められる請求権（物権的請求権）であったことから、同条の直接適用ではなく、「法意」としたものであろう（中田ほか 114-116 頁）。

2　個別権利実現準備型の債権者代位権

　民法（債権法）改正検討委員会では、債権者代位権制度の類型として、「（一般）責任財産保全型」と「個別権利実現準備型」の2類型を区別し、債権者代位権を「債務者の権利の不行使によって債権者の権利の実現が危胎化される場合に、債権者による債務者の権利の代位行使を認める制度」として構築するとしていた（基本方針3編1部2章1節前注2(1)）。中間試案においては、「責任財産の保全を目的としない債権者代位権」の一般規定を置くことが提案されていたが、最終的には、ほぼ異論なく認められている場面に限定して、登記・登録請求権の保全に関する規定を置くにとどまった（427条の7）。このことは、特定債権の保全を登記請求権の保全に限定する趣旨ではなく、従前の判例法理が維持されることになる（中田ほか 115-116 頁、潮見・新Ⅰ 706 頁以下）。例えば、賃借権に基づく妨害排除請求に関しては、従前の判例法理をリステイトする形で、対抗要件を備えた不動産賃借権については、直接の妨害停止請求・返還請求を認める規定が新設されたため（605条の4）、債権者代位権を用いる必要性はそれほど高くないが、改正民法においても、対抗要件を備えていない賃借権を被保全債権として債権者代位権を行使でき、無資力要件は不要であるとの判例法理は維持されることになる（潮見・新Ⅰ 714-716 頁）。

3　登記請求権保全のための債権者代位権

　いわゆる中間省略登記については、不動産登記制度の趣旨からは、不動産登記は、物権変動の過程を忠実に反映することが望ましいが、従前の登記実務においては、登録免許税の節約や不動産取得税を回避するために、不動産が、A→B→Cと順次移転なされているにもかかわらず、その物権変動の過程を反映せずに、直接 A→C に移転登記（中間省略登記）がなされる場合がしばしば存していた。とくに、旧不動産登記法下では、登記原因を証する

書面の代わりに申請書副本を提出することにより登記申請を行うことが許容されたため（旧不登40条）、AからBを経由してCに所有権が移転しても、AからCへの直接移転登記が行われることを阻止することは事実上困難であった。しかし、平成16年成立の現行不動産登記法においては、登記申請に当たって、申請情報と併せて登記原因証明情報の添付が原則として義務付けられているので（不登61条）、現行法下では、申請による中間省略登記は不可能となったといわれている。それを受けて、最判平成22・12・16（民集64巻8号2050頁）は、「不動産の所有権が、元の所有者から中間者に、次いで中間者から現在の所有者に、順次移転したにもかかわらず、登記名義がなお元の所有者の下に残っている場合において、現在の所有者が元の所有者に対し、元の所有者から現在の所有者に対する真正な登記名義の回復を原因とする所有権移転登記手続を請求することは、物権変動の過程を忠実に登記記録に反映させようとする不動産登記法の原則に照らし、許されないものというべきである」と判示し、中間省略登記請求を否定したことから、債権者代位権による登記請求権の保全の必要性が増したことが、今回の改正につながったと推察される。

　不動産がA→B→Cと売買契約により順次移転するケースにおいては、CはBに対する売買契約に基づく移転登記手続請求権を被保全債権として、BのA対する売買契約に基づく移転登記手続請求権を代位行使することができるが（423条の7）、Aが登記に協力する場合には、CはBを代位して、Aとの共同申請で、登記の代位申請（不登59条7号）を行い、AからBへの所有権移転登記をなすことができる。Aの協力が得られない場合には、Cは、Bを代位して、Aに対して、Bへの所有権移転登記請求訴訟（代位訴訟）を提起して、確定判決があれば、単独で代位申請（同号）をなすことができる（潮見・新I 713-714頁）。以上については、改正前民法での取扱いが維持される。なお、改正民法423条の7後段は、前3条の規定（423条の4・423条の5・423条の6）を準用するとあるので、代位行使の範囲に関する423条の2および債権者への支払または引渡しに関する423条の3に関しては、登記・登録請求権の代位行使に関しては準用されないことになる（一問一答96頁）。

199

24 詐害行為取消権(1)──要件

東京大学教授 **沖野　眞已**

要点

① 詐害行為の類型別特則の導入（相当対価取得行為、弁済・担保供与行為、過大な代物弁済）

② 受益者に対する行使と転得者に対する行使の別立て

解説

I　要件に関する規定の構造

詐害行為取消権の要件（「第1目」424条～424条の5）に関し、改正民法は、受益者に対する詐害行為取消請求を基軸とし、それについて一般規定（424条）に加え、3つの個別の詐害行為類型について要件の特則を設けている。否認権の規定が、行為類型を狭義の財産減少行為と偏頗行為に分け、効果についても対応した規定を設け、執行行為や対抗要件具備行為などの特別規定をさらに設けているのに対し、改正民法では、なお424条が一般的な規定である（424条1項には「担保の供与又は債務の消滅に関する行為を除く」といった限定〔破160条1項柱書参照〕はない）。

改正前民法424条が、受益者に対する詐害行為取消権の行使と転得者に対するそれを、一条の中に規定しているのに対し、改正民法では、両者の規律を分けている。規律の詳細化に伴い、受益者と転得者との間の利害状況の違いや要件・効果の規律の違いが浮かび上がっており、それが別規定とされた理由であると解される（潮見・改正法の概要84頁参照）。

Ⅱ　受益者に対する詐害行為取消請求の一般的要件（424条）

1　要件全般

受益者に対する詐害行為取消請求（債務者がした行為の取消しに加え、その行為によって受益者に移転した財産の返還または価額の償還を裁判所に請求することを含み得る。424条の6第1項参照）の一般的要件は、①詐害行為取消請求者が債権を有していること（424条1項「債権者」）、②その債権が、債務者の詐害行為の前の原因に基づいて生じたものであること（同条3項）、③その債権が強制執行により実現することのできないものでないこと（同条4項、執行可能性）、④債務者が債権者を害することを知って行為をしたこと（詐害行為性＝債務者の主観と行為の客観的詐害性、同条1項）、⑤当該行為が財産権を目的としない行為ではないこと（同条2項）、⑥受益者（その行為によって利益を受けた者）がその行為の時において債権者を害することを知っていたこと（424条1項ただし書）、である。

「詐害行為取消請求」、「債権者を害すること」という表現の修正を除くと、改正があるのは、債権者の被保全債権に関する②、③（後述2）、および詐害行為に関する④（後述3）であり、とくに実質改正となるのが②である。

改正のない点については、例えば、被保全債権の金銭債権性の問題や、財産分与や遺産分割・相続放棄などの局面での詐害行為該当性（財産権を目的とする行為性）の問題、無資力要件など、改正前民法下の判例・学説がなお改正民法下の解釈論として基本的に妥当する。

その一方で、3つの個別の行為類型についての特則の導入により、例えば、詐害的会社分割がいずれの行為類型に妥当するのかといった問題や、債務消滅行為と担保供与行為が同じ特則類型とされることによる、詐害行為該当性について主観的要件と客観的要件の相関的判断への影響の問題など、改正前民法にはなかった問題が生じ得る。

2 債権者の被保全債権の要件

　被保全債権の要件に関する 2 点の改正のうち、第 1 が、被保全債権について執行可能性が要求されることを明文化した改正民法 424 条 4 項である。強制執行の準備段階という詐害行為取消権の位置付けを踏まえ、改正前民法下の通説を明文化するものであり、債権者代位権の被保全債権についての改正（423 条 3 項）と共通する。

　第 2 は、被保全債権と詐害行為との時期的な先後関係について、被保全債権が詐害行為前の原因に基づいて生じたものであることを要求する改正民法 424 条 3 項である。被保全債権が詐害行為取消しの対象行為の時点で生じていたことを要求する改正前民法下の判例（大判大正 6・1・22 民録 23 輯 8 頁）・通説と比較すると、①詐害行為より前に債権が発生しているか、②詐害行為前に債権が発生していなくとも詐害行為前の原因に基づいて債権が発生したときは、この要件を充たすこととなるから、①の点で改正前民法下の判例・通説を明文化するとともに、②の点で実質改正となる。改正前民法下の判例・通説の基礎にある、債務者の財産処分への介入をいかなる範囲で認めるかという観点から、当該財産を責任財産として期待できた債権者に限るという考え方を、さらに展開し（改正前民法下、詐害行為後に発生した遅延損害金ついても被保全債権額の範囲たることを認める最判平成 8・2・8 判時 1563 号 112 頁や最判昭和 35・4・26 民集 14 巻 6 号 1046 頁、延滞税債権に関する最判平成元・4・13 金法 1228 号 34 頁も参照）、従来よりも、被保全債権の範囲を広げるものといえる。

　「前の原因」という概念は、相殺の箇所でも導入されており（469 条 2 項 1 号・511 条 2 項）、ともに表現上、破産法 2 条 5 項の破産債権の定義を参考としている。取消債権者の債権が「前の原因」に基づいて生じたといえる場合として、例えば、停止条件の付された法律行為による債権や債権自体に停止条件が付されていた場合（当該条件が詐害行為後に成就した場合）、不法行為がなされた場合（損害が詐害行為後に発生した場合）、保証契約がされた場合（保証債務の履行・債務消滅行為は詐害行為後にされた場合の事後求償権。無委託保証の場合につき、最判平成 24・5・28 民集 66 巻 7 号 3123 頁〔破産債権の概念

に関する〕、潮見・改正法の概要85-86頁参照）などがある。

　相殺の箇所では、基準時より後に他人の債権を取得した場合（例えば、基準時前に債権譲渡の予約や停止条件付債権譲渡契約がされ、基準時より後に予約完結や停止条件成就があった場合）が除外されている（469条2項柱書ただし書・511条2項ただし書）のに対し、改正民法424条3項にはそのような除外規定がない。両者の場面の違いは確かにあるもののしかし、債権者の期待としては、相殺の場合と同様に弱いというべきではないかと思われる。

3　詐害行為の要件

　「債務者が債権者を害することを知ってした行為」という詐害行為の要件については、「法律行為」が「行為」にあらためられている。詐害行為取消しの対象行為については、弁済、債務の承認（時効障害事由）など厳密には法律行為ではないもの（ただし、弁済の法的性質については議論がある）も対象として認められている。このような改正前民法下の扱いを反映した改正である。否認権（破160条1項柱書・162条1項柱書参照）と表現が揃うことになるが、このことは、詐害行為取消しの対象となる行為を否認権の対象行為とまったく同じにすることを意味しない（改正前民法下の詐害行為取消権と否認権との間には、対抗要件具備行為についての判例上の取扱いの違い、執行行為の扱いの違い、債務者の行為性の問題など、両者では違いがあり、これらは、改正民法下の解釈論として引き続き残る）。

III　行為類型に応じた特則（424条の2〜424条の4）

1　総論

　「債務者が債権者を害することを知ってした行為」のうち、相当の対価を得てした財産の処分行為（424条の2）、既存の債務についての担保供与または債務消滅行為（424条の3）、過大な代物弁済等（424条の4）の3つの行為類型については、主として、否認権に関する同様の規定を参考に、倒産法における処遇との平仄を図る趣旨から、特則が設けられている（一問一答102頁）。

改正民法424条1項に対する特則であり、改正民法424条2項～4項はこれらの類型にも妥当する。また、改正民法424条1項との関係で特則であるといっても、いかなる意味で特則であるのかは、各条による（424条の2や424条の3の、「限り」の意味について、424条1項の要件を基礎としつつ加重するのか、それとも424条1項の要件を置き換える〔ないし吸収する〕のかなど）。

2 相当の対価を得てした財産の処分行為の特則（424条の2）

①相当の対価を得てした財産処分行為の場合には、②その行為が、不動産の金銭への換価など、当該処分による財産の種類の変更により、債務者において隠匿等の処分（隠匿、無償の供与その他の債権者を害することとなる処分）をするおそれを現に生じさせるものであり、③債務者が、行為の当時、対価として所得した金銭等について隠匿等の処分をする意思を有しており、④受益者が、行為の当時、債務者が隠匿等の処分をする意思を有していたことを知っていたという要件を充たす場合に限り、詐害行為取消請求をすることができる（424条の4）。経済的窮境にある債務者の資金調達（そのための換価処分）の安定性および機会の確保の観点から、否認権についての同様の規律（破161条）を参考に新設された規定である。

財産処分行為自体は相当の対価を得てするものであって（①）、債務者の責任財産は計数上プラスマイナスゼロであるが、対価として取得する金銭等を隠匿等するために行われる場合は、間接的な財産減少行為である。②および③の要件は、このような状況を捉えるものである。②の要件は、隠匿等の処分の危険性を現実に発生させる類型の行為であることを要求する。不動産の売却のほか、個別動産でも設備の売却、「集合動産」の譲渡、知的財産権の売却などがあり得る。他方で、日常的に行われる動産の売買は該当性を欠く。また、破産法161条に関してと同様に、新規の借入れと同時に（あるいは先立って）債務者の財産からその担保の供与がなされるいわゆる同時交換的行為にも、この規律が及ぶと解される（中間試案補足説明168頁）。

そのような行為は債権者を害する行為である必要がある。債務者の無資力は当然に要求される。問題となるのは、対価として取得した財産が隠匿等の企図した処分がされないまま債務者の責任財産中に現存している場合である。

否認権に関する規定の解釈においては、規定上は隠匿等の処分をしたことは要件となっていないとしてなお否認権の行使が認められるとする見解と、書かれざる一般的な有害性から否認権は否定されるという見解との両論がある（伊藤眞ほか・条解破産法〔第2版〕〔弘文堂、2014〕1084-1085頁参照）。破産法161条と同趣旨であるという点からは、否認権に関する解釈がここでも展開され得るものの、否認権の場合（破168条1項1号・2項1号3号参照）と異なり、反対給付に関する受益者の地位の保障が十全とはいえない詐害行為取消権（425条の2参照）にあっては、否認が認められても詐害行為取消請求は認められないという判断があり得よう。

　無資力要件、有害性の要件は、詐害行為取消権の一般的な要件であるが、改正民法424条の2の局面においても、それらが要件となる。その構成については、改正民法424条1項がその限りでは基礎にあり、②や③の要件が加重されるという説明と、②の要件（対価たる財産の処分が債権者を害することになることが要求され、そのような処分をする危険性を現に発生させることが要求される）において具体的な債務者の事情も含まれ、したがって、②の要件に吸収される（有害性の要件はさらに改正民法424条1項の明文を超えた書かれざる一般要件だと理解するなら、それは②の要件の外から要求されると理解することになる）という説明があり得る。

　②、③の債権者を害することとなる処分については、例示された隠匿、無償の供与以外に、費消・浪費などが一例である。特定の債権者に対する弁済については、否認権に関して議論がある（伊藤ほか・前掲1084頁参照）。詐害行為取消権においては、特定の債権者に対する弁済は、改正民法424条の3の要件を充たす必要があり、とくに通謀詐害意図が要求される（424条の3第1項2号・2項2号）ため、否認権では要求されない行為の悪性が存することになる。もっとも、逆転現象に対する否定的評価を踏まえると、たとえ通謀詐害意図があっても、否認権の要件を充たさないのであれば、詐害行為取消請求も否定される。なお、否認権、詐害行為取消請求権のいずれにあっても、特定の債権者に対する弁済のための相当対価での財産処分行為（代金との相殺）は、その全体を代物弁済と捉える余地がある。

　③の債務者の意思については、隠匿等の対価についていかなる処分をする

かの意思とともに、「債権者を害することを知って」いる（424条1項本文）ことが含まれる。改正前民法下の相関説によっても、相当対価での処分行為については債務者の主観的要件は加重され、そのような加重を捉える役割も改正民法424条の2にあることや、債権者を害する処分といえるためには債務者が無資力の状況にあることが必要であって、隠匿や無償の供与の前提となると考えられるから、この点は、③の要件に含まれていると解される。

　④は、取引の安全、萎縮効果の排除の観点からの受益者の主観的要件である。悪意の対象が債務者の隠匿等の処分の意思であること、証明責任が取消債権者にあることの2点において、一般規定である改正民法424条1項と異なる。対象に関して、例えば、受益者が、債務者が対価を無償で供与する意思であることを知っていたが、債務者の財産状況については知らなかったという場合（改正民法424条1項ただし書の「債権者を害すること」は知らなかったことになる）、詐害行為取消請求は否定されよう。それが、改正民法424条1項ただし書によるのか、それとも、改正民法424条の2第3号によるのかという問題がある。いずれであるかによって証明責任に影響が生じ得る。改正民法424条の2の趣旨からすれば、受益者の主観的要件はいずれも取消債権者が証明責任を負担するのが一貫する。なお、否認権（破161条2項）と異なり、受益者が債務者（個人）の配偶者や同居者であるとか、債務者（会社）の取締役であるなどのいわゆる内部者であるときの悪意推定の規定は設けられていない。事実上の推定が働き得る。

3　担保の供与・債務消滅行為の特則（424条の3）

(1)　総論

　弁済等の債務消滅行為や既存の債務についての担保供与行為は、一般債権者のための責任財産を減少させる行為であり、①債務者が支払不能の時に行われたか、または、一定の非義務行為の場合は支払不能になる前30日以内に行われ、かつ、②債務者と受益者とが通謀して他の債権者を害する意図をもって行われたという要件を充たす場合に限り、詐害行為取消請求をすることができる（424条の3。例外的に、過大な代物弁済〔等〕については改正民法424条の3の要件を充たさない場合であっても、詐害行為取消請求ができる〔424

条の4」)。

②の要件は、改正前の弁済に関する判例（最判昭和 33・9・26 民集 12 巻 13 号 3022 頁）を明文化するものであり、①の要件は、債務消滅行為・既存債務への担保供与行為の否認権の要件（破 162 条）を入れて、逆転現象を防止するものである。

なお、否認権の場合は、支払不能についての受益者（債権者）の悪意（非義務行為であって支払不能前 30 日以内にされた行為の場合は、債権者を害することについての悪意）が要件であるのに対し、本条においてはその要件は設けられていない。受益者の主観については通謀詐害意図が必要であり、この要件に吸収される（後述(5)参照）。

(2) **対象行為**

改正民法 424 条の 3 の対象となるのは、弁済等の債務消滅行為および既存の債務に対する担保供与行為である。新規の借入れのための担保供与行為は改正民法 424 条の 2 による（前述 2）。また、他人の債務のための担保供与行為（物上保証・保証）は、無償の財産減少行為の一種であり、改正民法 424 条の一般則による（対価を得て行うときは、改正民法 424 条の 2 の問題となる）。

(3) **支払不能**

弁済等の債務消滅行為または既存の債務についての担保供与行為は、債務者が支払不能である状態において行われたものでなければならない。債務者の支払不能とは、「債務者が、支払能力を欠くために、その債務のうち弁済期にあるものにつき、一般的かつ継続的に弁済することができない状態をいう」（424 条の 3 第 1 項 1 号）。破産法における支払不能の定義（破 2 条 11 項・162 条 1 項参照）と同様であり、また、本条における支払不能の要件の導入が、否認権と平仄を併せて逆転現象を防止する趣旨であることから、これらの概念は共通するものとなることが企図されている。

「支払能力」の欠乏は、弁済資力を欠くことを意味し、債務者の財産のみならず、信用および現在・将来の労務を含めて判断される。「一般的に」とは、債権全体についてであり、特定の金銭債務の弁済をしているときであっても、債権者全体ないし大半について弁済ができない状態であれば、これを充たす。「継続的に」とは、「一時的に」と対置される概念であり、一時的な

資金の欠乏・手元不如意の状態にあるという場合はこの要件を充たさない。弁済ができるかどうかは、弁済期にある債務を基準とするが、否認権については、例えば、翌日には手形の弁済期が一斉に到来して資金不足・弁済不能が確実であるという段階での弁済のように、近々の支払不能が確実に予想される段階を含むか、あるいはそれに拡張されるかについて議論がある（山本克己＝小久保孝雄＝中井康之編・新基本法コンメンタール破産法〔日本評論社、2014〕371頁〔中西正〕参照）。否認権の場合（破162条3項）と異なり、支払の停止により支払不能を推定する規定は置かれていない。

後に、（遺贈を受けたなどして）支払不能状態が解消した場合は、本条の要件を欠くと解される。

「債権者を害する」（424条1項）の内容として債務者の無資力が要求される。この無資力要件と支払不能との関係は、必ずしも明確ではない（1つの整理として、中田・債権総論255頁注22参照）。いずれにせよ、無資力要件は、詐害行為取消権にあっては、債務消滅行為や既存の債務についての担保供与行為の場合にも要求されると考えられる（中間試案補足説明162頁参照）。条文上の根拠としては、一般則である改正民法424条1項が基礎にあるということもできるが、改正民法424条の3第1項2号、2項2号の主観的要件の前提として要求されていると見ることができる。

(4) 非義務行為に関する時期の特則

債務者の義務に属しない行為、またはその時期が債務者の義務に属しない行為の場合は、支払不能になる前30日以内（支払不能になる前30日より以降）にされた行為（換言すれば、当該行為は、債務者が支払不能の状態にない時点でされたが、その後30日以内に債務者が支払不能の状態となったとき）が対象となる。支払不能後の否認を潜脱するのを防止する趣旨であり、また、義務付けによって担保供与を確保していなかったのに、担保の供与を受けて優先的な地位を得たり、弁済期前に弁済を受けることで、本来は他の債権者の回収後に回収予定であったはずのところを先に回収を図ることで事実上優先的な回収を図るなど、債権者が当初負担した債権の回収不能リスクを変更して他の債権者にそのリスクを転嫁することを問題視する。

支払不能要件の30日遡及の対象となるのは、債務者の義務に属しない行

為、またはその時期が債務者の義務に属しない行為である。前者は、義務の
ない担保供与行為、後者は、期限前弁済が代表例である。債務消滅行為につ
いては、債務が存在する以上は、行為自体は義務行為である（自然債務のよ
うな場合は別途問題となる）。したがって、債務者がする代物弁済は、その方
法が義務に属しない行為（破産法162条1項2号と2項2号とを対比）である
から、この特則には該当しない（改正民法424条の4が「前条第1項の規定に
かかわらず」として1項のみを挙げ2項を挙げていないことも参照。なお、期限
前の代物弁済は、期限前である点を捉えて、該当することになる）。

(5)　通謀詐害意図

　債務者と受益者とが通謀して他の債権者を害する意図を持って行われたと
いう要件（通謀詐害意図）は、弁済に関する従来の判例（前掲・最判昭和33・
9・26など）を明文化する趣旨である（一問一答104頁注。従来の判例の定式は、
債務者の行為態様・詐害意図を軸とした表現である〔そのため、例えば、債権者
からの強硬な要請に屈してやむなく債務者が弁済をしたという場合はこの要件を
充たさないとされる〕のに対し、改正民法424条の3第2項2号は、受動態の表
現であるために、通謀のみならず、詐害意図もまた債務者と受益者とのものよ
うであり、従来の判例よりも受益者の態様を考慮に入れる余地が拡大している
ようにも思われるが、行為を行う主体は債務者であるから、詐害意図は債務者のそ
れであり、従来の判例と異なる基準を意図したものとは考えにくい）。

　債務者としては自己の経済状況を認識しつつ、特定の債権者に弁済すると
いう状況の場合、他の債権者を害することの認識はあるはずであるが、通謀
して、かつ、害意を持ってといえるためには、債務者が、債権者と謀ってあ
えてその特定の債権者のみに満足を得させる場合であり、非通例的な態様で
弁済等の行為を行う場合であろう。したがって、期限前弁済（時期の点にお
ける非義務行為）、代物弁済（方法の点における非義務行為）や義務でない担保
供与（義務でない行為）の場合には、通謀詐害意図が推認されよう（事実上の
推定）。また、債務者の内部者が受益者（債権者）である場合にも同様に通謀
詐害意図が推認されよう。

　否認権に関する規定と異なり、支払不能についての債務者の悪意は、別途
要件とはなっていないが、もはや債権の全体または大半を支払えない状態に

あることを知っているのでなければ、害意があるとはいえないであろうから、支払不能についての受益者の悪意は、通謀詐害意図の要件に吸収されるものと解される（中間試案補足説明169頁）。

4　過大な代物弁済等の特則（424条の4）

(1)　総論

　過大な代物弁済は、債務消滅行為であると同時に、消滅する債務額を超える部分の代物弁済は、純粋に財産を減少させる行為である。そこで、消滅する債務額を超える部分については、（改正民法424条の3の要件を充たさない場合〔例えば、支払不能状態にない場合や通謀詐害意図まではない場合など〕であっても）改正民法424条の一般的な要件を充たすときは、詐害行為取消請求ができることを定めたのが、改正民法424条の4である。否認権に関する規定（破160条2項）と同様の趣旨である。なお、改正民法424条の3と改正民法424条の両方の要件を充たすときは、改正民法424条の3に基づき代物弁済行為全体を対象とすることも、改正民法424条に基づき超過部分のみを対象とすることもでき、その選択は取消債権者の判断による。

(2)　過大な代物弁済等

　受益者の受けた給付の価額がその行為によって消滅した債務額より「過大である」債務消滅行為が対象行為である。「超過する」ではない（なお、詐害行為取消請求の対象範囲は、超過部分である）。「過大」かどうかは、受けた給付の価額と債務消滅額とを比較して判断され、わずかでも前者が後者を上回ればただちに過大となるわけではない（例えば、1円の超過や10円の超過という場合にはこの要件を充たさない。もっとも、給付の価額の評価も幅があるから、1円や10円といった差は給付の価額の評価に吸収されよう）。否認権に関しいわれるように、「どの程度の開きがあれば『過大』という評価がされ」るかは、「売買の価額がどの程度廉価であれば『破産債権者を害する』といえるかどうかという点と同様に解すべき問題」であり、その意味で「規範的な要素を含むもの」である（小川秀樹編著・一問一答・新しい破産法〔商事法務、2004〕221頁）。

　改正民法424条の4の見出しは、代物弁済「等」となっている。代物弁済

に限らず、債権者の受けた給付の価額が当該債務消滅行為により消滅した債務の額より大きいすべての場合が含まれる（山本＝小久保＝中井編・前掲361頁〔中西〕）。代物弁済以外にどのようなものがあるのかは、必ずしも明らかではない。

Ⅳ　転得者に対する詐害行為取消請求（424条の5）

1　総論

　詐害行為取消請求は、転得者（受益者に移転した財産を転得した者）を相手方としてすることができる（424条の5・424条の6第2項・424条の7第1項2号・424条の9参照）。その要件は、①受益者に対して詐害行為取消請求をすることができる場合であり、かつ、②当該詐害行為取消請求の相手方である転得者の悪意、加えて、当該転得者が受益者からの（直接の）転得者でないときは受益者から当該転得者にいたるすべての転得者の悪意、である。

　否認権についても、転得者に対する否認権行使の要件について、同様の規律が設けられ（民法の一部を改正する法律の施行に伴う関係法律の整備等に関する法律〔平成29年〕〔以下、「整備法」という〕による改正後の破産法170条1項1号ほか）、いわゆる逆転現象が解消される。

2　受益者の悪意と主張・証明責任

　①については、改正民法424条の一般的要件や改正民法424条の2から改正民法424条の4の要件を充たす必要がある。いずれの場合も受益者の悪意が要件であるから、転得者に対する詐害行為取消請求の場合も受益者の悪意は常に要件となる。逆にいえば、受益者が善意であるときは、転得者に対する詐害行為取消請求はできない。②の要件と併せると、受益者から当該転得者にいたるすべての者の悪意が要求される。善意者保護および取引の安全を貫徹する趣旨であり、改正前民法下の判例（最判昭和49・12・12金法743号31頁）・通説を変更することになる（一問一答105頁参照）。

　転得者の悪意は、取消債権者が主張・証明責任を負う。改正民法424条1項の場合、受益者の悪意については、受益者がその善意についての主張・証

明責任を負うので、転得者に対する詐害行為取消請求の場合も、転得者が受益者の善意についての主張・証明責任を負うとも解し得るが、むしろ取消債権者が受益者の悪意につき主張・証明責任を負うことになると解される。①の要件は取消債権者が主張・証明責任を負うと解するのが条文上は素直であり、また、当該行為の当事者ではないことを勘案して、転得者については自らの主観的要件についてさえ証明責任を負わない規律となっていることとの平仄という点でも、取消債権者が負うのが一貫するからである。

3　転得者の悪意の内容

　詐害行為取消請求の相手方（被告）となる転得者（転得者からの転得者である場合は、中間の転得者を含む）の悪意の内容は、転得の当時において、債務者がした行為が債権者を害することを知っていたことである。「債務者がした行為が債権者を害すること」は、通常は、いわゆる客観的詐害性を指す。受益者に対する詐害行為取消請求の要件を充足すること（①）を知っていたことではないから、受益者の主観的要件の充足を知っていること（悪意であることについての悪意という二重の悪意。整備法による改正前の破産法170条1項1号参照）は、要件ではない（一問一答106頁注4参照）。

　これに対し、改正民法424条の2や改正民法424条の3の特則が①の要件となる場合には、事情が異なる。

　相当の対価を取得して財産を処分する行為の場合（424条の2）は、債務者が対価として取得する金銭等を隠匿等の処分をする意思を持って行う点に詐害性があるから、債務者のこのような隠匿等の処分意思があってはじめて「債務者がした行為が債権者を害すること」になるため、転得者の主観的要件の内容としても、債務者のこのような主観的意思（隠匿等の処分意思）まで知っている必要があると解される。これに対し、受益者の主観（債務者が隠匿等の処分意思を有していることを知っていたこと）については、相当対価での処分行為の詐害性を、受益者が加担してそのような行為を行う点に求めるなら、受益者の悪意が加わってはじめて「債務者がした行為が債権者を害すること」となるといえ、その点についての転得者の悪意が要求されることとなろう（中間試案補足説明174頁は、受益者の悪意についての転得者の悪意を

要件として想定する）。これに対し、債務者の隠匿等の意思についての受益者の悪意は、相当対価での処分行為という客観的な詐害性の低さにかんがみて、取引の安全の見地から要求されている（この要件がなければ、無資力状態であることを知っているだけで、相当対価処分行為を萎縮させることになる）のであって、「客観的な」詐害性は、債務者の隠匿等処分意思で足りると解するなら、転得者の悪意の内容としては、債務者の隠匿等処分意思についてで足り、受益者がそれを知っていることまで知っている必要はないと考えることができよう（一問一答106頁注2参照）。

債務消滅行為（受益者が金銭債権を有する債権者であるという典型的な場合には、金銭を得るのがいわゆる本旨弁済であるが、金銭についての転得は想定し難いから、転得者が登場するのは代物弁済〔等〕の場合であろう）や既存の債務についての担保供与行為の場合（424条の3）は、通謀詐害意図が要件であり、「債務者がした行為が債権者を害すること」の内容として、通謀詐害意図があってはじめてこれに該当すると解されるので、転得者の悪意の内容としても、通謀詐害意図を持ってなされたことまで、知っている必要がある（中間試案補足説明174頁）。

転得者が債務者の内部者であるときは、転得者の悪意が推認されよう（否認権に関する破産法170条1項2号参照）。

25 詐害行為取消権(2)──行使・効果

一橋大学教授 **小粥 太郎**

要点

① 詐害行為取消権の性質など
② 詐害行為取消権の行使・効果

解説

I はじめに

本項目では、まず、総論として、詐害行為取消権の性質などについて、改正前民法下における問題状況を確認した上で、改正民法の規律を紹介・検討し（Ⅱ）、次に、各論として、詐害行為取消権の行使・効果に関する個々の問題ごとに、改正前民法下における問題状況を確認した上で、改正民法の規律を紹介・検討する（Ⅲ）。

Ⅱ 総論

1 形成権説・請求権説・折衷説

改正前民法下における詐害行為取消権については、これが債務者の詐害行為を取り消す権利（形成権説）なのか、取消しを前提に逸出財産の回復を請求する権利（請求権説）なのか、取消しとともに必要に応じて逸出財産の回復を請求する権利（折衷説）なのかが論じられていた。判例（大判明治44・3・24民録17輯117頁）は、折衷説であったとされる。改正民法は、基本的にはこの判例の立場を条文の文言で確認したものと解される。すなわち改正民法424条は、債権者が詐害行為の「取消しを裁判所に請求することができ

る」と規定する（改正前民法と同じ）。その上で改正民法424条の6第1項は、「債権者は、受益者に対する詐害行為取消請求において、債務者がした行為の取消しとともに、その行為によって受益者に移転した財産の返還を請求することができる。」として、債権者が形成権と請求権のいずれも行使できることを明記した（転得者についても形成権と請求権を行使することができる。同条2項）。詐害行為が例えば不動産の贈与であれば、債権者はこの贈与を取り消すだけでなく、債務者から受益者に移転した占有・登記を債務者に回復することを請求することになろうが、詐害行為が例えば債務者の受益者に対する債権についての免除の意思表示であれば、債権者はこの免除の意思表示を取り消すだけで足り、請求権を行使する必要はない。

2　取消しの効果

改正前民法下における詐害行為取消しの効果は、債権者と受益者との間で相対的に生じるにとどまり、債務者には及ばないとされていた（前掲・大判明治44・3・24）。しかし、取消しの効果が債務者に及ばないとすれば、例えば、詐害行為によって受益者に逸出した不動産の登記名義が詐害行為取消権の行使によって債務者の下に回復されたとしても、当該不動産は、債権者と債務者との関係では依然として受益者に帰属したままであり、債務者の責任財産になっていないとの批判が行われ、この批判は正当なものと評価されてきた。そこで、改正前民法下においては、詐害行為取消権の行使によって、逸出財産が受益者に帰属したまま債務者の責任財産になる——受益者は債務者の物上保証人の地位に立つことになる——とする責任説および責任説による判例理論批判を踏まえた学説が有力に主張されていた（新注民(10)Ⅱ803頁以下〔下森定〕）。

改正民法は、取消しの効果を債務者にも及ぼすいわゆる絶対効説を採用することによって、先の批判を克服することにしたように見える（瀬川信久「詐害行為取消権——日本法の比較法的位置と改正案の現実的意義」瀬川110頁）。責任説が採用されなかった理由としては、①責任説においては、詐害行為取消権が行使された後は、債権者が回復された財産について強制執行するほかなくなるが、改正民法の立場においては回復された財産について債権者が強

制執行する以外にも、債務者がこれを売却してその代金を弁済や再建資金に充てるなど柔軟な対応が可能になること、②改正民法の立場のほうが、倒産法上の否認権との接合が容易であることが重要である。さらに、③責任説の内容になお詰めるべき点が多く立法技術上の困難があったことも添えられよう。

改正民法の立場は、詐害行為取消訴訟を形成訴訟と性格付けた上で（最判昭和40・3・26民集19巻2号508頁など）、詐害行為を絶対的に取り消す形成判決の既判力が（債権者・受益者・転得者に加えて）債務者およびそのすべての債権者にも及ぶことを肯定したものと解するのが「素直」かもしれない。もっとも、そのような理解に対しては、「異論」を唱える余地がある。①まず、改正民法は、債務者を被告とする必要はないがこれに訴訟告知をすべきものとしている（424条の7第2項。Ⅲ2参照）が、一般論として第三者の請求によって当事者間の行為の効力が絶対的に否定される局面においては、当該行為の当事者全員を被告とするのが通例であると見るなら（人訴2条2項〔第三者を原告とする婚姻・縁組の取消しの訴え〕、会社855条〔株式会社の役員の解任の訴え〕参照）、債務者を被告としない改正民法は、前記の「素直」な解釈を採用していないと見る余地が生ずる（絶対効と解する立場からは改正民法が債務者の手続保障を軽視したものと評されよう）。②次に、取消しが絶対効を生じるものであるなら、債務者の受けた反対給付に関する受益者の権利・受益者の債権の回復に関する改正民法425条の2・425条の3の規定（Ⅲ6参照）を設ける必要はなかったのではないかとの疑問が生じる（絶対効と解する立場からは確認規定と説明されよう）。

そこで「異論」が成り立つ可能性を探ると、まず、改正民法における詐害行為取消訴訟は形成訴訟でないと解する（新堂幸司・新民事訴訟法〔第5版〕〔弘文堂、2011〕209頁）道が思い浮かぶ。詐害行為取消権を「裁判上の行使を要する実体法上の形成権」と理解すれば、債務者に取消しの実体的な効果を及ぼしつつ被告としないことへのハードルが下がるとの見方も示唆されていた（畑瑞穂「詐害行為取消訴訟の構造に関する覚書」伊藤眞ほか編・石川正先生古稀記念・経済社会と法の役割〔商事法務、2013〕1179頁）。しかし、立法過程において、明示的に詐害行為取消訴訟を形成訴訟とみる判例理論を変更す

る議論が見られなかったことに照らせば、改正民法の解釈として形成訴訟説から離れることは難しいだろう。

別の可能性として、取消しの効果が絶対的なものではなく、詐害行為取消しの目的を達するのに必要な限度で生ずるにとどまると解する道も考えられる（沖野眞已「詐害行為取消権」金法 1874 号〔2009〕98-99 頁）。この——絶対的ではないが従前の相対効よりは、取消債権者と債務者との間でも取消しの効果を否定しないなど広い——取消しの判決効の及ぶ範囲が、改正民法 425 条で画されていると理解することになる。債務者と受益者との間では逸出財産を回復する目的の限度でしか取消しの効果が生じないため、当然に取消しによって受益者の権利が復活することにならないからこそ、改正民法 425 条の 2・425 条の 3 の手当てが必要だということになる。また、債務者と受益者との間で詐害行為の効力が絶対的に否定されるわけではないから、債務者を被告とする必要はなく、訴訟告知で足りることになる。絶対効が生じているとすると、受益者が、債権者からの逸出財産の返還請求に対して債務者に対する抗弁（詐害行為取消しによる債務者・受益者間の既履行給付返還の同時履行の抗弁）をもって対抗できることになりそうだがその当否も問題だろう。

なお、いずれにせよ、転得者に対する詐害行為取消権行使の場面では、受益者との関係では取消しの効果は及ばない（改正民法 425 条の 4 はこれを前提にした規律である）。

3 債権者平等との関係

詐害行為取消権については、これを取消債権者の利益のための制度と見るか総債権者の利益のための制度と見るかという視点も重要である（片山直也「債権者代位権・詐害行為取消権」法時 86 巻 12 号〔2014〕64 頁）。詐害行為取消権の行使・効果を検討するに際してもこの視点からの検討は有益である。立法政策としては、改正前民法下の判例法理に比してより取消債権者のための制度とする方向に進める考え方（平井・債権総論 294 頁）も、逆に総債権者のための制度とする方向に進める考え方（詳解Ⅱ 449 頁）もあり得たが、改正民法は、詐害行為取消権の行使・効果に関しては、おおむね改正前民法の判例法理を踏襲するものであるように思われる。

Ⅲ　各論

1　財産の返還・価額償還請求

改正前民法下における判例は、詐害行為取消権が行使された場合、現物返還が原則で（最判昭和54・1・25民集33巻1号12頁）、「逸出した財産自体を原状のまま回復することが不可能若しくは著しく困難」であるときに、債権者は財産の返還でなく価格による賠償を請求することができるとしていた（最判昭和63・7・19判時1299号70頁）。立法政策としては、より取消債権者の利益を重視して、現物返還が可能であっても価額償還請求ができる（平井・債権総論297頁。取消債権者が事実上優先的に債権回収することになる。4参照）とすることも考えられたが、改正民法は、改正前民法下における判例法理を明文で確認したものと解される（受益者に対する請求につき改正民法424条の6第1項後段、転得者に対する請求につき同条2項後段）。債務者の下に現物が返還されるなら、取消債権者以外の債権者が回復された財産に対する強制執行手続において債権の満足を得る可能性が——価額償還の場合に比べれば——高まる。

2　被告・訴訟告知

改正前民法においても改正民法においても、詐害行為取消権は裁判上請求すべきものとされている（424条）。取消しを請求する債権者が誰を被告とすべきかについて、改正前民法下の判例（前掲・大判明治44・3・24）は、受益者または転得者を被告とすれば足り、債務者を被告とする必要はないとしていた。改正民法は、その旨を明文で確認した（424条の7第1項）。

取消しの効果につき絶対効説をとるなら、債務者を共同被告とすべきようにも思われる（中間試案第15、1(3)）が、改正民法は、債務者について、被告とすることは想定しておらず、取消訴訟提起後遅滞なく訴訟告知をすべきものとする（424条の7第2項）。その背景には、債務者と受益者とが共同被告となるなら固有必要的共同訴訟の規律（民訴40条）が適用されることになるところ（そのこと自体議論の余地があるが）、この規律が訴訟手続の重荷に

なりかねないことへの懸念もあったようである。

3　取消しの範囲

　取消しの範囲について、改正前民法下における判例は、債権者の債権額が詐害行為の目的の価額に満たない場合であって、詐害行為が可分であるとき、債権者は債権額の範囲内においてのみ詐害行為を取り消すことができるとしていた（大判大正9・12・24民録26輯2024頁など）。立法政策としては、より総債権者の利益を考慮して、債権者の債権額にかかわらず詐害行為全体の取消しを認めることも考えられた（詳解Ⅱ476頁）が、改正民法は、改正前民法下における判例法理を明文で確認したものと解される（424条の8第1項）。（現物返還でなく）価額償還請求の前提となる取消しの範囲についても、同様に、債権者の債権額の範囲に限定されることが明文で確認されている（同条2項）。

4　債権者に対する支払・引渡し

　債権者に対する支払・引渡しに関して、改正前民法下における判例は、返還請求の対象が金銭・動産である場合について、取消債権者が自らへの支払・引渡しを求めることができるとしていた（大判大正10・6・18民録27輯1168頁〔金銭〕、最判昭和39・1・23民集18巻1号76頁〔動産〕）。立法政策としては、より総債権者の利益を考慮して、取消債権者自らへの支払・引渡しを否定すること、金銭・動産を供託させること、取消債権者が受託者として支払・引渡しを受けること、取消債権者への支払・引渡しを認めるとしても取消債権者による相殺を制限することなども考えられた（詳解Ⅱ480頁）が、改正民法は、改正前民法下における判例法理を明文で確認するとともに、受益者・転得者は、債権者に支払・引渡しをすれば、債務者に対して支払・引渡しをする必要がないことも規定した（424条の9第1項。価額償還の場合も同様であることにつき、同条2項）。

　取消債権者の手中に金銭が支払われた場合には、取消債権者は、債務者に対する被保全債権を自働債権として、債務者の取消債権者に対する回復された金銭の返還請求権を受働債権として相殺することにより、強制執行手続に

よることなく、債権回収の実を上げることができる。他の債権者が満足を得られる機会は乏しい。

　取消債権者の手中に動産の引渡しがされた場合、取消債権者は相殺によって債権を回収することはできない。手中の動産について、強制執行により満足を受ける（民執 124 条参照）。

5　判決効の及ぶ範囲

　詐害行為取消請求の認容判決の効力が及ぶ範囲について、改正前民法下における判例の立場は、受益者または転得者のみを被告とすれば足りるとしていたことから、取消債権者と受益者または転得者との間にのみ及ぶとするものであったと考えられる（前掲・大判明治 44・3・24）。これに対して改正民法 425 条は、認容判決の効力が債務者およびそのすべての債権者にも及ぶものとした。新しい規律である。被告とならない（訴訟告知がされるにとどまる）債務者および訴訟に関与することが想定されない他の債権者にも認容判決の効力が及ぶ。本条の前提となる取消しの実体法上の効果の内容については、絶対効でなく、目的を達するために必要な限度の効果を生ずるにとどまると解する余地がある（Ⅱ 2 参照）。

6　受益者・転得者の権利

　詐害行為が取り消された場合、受益者はすでにした反対給付の返還を請求することができるか。この点について改正前民法下においては、取消しの効果が取消債権者と受益者との間で相対的に生ずるとされていたことから、取消後も詐害行為は債務者と受益者との間では有効であり、したがって、受益者がした反対給付の返還を請求することもできなかったと考えられる。これに対して改正民法は、受益者が債務者に対して反対給付の返還を請求することができるものとした（反対給付の返還が困難であるときは、価額償還請求をすることができる。改正民法 425 条の 2。立法政策としては、この受益者の権利につき優先権を付与することも考えられる〔破 168 条 1 項 2 号参照〕が、改正民法における受益者の権利は一般債権である）。同様に、債務者が受益者に対して行った弁済等が詐害行為に当たるとして取り消された場合についても、改正

民法は、受益者が弁済等によって債務者から受けた給付を債務者に返還した
ときは、受益者の債務者に対する債権が復活するものとした（425条の3。破
169条参照）。

　なお、転得者に対して詐害行為取消請求がされた場合の転得者の権利につ
いても、受益者の権利に関する規律を参考にした新しい規律が設けられてい
る（425条の4）。

7　権利行使期間の制限

　詐害行為取消権の権利行使期間について、改正前民法426条は、債権者が
取消しの原因を知った時から2年間行使しないときは時効によって消滅する
こと、詐害行為の時から20年を経過したときも同様とする旨を定めていた。
これに対して改正民法426条は、権利行使期間の制限の理由を取消権の時効
消滅から、出訴期間の制限へとあらため、その前段においては2年間の出訴
期間の起算点を債務者が債権者を害することを知って行為をしたことを債権
者が知った時からと明確化し、その後段においては長期の制限期間を20年
から10年に短縮した。

26 多数当事者の債権・債務(1)——概観

千葉大学准教授 **大澤慎太郎**

要点

① 「連帯債権」の明文化
② 「不可分債権／不可分債務」に係る定義（法的性質）の変更
③ 「絶対的効力事由」の整理・変更

解説

I はじめに

1個の債権（債務）関係について複数の債権者または債務者がいる場合を多数当事者の債権（債務）関係という。本分野につき、改正民法では、「連帯債権」の明文化や「不可分債権・債務」に係る定義の変更があるほか、「連帯債務」における「絶対的効力事由」の変更や多数の新たな「保証人保護」規定の導入など、実務の転換を迫るような改正も見られる。本項目では、他項目で詳説される「連帯債務（不真正連帯債務）」(27) と「保証」(28) を除く、多数当事者の債権・債務関係をめぐる規律の全体像を概観する。

II 改正前民法下における議論

1 規律の概要

改正前民法における多数当事者の債権・債務関係をめぐる規定は、「連帯債務」と「保証」を除くとわずかしかない。すなわち、「分割債権・債務」の一般的効力（427条）、「不可分債権」の一般的効力（旧428条）、「不可分債権者」の1人に生じた事由の効力（旧429条）、「不可分債務」への改正前民

法429条と連帯債務に係る規定の準用（旧430条）、および、「不可分債権・債務」の「可分債権・債務」への変更の効力（旧431条）である。これら多数当事者の債権・債務関係のうち定義的規定を有しているのは、「分割債権」、「分割債務」、および、「不可分債権」のみであり、「不可分債務」は間接的にその存在が示されている（旧430条および旧431条参照）にすぎない。また、連帯債権および不真正連帯債務は解釈によって導かれる規律であり、規定そのものがない。いずれにせよ、多数当事者の債権・債務関係をめぐる規律につき、議論の中心は連帯債務や保証にあり、これを除けば大きな議論がある分野ではない。

2 「共有」をめぐる議論との関係

多数当事者の債権・債務関係における債権や債務の帰属形態を説明するものとして、「共有的帰属」、「総有的帰属」、および、「合有的帰属」という概念も論じられている。かかる諸概念は、物の共同所有関係をめぐって論じられる「共有」、「総有」、および、「合有」の概念を、複数の債権者または債務者がいる場合の債権・債務関係（民法典上に規定として存在するものに限るわけではない）に対して反映させたもの（中田・債権総論429頁参照）であり、例えば、先に示した民法典上に規定として存在する「多数当事者の債権及び債務」は共有的帰属に属するものとしての評価を受ける（我妻・債権総論376頁参照）。もっとも、（民法典上の）多数当事者の債権・債務関係に該当するようなものは、そもそもかような諸概念を持ちだすことなく、直接に民法典上の規定の適用などを検討すればよい。それゆえ、これらの諸概念を用いることの実益は、民法典上の規定では対応できない関係、具体的には、団体と構成員との間の債権・債務関係をめぐる考察において現れる（中田・債権総論430-431頁参照）。すなわち、入会権を有する団体が入会権を通じて取得した債権は、当該団体に対して総有的に帰属する、または、組合の有する債権は当該組合に合有的に帰属するといった具合で用いられることになる（我妻・債権総論379-380頁参照）。それゆえ、かかる諸概念は、多数当事者の債権・債務関係よりも、組合や権利能力なき社団といった「団体」に係る規律をめぐる議論の場において扱うことが適切といえる。また、近時では、これ

らに加えて、複数の債権者が共同でないと履行請求できない債権を「共同債権」、複数の債務者が共同でないと履行できず、債権者も債務者全員に共同でしか履行請求できない債務を「共同債務」として、その性質が論じられることもある（中田・債権総論473頁参照）。

3　各種の規律を論じる意義

多数当事者の債権・債務関係を各種の性質に従い分類して論じる（規定する）ことは、具体的に、次の3点から意味を持つことになる。すなわち、債権者と債務者との間に生じる法的関係（対外的効力）、複数の債権者または債務者の1人に生じた事由の他の債権者または債務者への影響関係（影響関係）、および、複数の債権者の1人が弁済を受領した場合の他の債権者への利益の帰属関係、または、複数の債務者の1人が弁済をした場合の負担の帰属関係（内部関係）である。もっとも、以下において見るように、本項目の検討範囲において、改正前民法と改正民法との対比という点から積極的意義を持つ視点は、「対外的効力」と「影響関係」ということになる。

Ⅲ　改正民法下の枠組み

1　「連帯債権」の明文化

連帯債権とは、複数の債権者が債務者に対して、性質上「可分」な給付につき、各自が独立してその全部の給付を求めることができ、1人（または数人）の債権者がこれを受領すれば、総債権者との関係で債権が消滅するという債権である（432条参照）。連帯債権は実際に用いられることが少ない概念とされ、しかも、1人の債権者が弁済を受領すると総債権者との関係で債権が消滅するという結果、他の債権者を害する危険性が高いとのことから、改正前民法下では、その性質決定自体に慎重であるべきとの見解も強かった。しかし、概念整理の必要性や実務において一定の需要があるとのことなどから、明文化が実現した（部会資料67B・6頁以下、同80-3・11頁参照）。この結果、例えば、適法な転貸借関係における原賃貸人と転貸人（賃借人）が転借人に対してそれぞれ有する賃料請求権、同一の損害につき複数の被害者が有

224　**26**　多数当事者の債権・債務(1)──概観

する損害賠償請求権、および、パラレル・デットの枠組みといったものの法的性質が、連帯債権の明文化により根拠条文を与えられ得ることになる（部会資料33-2・624頁参照）。

　明文化に当たっては、（改正前民法における）不可分債権および連帯債務の規定が意識されている。すなわち、改正前民法において、明文のない連帯債権は、一方で、複数の債権者の存在を前提としてその1人に対する給付により債権が消滅するという類似性から不可分債権の規定が、他方で、「連帯」としての性質の類似性から連帯債務の規定が、類推適用されるという考え方がそれぞれあった。このため、対外的効力につき、改正前民法における不可分債権の規定（旧428条）とほぼ平仄が揃えられている（432条、中間試案補足説明208-209頁参照）ほか、絶対的効力事由も、改正前民法下の連帯債務に係る絶対的効力事由（旧434条～439条）が（時効の完成〔旧439条〕を除き）そのまま明文化されている（432条～435条、中間試案補足説明209-210頁参照）。しかし、後述のように、「不可分債権・債務」の定義（法的性質）自体が変更されることや、連帯債務の絶対的効力事由のうち、「請求（旧434条）」、「免除（旧437条）」、および、「時効の完成（旧439条）」が削除される（相対的効力事由となる）ことから、改正民法においては、連帯債権と不可分債権および連帯債務の間に内容面での差が広がることは意識されてよい。もっとも、連帯債権と連帯債務の関係についていえば、絶対的効力事由を当事者の意思表示で定めることができる（435条の2ただし書・441条ただし書）ことから、運用上の影響は限定的なものと解される。

2　「不可分債権・債務」の定義（法的性質）の変更

　不可分債権・債務を概していえば、不可分債権とは同一の不可分な給付を目的とした複数債権者の債権をいい、不可分債務とは、同一の不可分な給付を目的とした複数債務者の債務をいう。対外的効力の面では、不可分債権は連帯債権のもの（428条・432条参照）と、不可分債務は連帯債務のそれ（430条・436条参照）と同様である。改正前民法において、「不可分債権・債務」は、給付の「性質上」不可分である場合と、可分な給付について当事者の「意思表示」により不可分とする場合の2種類があった（旧428条・430条参

照）ところ、改正民法では、給付が「性質上不可分」である場合にのみ、「不可分債権・債務」の扱いを受ける（428条・430条参照）。この背景には、まず、不可分債務につき、連帯債務と対外的効力が一致することに加え、上記1で示したように、改正民法においては連帯債務の絶対的効力事由が「極限まで」削減され、「連帯」としての関係が強化された（可分的色彩が弱められた）結果、その性質が不可分債務とほぼ変わらなくなることから、混乱を避けるためにも両者の唯一の違いともいうべき「性質上不可分」という要素をもって、不可分債務の定義を試みたという事情がある（潮見・改正法の概要112頁、部会資料67A・19-22頁参照）。また、不可分債権についても、可分債権を意思表示により「不可分」とすることは、その効力面から連帯債権の創出につながり得るところ、改正民法では、連帯債権が明文化されたことから、不可分債務と同じく、両者を区別するために「性質上不可分」の要素を用いて定義することとしている（中間試案補足説明206-207頁参照）。この結果、改正前民法において、「当事者の意思表示」により不可分としていた「可分債権・債務」は、債権につき連帯債権、債務につき連帯債務の扱いを受ける（潮見・新II 619頁・631頁参照）。何をもって「性質上不可分」との扱いを受けるかは、改正民法より解答が与えられるわけではないので、改正前民法をめぐる判例などが引き続き解釈の指針となる。判例に現れたものをいくつか挙げれば、「不可分債権」につき、共有者の第三者に対する共有物引渡請求権（大判大正10・3・18民録27輯547頁）や使用貸借契約の終了を原因とした数名の貸主からの借主に対する家屋明渡請求権（最判昭和42・8・25民集21巻7号1740頁）、「不可分債務」につき、共同賃借人の賃借物返還債務（大判大正7・3・19民録24輯445頁）や共同相続人の相続した不動産に係る所有権移転登記債務（最判昭和36・12・15民集15巻11号2865頁）などがある。もっとも、少なくとも「金銭債権・債務」は、改正民法下では「不可分」との扱いを受けることは考えにくく（部会資料83-2・17頁参照）、例えば、改正前民法下で不可分債務の例とされていた「共同賃借人の賃料債務（大判大正11・11・24民集1巻670頁）」は、"性質上不可分"ではない以上、今後は連帯債務の扱いを受けることになるものと解される（潮見・新II 573-575頁参照）。

3 「絶対的効力事由」の整理・変更

　上記2のような説明は、「性質上不可分」という要素によって、「不可分債権・債務」と「連帯債権・債務」とを概念上整理しただけのような印象、すなわち、実際の効力面においては「不可分債権・債務」＝「連帯債権・債務」という等式が成り立つかのように見えるがそうではない。それというのも、改正民法では、その「性質上不可分」（「性質上可分」）や「債権・債務」といった要素などを考慮して絶対的効力事由の整理や変更が行われており、それぞれの間には一定の効力差が認められるからである。例えば、以下のとおりである。

　改正民法では、連帯債権の明文化を踏まえ、効力の類似する者同士を共通の規律の下に置くべく、不可分債権は連帯債権の、不可分債務は連帯債務の規定をそれぞれ包括準用（428条・430条参照）した上で、個々の債権・債務関係の特性に応じた例外を設けるという構造になっている。このうち、まず、不可分債権と連帯債権の関係においては、連帯債権における絶対的効力事由たる「更改・免除」（433条）が不可分債権には準用されず（428条参照）、改正前民法のとおり、相対的効力を前提とした特別の処理がなされる（429条参照）。これは次の理由による。例えば、ABが、Cから100万円の自動車を共同購入（持分は平等）し、代金が支払われ、Cに対して不可分債権たる自動車の引渡債権を有するに至ったとする。このとき、AがCに対してこの引渡債権に係る免除をしても、「不可分」である以上、相対的効力しか持ち得ない結果、BはなおCに対して自動車"すべて"の引渡しを請求できる。しかし、CはAとの関係では免除を受けているのだから、自動車"すべて"の引渡債務を負っているわけではない。それゆえ、BはAの当初の持分に相当する額である50万円をCに償還することで、ABC間の調整を図るという処理をせざるを得ない。これに対して、「可分債権」が前提となる連帯債権の場合には、持分の償還などという煩雑な処理をせずとも、免除に絶対的効力を付与すれば足りる（潮見・改正法の概要109頁参照）というわけである（ABが100万円の"連帯"金銭債権をCに対して有していた場合に、AC間で免除が行われたことを想起すればよい）。更改が準用されない理由も同じく説

明が可能であり、上記の例でいえば、AがCに対して自動車の引渡しに代えて絵画の引渡しを内容とする更改契約を締結したような場合を考えてみればよい。

不可分債権・債務ともに、連帯債権・債務の絶対的効力事由たる「混同」（435条・440条参照）が準用されていない（428条・430条）のも同様の趣旨である。例えば、DEが、共同所有（持分は平等）する自動車をFに100万円で売却し、不可分債務たる自動車の引渡債務をFに対して負ったとする。このとき、EF間で混同（520条）が生じたとすれば、Eの引渡債務が消滅する一方でDの引渡債務はE＝Fに対して残存する。Dは自動車"すべて"の引渡債務を負っているわけではないけれども、不可分である以上、"すべて"を引き渡すしかない。これに対して、「可分債務」が前提となる連帯債務の場合には、混同に絶対的効力を付与すれば、それで十分ということになる（部会資料67A・20-21頁参照。なお、不可分債権については、先の自動車売買の例で、AC間に混同〔520条〕が生じた場合を考えてみればよい）。

「債権」と「債務」との間にも一定の違いがある。まず、「不可分債権・連帯債権」および「不可分債務・連帯債務」ともに、影響関係については、「相対的効力」が原則である（428条・435条の2本文、および、430条・441条本文参照）。しかし、1で示したとおり、連帯債務の絶対的効力事由が削減される一方で、連帯債権については改正前民法における連帯債務の絶対的効力事由が「時効の完成（旧439条）」を除いて維持される結果、連帯債権と連帯債務との間には影響関係に差が生じ、これをそれぞれ準用する不可分債権と不可分債務の間にも、同様の違いが現れる。具体的には、「債務」においては、「請求」（旧434条の削除）と「免除」（旧437条の削除）が相対的効力事由になるということである。もっとも、「連帯債権・債務」ともに（その規定を準用する「不可分債権・債務」も）当事者の意思表示によって相対的効力事由を絶対的効力事由へと変更できる（435条の2ただし書・441条ただし書）ことには注意を要する。

その一方で、連帯債務と不可分債務とを比較すれば、連帯債務につき絶対的効力事由を削減しながらも「更改」の絶対的効力を維持（旧435条・438条参照）しつつ、不可分債務につき改正前民法では相対的効力事由とされて

いた「更改」（旧430条・429条1項・435条参照）が、改正民法では連帯債務規定の準用を通じて絶対的効力事由に変更される（430条・438条参照）など、「債務」間での効力の共通化も図られている（部会資料80-3・8頁・10-11頁参照）。

　以上をまとめれば、「債権」と「債務」の間では「請求・免除」に差が生じ、「債権」内部では「更改・免除・混同」に、「債務」内部では「混同」に、それぞれ違いが現れることになる（換言すれば、すべてに共通する絶対的効力事由は、「弁済」と「相殺」だけということになる）。

IV　おわりに

　ある概念につき、条文上の定義が変更されるということは、その法的性質が変更されることを意味する。これは、多数当事者の債権・債務関係に係る概念につき、改正前民法では「分割主義」がその原則的な規律とされていたのが、改正民法の下では各概念が並列的関係に組み直されたとの評価（潮見・新II 571頁参照）にもつながることとなる。絶対的効力事由や相対的効力事由の変更のように、いわば"目に見える"変化は、具体的な影響関係を検討しやすいのに対して、この法的性質の変更という"目に見えない"変化は、現時点では想定されていないような大きな影響をもたらすことにもなり得る。一見地味な変更ではあるけれども、債権と債務という民法の基幹をなす概念をめぐる変化は、「パラダイム・シフト（パラダイム・チェンジ）」の名にふさわしいものとなるのかもしれない。

　いずれにせよ、「可分・不可分」または「債権・債務」に関する規律の整理は、実際の効果面（実務）に影響を与えるほか、その前提となる具体的な債権・債務関係の法性決定を、より強く意識させることになろう。例えばこれは、先に示した各種の適用例のほか、最決平成28・12・19（民集70巻8号2121頁）などに見られる「遺産分割」をめぐる問題などにも関わることとなる。

27 多数当事者の債権・債務(2)——連帯債務

駒澤大学教授 **福田 誠治**

要点

① 対外的効力について相対的効力の原則を強化

② 求償について従来の解釈論を明文化

③ 連帯債務規定の射程を従来の不真正連帯に拡張

解説

I はじめに

改正民法の特徴は要点で示した3点だが、そのうち③がとくに重要である。改正前民法は広範な事由に絶対的効力を付与していたことから、解釈論は連帯二分論を採用し、規定の適用を真正連帯に限定していた。これにより、改正前民法の射程は親子2世代ローンやジョイント・ベンチャー（共同企業体）などの場合に限られていた。それに対し、改正民法は相対的効力の原則を強化し、それに伴って、不真正連帯を民法規定に取り込むことを狙っている（連帯債務の一元化）。これにより、連帯債務規定の射程は不法行為責任が競合する場合などにも及ぶことになる（潮見・新Ⅱ 587 頁）。ただし、立法趣旨の理解についてはなお流動的な部分が残っており、改正民法の下でも連帯二分論を維持しようとする学説もある（平野裕之・債権総論〔日本評論社、2017〕247 頁）。

以下では、債権者Aに対して、BとCが3000万円の連帯債務を負担している場合を基本設例とする。また、本題に入る前に、絶対的効力と相対的効力という用語の意味を説明しておこう。例えば、基本設例においてBがAに弁済した場合に、それによる債務消滅効はCにも及ぶ。これを絶対的効力という。それに対し、Bの契約がAの詐欺を理由として取り消された場

合でもＢの債務が遡及的に効力を失うだけであり、Ｃの債務は影響を受けない（437条。これは旧433条と同じ）。これを相対的効力という。

Ⅱ　債権者に対する連帯債務の効力

1　相対的効力原則の強化

　法形式上は、改正前民法も相対的効力を原則としていた（旧440条）。しかし、改正前民法434条から439条までが絶対的効力を定めており、例外規定が多すぎて、相対的効力の原則は形骸化していた。とくに問題なのは免除と消滅時効である。弁済や代物弁済などと異なり、免除や時効では債権者が満足を受けていないが、それにもかかわらず絶対的効力を認める（旧437条・439条）。これは担保としての効力を損なうものだと批判されていた（我妻・債権総論416頁・423頁）。そのため、改正民法は免除や時効を相対的効力にとどめた（部会資料67A・7頁・10頁）。

　他方で、請求に絶対的効力があることで（旧434条）、債権者は連帯債務者の全員に対して時効中断措置をとらずに済む。しかし、時効中断効の拡張は他の債務者にとって不意打ちになりかねず、過酷だと批判されていた（我妻・債権総論415頁）。それでも、連帯債務者が恒常的に連絡を取り合う緊密な関係に立っていればよいのだが、真正連帯の背後にある団体関係は多様である。そのために、改正民法は請求の効力を相対的なものとした上で、事前の特約によって絶対的効力が生じる道を残した（部会資料67A・4頁）。

　その特約は、効力拡張を受ける債務者と債権者の間で行わなければならない。例えば、基本設例でＢに対する請求の効力をＣに拡張しようとすれば、その旨をＡとＣの間で合意しておく必要がある。改正民法441条ただし書にいう「債権者及び他の連帯債務者の一人が別段の意思を表示したとき」はそれを示している。ただし、免除については、たとえＡ・Ｃ間の特約がなくても、Ａが債務者全員に対する免除の意思をＢに対して表示することで、その効力がＣに及ぶ（最判平成10・9・10民集52巻6号1494頁）。

2 絶対的効力が維持された事由

　改正民法は更改や混同の絶対的効力を残しており（438条・440条）、相殺適状にも類似の効力を認める（439条2項）。まず更改については、更改契約の目的が絶対的効力につながっている。その目的とは、更改前の旧債権に関して現に存在する抗弁や存在し得る抗弁をすべて遮断することにある（第77回会議議事録18-19頁〔内田貴委員発言〕、部会資料67B・2頁）。そこでの新債権は旧債権から切り離されたものとなる。例えば、基本設例でA・B間の合意によって金銭債権を有価証券の移転債権に変更したとする。改正民法が想定する更改とは、その合意においてAが3000万円に代えて有価証券を取得することを望み、Cから3000万円の支払を受けることを望まないときを指す。そうであれば、Cの金銭債務を存続させて、それをBの有価証券債務と請求権競合の関係に置くことはできない。もし金銭債務の存続を認めると、Cが3000万円を支払うことでAは有価証券をBに請求できなくなってしまい、更改の目的に反するからである。そのため、更改によって有価証券の取得を期待したAはCに対する関係でも金銭債権を失うとした。もっとも、特殊な金融取引を別とすれば、そういった更改が行われることはあまりない。

　次に、混同に絶対的効力を認めたのは、債権者Aを相続した債務者Bや、これに弁済するCのほかに、3番目の債務者Dがいて、そのDが無資力だというケースを想定したものである。この場合には、Dの無資力に伴う負担の増加をBとCに分担させる必要があって、それを実現するために、混同を一体型とし、求償関係に移行させるのが好ましいと考えた（部会資料67A・13-14頁。また、詳解III 406頁参照）。

　さらに、連帯債務者の1人について相殺適状が成立していた場合において、改正民法はその負担部分の限度で他の債務者に履行拒絶権を認める。これにつき、改正前民法436条2項は「相殺を援用することができる」と定めており、古い判例はそれを、他の連帯債務者に相殺の意思表示をする権利を認めたものだと解釈していた（大判昭和12・12・11民集16巻1945頁。処分権説）。しかし、すでに戦前から学説はそれを批判し、履行拒絶権にとどめるべきだと見ていた（我妻・債権総論413頁）。改正民法はその批判を受けいれたもの

である（部会資料67A・5-6頁）。

　しかも、改正民法は連帯債務を一元化するとともに、相殺禁止事由を変更しており（509条参照）、いわゆる双方過失による交通事故で生じた物損に関して相殺を許容するようになった。これにより、共同不法行為でも上記の履行拒絶権が問題になる。例えば、A・B・Cの過失によってA運転の自動車甲とB運転の自動車乙が衝突し、双方が大破したとする。ここでは、甲に関するAの損害賠償請求権と乙に関するBの損害賠償請求権が相殺適状にある。そのため、AがCに対して損害賠償を請求しても、Cは、Bの損害賠償請求権を自働債権として、その負担部分につきAに対する履行を拒絶できる。

Ⅲ　求償制度の整備

1　求償の要件とその範囲

　改正民法442条1項は、2つの点で新たな文言を追加する。第1に、そこでは「その免責を得るために支出した財産の額（その財産の額が共同の免責を得た額を超える場合にあっては、その免責を得た額）」と定める。これは代物弁済や更改を想定したものである。例えば基本設例で、Aの同意を得て、Bが3000万円の支払に代えて株式を譲渡したが、その株式の市価が2700万円だったとする。この場合、Bは給付価値2700万円を基礎として、その負担割合相当額をCに求償できる。それに対して、株式の市価が3300万円だったとしても、免責額3000万円が求償の基礎となる。それらの問題を直接に扱った判例はないが、古くから通説は以上のように解釈しており（我妻・債権総論434頁）、改正民法はこれを取り入れた。その理由として説かれているのはこうである。現実の支出額（更改の場合は負担した新債務の金銭評価額）が原則として求償の基礎となるのは、求償が、経済的負担を前提にしてその公平な分担を図るための制度だからである。ただし、現実の支出額が免責額を超える場合にはその超過分は他の債務者に利益を与えないから、免責額が上限を画する（部会資料67A・17頁）。

　第2は、一部弁済による求償権の成否と範囲に関わる問題である。判例は

233

真正連帯と不真正連帯の扱いを分けており、弁済額が弁済者の負担部分を超過していなくても真正連帯では求償を認めるのに対し（大判大正6·5·3民録23輯863頁）、不真正連帯では負担部分の超過を求償要件としていた（最判昭和63·7·1民集42巻6号451頁）。これにつき改正民法は真正連帯の規律に一本化することとした。それが「その免責を得た額が自己の負担部分を超えるかどうかにかかわらず」の文言に現れている。これは、債務者相互の公平と弁済促進の観点を考慮したものである（部会資料80-3·9頁）。

2 免除や時効と求償義務の関係

改正民法445条は新設規定である。前述したように（Ⅱ1）、連帯債務者の1人が債務免除を受けても、原則として免除の効力は他の債務者に及ばないが（441条本文）、さらに免除は被免除者の求償義務に影響しないことを定めている。例えば、基本設例でBが免除を受けても、Cの債務には影響が及ばない。そのため、CがAに3000万円を支払うと、今度はCからBに対する求償が問題になる。これを改正民法445条が扱っており、Bは免除を受けていてもCに対する求償義務を負担する（この点は後に再論する）。

それは、Bについて時効が完成していても同じだが、若干の問題がある。たとえBの債務について時効が完成しても、Cの債務について時効が完成しない限り、改正民法445条によってBはCに対する求償義務を負うことになる。これがとくに問題になるのは不法行為責任が競合する場合である。例えば交通事故で、Bの過失が事故原因であることは明白だが、その時効完成後に調査するとCの過失も関与していたことが判明したとする。その場合に、Bは事故の原因が自身の過失だけであり、かつ時効によって損害賠償債務を免れたと思っていたとしても、CがAに賠償金を支払うことで、Bは求償金の支払義務を負うことになる。この点は時効制度の理解に再検討を促すものであって、弁済に関する証明困難を救済するという時効の存在理由は後退することになるだろう。

3 事前・事後の通知制度

連帯債務者の1人が債権者に弁済しても、事前・事後の通知義務違反があ

ればその求償は制限される（443条1項・2項）。そのうち、事前通知に関して改正前民法は、「連帯債務者の一人が債権者から履行の請求を受けたことを他の連帯債務者に通知しないで弁済をし」と定めていた（旧443条1項）。しかし、事前通知は債権者に対して抗弁を有する債務者に抗弁行使の機会を与えようとする制度だから、請求の有無を問わず弁済に先立つ通知が必要だと解されていた（奥田・債権総論366頁）。改正民法はそれを取りいれるとともに、事前通知の内容を「共同の免責を得ること」に変更している。

　また、改正民法443条1項と2項の双方に「他の連帯債務者があることを知りながら」という文言が挿入された。これは、不法行為責任が競合するなど不真正連帯の場合を想定したものである。弁済者が自己と連帯関係に立つ他の債務者の存在を知らない場合には、弁済者に事前・事後の通知を期待することができないことから、それを通知義務者から外している（部会資料80-3・10頁）。

IV　連帯債務の一元化

1　一元化の影響

　II 1で見たように、改正前民法は広範な事由に絶対的効力を認めていた。学説は、そこに債務者相互間の緊密な団体関係の影響を見出すことで、団体関係の強弱に応じて真正連帯と不真正連帯を区別し、後者には連帯債務規定の適用がないと解釈していた（我妻・債権総論401頁・410頁。ただし、単純な二分論は近時、大きく揺らいでいる。例えば、潮見II 548頁以下・584頁以下参照）。判例も連帯二分論を支持し、不法行為責任が競合する場合に関して請求や免除、混同の効力を相対的なものとしていた（請求につき、最判昭和57・3・4判時1042号87頁。免除につき、最判昭和48・2・16民集27巻1号99頁、最判平成6・11・24判時1514号82頁。混同につき、最判昭和48・1・30判時695号64頁）。また、不法行為の加害者相互間における求償金債権に関する損害金の発生につき、求償金請求の催告を要求していた（前掲・最判昭和63・7・1、前掲・最判平成10・9・10）。これは求償金債権の性質を事務管理または不当利得と見ることで、442条2項の適用を排除したものである（河邉義典「判

解」最判解民平成 10 年度(下) 809 頁注 15)。

それに対して、改正民法は相対的効力の原則を強化することで連帯債務の一元化を指向する。これにより、絶対的効力が残された更改・混同・相殺適状に関しては、従来の不真正連帯でも絶対的効力が生じる。また、Ⅲ 1 で見たように、一部弁済による求償の要件や範囲に関しても従来の判例とは異なる規律が働く。しかも、その求償は事務管理や不当利得の一般論から離れた法定のものである。その影響を具体例を使って説明しよう。

2 免除の例

交通事故の被害者 A が加害者 B と C に対して損害賠償を求めて提訴したが、A・B 間では裁判上の和解が成立し、B は和解金の支払と引換えに A から残債務の免除を受けたが、C は和解を拒絶した。その結果、A・C 間の確定判決は、損害額 3000 万円のうち A が B から受領した和解金を控除した残額について、その支払を C に命じた。また、B と C の過失割合が 2 対 3 だったとする（負担部分は 1200 万円と 1800 万円）。この場合に、① A・B 間の和解金額が 2000 万円だったときと、② 1000 万円だったときについて、改正前後の規律を比べてみよう。

まず改正前民法の下では、負担部分を超えて弁済することが求償要件であり、超過部分だけが求償対象となる（Ⅲ 1）。そのため、①における C は、B に対してその超過部分 800 万円の求償義務を負い、また A に対して残債務 1000 万円を負担する。それに対して、②における B が C に対して求償できないのは当然だが、残債務 2000 万円を支払った C が B に対して求償できるかは問題である。これは、その支払に先立つ免除によって、B は債務を免れているからである。事務管理であれ不当利得であれ、C が B に求償するには、C による 2000 万円の支払が B の債務を消滅させたという事情が必要であり、その支払に先立って B が債務を免れていれば、費用の有益性（702 条 1 項）や利得（703 条）の要件を欠く。そのため、少なくとも理論的には C の求償権は否定される。結果的に B と C の実質負担額はそれぞれ 1000 万円と 2000 万円となり、その数額は本来の負担部分から離れる。

次に、①を改正民法で考えると、B は和解金 2000 万円のうち C の負担割

合相当額 1200 万円につき求償権を取得するが、その後さらに C が残債務を支払えば、B は 400 万円の求償義務を負担する。それに対し、②における B は和解金 1000 万円のうち C の負担割合相当額 600 万円を求償できるが、C が残債務を支払うことで、B はその負担割合相当額 800 万円につき求償義務を負担する。これは、B が免除を受けていても求償義務を妨げないからである（Ⅲ 2）。この点で、加害者相互間の求償権は事務管理や不当利得の一般的な要件から離れた法定の請求権と位置付けることになる。

このように、いずれの場合にも A は損害額 3000 万円を回収できるのであって、その点で、法改正の影響はない。影響を受けるのはむしろ B・C 間の求償関係である。免除が求償関係に影響しないことが明文化されたことで、①・②いずれの場合にも両者は各自の負担部分相当額を吐き出すことになる。これは相互の公平に資するが、②における B に着目すると、現実問題として和解協議が難航するのではないかという懸念がある。

それはこうである。改正前民法の下であれば、B は和解の結果として C に対する求償義務を免れる。これにより C の実質負担が増えるけれども、それは、C が A との和解を拒絶したからである。また、A・B 間で合意した和解金が B の負担部分とある程度見合っている限りにおいて（その権衡を失する場合については、山口和男「共同不法行為者の 1 人につき生じた事由の効力」判タ 268 号〔1971〕114 頁参照）、和解後における B の求償義務を問うことは、B の期待を裏切ることになる。B は A との和解によって終局的な解決を図ったつもりでいたのに、事後的に C に対する求償義務が問題になると、その期待が裏切られてしまうからである。不法行為責任が競合する場合には、加害者が賠償すべき債務の総額やその負担割合は訴訟を経るまで確定しない。そういった中で、B　C 間における負担の公平をある程度考慮するというにとどまらず、精確な公平さを追求しようとすれば、和解に応じた B の期待を裏切ることになりかねない。また、その懸念があることでそもそも B が和解の席に着こうとする意欲を減殺することになる。改正前民法の下では、その問題を免除意思の解釈問題として処理し、A が終局的な解決を図るために B と和解したというのでない限りは、和解の結果として C の実質負担が少し増えるのはやむを得ないと見ていた。しかし、改正民法の下では、和

解成立後でも原則としてＢの求償義務が残る。それを排除したければ、Ａ・Ｂ間の和解協議において終局的解決を図る意思を明確にしなければならない（松本恒雄＝深山雅也「多数当事者の債権債務関係」ジュリ1517号〔2018〕74頁以下参照）。

28 保証債務——概観

大阪大学准教授 **齋藤　由起**

要点

① 主債務の事後的加重と保証債務の関係
② 主債務者について生じた事由の効力
③ 連帯保証人について生じた事由の効力
④ 保証人の求償権とその制限

解説

I　はじめに

　保証の基本的内容に関する改正の要点は、次のとおりである。①主債務の事後的加重と保証債務の関係に関する一般的理解が明文化された（448条2項。II）。②主債務者について生じた時効「中断」に関する規定が時効規定の改正に伴って変更され（457条1項）、また、債務者が主張することができる抗弁を保証人が対抗できること（同条2項）と主債務者が相殺権・取消権・解除権を有する場合における保証人の履行拒絶権（同条3項）が明文化された（III）。また、③連帯保証人について生じた事由の効力（458条）については、連帯債務規定の改正に伴い、実質的な変更がある（IV）。④保証人の求償権とその制限については、通説の考えが明文化されるとともに規定が合理化された（V）。

II　主債務の事後的加重と保証債務の関係（448条2項）

　改正民法は、主債務の目的または態様が保証契約の締結後に加重された場

合であっても、保証人の負担は加重されないことを明文化した（448条2項）。これは、従来から異論のない理解を明文化したものであるが、債権者と主債務者の新たな契約によって、当該契約に関与しない保証人の責任を加重することはできないという、契約の第三者効に関する一般原則に基づくものである。主債務の利率を事後的に上げる場合や主債務の弁済期を早める場合が典型例であるが、主債務についてなされた和解契約が保証債務に影響を及ぼすかどうかは、和解契約の個々の条項ではなく内容全体が主債務を加重するものかどうかをみて判断される（我妻・債権総論465頁）。

なお、主債務の目的・態様が債権者と主債務者の契約によって事後的に軽減された場合（例えば、主債務の利率を低くした場合）については規定がないが、保証債務も軽減される。保証債務の内容における付従性により、保証債務の目的・態様が主債務よりも重くなることはないからである。

Ⅲ　主債務者について生じた事由の効力

1　主債務の時効の完成猶予・更新（457条1項）

457条1項は、改正民法により、消滅時効の「中断」を「更新」と「完成猶予」に再構成したことに伴い、文言を変更したものである。すなわち、改正民法は、改正前民法の「中断」事由（旧147条）のうち、承認（同条3号）を更新事由に変更し（152条）、請求や差押等（旧147条1号2号）を完成猶予事由とし（147条1項・148条1項）、これらについて確定判決等により権利が確定すると更新するとした（147条2項・148条2項）。改正民法においても、「履行の請求その他の事由による」という修飾語が残され、改正前民法457条1項の内容を維持することが前提とされていることから、改正民法457条1項は権利行使困難型の完成猶予事由（158条〜161条）に適用されないと解される。

もっとも、時効障害事由の変更に伴って実質的な内容も変化している。催告・仮差押え・仮処分は、それ自体時効の更新に結びつくことのない完成猶予事由に変更されている（149条・150条）。また、協議を行う旨の合意が完成猶予事由として追加された（151条）。権利に関する協議を行う旨の合意は、

権利者の義務者に対する権利行使の意思が表れている点で催告と共通するからである。したがって、改正民法 457 条 1 項は協議を行う旨の合意に適用されると解される。

2　主債務者が主張することができる抗弁（457 条 2 項）

　保証人は、主債務者が主張することができる抗弁をもって債権者に対抗することができる（457 条 2 項）。これは、債権者は主債務者に対する以上の権利を保証人に対して持ち得ないことの表れであり、付従性の帰結である。したがって、連帯保証の場合にも妥当する。なお、会社の債務を連帯して弁済する責任を負う点で保証に類似した地位にある持分会社の社員についても、同様の規定がある（会社 581 条 1 項）。

　主債務者が有する抗弁には、同時履行の抗弁権（533 条）、主債務の支払確保のために振り出された約束手形の交付との引換給付の抗弁（最判昭和 40・9・21 民集 19 巻 6 号 1542 頁）、期限猶予の抗弁（注民⑾ 276 頁〔中川淳〕、奥田・債権総論 398 頁、中田・債権総論 493 頁）等がある。

　なお、主債務の弁済期が延期された場合（期限の猶予）の「効力が保証債務に及ぶ」ことは、大判明治 37・12・13（民録 10 輯 1591 頁）以来認められている。この判決は、主債務の弁済期到来後に債権者と主債務者の契約により弁済期が延期されていた事案について、保証債務の消滅時効の起算点も主債務の新たな弁済期まで延期されることを認めたものである。しかし、主債務の弁済期延期の「効力が保証債務に及ぶ」ことによって、保証債務の弁済期それ自体も当然に延期されるかどうかは明らかでない。上記の抗弁権構成のほか、延期後の弁済期まで保証人が履行しなくて済むようになる点に着目すると保証債務の事後的な加重（448 条 2 項）には当たらないことと、前掲・大判明治 37・12・13 を敷衍して、保証債務の弁済期が民法 448 条 1 項により当然に延期されるとする見解もある（中間試案補足説明 211-212 頁）。

　抗弁権構成によると主債務の弁済期よりも保証債務の弁済期が先に到来するが、債権者は主債務者の弁済期が到来していない限り保証人に履行を請求できないから（457 条 2 項）、保証債務について「権利を行使することができる」（166 条 1 項）とはいえず、消滅時効は主債務の弁済期が到来するまで進

行を開始しないことになる。

3 相殺権・取消権・解除権（457条3項）

(1) 改正の趣旨

相殺・取消し・解除・消滅時効のように、主債務の不存在・消滅が主債務者の意思表示にかからしめられている場合に、主債務者自身がこれらの意思表示をした場合には、成立または消滅における付従性により、取消しに関する民法449条の例外を除き、保証人は、改正民法457条2項によることなく自己の有する抗弁として主債務の不存在や消滅を主張することができる（中間試案補足説明212-213頁）。しかし、主債務者がこれらの意思表示をしていない間は主債務が存在しているため、保証人は付従性による保証債務の不存在や消滅を主張することはできない。他方で、保証人がこれらの意思表示をできるとすると、主債務者の債権の処分に対する過度の干渉になり得る。改正民法457条3項はこの場合について手当てした規定である。会社法581条2項にも同様の規定がある。

なお、消滅時効については、従来の判例・通説に従い、保証人が主債務の時効の援用権者であることが明文化された（145条括弧書）。

(2) 相殺権

主債務者が債権者に対して反対債権を有する場合については、改正前民法457条2項は、「保証人は、主たる債務者の債権による相殺をもって債権者に対抗することができる」と規定していた。その趣旨は、主債務者が相殺できるのに保証人に弁済させるのは不当であること、求償関係の複雑化の回避、主債務者無資力からの保証人保護と債権者無資力からの主債務者保護にあった。

しかし、「相殺をもって債権者に対抗することができる」の意味については、連帯債務の場合と同様、保証人が相殺によって主債務を消滅させることができるとする相殺権説（大判昭和12・12・11民集16巻1945頁〔連帯債務に関する事案〕）と、保証人は相殺によって主債務が消滅する限度で履行を拒絶することができるにとどまるとの抗弁権説とに分かれており、抗弁権説が通説であった（我妻・債権総論483頁、奥田・債権総論398頁、中田・債権総論

497頁等）。相殺権説によると、保証人が主債務者の債権の処分権に対する過度の干渉になるからである。改正民法457条3項は、抗弁権説の考え方を明文化したものである。

(3) 取消権・解除権

起草者梅は、保証人が「承継人」（120条）に含まれるとして、保証人が主債務を発生させた契約を取り消すことができると解していたが（梅・要義一316頁）、判例（大判昭和20・5・21民集24巻9頁）および通説（我妻・総則395頁）は、保証人の取消権を否定してきた。しかし、主債務者が取消権を行使していない間に保証人が履行を強制されるというのでは、保証人の保護を欠く。そこで、学説では、主債務発生取引が取り消されるか否かが確定するまでの間、保証人は履行を拒絶できるという考えが通説であった（我妻・債権総論484頁、奥田・債権総論398頁、中田・債権総論496頁等）。改正民法457条3項は、この考え方を明文化したものである。主債務者が追認した場合には（124条・125条）、保証人は履行しなければならない。

解除についても同様の考えから、取消権と同様に規定された。

IV　連帯保証人について生じた事由の効力（458条）

1　改正前民法の下での議論

改正前民法458条は、連帯保証の場合において、連帯債務者の1人について生じた事由の効力に関する諸規定を包括的に準用していた。しかし、主債務者について生じた事由が保証人に及ぶことは付従性と改正前民法457条1項によって導かれるので、本条の実益はなかった。したがって、本条の意義は、連帯保証人について生じた事由の主債務者に対する影響関係を規律することにあった。もっとも、改正前民法では連帯債務者間において広く絶対的効力が認められていたが、連帯保証人には負担部分がないので、準用の実益があったのは、請求（旧434条）・更改（旧435条）・混同（旧438条）に限られていた。更改と混同については準用不要説も主張されていた。

2 改正民法の下での枠組み

改正民法458条は、「第438条、第439条第1項、第440条及び第441条の規定は、主たる債務者と連帯して債務を負担する保証人について生じた事由について準用する」と規定する。

連帯債務において履行の請求が相対的効力事由となったため（旧434条の削除）、連帯保証人に請求しても、主債務者の消滅時効が完成猶予・更改（147条）されることはなくなった。これにより、主債務者の関与なく出現し得る連帯保証人に対する請求によって、主債務者に不測の損害を与えかねないという問題が解決される一方、債権者の債権管理には注意が求められる。もっとも、主債務者と債権者との間で、連帯保証人について生じた事由の効力を主債務者にも及ぼす旨を事前に合意しておくことは可能である（458条・441条ただし書）。

改正民法458条は改正前民法と異なり個別的な準用規定になったため、準用の可否を解釈によって定める余地がなくなったようにも見える。しかし、改正民法439条1項も改正民法441条も保証債務の性質から当然の帰結であり、準用の意味はない。更改（438条）についても、改正民法では、更改の目的は旧債務との関係と切り離した独立の債務として新債務を創設するのが目的であるとの考えに基づき、更改による新債務と更改に関与しない連帯債務者の旧債務の併存を避けるため、更改によって連帯債務者全員の債務を消滅させることにした（第77回会議議事録18-19頁〔内田貴委員発言〕）。この趣旨に照らせば、単純保証債務について更改がされる場合にも主債務が消滅するはずであるから、準用の実益はない。混同（440条）についても、準用規定がなくても保証人は保証債務を免れて債権者として主債務者に対する権利を行使できる。準用によりかえって単純保証の場合との間で法律構成に差が生じ、権利行使できる範囲、遅滞に陥る時期や消滅時効の起算点が異なるというアンバランスを生じ得る。

このようにみると、改正民法下においても、更改と混同の準用の必要性は乏しいと考えられ、そうであるならば、本条は確認規定としての意義を有するにとどまるだろう。

V 保証人の求償権とその制限

1 受託保証人の求償権

(1) 事後求償権（459条・459条の2）

改正民法459条1項は、受託保証人の主債務者に対して取得する求償権は、原則的に、支出額を基準とするが、括弧書（「その財産の額がその債務の消滅行為によって消滅した主たる債務の額を超える場合にあっては、その消滅した額」）を追加することにより、例外として、代物弁済の場面で支出額が債務消滅額を超える場合に関する従来の解釈を明文化した。

また、改正民法459条の2は、受託保証人が期限前に弁済等をした場合の求償権の範囲と行使時期を明らかにした。これは、例えば、主債務者も受託保証人も債権者に対する反対債権を有していたところ、債権者の資力が悪化したため、保証人が保証債務の期限の利益を放棄して債権者に対して自己の反対債権を自働債権とする相殺をしたような場合を想定したものである（中間試案補足説明215頁）。この場合、保証人が自己の利益を図るために債権者の無資力のリスクを主債務者に負わせている点で、期限前弁済は保証委託の趣旨に反する。そこで、同条1項は、期限前弁済による事後求償権の元本を、主債務者の意思に反しない無委託保証人と同様に（462条1項参照）、債務消滅行為時に利益を受けた限度に限定した。同条2項は、同条1項で定めた元本についての利息等は、主債務の弁済期から発生することを明示したものである。同条3項は、期限前弁済等をした受託保証人は、主債務者の期限の利益を害さないため、主債務の期限の到来まで事後求償権を行使できないとした判例（大判大正3・6・15民録20輯476頁）の考えを明文化したものである。

なお、保証契約締結後に主債務の弁済期が延期された場合には、主債務者は猶予された期限をもって受託保証人に対抗できないのであるから（460条2号ただし書参照）、保証人が当初の弁済期に弁済したとしても期限前弁済にはならず、改正民法459条の2は適用されないと解すべきである。受託保証人は保証契約締結時に予定されていた弁済期での主債務者の資力を考慮した上で保証委託を引き受けているため、自らの関与のない主債務の弁済期の延

245

期によってその求償可能性を脅かされてはならないからである。

(2) 事前求償権（460条）

受託保証人の事前求償権の発生事由について、「過失なく債権者に弁済をすべき旨の裁判の言渡しを受け」た場合が、改正前民法459条1項から改正民法460条3号に移された。また、「債務の弁済期が不確定で、かつ、その最長期をも確定することができない場合において、保証契約の後10年を経過したとき」（旧460条3号）は削除された。例として無期の年金や終身定期金債務の保証等が挙げられていたが、このような場合には主たる債務の額が定まらないため、求償権の行使額も定まらず、事前の求償にはなじまないからである（詳解Ⅲ454頁、中間試案補足説明216頁）。

2 無委託保証人の求償権（462条）

無委託保証人の求償範囲については、改正前民法からの変更はない（462条1項2項）。

改正民法は、無委託保証人が主たる債務の弁済期前に期限前弁済をした場合についても、受託保証人の期限前弁済の場合と同様に（459条の2第3項）、主たる債務の弁済期まで求償権を行使することができないとする規定を新設した（462条3項による459条の2第3項の準用）。

保証契約締結後に債権者と主たる債務者との間で主たる債務の弁済期が延期された場合に、無委託保証人が当初の弁済期に弁済したときは、委託保証の場合と異なり、延期された弁済期まで求償できないと解すべきである。なぜなら、主債務者は、債権者から新たに許された期限の利益を自ら委託していない保証人から害される理由はないからである。したがって、無委託保証人による当初の弁済期における弁済は、主たる債務者との関係では期限前弁済として扱われると解すべきである。

3 事前・事後の通知義務──求償権の制限（463条）

463条は、保証人の事前・事後の通知義務について、連帯債務者の事前・事後の通知義務に関する改正前民法443条を包括的に準用していた改正前民法463条1項と、主債務者の受託保証人に対する事後通知義務を定めた改正

前民法 463 条 2 項の規定を、書き下し形式にあらためた上で、従来の通説に従って整理して明確化したものである。

第 1 に、委託保証の場合には、受託保証人は事前通知義務（463 条 1 項）と事後通知義務（同条 3 項）を負い、主債務者も受託保証人に対して事後通知義務を負う（同条 2 項）。事前通知の内容は、「履行の請求を受けたこと」から債務の消滅行為をすることにあらためられた。主債務者が弁済後に事後の通知を怠り、受託保証人も事前の通知を怠って弁済した場合については、改正前民法下と同様に、解釈問題として残されている。

第 2 に、無委託保証人の求償範囲が本来的に制限されていることとの兼ね合いで、無委託保証人に事前・事後の通知義務の懈怠に対する制裁を課すことが無意味である場合について、これらの義務を廃止し、規定を合理化した。

まず、主債務者の意思に反しない無委託保証人は、弁済時に主債務者が利益を受けた限度でしか求償できないため（462 条 1 項・459 条の 2 第 1 項）、事前通知義務を課す意味がなく、事後通知義務のみを負う（463 条 3 項）。

次に、主債務者の意思に反する無委託保証人は、求償時に主債務者が利益を受けた限度でしか求償できないので（462 条 2 項）、事後通知義務を課す意味がないため、これを廃止した（463 条 3 項参照）。

なお、改正民法 463 条 3 項は、「保証人が主たる債務者の意思に反して保証をしたとき」について、「主たる債務者は、その債務の消滅行為を有効であったものとみなすことができる」と規定するが、このことは、民法 462 条 2 項から明白であるから、この部分に関する規律は確認規定にすぎない。

29 根保証および個人保証人の保護

慶應義塾大学教授 平野 裕之

要点

① 根保証規制の適用対象の拡大
② 債権者の保証依頼に際する情報提供義務
③ 保証人による保証締結前の公正証書による保証意思の表示
④ 債権者の保証契約締結後の履行状況の情報提供義務
⑤ 債権者の主債務者の起源の利益喪失の通知義務

解説

I 根保証規定の改正

1 今回の改正にいたるまで――2004年改正の概観

　当初の民法には根保証についての規定はなかったが、2004年に改正前民法465条の2以下の規定が新設され、根保証についての規定が導入された。おおむね以下のような規定が導入された。

(1) 個人貸金等債務についての包括根保証の禁止

　2004年改正民法は、まず、「金銭の貸渡し又は手形の割引を受けることによって負担する債務」を「貸金等債務」とよび、貸金等債務を含む個人による根保証（以下、「個人根保証」という）につき、必ず「主たる債務の元本、主たる債務に関する利息、違約金、損害賠償その他その債務に従たるすべてのもの及びその保証債務について約定された違約金又は損害賠償の額について、その全部に係る極度額」（以下、「極度額」という）を定めることを要求し（旧465条の2第1項）、極度額の定めのない根保証契約を無効とした（同条3項）。極度額は確定的な金額を表示して置くことが必要であり、賃料の4

か月分という表示では要件を充たさないが、賃料10万円の4か月分と表示し、極度額が40万円と確定できる場合には、有効であると説明されている（一問一答135頁）。

(2) 貸金等根保証契約の元本確定期日

また、2004年改正民法は、貸金等根保証の元本確定期日について規定し、①元本確定期日（保証期間）を定めた場合にはその満了によって確定するが、保証期間は5年を超えることはできず、5年を超える保証期間の合意をした場合には期間の合意部分を無効とした（旧465条の3第1項）。②また、保証期間について合意がされていないまたはその合意が①により無効とされる場合には、契約締結の日から3年を経過する日が元本確定期日とされる（同条2項）。

(3) 貸金等根保証契約の元本の確定事由

2004年改正民法以前の判例法では、根保証人に特別解約権が認められていたが、同法は著しい事情変更が定型的に認められる事由を列挙しその事由の発生により当然に元本が確定するものとした（旧465条の4）。元本確定事由は、①「債権者が、主たる債務者又は保証人の財産について、金銭の支払を目的とする債権についての強制執行又は担保権の実行を申し立てたとき」（同条1号）――ただし、強制執行または担保権の実行の手続の開始があったときに限る――、②「主たる債務者又は保証人が破産手続開始の決定を受けたとき」（同条2号）および③「主たる債務者又は保証人が死亡したとき」（同条3号）の3つである。

(4) 保証人が法人である貸金等債務の根保証契約の求償権保証契約

貸金等債務根保証であっても、根保証人が法人である場合には、以上の規制は及ばず、極度額の定めがなくても、また、5年を超える元本確定期日が合意されていても有効になる（旧465条の2第1項括弧書参照）。そうすると、個人根保証人を貸金等債務の根保証人にせずに、法人がこの根保証人になり、確定後の支払についていわゆる求償権保証契約を個人保証人と締結する場合には、(1)～(3)までの保護が受けられなくなる。しかし、この場合にも、個人根保証人の保護が必要であるため、2004年改正民法は（旧465条の5）、個人求償権保証契約について、その元になる法人による貸金等根保証につき、①

極度額の定めがない場合、②元本確定期日の定めがないまたはその定めない
し変更・更新が無効とされる場合に、個人求償保証を無効としたのである。

2 今回の改正で変わった点──貸金等根保証以外への拡大

(1) 包括根保証禁止──貸金等根保証以外に拡大

　包括根保証を無効とする改正民法465条の2は、貸金等債務が保証範囲に
含まれていることという要件が削除された。したがって、すべての個人根保
証に同規定は適用されることになった。この結果、主債務者が個人であろう
と法人であろうと、主債務が事業上の債務であろうと個人的債務であろうと、
個人が根保証人になる場合には、一切包括根保証が許されず、このことの実
務への影響は多大である。事業上の債務だけでなく、賃貸保証、病院への入
院保証、老人ホームへの入居者のための保証など、実際には社会的に問題に
なっていない根保証取引も規制されることになったのである。身元保証には
主債務のない損害担保契約も含まれるが、465条の2第3項を類推適用して
よいであろう（潮見・新Ⅱ764頁も同旨）。

(2) 元本確定期日──貸金等根保証に適用を限定することを堅持

　元本確定期日についての改正民法465条の3は、貸金等根保証にその適用
が限定されることを明記する改正がされたにすぎず、貸金等根保証にのみ適
用される結論に変更はない。この結果、例えば賃貸保証については、元本確
定期日を定めなくてもまた5年以上の元本確定期日を定めても有効である。
中間試案では、465条の3も個人根保証一般に適用を拡大することが予定さ
れていた（中間試案第17、5(2)）。ところが、賃貸借契約等の継続的契約関係
が存続するにもかかわらず、根保証の元本確定が確定されることに対する批
判が寄せられた。貸金等債務であれば、保証期間が切れたので、新たな根
証人を出すまで融資をしないと自衛策を講じることができるが、賃貸人はそ
れができないのである（一問一答137頁）。包括根保証禁止は適用対象が拡大
されこれにより根保証人は予測を超える責任を負うことは避けられるので、
それで十分と考えられたのである。

(3) 元本確定事由

　元本確定事由については、貸金等根保証か否かを問わずにその適用がある

ものと、貸金等根保証にのみ適用があるものとに分けられた。①貸金等根保証か否かを問わない元本確定事由は、保証人についての事由であり、債権者が保証人の財産につき、金銭債権についての強制執行または債権執行の申立てをした場合（465条の4第1項1号）、保証人が破産手続開始の決定を受けた場合（同項2号）、または、主債務者または保証人の死亡（同項3号）である。②他方、貸金等根保証にのみ適用される元本確定事由として、従前の判例法における特別解約権を受け継いだ主債務者についての信用不安に関わる事由であり、債権者が主債務者の財産につき、金銭債権についての強制執行または債権執行の申立てをした場合（同条2項1号）、または、主債務者が破産手続開始の決定を受けた場合である（同項2号）。例えば、賃貸保証では賃借人について破産手続開始の決定があっても、元本は確定することはなく、その後の賃料債務なども保証されることになる。

　これは(2)で説明した事情と関係する差別化であり、②では、賃貸借は存続するのに保証がなくなるのは賃貸人に酷であるからである。たしかに、①でも主債務者の死亡については、賃貸借は存続し、賃貸人は相続人に対して新たに根保証人を出さなければ賃貸しないとはいえないのは同じであるが、根保証人はその賃借人を保証したという人的信用関係を重視し、保証人保護を優先したのである（一問一答138頁）。賃貸人は他に機関保証を利用できることも指摘されているが（中田ほか192頁）、その理屈は改正民法465条の3にも当てはまるものである。

(4) 保証人が法人である根保証契約の個人求償保証

　法人による根保証契約の個人求償保証については、改正前は、極度額と元本確定期日に関わる規制がされていたが（前述1(1)(4)）、この2つの適用が貸金等債務以外にも適用されるかどうかが改正により分かれたため、それに対応して2つに規定が分けられた。

　①まず、個人求償保証の対象となる法人根保証に極度額がないと求償保証が無効とされるのは、包括根保証禁止は貸金等根保証という制限を取り払ったため、貸金等債務についての法人根保証である必要はない（465条の5第1項）。②他方で、個人求償保証の対象となる法人根保証が元本確定期日の定めがないなどにより求償保証が無効とされるのは、元本確定期日についての

規制は貸金等根保証に限定されるため、貸金等債務についての法人根保証の場合に限られる（同条2項）。

II 保証人保護（個人保証人保護）

1 保証契約締結前段階における個人保証人保護

(1) 保証委託に際する主債務者の情報提供義務──事業上の債務の保証・根保証であれば適用される

(i) 主債務者の保証人に対する情報提供義務

改正民法は、主債務者がその事業上の債務についての保証または根保証を委託する場合に、主債務者の委託を受ける個人保証人に対する情報提供義務を導入した（465条の10第1項）。入院保証、賃貸保証など個人債務についての個人保証人には、主債務者の資産などについての情報提供義務は認められない。これも保証をする者が法人である場合には適用されず、個人保証人にのみ適用される（同条3項）。中間試案第17、6(2)では、「事業者である債権者」の個人保証人との保証契約締結に際する説明義務が提案されていたのを変更したのである。保証意思の表示（宣明）とは異なり適用除外はない。

　提供されるべき情報は、①「財産及び収支の状況」、②「主たる債務以外に負担している債務の有無並びにその額及び履行状況」および③「主たる債務の担保として他に提供し、又は提供しようとするものがあるときは、その旨及びその内容」である（465条の10第1項1号～3号）。

(ii) 違反の効果

　①情報の不提供または事実と異なる情報の提供がされた場合には、②これにより、(a)委託を受けた者が誤認をし、(b)「それによって保証契約の申込み又はその承諾の意思表示をした場合」、③「主たる債務者がその事項に関して情報を提供せず又は事実と異なる情報を提供したことを債権者が知り又は知ることができたときは」、保証人は、保証契約を取り消すことができる（465条の10第2項）。①の義務違反があっても、②③がなければならず、主債務者が何ら説明もせずに依頼をして、保証契約が締結されても、主債務者に信用不安がなく保証人に問題となる誤認がなければ、保証人は契約を取り

消すことはできない。

(2) 公正証書による保証意思の表示（宣明）——貸金等債務の保証・根保証のみ適用

(i) 立法趣旨——公証人による軽率な保証の予防

事業のために負担する貸金等債務を主債務とする個人保証（特定保証）または貸金等債務を主債務の範囲に含む個人根保証契約は——法人が保証人になる場合は適用除外（465条の6第3項）——、保証契約締結の1か月以内に公正証書により、保証人となろうとするものが「保証債務を履行する意思を表示していなければ、その効力を生じない」ものとされた（同条1項）。この適用は貸金等債務の特定保証または根保証に限られている。このプロセスを経ないで締結された保証ないし根保証契約は無効であり、追認も認めるべきではない。事業以外のために借りた資金を事業資金として利用してしまった場合には、本規定は適用にならない（一問一答149頁）。

公証人を契約締結に関与させるのは、個人保証が情義的関係から、リスクを十分に自覚せず安易に保証契約を締結してしまう者が少なくないため、公証人を後見的に介入させ、保証契約の要否また内容について、適切な説明さらには助言をして、これらの者が不要・軽率な保証をするのを予防するためである（一問一答140頁）。公証人はただ粛々と書面を作成すればよいというものではない。表示から1か月以内に保証契約をすることが求められているだけであるため、同時に保証契約をして、債権者はその場で保証契約につき執行認諾特約を付けることが危惧されている。しかし、それを事前に阻止するために公証人を後見的に関与させるものであり、保証人がどうしてもそれを求めるのでなければ止めるべきであり、粛々とそのような書面を作成する公証人は論外である。

(ii) 保証意思の表示（宣明）の要件

保証人たろうとする者は、公証人に、①特定債務の保証の場合には、債権者、主債務者、主債務の元本、利息、違約金、損害賠償額などの合意の有無・内容、自ら履行する意思を有し、連帯保証の場合には主債務者への請求・強制執行を経ずに保証人が履行しなければならないことを、「公証人に口授すること」が必要である（465条の6第2項1号イ）。②根保証の場合には、

極度額や元本確定期日の有無・内容、確定までに生じる主債務についての履行をする意思を有することも口授すべき内容となる（同号ロ）。公証人は、この口授を筆記し、保証人となろうとする者に読み聞かせ、または閲覧させ（同項2号）、保証人となろうとする者は、この書面に署名・押印をし——これができない場合には公証人がその事由を付記して、署名に代えることができる——（同項3号）、最後に公証人が以上の方式に従って作成したものであることを付記し、これに署名・押印をする（同項4号）。

　以上の規律は、主債務が事業のために負担した「貸金等債務」である場合、また、同債務を主債務の範囲に含む場合（根保証）の保証人の求償権についての保証（いわゆる求償保証）、また、主債務にこのような求償権が含まれる根保証に準用されている（465条の8第1項）。この場合も、法人が保証人になる場合には適用除外とされる（同条2項）。

(iii)　保証意思の表示（宣明）の適用除外

(a)　主債務者が法人の場合

　主債務者が法人の場合について、①「その理事、取締役、執行役又はこれらに準ずる者」（465条の9第1号）、また、②役員ではなくても実質的に決定権限を持っている者として、(a)総株主権の過半数を有する者（同条2号イ）、(b)総株主の議決権の過半数を他の株式会社が有する場合に、その他の株式会社の総株主の議決権の過半数を有する者（同号ロ）、(c)上記(b)の他の者が株式会社である場合に、その総株主の議決権の過半数を有する者（同号ハ）および、(d)株式会社以外の法人が主たる債務者である場合におけるイ、ロまたはハに掲げる者に準ずる者に、以上の規律は適用されない。

(b)　主債務者が個人の場合

　主債務者が個人の場合に、これと「共同して事業を行う者又は主たる債務者が行う事業に現に従事している主たる債務者の配偶者」も適用除外とされる（465条の9第3号）。①まず、組合契約をして共同事業を行う場合に、その1人が事業資金を借り入れる場合に、他の共同経営者は適用除外とされる。②次に、主債務者たる事業者の配偶者というだけでなく、その事業に「現に従事している」配偶者も適用除外とされる。配偶者は内縁関係のある者に拡大できるとしても、親の事業を子が手伝っている場合には、①でなければ適

用除外とはならない。「現に従事している」という要件については問題になる事例が生じよう。配偶者の適用除外については、衆参いずれの法務委員会でも議論され、衆議院法務委員会の附帯決議四3で、施行後の運用を見て再検討がなされるべきことが求められている。

2　保証契約締結後の保証人保護

⑴　主たる債務の履行状況に関する情報提供義務──個人保証人に限定せず

受託保証人が、債権者に対して「主たる債務の元本及び主たる債務に関する利息、違約金、損害賠償その他その債務に従たる全てのものについての不履行の有無並びにこれらの残額及びそのうち弁済期が到来しているものの額に関する情報」を照会したならば、債権者は「遅滞なく」これらの情報を提供しなければならない（458条の2）。この規定については、個人保証人に適用が限定されておらずまた貸金等債務の保証に限定されておらず、例えば法人による賃貸保証や銀行による支払承諾であっても適用されることになる。しかし、この規定は違反の効果について何ら規定をしていない。

主債務者が分割払とされている場合にも、分割払の支払遅滞が遅滞している場合に代位弁済をして「主債務についての期限の利益の喪失を回避する機会を保証人に付与する」必要がある（部会資料70A・15頁）。法人保証人においても主債務者の上記情報を把握しておく必要が認められるため、個人保証人に限定していない。

⑵　主債務の期限の利益喪失についての債権者の情報提供義務──個人保証に限定

債権者に、主債務について期限の利益喪失があった場合の、「その利益の喪失を知った時から2箇月以内に」おける保証人への「通知」義務を負う（458条の3第1項）。この義務違反の効果は、「通知を現にするまでに生じた遅延損害金（期限の利益を喪失しなかったとしても生ずべきものを除く。）に係る保証債務の履行を請求することができない。」ということである（同条2項）。前2項は、保証人が法人である場合には適用されないため（同条3項）、この規定も個人保証人保護のための規定である。

改正民法458条の2が期限の利益喪失を未然に防止するためであるのに対して、すでに期限の利益を喪失した場合に実質的に支払の機会を保障せずに遅延損害金が膨らんでいくことに対して、保証人が早期に保証債務を履行して防止をする機会を保障する趣旨である。通知を受ける前に個人保証人が、主債務についての期限の利益喪失を知った場合には、通知義務は否定されると考えることができるが、その証明責任は債権者に負わされよう。

30 債権譲渡制限特約

京都大学教授 **潮見 佳男**

要点

① 債権譲渡の自由と、特約による譲渡性の制限
② 債権譲渡制限特約による譲受人への対抗可能性——特約の相対的効力とその例外

解説

I　はじめに

　債権は自由に譲渡することができるのが原則であるが、債権者と債務者との間で債権の譲渡を制限する特約（譲渡制限特約）が結ばれることがある。このような譲渡制限特約に違反して債権が譲渡された場合に、債権者、債務者、譲受人その他の第三者をとりまく法律関係は、どのように捉えられるか。

　改正前民法も改正民法も、譲渡制限特約（改正前民法下では慣用的に譲渡禁止特約といわれていた）は当事者間においては有効であるとして、特約による債権の譲渡性の制限を認めている。しかし、譲渡制限特約に違反した債権譲渡の効力ほか、この状況下での法律関係の処理については、改正前民法と改正民法との間では発想の転換ともいえるはどの大きな違いがある。

II　債権譲渡の有効

　改正民法は、債権は自由に譲渡することができるとの原則を重視し、譲渡制限特約付き債権の譲渡も有効であるとの立場を基礎に据えている（466条2項）。これによれば、譲渡制限特約付債権が譲渡された場合に、譲受人は、

257

譲渡制限特約について善意であろうが、悪意であろうが、譲渡債権の債権者である。

　その上で、改正民法は、預貯金債権における譲渡制限特約の効力について、悪意・重過失の譲受人への譲渡を無効とする例外規定を設けている（466条の5。これについては、問題が実際に生じる可能性の低さを考慮し、紙幅の関係で省略。この問題を含め、詳細は、潮見・新Ⅱ386頁以下）。

Ⅲ　譲渡制限特約による対抗不能

　改正民法は、譲渡制限特約付き債権の譲渡も有効であるとした上で、譲渡制限特約が保護しようとしている、債権者を固定することについての債務者の利益（債権者固定の利益）を考慮に入れ、債権者と債務者が締結した譲渡制限特約をもって「第三者」（譲受人・債権質権者）に対抗することができるか否かという観点から問題を捉えている。

　ここで、改正民法は、債権譲渡制限特約をもって「譲受人その他の第三者」に対抗することができないのを原則としている。

Ⅳ　悪意・重過失の第三者への対抗可能

1　対抗可能な場合

　債権に譲渡制限特約が付されている場合において、債務者は、譲渡制限特約を知っていたか（悪意）、または知らなかったことについて重大な過失がある「譲受人その他の第三者」に対しては、譲渡制限特約を対抗することができるし、譲渡人への弁済その他の当該債務を消滅させる事由をもって対抗することができる（466条3項）。ここで「第三者」として想定されているのは、主として、譲渡制限特約付債権について質権が設定された場合における債権質権者である。

2 譲受人に対して「その債務の履行を拒むことができる」ということの意味

債権譲受人が悪意・重過失の場合に、債務者は譲受人に対して「その債務の履行を拒むことができる」。

悪意・重過失の譲受人が債務者に対する対抗要件（債務者対抗要件）を備えた場合であっても、債務者は、譲受人に対する履行を拒むことができる。譲渡人からの履行請求がされた場合にも、債務者は履行を拒むことができるし、履行を拒んだからといって、履行遅滞に陥るものではない。

3 「譲渡人に対する弁済その他の債務を消滅させる事由」による対抗可能ということの意味──譲渡人に対する法定の受領権限の付与

債務者は、譲渡制限特約付債権を悪意または重過失で譲り受けた者に対して、「譲渡人に対する弁済その他の債務を消滅させる事由」をもって対抗することができる。

ここからは、改正民法466条3項は、譲渡人に対して、債務者から弁済の提供がされた場合に、譲渡債権についての法定の受領権限を与えたものであるということができる。併せて、譲渡人に履行請求権や取立権限を与えるものではない点に留意すべきである。

改正民法466条3項の定める法定の受領権限に基づいて債務者からの弁済の提供を受領した譲渡人は、債権者である譲受人に対して、受領した金銭そのほかの給付を引き渡さなければならない。

V 譲渡制限特約の抗弁の放棄──債務者の承諾

債務者が譲渡人または譲受人に対して、当該債権の譲渡を承諾した場合は、債務者は、譲渡制限特約をもって譲受人に対抗することができない。債務者の承諾により譲渡制限特約が対抗不能となるのは、譲渡制限特約は債権者（＝弁済先）を固定することについての債務者の利益を保護するためのもの

であるところ、債務者の承諾があれば債権者を固定する利益を債務者自らが放棄したものと捉えることができるからである。条文にはないが、当然のことである。

VI　悪意譲受人の保護——債務者に対する催告

改正民法の下では、譲受人は、譲渡制限特約につき悪意または重過失であれば、譲渡制限特約の対抗を受けるため、債務者に対して譲渡債権の履行を請求したとしても、債務者から履行を拒絶される地位に置かれる（466条3項）。その一方で、譲渡人は、譲渡契約そのものが有効である以上、もはや債権者ではないから、債務者に対して履行を請求することができず、単に債務者からの履行があればそれを受領することができるにとどまる（前述Ⅳ3のように、譲渡人は、同項で、弁済受領権限を与えられているにすぎず、取立権限を有するものではない）。その結果として、債務者が履行をしない場合には、譲渡人も譲受人も履行を請求することができない（債務者も、履行をしなくても、履行遅滞に陥らない）という状態が生じる。このようなこう着状態（デッドロック状態）は回避される必要がある。

そこで、改正民法は、①債務者が債務を履行しない場合に、②譲受人が債務者に対し、相当の期間を定めて、「譲渡人へと履行するように」との催告をし、③その期間内に債務者から譲渡人への履行がなかったときに、債務者が譲渡制限特約をもって譲受人に対抗することができないものとした（466条4項。譲渡制限特約の抗弁の喪失）。

譲受人は、たとえ譲渡制限特約について悪意または重過失であったとしても、催告後相当期間が経過した後は、譲渡債権に譲渡制限特約が付いていないものとして、譲渡債権の履行を債務者に対して請求することができるし、債務者は譲受人に対して履行をしなければならない。

VII　譲渡制限特約付債権の譲渡と供託制度

譲渡制限特約付金銭債権が譲渡された場合には、上述したように、譲渡債

権の譲受人が——たとえ悪意または重過失であったとしても——譲渡債権の債権者であって、譲渡人は債権者ではない。したがって、この場合は、債権者確知不能に当たらず、債務者は債権者不確知を理由として供託をする（494条2項）ことができない。

しかしながら、債務者は、譲受人の善意・悪意、重過失の有無次第で、誰に弁済をすべきかが異なってくる。すなわち、譲受人が善意無重過失であれば、債務者は、譲渡人からの履行請求を拒絶して、譲受人に対し弁済をしなければならない（譲渡人に対して弁済をしてはいけない）。これに対して、譲受人が悪意・重過失であれば、債務者は、譲渡人に対して弁済をすることができる。しかしながら、債務者が譲受人の善意・悪意、重過失の有無について判断に迷う状況が起こり得る。

そこで、改正民法は、譲受人の主観面に関する判断のリスクを債務者から取り払うため、譲渡制限特約付金銭債権が譲渡された場合について、債務者は、譲受人が善意であろうが悪意であろうが、また、重過失があろうがなかろうが、その譲渡された金銭債権の全額に相当する金銭を、債務の履行地の供託所に供託することができるものとした（466条の2第1項）。特別の供託権を債務者に与えたのである。

改正民法466条の2第1項により供託された金銭については、債権者である譲受人に限り、還付を請求することができる（同条3項）。裏返せば、譲渡人は、当該金銭について還付請求権を有しない。したがって、譲渡人の債権者が供託金還付請求権を差し押えることはできない。

Ⅷ　債務者に対する譲受人の供託請求権——譲渡人の破産と譲受人の保護

1　譲受人の供託請求権を認めた理由——倒産隔離の容認

譲渡制限特約付金銭債権が譲渡された場合において、譲渡人について破産手続開始の決定があったときは、その金銭債権の全額を譲り受けた者であって第三者対抗要件を備えたものは、善意であろうが悪意であろうが、また、重過失があろうがなかろうが、債務者に対して、その譲渡された金銭債権の

全額を供託させることができる（466条の3）。この場合には、改正民法466条の2第3項が準用される結果、譲受人のみが供託金の還付を請求することができる。

債権の譲受人が債権の譲渡を受けて債権者となったにもかかわらず、催告後相当期間が経過するか、または債務者の承諾（譲渡制限特約の抗弁を放棄する意思表示）がなければ債権を取り立てることができない状態は、債権質が設定された状況に類似している。そして、債権質では、質権者が第三債務者に対して供託をさせることができる（この場合は、質権が供託金について存在する）とされている（366条3項）。改正民法466条の3は、譲渡制限特約付金銭債権が譲渡された場合について、これと同様の規律を設けることで、譲受人が破産手続外での債権全額の回収を受けることを可能にしたのである（これによって、倒産隔離を容認したことになる）。

譲受人から供託請求がされれば、債務者は供託をする義務を負うこととなり、破産管財人に対する弁済が禁止される。債務者が債務から解放されるためには、供託をしなければならない（供託の意思表示がされるまでは、債務者は破産管財人に弁済をすることが許され、破産管財人はこれを受領することができる）。

2　供託請求権を有する者——金銭債権の全額を譲り受けた者

債務者に対して供託を請求することができるのは、譲渡制限特約付金銭債権の「全額を譲り受けた者」に限られる。

Ⅸ　譲渡制限特約付債権に対する強制執行

1　原則——強制執行が可能

譲渡制限特約付債権について強制執行がされたときは、債務者は、当該特約をもって、その債権に対して強制執行をした差押債権者に対抗することができない（466条の4第1項）。私人間の契約によって差押禁止財産を作り出すことは認められないから、強制執行をした差押債権者は、その善意・悪意に関係なく、差押命令および転付命令を取得することができる。

2　例外——悪意・重過失の譲受人の債権者による強制執行の場合

　譲渡制限特約付債権について強制執行をした差押債権者が悪意・重過失の譲受人の債権者であった場合は、債務者は、その債務の履行を拒むことができるし、譲渡人に対する弁済その他の当該債務を消滅させる事由をもって対抗することができる（466条の4第2項）。

　差押債権者には、執行債務者である譲受人が有する権利以上の権利が認められるべきではないので、債務者が譲受人の悪意・重過失を理由としてこの者に対して譲渡制限特約を対抗することができる場合には、差押債権者に対してもこれを対抗することができると考えられたことによる。

X　将来債権譲渡と譲渡制限特約

1　問題の所在

　債権者が債務者に対する将来の債権を譲受人に譲渡したが、譲渡契約の時点では、譲渡対象となる債権について譲渡制限特約が付けられていなかったとする。ところが、譲渡後に債権者・債務者間で譲渡制限特約が締結され、譲渡対象とされていた将来債権についてもこの譲渡制限特約の対象とされたとき、債務者は、その後にされた譲受人からの譲渡債権の行使に対して、譲渡制限特約をもって対抗することができるか。例えば、GがAとの間で、GがSに対して契約締結日およびそれ以後に取得する売掛金債権をAに譲渡する旨の集合債権譲渡担保設定契約を締結したところ、その後にGがSとの間で締結した売買契約において、G・S間の合意により同契約から生じる売掛金債権に譲渡制限特約が付けられたような場合である。

2　改正民法466条の6第3項の準則

　将来債権の譲渡を目的とする契約により、譲受人は、将来発生する債権についても、譲渡契約時に取得している（その上で、当該債権は譲受人の下で発生する）。そして、当該契約では、譲渡債権につき譲渡制限がされていないことを前提として譲渡の合意がされているのであるから、この契約から生じ

る債権譲受人の期待、すなわち、譲渡対象となる債権を譲渡制限の対抗を受けずに取得することができるとの期待は、契約から生じる期待として法的保護に値する。しかも、このように解することで、債権譲渡取引の安全が確保され、債権の流動化にも資する結果となる。

しかし、債権譲受人の期待は、あくまでも債権譲渡契約に基づく期待であり、当該譲渡当事者間では保護の対象となるものであるが、譲渡契約の当事者でない債務者に対してこの期待の保護を求めるためには、将来債権を譲り受けた者としての地位を債務者に対して主張することができるのでなければならない。そして、そのためには、債権譲渡について債務者対抗要件が備わっていることが必要である。

他方、債権者・債務者間で譲渡制限特約が締結されるのは、債権者を固定することについての債務者の利益を保護するためであり、この利益自体が改正民法466条3項により保護されていることは明らかである。

そうなると、譲受人の利益保護の要請と、譲渡制限特約の下での債務者の利益保護の要請を調和させるためには、①譲渡債権につき譲渡制限特約が結ばれた時点ではいまだ債権譲渡につき債務者対抗要件が具備されていなければ、譲渡制限特約の効力をもって譲受人に対抗することができる（そうすることによって、債務者の利益を保護する）が、②債権譲渡につき債務者対抗要件が具備された後に譲渡債権につき譲渡制限特約が結ばれたのであれば、譲受人が取得した将来債権には譲渡制限特約が付されていないものとして扱う（そうすることによって、譲受人の利益を保護する）のが妥当である。

このような理解の下、改正民法は、債務者対抗要件が具備された時までに譲渡制限特約がされたときは、譲渡制限特約がされていることを譲受人が知っていたものとみなして——したがって、悪意とみなして——、譲渡制限特約に関する法理を適用するものとしている（466条の6第3項）。

ここでは、債務者対抗要件具備前に締結された譲渡制限特約について譲受人の悪意を擬制することで、譲受人が現実に譲渡制限特約を知っていたか否かを問わず、専ら債務者対抗要件具備時を基準として、債権譲渡制限特約がそれ以前に締結されたのか、その後に締結されたのかによって、債務者と譲受人の間の優劣を決している。

31 債権譲渡の対抗要件・債務者の抗弁

一橋大学教授　石田　剛

要点

① 債権譲渡の対抗要件
② 債務者の抗弁・相殺権

解説

I　はじめに

　債権譲渡は、譲渡人と譲受人を当事者とする無方式の契約に基づく債権の処分行為であり、当事者以外の者は、譲受債権の関係者である債務者も含めて、すべて第三者である。そこで、まず、意思表示のみにより生ずる債権譲渡の効果を債務者およびその他の第三者に対して主張するには、どのような要件を備えていなければならないか、が問題になる。

　また、債権譲渡は、更改と異なり、債権の同一性を保ちながら、その帰属だけを譲渡人から譲受人に変更する行為である。そこで、債務者は、もとの債権者である譲渡人に対して主張することができた事由を譲受人に対して主張することができるのが原則であるべきところ、例外的にそうした事由を主張することができなくなるのはどういう場合か、が次に問題となる。

　本稿では、債権譲渡法の根幹に関わる上記2つの問題について、改正前民法の規定と対比しつつ、改正された規定の意義と残された問題を考察することにしたい。

Ⅱ　改正前民法下における議論の枠組み

1　債権譲渡の対抗要件の基本構造

(1)　通知・承諾方式（467条）

　債権譲渡を債務者に対抗するには、譲渡人が債務者に譲渡の通知をするか、債務者が譲渡人または譲受人に対して譲渡を承諾しなければならない。これを債務者対抗要件という。債務者対抗要件は、債務者が弁済の相手方を確知し得る利益を保護するためのものである。そして、「承諾」とは、債権譲渡の事実を認識した旨の債務者による観念の通知であると解されている。通知のほかに承諾が加えられたのは、債権譲渡が真正に行われたことを担保する観点から、通知は譲渡により権利を失う譲渡人が行うべきところ、譲受人が自己の名において債務者に譲渡を通知した場合に、債務者は、対抗要件の適格性を欠くことを理由に履行を拒絶することができる一方、譲渡の事実に異議がない場合は、ただちに譲渡を承諾して履行することも認める（履行の相手方を選択する利益に配慮する）のが合理的だと考えられたからである。

　そして、債務者が異議を留めない承諾（以下、「無留保承諾」という）をした場合には債務者の抗弁が切断される可能性があった（後述2）。そのため、承諾には、譲渡の当事者双方にとり、債務者から書面による無留保承諾を得ておくことで事後の紛争を回避できるというメリットもあった。以上により、債務者の承諾には、実務上大きな意味があると考えられてきた。

(2)　債務者対抗要件と第三者対抗要件との関係

　次に、譲受人が債権の取得を譲受債権の差押債権者や他の競合譲受人などに対抗するためには、上記の通知・承諾が確定日付のある証書により行われている必要がある。差押債権者や競合譲受人などの債務者以外の第三者との関係で要求される対抗要件を第三者対抗要件という。第三者対抗要件が担う役割は、物権変動の対抗要件と同様に権利の帰属関係をめぐる優劣の決定にある。民法上は、債務者対抗要件に「確定日付ある証書による」という要件を加えたものが第三者対抗要件とされている結果、両者を同時に、または前者を後者より先に備えることはできても、後者だけを前者より先に備えるこ

とはできない。つまり、債権譲渡を債務者以外の第三者に対抗できる一方で、債務者には対抗できないという事態の発生はそもそも想定されていない。

　このように、民法上の第三者対抗要件は、債務者を不可欠の構成要素として巻き込む点に特徴がある。ところが、将来債権譲渡取引の活発化に伴う諸要請に対処するため、動産及び債権の譲渡の対抗要件に関する民法の特例等に関する法律は、法人による金銭債権の譲渡に限り、債権譲渡登記により通知・承諾を擬制する扱いを通じて（動産債権譲渡特4条1項）、実質的には債務者対抗要件と分離する形で第三者対抗要件のみを先に備えることを可能にした。これにより、債務者以外の第三者には債権譲渡を対抗することはできても、債務者に対抗することができないという事態も生じ得ることになった。

(3) 第三者対抗要件の多重具備に伴う問題

　債権譲渡の第三者対抗要件については、不動産の二重譲渡とは異なり、多重の債権譲渡について幾重にも第三者対抗要件が適法に具備される可能性がある。そのため対抗要件が具備された複数の譲渡の優劣をどう判断すべきか、という問題が生じる。この点につき、第三者対抗要件において債務者が公示機能を担うべきか否かをめぐる理解とも関連して、見解が分かれ得る。

　一方に、債権は排他性を欠く相対権であり、債権譲渡の事実を社会一般に公示する必要性に乏しいとする見方があり得る。これによれば、第三者対抗要件は、本来万人に対抗できるはずの債権譲渡の効果を一定範囲の（稀にのみ登場する）第三者との関係で例外的に制約する制度として、事後的な紛争解決基準としての機能を有するにとどまるものと割り切り、通知・承諾に付された確定日付の先後が譲渡間の優劣を決定すると考えることができる。

　他方で、物権変動の対抗要件と同様に、第三者対抗要件の役割は権利変動（債権の移転）を公示することにあり、債権譲渡の事実に関する情報を債務者に集めて、債務者に公示機関としての役割を担わせるべきだと考えることもできる。これによれば、確定日付の先後ではなく、確定日付ある証書の到達時または承諾時の先後が譲渡間の優劣を決定すべきことになる。

　判例は、第三者対抗要件を債務者の認識を基軸として権利変動を第三者に公示する仕組みであると考える後者の説（到達時説）に立っている（最判昭和49・3・7民集28巻2号174頁）。

2 債務者の抗弁

(1) 抗弁の対抗

債権譲渡に関知しない債務者は、債権譲渡によって譲渡がなかった場合に比べて不利な地位に置かれるべきでない。また、債権譲渡により、譲渡人が有していた以上の法的地位を譲受人に得させるべき理由もない。そこで、債務者は、譲渡の通知のみがされた場合、通知時までに譲渡人に対して生じた事由をもって譲受人に対抗することができるとされている。この「事由」は抗弁自体のみならず、抗弁発生の基礎となる事由をも含め、比較的広く解釈されている。すなわち、通知の時点では、譲受債権の発生原因である双務契約につき債務不履行を理由とする法定解除権が現実に生じていなくても、双務契約が成立していれば、常に債務不履行および契約解除の可能性が抽象的には認められるから、債務者は通知後に行った解除を譲受人に対抗することができるものと解されている（最判昭和42・10・27民集21巻8号2161頁）。

相殺の抗弁に関しては、通知の時点で債務者と譲渡人との間に相殺適状が生じている必要はなく、差押えと相殺における無制限説の考え方（**40**参照）が基本的に妥当し、同種債権の対立が存在していれば足りるとする考え方がある一方で、債権譲渡の場合、譲受人は差押債権者と異なり、目的債権に対して排他的な地位を得ており、取引の安全に配慮する必要があるため、保護されるべき相殺の期待利益の範囲をより制限的に捉える考え方も有力であった。この問題に関する最高裁判例（最判昭和50・12・8民集29巻11号1864頁）が特殊な事例における事例判決であることから、債権譲渡と相殺においても無制限説が判例により採用されていると見るべきかについては見解が分かれており、ルールが不明確な状況にあった（一問一答180頁）。

(2) 抗弁の切断

債務者が異議を留めない承諾をすると、これらの事由を譲受人に対抗できなくなる場合がある。このことは無留保承諾による抗弁の切断と呼ばれてきた。もっとも、抗弁切断が生じるべき場面は、次に見る解釈準則の形成により、相当程度限定されていた。

1つは譲受人の要保護性の観点に基づく制限である。改正前民法468条1

項は、文言上、切断されるべき抗弁の存否および内容に関する譲受人の主観的態様を問題にしていない。しかし、無留保承諾は、意思表示ではなく、単なる対抗要件具備行為であり（大判昭和 9・7・11 民集 13 巻 1516 頁）、債務者は、積極的に異議のない旨を表示することも、対抗することができる事由の存在を知ってすることも必要ないものと解されてきた。そのような単なる意思的行為にとどまる承諾に、「譲受人の利益を保護し一般債権取引の安全を保障するために」抗弁切断という重大な法律上の効果を結びつける以上、利益衡量上、譲受人は善意・無過失でなければならないと解されていた（最判平成 27・6・1 民集 69 巻 4 号 672 頁）。

　もう 1 つは、公益的な要請に基づく制限である。同項の趣旨は債権取引の安全を図ることにある。例えば譲受債権の発生原因行為が民法 90 条に違反する場合など、取引の安全の要請を上回る別の公益的要請が存在する場合はそちらを優先させるべきである。判例も、賭博行為によって生じた債権については、公序良俗違反の程度がはなはだしく、賭博債権が直接・間接に満足を受けるべきことを禁止することは法の強い要請であり、この要請は、債務者の異議なき承諾による抗弁喪失の制度の基礎にある債権譲受人の利益保護の要請を上回るものとして、債務者の信義則に反する行為があるなど特段の事情のない限り、無留保承諾をした債務者でも、譲受人に対して債権の発生に係る契約の無効を主張して、その履行を拒むことができるとしている（最判平成 9・11・11 民集 51 巻 10 号 4077 頁）。

Ⅲ　改正民法下での処理と今後の課題

1　第三者対抗要件

(1)　判例法理の明文化──将来債権譲渡への適用

　改正民法 467 条 1 項は、通知・承諾方式を維持した上で、「（現に発生していない債権の譲渡を含む。）」という括弧書を付加した。これは、将来債権譲渡にも同項のルールが妥当し、将来債権を含む担保目的での債権譲渡において、譲渡の事実とともに譲渡人に弁済受領権限を付与する旨の通知によっても、確定的譲渡について第三者対抗要件を備えたことになるという判例法理

の趣旨を明文化したものである（**32**参照）。

　もっとも、譲渡の時点で債務者が特定していない将来債権に関しては、当然のことながら、債務者に公示機能を期待することはできない。また、競合する債権譲渡や差押えとの優劣を判断するという面倒な負担を当事者でもない債務者に課す仕組みの妥当性自体を疑う声も立法過程で強く主張されたところであり（中間試案補足説明241頁）、通知・承諾方式に一定の合理性・有用性が認められるとしても、なお問題は残されている。

(2)　今後の立法課題

　情報革命を経た現代社会において、人々が情報を交換し共有するためのインフラは、民法制定当時とは一変した。債権譲渡登記を利用する可能性が個人事業者など、法人以外の権利主体に開かれていない点は、私人を平等に扱うべき要請からは正当化が難しい。少なくとも、民法の一般ルールとして債権登記制度の利用を容認する必要がある。

　さらに進んで、金銭債権に係る債権譲渡に関して第三者対抗要件を債務者対抗要件から完全に分離し、債権譲渡登記に一元化する提案や譲渡契約に付された時間の先後で競合する譲渡間の優劣を決定するという提案（部会資料74B・20頁）が民法（債権関係）法制審議会において真摯に議論された。これらが成案にいたらなかったのは、複数の改正案を１つに収れんさせるのが難しかったからであり、通知・承諾方式が将来的にも望ましいという積極的な判断に基づくものとは言い難い。第三者対抗要件を債務者対抗要件から分離して再構築し、その際に債務者の役割を可及的に後退させる制度設計の可能性が引き続き検討されてよい。

2　債務者の抗弁

(1)　抗弁切断規定の廃止

　改正前民法468条１項は全部削除された。したがって、改正民法下において、債務者は対抗要件具備時までに譲渡人に対して生じた事由をもって常に譲受人に対抗することができる。譲渡の事実に関する認識を表明する事実行為にすぎない承諾は、本来譲受債権の存否や内容に関する公示機能と無関係であるはずのものだった。今般の改正は、単なる承諾の法的意義からすれば

過大な効果を付与してきた立法主義への反省に基づいている。

改正民法は、債権の財産権としての譲渡性を重視し、譲渡制限特約に関する効力を必要最小限に縮減して債権者利益に配慮する一方（**30**参照）、他方で、債権の流通促進により債務者が不利益を受けてはならないという原則をも貫徹させることで、全体として、債権譲渡法における債権者利益と債務者利益の調整に関して、よりシンプルなバランスのとり方を提示するものといえる。

(2) 相殺の抗弁に関する規定の新設

また、債務者の抗弁に関する一般的規定の直後に、相殺の担保的機能に対する債務者の期待利益（相殺権）に基づく抗弁として改正民法469条1項および2項1号が新設された。そして、債権譲渡と相殺の問題につき、前掲・最判昭和50・12・18の位置付けに争いがあったところ、無制限説を一般的に採用した上で、対抗要件具備時より前に法的原因が存在する債権を自働債権とする相殺は、それが対抗要件具備後に他人から取得した債権でない限りは、譲受人に対抗することができるとする倒産法上すでに確立している考え方を差押えとの関係にも取り入れた（**40**参照）。

さらに、将来債権譲渡との関係では、差押えと相殺にはない特別の拡張も行われた。すなわち同一の双務契約に基づく債権相互間に認められる客観的牽連性に着眼し、相殺に供される自働債権の発生原因である双務契約の締結が債権譲渡の対抗要件具備時より後に締結された場合であっても、将来債権譲渡を促進するために、相殺を譲受人に対抗することができるものとされた（469条2項2号）。差押えが通常は債務者の危機時期に行われるのに対して、将来債権譲渡担保は債務者の営業が円滑に進んでいる段階で行われることが多く、第三債務者との取引関係の継続・安定化を図ることが望まれることから、第三債務者の相殺に対する期待利益を広く保護することが将来債権譲渡スキームの活用に役立つという趣旨によるものである。

(3) 今後の課題

(i) 抗弁放棄構成における問題

改正前民法における無留保承諾による抗弁の切断の問題は、改正民法においては、抗弁放棄の意思表示の認定と有効性という形で現れることになる。

271

要件論に関して、意思表示に関する一般理論からすれば、放棄の意思表示を認定するためには、放棄の対象となる抗弁を債務者が認識していることが必要となろう。そうすると、「およそすべての抗弁を放棄する。」とか「債権発生の原因行為に関する無効・取消しに基づく抗弁は一切放棄する。」などの意思表明の効力をどう解すべきかという問題が生じる。この点、放棄の対象となる抗弁の特定が概括的であるというだけで無効とはいえまいが、債務者がその存在を知り得なかった抗弁についてまで放棄の意思表示の効果を認めてよいか、という点が問題となるほか、一般条項（90条）の規制にも服する。また、消費者契約や企業間取引で定型約款が使用される場合は、消費者契約法10条あるいは改正民法548条の2第2項の適用により効力が認められない可能性がある。さらに意思表示の瑕疵（詐欺・強迫・錯誤など）を理由とする取消しの可能性も当然にある。

　効果論に関して、譲受債権が不成立あるいは弁済により消滅していた場合に、無留保承諾によりその債権を担保する担保物権等の帰趨（抵当権の復活の問題）が議論されてきた。抗弁放棄構成の下でも類似の問題が生じ得る。債務者の意思的行為により担保物権の不存在ないしは消滅に対する第三者の正当な期待を害すべきでないという考慮が改正民法の解釈においてもそのまま妥当するとすれば、改正前民法下において確立された判例法理に従い、後順位抵当権者、物上保証人、抵当不動産の第三取得者など、目的財産に法律上の利害関係を有する第三者との関係では、原則として放棄の効果が及ばず、抵当権の不存在または消滅に向けられた第三者の期待が保護されるべきであるが、抗弁の放棄後に新たに法的利害関係を取得したため抵当権の存在を覚悟すべき立場にある（とくに悪意または重過失の）第三者は、債権および抵当権の消滅を主張できないことになろうか。もっとも、観念通知に対する信頼保護の法定効果から債務者による意思表示の効果へと問題の位置付けが変わることから、個別事例における債務者の意思解釈を精緻化する方向に進むことも予想される。とくに譲受人に対する債務承認と抗弁放棄との限界付け、債権不成立の抗弁と消滅の抗弁とで解釈論上何らかの違いが生じ得るか、などの解釈問題が生じる可能性がある。

(ii) 相殺の合理的期待

まず、改正民法469条1項の解釈において、Ⅱ2(1)で見た債権譲渡の譲受人と差押債権者の利益状況の違いを考慮して一定の制限解釈を施すべきか、仮に制限すべきだとすればどう考慮するか、は今後に残された課題である。

改正民法469条2項1号の「前の原因」については、倒産法上説かれている「合理的期待」をめぐる解釈論の影響により、抽象的一般的に捉えるのではなく、個別具体的な事情を踏まえた期待利益の合理性を実質的に検討する方向に進むことも予想される。

さらに、相殺の担保的機能を重視し、差押えと相殺を債権譲渡と相殺とパラレルに捉えるべきだと考える場合、改正民法511条に469条2項2号に相当する相殺権の拡張が明文上定められていないことの整合性とともに、2号で顧慮されるべき牽連性が果たして同一の双務契約に基づく場合に厳格に限定されるべきか、同一の基本契約を基礎として締結された異なる個別契約に基づく場合はどうか、なども問題となり得よう。

32 将来債権譲渡

東京大学教授 **森田 宏樹**

要点

① 「現に発生していない債権の譲渡」も「債権の譲渡」に含まれることの明文化

② 債権の発生に先行して当該債権の譲渡がなされた場合の法律関係の明確化

解説

Ⅰ 序論

　将来債権の譲渡に関しては、改正民法 466 条の 6 が「債権の譲渡は、その意思表示の時に債権が現に発生していることを要しない」（1 項）、「債権が譲渡された場合において、その意思表示の時に債権が現に発生していないときは、譲受人は、発生した債権を当然に取得する」（2 項）との規律を定め、改正民法 467 条 1 項において「債権の譲渡（現に発生していない債権の譲渡を含む。）は、譲渡人が債権者に通知をし、又は債務者が承諾をしなければ、債権者その他の第三者に対抗することができない」と規定している。また、これと同様に、改正民法 364 条においても「債権を目的とする質権の設定（現に発生していない債権を目的とするものを含む。）」と改められた。

　これらは、判例法の規律を明文化したにとどまり、具体的な論点については、これまでと同様に解釈に委ねられているとされる（日本弁護士連合会・実務解説改正債権法〔弘文堂、2017〕266-267 頁・270 頁など）。しかし、判例法の規律を明文化するといっても、それをどのように定式化して条文の形にするかによって、そのことが持つ意義も異なってこよう。

この点で注目すべきは、改正民法467条1項の規定において、「現に発生していない債権の譲渡」も「債権の譲渡」に含まれるとの法命題が明文を持って規定されたことである。「現に発生していない債権」についても「債権の譲渡」が認められるというのは、どのような意味なのか。以下では、改正民法によって明文化された判例法の規律の内容について確認した上で、いかなる理由でこのような規定が置かれることになったのかを検討しよう。

Ⅱ　明文化された判例法の規律

1　判例法の3つの準則

明文化の対象となった従来の判例法を確認しておこう。これを要約すれば、次のような3つの準則にまとめることができよう（この点に関する判例法の分析検討については、森田宏樹「判批」ジュリ1354号〔平成19年度重判〕〔2008〕74-75頁を参照）。

①　将来発生すべき債権を目的とする債権譲渡契約は、譲渡の目的とされる債権が特定されている限り、原則として有効なものである（〔1〕最判平成11・1・29民集53巻1号151頁、〔6〕最判平成19・2・15民集61巻1号243頁）。

②　将来発生すべき債権を目的とする譲渡契約が締結された場合には、債権譲渡の効果の発生を留保する特段の付款のない限り、譲渡の目的とされた債権は譲渡契約によって譲渡人から譲受人に確定的に譲渡されている。この場合において、譲渡の目的とされた債権が将来発生したときには、譲受人は、譲渡人の特段の行為を要することなく当然に、当該債権を取得することができる（〔6〕判決）。

③　②の場合において、将来債権の譲渡については、指名債権譲渡の対抗要件（民法467条2項）の方法により第三者に対する対抗要件を具備することができる（〔3〕最判平成13・11・22民集55巻6号1056頁〔集合債権譲渡〕、〔6〕判決）。

2　判例法の準則が前提とする考え方

　これらの判例法の準則が前提としている考え方およびそれらの論理関係は、どのように理解すべきなのか。

　まず、〔6〕判決にいう将来債権を目的とする譲渡契約が締結された場合には、譲渡の目的とされた債権は「確定的に譲渡されている」とは、いかなる意味なのか。「債権譲渡の効果の発生を留保する特段の付款のない限り」という限定が付されていることからすると、それは「債権譲渡の効果の発生」が留保されていないことと同義であると解されるが、それでは「債権譲渡の効果」とは何なのか。

　この点については、〔6〕判決が引用する〔3〕判決を見ると、〔3〕判決は、既発生債権および将来債権を一括して譲渡する集合債権譲渡担保契約について、「将来生ずべき債権は、甲から乙に確定的に譲渡されており」、ただ、「乙に帰属した債権の一部について、甲に取立権限を付与し、取り立てた金銭の乙への引渡しを要しないとの合意が付加されているもの」と捉えている。これと併せて解すれば、「債権譲渡の効果」とは、目的債権の帰属の変更を意味し、「確定的に譲渡」とは帰属の変更が確定的に生じていると理解することができる。したがって、将来債権の譲渡についても、譲渡契約時に民法467条2項の方法により対抗要件を具備することができるのは、その時点で、債権譲渡の効果として帰属の変更が確定的に生じているからであると解することができよう。

　そうすると、〔6〕判決にいう「債権譲渡の効果の発生を留保する特段の付款」とは、そのような帰属の変更の効果発生を留保する付款であり、譲渡の予約や停止条件付譲渡契約がこれに当たる。すなわち、第1に、将来債権の譲渡予約の場合には、予約完結権の行使により債権譲渡の効力が生じ、当該債権の帰属が変更される。したがって、予約時に債務者に対する通知またはその承諾がされても、債務者は、予約完結権の行使により当該債権の帰属が将来変更される可能性を了知するにとどまるから、民法467条2項の方法により第三者対抗要件を具備することはできない（〔4〕最判平成13・11・27民集55巻6号1090頁〔債権譲渡予約〕）。第2に、停止条件付の将来債権譲渡契約

は、「その契約に基づく債権譲渡の効力の発生」を将来の一定の事実の到来に係らしめ、これを停止条件とすることにより、条件成就時にそれまで譲渡人の責任財産に属していた債権をただちにその責任財産から逸失させることを目的としたものである（〔5〕最判平成 16・7・16 民集 58 巻 5 号 1744 頁〔集合債権譲渡〕）。

　また、譲渡の目的である将来債権の特定性の要件は、債権譲渡の効果として帰属の変更が生じた時に具備していることが必要とされる。したがって、将来債権譲渡（本契約型）では、譲渡契約時であるのに対し〔1〕判決）、将来債権の譲渡予約では、予約完結権の行使時である（〔2〕最判平成 12・4・21 民集 54 巻 4 号 1562 頁〔集合債権の譲渡予約〕）。そして、特定性が必要とされるのは、帰属の変更の効果が生ずる時点において、譲渡の目的である債権の範囲を画するためであり、譲渡人が有する他の債権との識別可能性の観点から判断される（〔2〕判決）。

　以上を要するに、譲渡の目的とされる債権の範囲を特定して、将来債権の譲渡契約が締結された場合には、その債権の発生前の段階であっても、目的債権の帰属の変更という「債権譲渡の効果」が確定的に生じていると見ることができる。その結果、当該債権の譲渡契約時において、譲受人には、当該債権が発生したときにはこれを当然に取得し得る法的権能が帰属しているということができる。

Ⅲ　改正条文の審議過程から見た立案趣旨

　次に、改正民法 466 条の 6 第 1 項〜2 項および 467 条 1 項は、どのような審議を経て明文化されたのかを見よう。この点に関する審議の過程では、改正提案に変遷が見られる。

1　中間試案から要綱案のたたき台における提案

　この点に関して、民法（債権関係）の改正に関する中間試案から要綱案のたたき台（部会資料 74A・7 頁）の段階までは、通常の債権譲渡とは別に「将来債権」の譲渡についての規律を定めることが提案されていた。

> 2 将来債権譲渡
>
> 将来債権の譲渡について、次のような規律を設けるものとする。
>
> (1) 将来発生する債権（以下「将来債権」という。）は、譲り渡すことができる。ただし、その性質がこれを許さないときは、この限りでない。
>
> (2) 将来債権の譲受人は、発生した債権を当然に取得する。
>
> (3) 将来債権の譲渡は、民法第467条第2項に定める方法により第三者対抗要件を具備しなければ、第三者に対抗することができない。

　これらは、先に見た判例法の準則①〜③を明文化するものであると説明されるが（部会資料74A・8頁）、この提案に対しては、法制審議会民法（債権関係）部会の第83回会議において、将来債権譲渡に関する規律と通常の債権譲渡の規律との関係について、将来債権譲渡は「通常の債権譲渡とは異ならないと考えるのか、それとも、将来債権譲渡で譲渡されるものは債権そのものでないと考えるのか」が明確ではない（傍点筆者）との疑義が示された（第83回会議議事録57-58頁〔中田裕康委員発言〕）。

2　要綱仮案の原案における提案

　このような「将来債権が民法466条1項の『債権』には該当しないという整理を前提としているように読める」との指摘を受けて、要綱仮案の原案（部会資料81-1・2-3頁）においては、改正民法466条の6第1項〜2項および467条1項のような規定を設けることが提案された。その理由は、次のように説明される。すなわち、「『将来債権』が同項〔466条1項〕の『債権』には該当しないという前提で、『債権』との関係を完全に整理することは容易ではな」く、「特に、将来債権が同項の『債権』に含まれないという前提で規定を整理することについては、民法中の他の『債権』という文言の全てについて、将来債権が含まれるかどうかを整理しなければならず、極めて困難である上に、規定が複雑になるおそれがある。このような問題があることを踏まえ、この素案では、将来債権が譲渡可能であるという判例法理を明文化する趣旨で、将来債権が『債権』に該当するかどうかということに立ち入

らず、将来債権の譲渡が『債権の譲渡』の概念に含まれることを明らかにすることにした。これは、将来債権が譲渡された場合には、最終的に具体的に発生する債権が譲受人に帰属することによって、既発生の債権が譲渡された場合と同じ結果が実現されることになるということを考慮したものである」（部会資料81-3・5頁）。

　先に見た要綱案のたたき台での提案は、「将来債権が厳密な意味で民法第466条第1項等における『債権』に該当するかどうかに疑義があり、現在は条文上ルールが必ずしも明確ではない」（傍点筆者）との見地に立ったものである（部会資料74A・8頁）。しかし、このような課題設定には問題があったといえよう。従来の判例においても、譲渡の目的である「将来債権」とは「将来発生すべき債権」と定義されており、将来発生する「債権」とは別に、その発生前においては、それを現在化したものとしての「将来債権」が譲渡の客体となる——例えば、将来具体的に債権が発生すればこれを取得することができる権利（期待権）ないし法的地位が「将来債権」であり、債権の発生前にはこのような意味での「将来債権」が譲渡の客体となり、民法467条2項に定める方法により第三者対抗要件を具備することができる——と考えられていたわけではない。すでに見たように、判例において問題とされたのは、将来発生すべき債権について、それが現に発生する前の段階において、債権譲渡の効果＝帰属の変更を認めることができるか否かである。このような見地からすれば、「『将来債権』が改正民法466条1項等における『債権』に該当するか」ではなく、「『現に発生していない債権の譲渡』が『債権の譲渡』に含まれるか」というふうに問題を定式化することは、正鵠を射たものであると評価することができよう。そして、「将来債権」の概念が独り歩きすることを回避するために、「将来債権」の用語を条文で用いることを避けたことも適切であったといえよう。もっとも、改正民法466条の6の見出しでは「将来債権」の用語が用いられているから、これを本文と照らし合わせて理解すれば、「将来債権」とは「現に発生していない債権」と定義されることになろう。

3 将来債権譲渡に関する規律の定式化の意義

　以上のように、改正民法によれば、「現に発生していない債権の譲渡」に
も、「債権の譲渡」の効力に関する規律がそのまま妥当することが明文化さ
れたことになる。すなわち、債権が現に発生していなくても「債権の譲渡」
が認められ（466条の6第1項）、「現に発生していない債権の譲渡」につい
ても民法467条2項が定める方法により第三者対抗要件の具備が認められる
（同条1項）。

　いかなる債権が「将来債権」に当たるかについては議論があり、審議の過
程では、この点の明確化を求める意見もあった（第93回会議議事録42頁〔深
山卓也委員発言〕など）。この点は、改正民法の下では、譲渡の意思表示時に
債権が現に発生しているか否かによって判断されることになるが、各種の債
権の中には、いつの時点で債権が発生するのかについて解釈が分かれるもの
もあろう。しかし、債権の譲渡とその発生の先後関係によって債権譲渡の効
力に関する規律の適用は異ならないことが明文の規定をもって示されたこと
により、この問いは、その限りで重要性を失うことになろう。

Ⅳ　将来債権の処分行為についての理論的正当化

　以上に見たように、「現に発生していない債権の譲渡」についても債権譲
渡の効力に関する規律が妥当するという帰結は、規定上も明確になったが、
債権の発生に先行して債権譲渡の効果＝帰属の変更が認められることを理論
的にどのように説明するかは、学説に委ねられている。この問題は、一般に
将来債権の移転時期の問題として議論がされることも多いが、単なる移転時
期の問題というよりは、債権の発生前において譲渡の客体となるものは何な
のかをめぐる見解の対立というべきものである（森田宏樹「譲渡の客体とし
ての将来債権とは何か」金判1269号〔2007〕1頁。同「事業の収益性に着目した資
金調達モデルと動産・債権譲渡公示制度」金融法研究21号〔2005〕81-107頁も参
照）。

　これは、単に学理上の問題というだけでなく、将来債権の譲渡について派

生的に生ずる解釈上の問題について考える上でも一定の意義を有する問いであろう。もっとも、上記のような定式化されたことにより、一定の方向で議論が収斂することも予想されるが、なお詰めるべき課題も少なくない。

1　近時の学説状況

　この点に関して、近時の体系書では、次のような説明が見られる。すなわち、①将来債権の譲渡担保について、「譲渡担保契約締結時に『将来債権の発生原因となる法律関係に基づき、債権発生時に原始的に債権者となるという法的地位』が設定者から担保権者に確定的に移転し、この法的地位の譲渡は、債権譲渡の第三者対抗要件を備えることにより、第三者に対抗することができ、かつ、その効力は発生した債権にも及ぶ」（傍点筆者）とする見解（中田・債権総論562頁）、②「『将来発生する債権』について債権者となる地位が譲渡契約に基づいて譲渡契約時に『将来債権』という1つの財貨として移転する──そして、譲受人は『将来債権』を取得する」とし、「その債権が将来において発生したときには、譲受人は譲受を受けた上記地位に基づいてその債権を取得する」と解した上で、当該債権が将来の時点で発生したときの説明としては、「譲渡人のもとで発生した債権が瞬時に譲受人に移転すると解するよりも、譲渡先である譲受人のもとで発生すると解さざるを得ない」（傍点筆者）とする見解（潮見・新Ⅱ362頁・368頁）などが説かれている。
　このように将来債権の譲受人の「法的地位」に着目する見解は、発生前の債権について譲渡を認めることは困難であるとの前提に立ち、債権の移転時期の問題に立ち入るのを回避して「将来発生すべき債権に係る譲渡担保権者の法的地位」によって法律関係を説明した上記〔6〕判決に着想を得たものであろうが、そうすると「債権者となる法的地位」とは何かが次に問題となる（将来債権には、その譲渡時にその発生原因となる契約がいまだ締結されていないものも含まれるから、これが「契約上の地位」ではないことについては、森田・前掲金判1269号1頁を参照）。
　②の見解のように、「債権者となる地位」それ自体が「『将来債権』という1つの財貨として移転する」と構成するときには、譲渡の客体である「将来債権」とは、債権そのものではなく、それを取得し得る地位であると捉えて

いることになる。これは、先に見た審議の過程で見られた要綱案のたたき台の発想に近いが、「将来発生する債権」とそれとは別個の「将来債権」とがどのような関係に立つのか、後者にも債権譲渡の規律が妥当するとすればそれはなぜかを明らかにするという新たな課題が生ずるほか、改正民法の下での「将来債権」概念との整合性も問題となろう。これに対し、①の見解は、「債権者となる法的地位」が譲渡の客体であると捉えているようにも見えるが、債権の発生前に何が譲渡の客体となるかは語らずに、譲受人が取得する法的権能という観点から説明しようとするものと理解することもできそうである。しかし、譲受人が債権が発生すればそれを原始的に取得する法的地位を有しているのはなぜかを問われれば、債権の発生前にすでにその帰属の変更の効果が生じているからにほかならないのではなかろうか。帰属関係は主体と客体との間で観念し得るものであり、それを帰属主体の面から表現したにすぎない。

2 「現に発生していない債権」の処分権の理論的意義

　具体的な債権の発生前の段階において、将来債権（現に発生していない債権）の譲渡によって、譲受人が取得する法的な権能とは何なのかを理論的に解明するためには、財産権の帰属関係という法的状態の変更をもたらす「処分行為」ないしその権能である「処分権」とは何かについて、立ち入って分析検討を行う必要があろう（この点につき、森田宏樹「処分権の法的構造について」高翔龍ほか編・星野英一先生追悼・日本民法学の新たな時代〔有斐閣、2015〕493 頁以下、同「財の無体化と財の法」吉田克己＝片山直也編・財の多様化と民法学〔商事法務、2014〕120-121 頁を参照。なお、ドイツ法における将来債権譲渡の処分行為に関する判例・学説について、現時点でもっとも詳細な分析検討を行うものとして、水津太郎「ドイツ法における将来動産と将来債権の譲渡担保——商品倉庫の譲渡担保と包括債権譲渡担保を念頭において」法学研究 88 巻 1 号〔2015〕209 頁以下を参照）。

　一般的にいえば、法的な処分権とは、財産権の帰属関係という法的状態の変更をもたらす法主体の権能である。そして、法人格には、それに帰属する財産一般について自由な処分権能が認められるところ、特定の財産権が法主

体に排他的に帰属することにより、当該主体に認められる法的権能が当該財産の「処分権」であると捉えることができる。したがって、ある財産権の処分権は、当該財産権の内容を構成する要素ではなく、その法主体への排他的な帰属関係に基づくものであって、両者は、理論的なレベルを異にするものである。処分権が当該財産権の内容であると解するときは、処分権の行使の対象に処分権が含まれることになって論理矛盾が生ずるからである。

　処分権をこのように捉えるときは、現に発生していない債権についても、その処分権を観念することができよう。仮に処分権が債権の内容を構成する要素であると解するときは、当該債権の発生前にその処分権を認めることはできないはずである。しかし、処分権を上記のように捉えるときは、債権が現に発生する前の段階においても、それを他の債権から識別可能な程度に特定して、その帰属関係を法的に観念することは理論的にも十分に可能である。それを基礎として、法主体に認められる処分権を行使して、将来生ずべき債権の帰属関係を譲渡契約によって確定的に変更する——その結果として、譲渡人は処分権を失い、譲受人に処分権が移転する——ことも可能となる。このように捉えることにより、具体的な債権の発生に先行して、その譲渡により帰属変更の効果が生ずることが認められることを理論的に正当化することができよう。

　なお、先に見た見解においては、「原始的に債権者となるという法的地位」が譲受人に確定的に移転するとか（①）、譲受人の下で債権が発生する（②）と説かれている。この点は、「譲受人は、発生した債権を当然に取得する」（466条の6第2項）にいう取得の法的意義について、譲渡人の下で発生した債権がただちに譲受人に移転するのか（承継取得構成〔経由取得説〕）、債権が発生した時点で譲受人が原始的に当該債権を取得するのか（原始取得説〔直接取得説〕）のいずれであるかは、解釈に委ねられた論点であるとされているが（部会資料74A・8頁、潮見・新Ⅱ365-366頁）、上記の見解は、このうち後者の解釈を支持するものといえる。

　しかし、このような対立図式で定式化されるような論点があると考えることには、問題があろう。上記の見解が原始取得であると捉えることは、債権が発生と同時にそれが譲受人に移転するとの見解を否定する点に意義があり、

283

その限りでは正当であるとしても、将来債権の譲渡にあっては、債権の発生
にその帰属変更が先行するだけであって、譲受人が当該債権を原始取得する
わけではない。将来債権の譲渡においても、当該債権の発生原因は譲渡人が
締結した契約であり、その譲渡は当該債権の特定承継に当たるというべきで
あろう。

284　**32**　将来債権譲渡

33 有価証券

東京大学教授 神作 裕之

要点

① 改正前民法 469 条から 473 条までの規律を有価証券に関する通則的な規律として有価証券法理に整合する内容に純化

② 改正前民法 363 条・365 条、改正前商法 516 条 2 項および 517 条から 519 条までの規定を統合して規律

③ 証券的債権という概念について規定を置かず、無記名債権を物とみなす旨を定める改正前民法 86 条 3 項の規定を削除

④ 記名証券が公示催告手続の対象になることを明確化

解説

I 規律の対象

　平成 29 年民法改正により、第 3 編「債権」第 1 章「総則」に第 7 節「有価証券」が新設された。第 7 節は、第 1 款「指図証券」（11 か条）、第 2 款「記名式所持人払証券」（6 か条）、第 3 款「その他の記名証券」（1 か条）および第 4 款「無記名証券」（1 か条）の計 19 か条から構成されている。

　改正前民法第 3 編「債権」第 1 章「総則」第 4 節「債権の譲渡」には、指図債権（旧 469 条・470 条・472 条）、無記名債権（旧 473 条）および記名式所持人払債権（旧 471 条）に関する規定が置かれていた。改正前民法には、そのほか、第 1 編「総則」第 4 章「物」に無記名債権を動産とみなす旨（旧 86 条 3 項）、ならびに、第 2 編「物権」第 9 章「質権」第 4 節「権利質」には譲渡に証書の交付を要する債権の質入れには証書の交付を要する旨（旧 363 条）、および、指図債権の質入れの第三者対抗要件が質権設定の裏書である

285

旨（旧 365 条）の規定があった。

他方、平成 29 年改正前商法第 2 編「商行為」第 1 章「総則」には、指図債権・無記名債権（旧商 516 条 2 項・517 条）と、「金銭その他の物又は有価証券の給付を目的とする有価証券」に関する通則的規定が置かれていた（旧商 518 条・519 条）。

改正民法は、有価証券に関する規律を整備することとし、商法に規定されていた上記の有価証券に係る規律を民法に移し、有価証券の種類ごとに有価証券法理として適切と考えられる民事ルールを設けた。

改正前民法の上記規定については、有価証券に関する規定ではなく、（指名）債権と有価証券の中間に位置する証券的債権に関する規定であると解する見解が有力であった（内田Ⅲ 241 頁、潮見Ⅱ 593 頁）。この理解を前提に、商法・特別法上の有価証券に係る規定をその特則と位置付ける見解もあり、それは民法起草者の見解と合致するとされる（中田・債権総論 572-573 頁）。改正前民法の上記規定は証券的債権に関する規律であるという理解に立つと、改正民法は、債権的証券に関する規律を削除し、有価証券に係る規律を新設したということになる（一問一答 210 頁）。これに対し、改正前民法の上記規定は有価証券に表示される債権に関する規定であると解する説によれば、証書の裏書交付を指図債権の譲渡の対抗要件とするなど（旧 469 条）、証券の裏書交付が譲渡の効力要件である有価証券法理（商法 603 条 1 項など参照）と整合しない規定などを整理し、商法の有価証券に関する規定と統合し、有価証券法としてより純化された規律として整備したということになる（「民法（債権関係）の改正に関する要綱」につき、神作裕之「有価証券」NBL1046 号〔2015〕26 頁以下参照）。

Ⅱ　規律の概要と適用範囲

1　概要

改正民法の有価証券に係る規律の概要は、次のとおりである。

第 1 に、証券的債権という概念について規定は置かず、無記名債権を物とみなす旨を定める改正前民法 86 条 3 項の規定は削除された。証券的債権す

なわち有価証券と債権の中間的な性質という表現は比喩的であり、その定義
や法的効果は必ずしも明確でなかった。証券的債権を認める説によるとそれ
は証券と権利が結合したものであるとされ（内田Ⅲ241頁、中田・債権総論
572頁）、同じく証券と権利が結合している有価証券との違いが明確でなかっ
た。証券的債権という概念を民法に導入した上で無記名債権を物とみなす民
法86条3項の規定を存置するならば、証券的「債権」に対し有価証券法理
を超えて物権法を適用することになり、理論的に飛躍がある。証券的債権に
該当するものは現実にはほとんど存在しないといわれてきたこともあり（一
問一答210頁）、証券的債権という概念を民法改正で明定すべきであるという
意見は、法制審議会民法（債権関係）部会においてもパブリック・コメント
手続においても少数であった（法制審議会民法（債権関係）部会の議論の状況
につき、論点整理補足説明第14、2・123頁、部会資料33-3・153-154頁参照）。

　第2に、改正前民法469条から473条までの証券的債権に係る規律を有価
証券に関する規律として有価証券法理に整合する内容に純化した上で、改正
前民法363条、365条、改正前商法516条2項および517条から519条まで
の有価証券に関する規定と統合し、民法において有価証券の通則的な規律を
設けた。それに伴い、改正前民法363条、365条、および商行為法総則に置
かれていた有価証券に関する上記諸規定は削除された。法制審議会において
は、有価証券に関する通則的規律を民法に置くべきかどうかが議論された。
たしかに、有価証券に係る権利義務関係は、商人および商行為という商法の
適用範囲を画する概念と結び付くことが多く、少なくとも現状では実際に流
通している有価証券の多くは商法・特別法の適用を受けている。しかし、有
価証券と商業証券とは理論的に不可分一体であるというわけではなく、商事
証券とはいえない有価証券が存在する。現に、有価証券の中には学校法人債
や医療法人債など商取引・商行為に基づき発行されるわけではない証券や、
商事証券とはいえない有価証券が存在する。規律の欠缺を塞ぐという観点か
らは、有価証券に通則的な規律を商法に置くことは適切でないと考えられる
（中間試案補足説明260頁・262頁）。

　第3に、有価証券について一般的な定義規定は置かず、譲渡の方式に着目
して有価証券を①指図証券、②記名式所持人払証券、③①および②以外の記

名証券、④無記名証券の4つに類型化し、資格授与的効力、善意取得や抗弁の制限、公示催告手続利用の可否などの有価証券に認められる典型的な法的効果について規律を整備した。もっとも、③の記名証券については一般の債権譲渡の方式により債権譲渡の場合と同様の法的効果をもって譲渡され、資格授与的効力、善意取得、抗弁の制限などの有価証券法理に固有の法的効果は認められない。しかし、③の記名証券についても、公示催告手続により無効にできること、およびその場合の権利行使方法が明確にされた。

2 適用範囲

手形、小切手、貨物引換証、船荷証券、倉庫証券、信託受益証券など個別の有価証券についての法令の規定は、改正民法の有価証券に関する通則的規定の特別法と位置付けられ、特別法が適用される（一問一答210頁）。法律上の根拠がない有価証券である白地手形についても、商慣習法上、規律の内容は相当に明確である（大判大正10・10・1民録27輯1686頁、大判昭和5・10・23民集9巻972頁など参照）。実務で用いられている有価証券の大半は商法・特別法あるいは商慣習法が適用され、有価証券に関する通則的規定が適用される有価証券は、現時点では限られると考えられる。

もっとも、次の3点に留意する必要がある。第1に、特別の法令の規定がある有価証券でも、規定のない事項については、民法の有価証券に関する一般規定が適用されることになる。例えば、信託受益証券について、信託法には受益証券について抗弁の制限に関する規定が置かれておらず、商法にも抗弁の制限に関する規定は存在しない（信託受益証券については改正前民法472条の規定の適用により抗弁が制限されると解されていた〔前田庸・手形法・小切手法〔有斐閣、1999〕17-18頁〕）。改正民法の下では、有価証券の通則的規定としての抗弁の制限に関する規定が適用されることになる。無記名式小切手の譲渡の方式に係る規律についても同様の問題がある。

第2に、従来「無記名債権」と解されてきたもののうち「無記名証券」に該当する有価証券には民法の規定が適用される。有価証券には該当しない証券的債権としての「無記名債権」が存在するとすれば、それに対しては有価証券の規律の適用はなく、その類推適用その他の解釈論に委ねられることに

なろう。

第3に、第2点とも関連するが、有価証券を契約により創出できるかという問題があり、この問題は従来どおり解釈論に委ねられる。その解釈によっては、将来的には法令にも（商）慣習法にも根拠を持たない有価証券が登場する可能性がある。

III　指図証券

1　譲渡・質入れの方式

　指図証券の譲渡・質入れは、当該指図証券に譲渡の裏書をして譲受人に交付することによりなされる（520条の2）。指図証券が有価証券であることの帰結として、権利と証券が結合している以上、証券の交付を譲渡・質入れの効力要件にするとともに、指図証券の場合には裏書を要する。意思表示の合致と裏書の連続した指図証券の交付を受けることにより譲渡の効力が生じるとともに、債務者および第三者に対する対抗要件を具備する。有価証券である指図債権の質入れについて、証書の交付を効力要件とする改正前民法363条、および、質権設定の裏書を第三者対抗要件と定める改正前民法365条は削除された。

　裏書の方式は、指図証券の性質に応じて、手形法における裏書の方式に関する規定を準用する（520条の3）。手形法は裏書の方式について詳細な規定を置いているが、裏書の方式について改正民法は、当該有価証券の性質に応じ、手形法の規定中の裏書の方式に関する規定を準用することとした。明文の規定がなくとも解釈により導くことは可能かもしれないが、「金銭その他の物又は有価証券の給付を目的とする有価証券」に限ってではあるが手形法の規定を準用してきたという従来の経緯（旧商519条1項）と、法律関係の明確化のために手形法の裏書の方式に関する規定を準用することとしたものである。裏書交付には重要な法的効果が付与されており、また善意取得など第三者にその効力が及ぶ場合がある。そこで、第三者が裏書の有効性や裏書の連続の有無を判断できるように、裏書の方式について手掛かりになる規律が置かれた。

2 資格授与的効力・善意取得・抗弁の制限・支払免責

裏書の連続した指図証券の占有者には、権利者であるとの法的推定が働く（520条の4）。なお、改正前商法519条1項が準用していた小切手法19条や、手形法16条は、「適法ノ所持人ト看做ス」と規定するのに対し、改正民法520条の4は、「証券上の権利を適法に有するものと推定する」と規定する。判例は、手形法16条などの「看做ス」とは「推定する」の意味であると解しており（最判昭和36・11・24民集15巻10号2519頁）、通説も同様に解する（鈴木竹雄・前田庸補訂・手形法・小切手法〔新版〕〔有斐閣、1992〕250頁注5、石井照久＝鴻常夫・手形法小切手法〔増補版〕〔勁草書房、1975〕232-233頁）。みなし規定であるとする説も、「適法の所持人」の意義を形式的権利者の意義と解した上で、形式的取得者とみなす趣旨であるとし（古瀬村邦夫「裏書の連続」鈴木竹雄＝大隅健一郎編・手形法・小切手法講座(3)裏書〔有斐閣、1965〕59頁注1）、実質的な無権利者であることの反証を封じるものではない。したがって、実質に併せて文言を修正する趣旨である。また、何らかの事由により指図証券の占有が失われた場合であっても、裏書の連続した指図証券の所持人は、悪意・重過失がない限り、当該証券を返還する義務を負わず、善意取得が認められる（520条の5）。無権利者からの取得以外の局面で善意取得が認められるかどうかは解釈論に委ねられる。

改正前商法519条1項は、指図証券のうち「金銭その他の物又は有価証券の給付を目的とする」ものに限り、裏書の連続する証券の所持により形式的資格を具備し（同項による小切手法19条の準用）、裏書の連続した指図証券を裏書により取得した善意・無重過失の者を保護していた（旧商519条2項による小切手法21条の準用）。改正民法は、実質的にこれらの規律を承継する一方、「金銭その他の物又は有価証券の給付を目的とする」ものに限らず、指図証券一般について裏書の連続した指図証券の占有に対し形式的資格を付与し、形式的資格を備えた指図証券を裏書により取得した者に善意取得による保護を認めた。その結果、例えば役務の給付を目的とする債権を表示する指図証券についても、形式的資格および善意取得の保護が与えられることになる。

抗弁の制限については、証券に記載した事項およびその証券の性質から当然に生じる結果を除き、裏書譲渡がなされた場合には、譲渡前の債権者に対抗できた事由をもって、善意の譲受人に対抗することはできない（520条の6）。手形法17条および小切手法22条と異なり「当該証券の性質から当然に生ずる結果」については対抗できるものとしている。これは、単純な金銭債権を表示し高度の取引安全の保護のために無因証券とされている手形・小切手と異なり、指図証券の中には、ある指図証券に表示されている権利と有因の関係に立つ有因証券であるものが少なくないであろうからである。したがって、ある指図証券に表示されている権利の成否および内容の変動などは、証券上に記載がない場合であっても対抗することを認める必要があると考えられる。これに対しては、流通証券である指図証券の性質からすると不適当ではないか、文言証券性を基礎とすべきであるとの反論もあり得る。しかし、改正前民法はすでに、指図債権について「その証書の性質から当然に生ずる結果を除き」と規定していた（旧472条）。同条は有価証券に関する規定ではなく証券的債権に関する規定であるとの理解も有力ではあることは I に述べたとおりであるが、いずれにせよ権利と証券の結合を考慮した指図債権についてすでに同条が採用していた立場であり、改正民法はこの規律を実質的に承継した。改正前商法における有価証券の通則的規定には抗弁の制限についての一般規定が欠けており、民法の規定が証券的債権であると解するとすると、有価証券における抗弁の制限についての一般規定が存在しないという問題点が指摘されていたが、改正民法の下では、抗弁の制限に係る一般規定が置かれることになった。

　なお、手形および小切手については、譲渡裏書には担保的効力があるのが原則であるが（手15条1項、小18条1項）、指図証券一般について、譲渡裏書の担保的効力を認めることにより、その流通性・譲渡性を高める必要があるとは考えられず、かえって、裏書人に想定外の負担を課すおそれがある。そこで、裏書の担保的効力は認められない。所持人の前者が譲渡した時点以降に確定し、または支払延期の合意のように譲渡後に発生した事由をもって、指図証券上の債務者が所持人の前者に対抗できる場合が考えられるので、譲渡の時点において存在した抗弁事由に当然に限られるものではない。譲渡の

時点以降に発生しまたは確定した抗弁事由を対抗し得るかどうかは、解釈論に委ねられる。

指図証券の債務者は、証券の所持人ならびにその署名・押印の真偽を調査する権利を有するが義務は負わず、調査なく弁済をしても悪意・重過失がない限り、支払免責を受ける（520 条の 10）。改正前民法 470 条を承継するものである。この規律により、早期かつ安定的な決済が可能となり、証券の流通性と流動性の促進につながり得る。

3 履行場所・履行遅滞など

債務の履行は、特定物の引渡しは債権発生の時にその物が存在した場所、その他の弁済は債権者の現在の住所がデフォルト・ルールである（旧 484 条、改正民法 484 条 1 項）。これに対し、裏書交付により譲渡される指図証券については、債務者は債権者の現在の住所を常に把握できるとは限らない。そこで、指図証券の弁済は債務者の現在の住所でする取立債務とされる（520 条の 8）。改正前商法 516 条は指図債権について「債務者の現在の営業所（営業所がない場合にあっては、その住所）」を履行場所と定めていた（旧商 516 条 2 項）。非商人の場合を前提にしつつ実質的にはこの規律を一般化するものである。したがって、条文上は、「債務者の現在の住所」と規定されているにすぎないが、個人商人については現在の営業所と解すべきであり、それがないときに債務者の現在の住所と解すべきであろう（田邊宏康「改正民法における有価証券について」専修法学論集 130 号〔2017〕156 頁以下の指摘参照）。

履行遅滞の時期については、指図証券の債務者は、当該債務の履行について期限の定めがあるときであっても、期限到来後に所持人が当該証券を提示して履行を請求した時点から履行遅滞となる（520 条の 9）。債務の履行につき確定期限があるときは、債務者は債権者からの履行の請求がなくても当該期限の到来の時点から付遅滞となるが（412 条 1 項）、指図証券の債務者は、当該債務の履行期の定めがある場合でも、履行期が到来した後に所持人が証券を提示して履行の請求をしなければ付遅滞の効果を主張できない。改正前商法 517 条に相当する規定を民法に定めるものである。

4 喪失の場合

公示催告手続に関しては、その対象となる有価証券の範囲は法律の規定により画される。すなわち、民法の一部を改正する法律の施行に伴う関係法律の整備等に関する法律により改正される前の民法施行法（以下、「改正前民法施行法」という）57条は、指図証券を非訟事件手続法の定める公示催告手続によって無効にすることができると定めていた。改正民法もその旨を定め（520条の11）、改正前民法施行法57条の実質を承継する。

有価証券を喪失したことにより公示催告の申立てをした所持人に、除権決定が下される前に権利行使をする手段を認めることが必要である。改正民法は、それを認めていた改正前商法518条を受け継ぐ（520条の12）。改正前商法518条の適用対象は、金銭その他の物または有価証券の給付を目的とする有価証券であったが、改正民法はその範囲を指図証券一般に拡大することなく、改正前商法518条の適用対象をそのまま承継している。同条の規定を金銭その他の物または有価証券の給付を目的とする有価証券以外にも類推適用できるかどうかは、見解が分かれており、権利実行の迅速性を重視し類推適用を肯定する見解も有力であった（西原寛一・商行為法〔第3版〕〔有斐閣、1973〕115頁など）。しかし、改正民法は、金銭その他の物または有価証券以外の権利の供託を認めていない現行の供託制度を前提に、同条の適用対象を承継したものである（供1条・5条参照）。

IV 記名式所持人払証券

1 譲渡の方式

記名式所持人払証券とは、譲渡の方式に着目し、債権者を指名する記載がなされており当該証券の所持人に弁済をすべき旨が付記されている有価証券である（520条の13括弧書）。記名式所持人払小切手の発行を認めている小切手法は、「記名ノ小切手ニシテ『又ハ持参人ニ』ノ文字又ハ之ト同一ノ意義ヲ有スル文言ヲ記載シタルモノ」を持参人払式小切手とみなしている（小5条2項）。このような記載に相当する記載がなされた有価証券が記名式所持

人払証券とされる。

　記名式所持人払証券の譲渡・質入れは、当該証券の交付によりなされる（520条の13）。意思表示の合致と記名式所持人払証券の交付により譲渡の効力が生じるとともに、債務者および第三者に対する対抗要件を具備する。

2　資格授与的効力・善意取得・抗弁の制限・支払免責

　記名式所持人払証券の所持人は、権利者であるとの法的推定を受ける（520条の14）。資格授与的効力や善意取得の効果も、記名式所持人払証券の占有が前提となる（520条の15）。また、抗弁の制限については、証券に記載した事項およびその証券の性質から当然に生じる結果を除き、裏書譲渡がなされた場合には、譲渡前の債権者に対抗できた事由をもって、善意の譲受人に対抗することはできない（520条の16）。指図証券の債務者は、証券の所持人ならびにその署名・押印の真偽を調査する権利を有するが義務は負わず、調査なく弁済をしても悪意・重過失がない限り、支払免責を受ける（520条の18・520条の10）。

　履行場所・履行遅滞等、公示催告手続については、指図証券の場合と同様である（520条の18・520条の8・520条の9・520条の11・520条の12）。記名式所持人払証券について、改正前民法の下では、抗弁の切断、履行場所および履行遅滞についての規定が存在しなかった。判例は改正前民法472条の規定を準用していた（大判大正5・12・19民録22輯2450頁）。なお、無記名証券の規律は記名式所持人払証券に関する規律によるとされるが（520条の20）、有価証券法理上は、記名式所持人払証券が無記名証券に含まれる関係にあると解される（小5条2項参照）。

V　その他の記名証券

1　譲渡の方式

　指図証券および記名式所持人払証券以外の記名証券すなわち権利と証券が結合しているものと認められる記名式の有価証券は、債権譲渡または債権質の設定に関する方式に従い、かつ、その効力をもってのみ、譲渡・質入れを

行うことができる（520条の19第1項）。裏書禁止手形や裏書禁止船荷証券等がその典型例である。記名証券とされる裏書禁止手形について、手形法は、（指名）債権譲渡の方式に従い、かつ、その効力をもってのみ譲渡できる旨を規定するが（手11条2項）、それと同趣旨であろう。譲渡に証券の交付を要するかどうかは、改正前法下と同様、解釈論に委ねられる（改正民法の下でも記名証券の交付は不要であるとする説として、田邊・前掲167頁参照）。証券の所持に、資格授与的効力はなく、善意取得や抗弁の制限など、有価証券法理に典型的な法的効果が認められない。履行場所・履行遅滞等については、従来どおり解釈に委ねられることになろう（改正前商法516条2項および517条の規定が記名証券に適用されるかどうかについて、学説は分かれていた。肯定説として、鈴木・前掲242頁、大隅健一郎＝河本一郎・注釈手形法・小切手法〔有斐閣、1977〕146頁、否定説として竹田省・商行為法〔12版〕〔弘文堂書房、1935〕36頁など参照）。

2　公示催告手続

　公示催告手続に関しては、その対象となる有価証券の範囲は法律の規定により画されるというのが現行法の立場である。すなわち、改正前民法施行法57条は、指図証券、無記名証券および記名式所持人払証券は、非訟事件手続法の定める公示催告手続によって無効にすることができると定めていたが、そこには記名証券が含まれていなかった。記名証券は公示催告手続により無効にすることができると解する少数説も存在したが、解釈論としては相当に困難があった。そうすると、記名証券は権利と証券が結合しているため、所持人が証券喪失すると権利行使をする手段がないという不合理な結果が生じる。そこで改正民法は、このような不合理な結果を回避するために、記名証券についても公示催告手続の対象にする（520条の19第2項・520条の11）。

　有価証券を喪失したことにより公示催告の申立てをした所持人に、除権決定が下される前に権利行使をする手段を認めることが必要であり、記名証券にも認められる（520条の19第2項・520条の12）。金銭その他の物または有価証券の給付を目的とする記名証券に限られることは、他の有価証券の場合と同様である。

VI　無記名証券

　無記名債権を物とみなす規定を削除し、有価証券法理によるものとする。無記名証券の規律の内容は、記名式所持人払証券と同一である（520条の20）。

VII　解釈論上の論点

1　改正前民法において「無記名債権」として扱われていた証券等の取扱い

　改正民法の下では、改正前民法の下で無記名債権とされてきた証券が「無記名証券」に該当すれば、有価証券法理に従って譲渡がなされ、資格授与的効力・善意取得・抗弁の制限などの法的効果が認められる。他方、これらが「無記名証券」でないとされれば、その法的性質が個別に検討されることになる。

　改正民法は、前述したとおり、証券的債権という概念を導入しなかった。しかしながら、有価証券ではない証券的債権として認識されていたかどうかは定かではないものの、改正前民法86条3項が適用される証券が存在した。例えば勝馬投票券や高速道路のハイウェイカードなどが、判例上、無記名債権として認められていた（大阪地判平成15・7・30金判1181号36頁、東京地判平成19・6・8判時1997号84頁など）。仮に、ハイウェイカードなどが有価証券としての無記名証券ではなく、証券的債権としての無記名債権であったとすると、改正前民法の下では、物とみなされるため、意思表示の合致により譲渡でき証券の引渡しは対抗要件にすぎず、かつ、即時取得が認められたが、改正民法の下で、同様の法的効果を認め得るであろうか。善意取得と要件・効果が異なる即時取得等の規律が適用されるべき証券があるかどうかは一応解釈論上問題になり得ると考えられるが、立法の経緯からすると難しいであろう。

　さらに、それらの証券が、改正民法の下でどのように扱われることになるかという論点が生じる。また、商品券やプリペイドカードについても、改正

前民法の下で有価証券かどうかをめぐり議論があった。これらの証券については、そもそも表章されるとされる権利はどのような債権であるのか、当該権利と証券の結合は認められるのかなどについて吟味するとともに、商品券といっても利用や流通の実態などによってケースごとに判断が分かれる可能性がある。問題となっている具体的証券ごとに利用や流通などの実態にかんがみ、個別に解釈する必要がある。

当該証券に表示された権利が債権であるとすれば、原則として、債権譲渡の方式とその法的効果に従うこととなり、善意取得などの有価証券に固有の法的効果は認められない。有価証券と認められるべき無記名債権であれば、改正民法の下では「無記名証券」の規律が適用されることとなり、それに該当しない場合には当該債権の性質に個別に応じた法的効果を付与することが適切であると考えられる。

2　物権証券・社員権証券

物権や社員権を表章した有価証券については、改正民法の規定は直接適用されないとも解される。他方、改正民法は、有価証券に表章された権利が債権である場合に必ずしも限定していないようにも読める。物権については有価証券化には法律上の根拠が必要であると解される一方、社員権については特別法に基づかない証券が登場する可能性は否定できない。次に述べる有価証券法理の発展を前提に、改正民法の有価証券に係る規律が物権証券や社員権証券に適用または類推適用される余地がある。それとともに、表章される権利の性質の違いに応じて有価証券法理が分化する可能性がある。

3　有価証券の定義と有価証券理論

改正民法は、有価証券についての定義規定を置いていない。また、有価証券の種類である①指図証券、②記名式所持人払証券、③①および②以外の記名証券、④無記名証券について、譲渡の方式について定めているにすぎず、それぞれの規律の中で有価証券性について個別に定義していない。このことは、有価証券の沿革と機能に関わる。有価証券法理は、あくまでも証券とそれに表章された権利とを区別し両者の間に微妙な距離を保ちつつ「物権法

化」することにより伝統的な債権法のルールに挑んできたという沿革がある。すなわち、有価証券法理は、元来、判例法・（商）慣習法として形成されてきたのである。その際、判例、学説および実務との間で応答が繰り返され、有価証券法理は、より強固な理論へと練り直されてきた。そのような性格を持つ有価証券について一般的に定義規定を置いた上で有価証券法理を立法によって固定化すると、かえってその発展を制約するおそれがあると考えられる（神田秀樹＝神作裕之「ドイツ法における有価証券概念」CaMRIレポート19号〔1998〕1-47頁参照）。

　改正民法は、有価証券についての一般的定義規定を置くことはしなかったものの、有価証券の範囲について1つの大きな判断を下している。すなわち、「指図証券でも記名式所持人払証券でもない記名証券」という種類を有価証券の一種として認める前提に立っていると考えられる。いわゆる講学上の「記名証券」である。記名証券が有価証券に該当するかどうかは、学界においても争いがあるが、改正民法はこれを有価証券の一類型として規律する。権利と証券が一体化している以上、善意取得や抗弁の制限等有価証券に固有の法的効果が認められなくとも、それを滅失・喪失した場合に公示催告手続による救済の可能性を与える必要があるからである。

　しかし、記名証券が講学上の有価証券に該当するかどうかは、開かれている。記名証券を講学上の有価証券に含めるかどうかは、主として有価証券にどのような機能を求めるかによる。流通性に重点を置けば、善意取得や抗弁の切断などの法的効果が認められない記名証券は有価証券ではないということになるのに対し、権利を証券に表章し一体化したことによる安全化機能などに着目すれば、記名証券も有価証券の一種であると解すべきことになる（西原・前掲107頁、前田・前掲28頁、森本滋・会社法・商行為法手形法講義〔第4版〕〔成文堂、2014〕370頁）。

　有価証券に関する一般的規律は19か条しか存在せず、さまざまな論点について有価証券法理による解決に委ねられることにあろう。手形法・小切手法を中心に発展してきた有価証券に係る法理論の役割は、依然として大きいといえる。

34 債務引受

中央大学教授　遠藤研一郎

要点

① 債務引受の明文化
② 併存的債務引受・免責的債務引受のための要件および両者の関係
③ 引受人の抗弁および担保権の移転の可否

解説

Ⅰ 改正前民法下での議論の整理

1 概説

　債務引受とは、広義の意味においては、ある債務者が負う債務を他者が引き受けることをいう。従来、債務引受を一般的に規定する明文規定は、民法典には置かれていなかったが、判例・学説上で認められてきたものである。そして、この広義の意味における債務引受の中には、①免責的債務引受と、②併存的債務引受の２種類があると理解されてきた。さらに、最広義の意味では、③履行引受も債務引受概念に含めることができる。

　まず、免責的債務引受とは、ある債務がその同一性を変えることなく、原債務者から新債務者（引受人）に移転し、原債務者が債務関係から離脱することをいう。機能としては、債務関係を簡易に決済する手段、より資力のある者が債務を引き受けることによって履行を確保する手段などが挙げられるが、契約上の地位の移転（契約譲渡、契約引受）がなされる場合にその要素として債務の承継が含まれていることも指摘し得る。

　他方、併存的債務引受とは、第三者（引受人）が既存の債務へ加入して新たな債務者となり、原債務者と並んで同一の債務を負担することをいう。機

299

能としては、債権を担保するための手段（人的担保）としての側面が強調されてきた。さらに近時、実務上では、決済システムの一態様として用いられている向きもある。また、営業譲渡や相続分の譲渡など、債務を含む包括的な財産を一括して迅速に承継させる場面において、それを可能とするための法技術として併存的債務引受を考え得ることも見逃せない。

これに対し、履行引受とは、第三者（引受人）と債務者との契約により、債務者の負担している債務を弁済するなどして債務者を免責させるべき義務を債務者に対して負担することをいう。前述のとおり、もっとも広い意味では、債務引受の一種と解することもできるが、履行引受は、引受人が債権者に対して何ら債務を負担しないことから（大判大正8・11・25民録25輯2186頁）、引受人が債権者に対して直接債務を負う「債務引受」とは異なる制度として説明される場合も多い。

2　免責的債務引受

免責的債務引受契約も契約である以上、それが成立するためには契約当事者の合意が必要である。問題は、誰が契約当事者となり得るかである。理論的には契約の当事者として、①三当事者の契約、②債権者・原債務者の契約、③債権者と引受人の契約、④原債務者と引受人の契約の4つが考え得るが、このうち、①が認められることには異論がない一方、②は、第三者に義務を負わせる契約が認められないため、否定される。③については、原債務者に利益を与えるものであるため、原則的に許されると解されるが、原債務者の意思に反しないことが必要であるとするのが判例である（大判大正5・7・3新聞1164号31頁）。これによって、利害関係を有しない第三者の弁済（旧474条2項）や更改（旧514条ただし書）の規定との均衡が保たれてきた。他方、④については、これを可能とする見解が通説となっている。ただし、引受人の一般財産が十分でない場合には債権者の有する債権の摑取力の作用を不当に弱めることとなるため、債権者の合理的期待を裏切ることのないよう、債権者の承諾が必要であると解されてきた。

原債務関係において担保権が付着している場合、その担保権は免責的債務引受がなされた際に存続するのかが問題となる。これに関し、担保権の種

類・性質に応じて区別して考える見解が有力に主張されてきた。すなわち、担保権が法定担保物権である場合は、当該担保権は特定の債権を保全するために法律が認めたものであるから、その債権の性質が継続する債務引受においては、担保権も存続する。担保権が原債務者自身の設定した約定担保物権である場合は、債務の帰属者・責任財産の変更によって設定者（原債務者）が不利益を受けるおそれはないため存続するという見解と、一定の場合には消滅することを認める見解が対立してきた。これに対し、第三者が担保の提供をしている場合は、一般的に、担保設定が原債務者と担保提供者間の個人的な信頼関係（とくに、原債務者の弁済資力に対する信頼）を基礎としている以上、担保提供者の同意なしには移転しないと解されてきた。

　原債務に付着していた債務者の抗弁事由は、債務引受によってどのようになるだろうか。免責的債務引受は、債務の同一性を維持したままの承継であるため、一般的には、引受の当時に債務に抗弁事由が付着しているときはこれらも移転し、これをもって債権者に対抗できる。ただし、引受人は、原債務者が債権者に対して有している債権を自働債権とする相殺を主張することはできないと解されてきた。これは、引受人に相殺を認めることは他人（原債務者）の権利の処分を許すことになるからである。また、契約上の地位が移転したわけではないから、契約当事者に固有の権利である取消権や解除権は、引受人に移転せず、原則的に、引受人自らが行使することはできないと解する見解が多数説であった。

3　併存的債務引受

　併存的債務引受契約が締結される場合も、免責的債務引受と同様に、誰との間で引受契約を締結することができるのかが問題となる。①二当事者の契約によって締結は可能であること、②債権者・原債務者間の契約による締結は認められないことは、前述と同様である。③債権者と引受人間の契約に関しては、免責的債務引受とは異なり、判例は、保証に関する民法462条2項の規定を類推適用し、債務者の意思に反しても契約を締結し得るとした（大判大正15・3・25民集5巻219頁）。④他方、原債務者と引受人間の契約に関しては、併存的債務引受は、債権者に引受人に対する権利を取得させること

はあっても不利益を生じさせるものではないから、免責的債務引受と異なり、債権者の承諾を必要とせずに有効に契約を締結することができると解されている（大判大正6・11・1民録23輯1715頁）。

　併存的債務引受がなされると、引受人は債権者に対して原債務者と同一内容の債務を負担する。ところで、併存的債務引受の場合、原債務者も債務を免れずにそれまでの債務関係がそのまま存続するので、原債務者の負う債務と引受人の負う債務の関係をどのように捉えるか問題となるが、特別な事情がない限り、連帯債務関係が生ずると解するのが判例である（最判昭和41・12・20民集20巻10号2139頁。なお、具体的事例において裁判所は、「特段の事情」を容易に認めない傾向にあり、結果的にはほとんど連帯債務で処理をしている）。これに対し学説は、日本の改正前民法における連帯債務に絶対効規定が多いことからくる不都合を回避するため、不真正連帯債務や不可分債務などの成立する可能性を認める解釈論を展開してきた。

II　併存的債務引受と免責的債務引受の関係

　冒頭のとおり、改正前民法には、債務引受の一般的な要件・効果が定められていないところ、今回の改正では、それを明文規定化することが提案されている。具体的に、第3編第1章第5節（470条〜472条の4）において、「第1款　併存的債務引受」、「第2款　免責的債務引受」を置く（履行引受に関する条文はない）。後述するように、その内容は、従来、判例・学説で認められていた内容を明文化する部分が多く、そのような意味において法曹実務・取引実務へ与える影響はそれほど大きいものではないものと思われる。しかし、債務引受に関する一般規定が明文化されたことの意義に加え、改正民法が含有する、「免責的債務引受と併存的債務引受の関係」をめぐっては、少なからずインパクトがあるものと思われる。

　そもそも、改正以前から、免責的債務引受と併存的債務引受の関係については、学説上で、一致を見ていない。一方では、両者を近接的に位置付ける考えが主張されてきた（代表的な見解として、於保・債権総論338頁、椿寿夫「債務を伴う地位の譲渡と債権者への対抗力」民商34巻2号〔1956〕121頁、同

302　34　債務引受

「判例債務引受法(1)」大阪府立大学経済研究 6 号〔1958〕300 頁、同「判例債務引受法(2)」近畿大学法学 6 巻 2・3 合併号〔1957〕197 頁、同「判例債務引受法(3)」大阪府立大学経済研究 11 号〔1959〕77 頁、注民(11) 476 頁〔椿寿夫〕、奥田・債権総論 481 頁、潮見佳男・債権総論〔信山社、1994〕486 頁）。すなわち、原債務者と引受人との間の債務引受契約を考えた場合、たしかに免責的債務引受の場合には「債権者の承諾」が必要であるが、併存的債務引受の機能の中に、原債務者の負う債務に加えて引受人に同一の債務を新たに設定させる形での承継を観念し、原債務者と引受人が連帯して債務を負う代わりに、債権者の承諾なく、債務引受が可能と考える見解である。この見解を推し進めると、併存的債務引受を債務引受の原則形態と位置付け、その上で、「債権者が原債務者の負う原債務を免除する意思表示」が付加されることによって、原債務者が債務関係から離脱し（引受人だけが債権関係にとどまることとなり）、免責的債務引受がなされたのと同一の目的が達成される（すなわち、免責的債務引受が例外的な扱い）と考えることもできる。実際、今回の債務法改正の議論の中で、民法（債権法）改正検討委員会における基本方針 3.1.4.10 において、免責的債務引受の位置付けを、併存的債務引受において「原債務者との間の免除の合意が付加されたもの」と理解する立場が示され、また、論点整理でも同様の問題提起がなされたことは注目に値する。

　他方、このような考え方に対しては、性質上、目的上の違いを強調する見解が有力に主張されている。性質上も、債務の「承継」と「設定」には異質性が存在すること、併存的債務引受は債権担保を目的とする制度であり、債務の承継を目的とした免責的債務引受とは、目的が異なること、などが主張されている（とくに、野澤正充「債務引受・契約上の地位の移転(1)」立教法学 92 号〔2015〕290 頁が、改正民法の議論の経緯を詳細にたどりつつ、鋭い批判を展開している。また、池田真朗「債権譲渡から債務引受・契約譲渡へ」森征一＝池田真朗編・内池慶四郎先生追悼・私権の創設とその展開〔慶應義塾大学出版会、2013〕164 頁も、契約上の地位の移転との整合性から、批判を加える）。

　そのような中で、今回の改正民法が、併存的債務引受を第 1 款に置き、免責的債務引受を第 2 款に置いていることは、パンデクテン体系を採用する民法典において、一定の意味があるように思われる。また、併存的債務引受に

ついて規定する改正民法 470 条 1 項において「債務者が債権者に対して負担する債務と同一の内容の債務を負担する」と示されているのと同様に、免責的債務引受を規定する改正民法 472 条 1 項においても、同一文言が示されており、いずれも債務設定として位置付けているように読めることも注目に値する（潮見・改正法の概要 168 頁参照）。

　筆者自身は以前から、原債務者と引受人の間の引受合意によって、原債務者の債務と並んで引受人の債務が設定され、新たに、原債務者が債務関係から離脱するための要件として、債権者の承諾（またはそれと同視し得る要件。なお、ここでの「承諾」は、原債務者の債務離脱に対する承諾の意）を位置付ける、というタイプの債務の承継も考えられるのではないかということを、繰り返し論じてきた（複数の論稿があるが、出発点は、遠藤研一郎「免責的債務引受に関する一考察(1) (2・完)」法学新報 108 巻 1 号〔2001〕89 頁、2 号 99 頁）。たしかにこれは、債務の「承継」そのものではなく、債務の「新たな設定＋旧債務の消滅」であるため、性質上の乖離を甘受しなければならない。しかし、経済的な機能（債務引受の目的）に着目した場合には、このようなものも「引受」概念の範疇に含めるべきであり（義務の設定であるという性質が、承継という目的を達成することへの阻害要因とは、必ずしもならない）、そのような実務的なニーズもあるとの感触を得ている。いずれにしても、改正を経た今後も、両者の関係は注意深く検討され続けなければならないものと思われる。

Ⅲ　債務引受契約の形態

1　併存的債務引受

　改正民法では、債務引受がなされる際に、誰と誰の間で、どのような要件の下で契約が成立するのかに関する明文規定が置かれた。

　併存的債務引受は、債権者と引受人となる者との契約によってすることができる（470 条 2 項）。原債務者の意思的関与は要求されていない。従来の考え方を踏襲したものである。契約が成立しても原債務者にとって特段の不利益がもたらされるわけではなく、また、保証において主債務者の意思に反し

ても保証人となる者が債権者と保証契約を締結することができることとの整合性が維持されるため、是認し得る。

また、引受人となる者と原債務者との契約によっても成立するものとされている。ただしこの場合には、債権者が引受人となる者に対して「承諾」をすることで効力が生ずるものとされている（470条3項）。併存的債務引受の場合、原債務者の債務は存続するので、ここでいう「承諾」は、原債務を免ずる意義を有しない。むしろ、引受人となる者と原債務者との合意は、「第三者のためにする契約」であるとの考え方に従い、債権者が「契約の利益を享受する意思を表示」すること（受益の意思表示）を要求しているといえよう（537条3項参照）。そのようなことから、この承諾は、積極的・明確な意思表示を必ずしも必要とせず、黙示のものでもよいと解すべきである。また、この承諾があった後は、原債務者は、債権者に無断で債務引受契約の解除をすることができなくなる（538条2項参照）。引受人に対する債権者の履行請求権を、原債務者によって奪われることがないようにして、債権者を保護するためである。

2　免責的債務引受

他方、免責的債務引受に関しては、改正民法によって、債権者と引受人となる者との契約（引受合意＋原債務者を債務から免れさせる合意）によってすることができるようになった（472条2項前段）。いままでの判例から扱いを変更するものである。これは、債務者の意思に反してもできる免除（519条）との整合性を図ったものであるということができる。また、債権者と引受人になろうとする者との間で引受契約がなされる場合に、原債務者の意思を知り得ないことが契約の障害になることを取り除くことにもつながる。実務上も、債権管理の方法として免責的債務引受を利用しやすくなるのではないかとの指摘がある。なお、この類型の契約の場合には、債権者が原債務者に対してその契約をした旨を「通知」したときに、その効力が生じる（472条2項後段）。これは、原債務者が知らないうちに免責されているという事態を避けるためである。

他方、原債務者と引受人となる者が契約をすることもできるが、その場合

には、債権者が引受人となる者に対して「承諾」をする必要がある（472条3項）。ここでいう「承諾」は、前述の「通知」と同様、原債務者の債務を免ずる効力を伴うものである。では、債権者が承諾をする前の法律関係はどのようになるだろうか。少なくとも、「免責的」債務引受は生じていないこととなる。ただし、上記のとおり、原債務者と引受人となる者が契約において、「併存的」債務引受をした上で、債権者の承諾（原債務者の債権関係からの離脱についての承諾）があった場合には引受人のみが債務者となるという旨の合意を行うことは、妨げられないように思われる。この場合には、債権者が（原債務者離脱の）承諾を行わない間であっても、引受人に対して履行の請求をすることは可能であろう。なお、従来、原債務者と引受人となる者の契約がなされた後に、債権者がそれを承諾した場合、民法116条を類推適用して引受合意の時点に遡及して免責的債務引受が有効となるとの見解もあった。しかし、改正民法では、債権者の承諾がない限り、「免責的」債務引受は有効に成立しないものと規定されているといえよう。

IV 債務引受の効果・引受人の抗弁・求償関係

1 債務引受の効果

　併存的債務引受がなされると、引受人は、原債務者と連帯して、原債務者が債権者に対して負担する債務と同一の内容の債務を負担する（470条1項）。すなわち、原債務者と引受人が連帯債務者となる。これは、形式的には改正前民法における判例の解釈を踏襲することとなる。しかし、改正民法では同時に、連帯債務者の1人について生じた事由の効力に関する規定が改正され、相対的効力事由の範囲が広がるため（432条〜435条の2）、実際には、今までの判例理論とは結論を異にすることになる点には留意が必要である。

　他方、免責的債務引受がなされると、引受人は、原債務者が債権者に対して負担する債務と同一の内容の債務を負担し、原債務者は自己の債務を免れることとなる（472条1項）。

2　債務引受がなされた場合における引受人の抗弁

　併存的債務引受でも免責的債務引受でも、引受人は、債務引受により負担した自己の債務について、その効力が生じた時に原債務者が主張することができた抗弁をもって債権者に対抗することができる（471条1項・472条の2第1項）。また、引受人自身は（契約上の地位の移転があったわけではないので）取消権や解除権を有しないものの、原債務者が債権者に対して取消権や解除権を有する場合には、引受人は、権利の行使によって原債務者がその債務を免れることができた範囲において、債権者に対して債務の履行を拒むことができる（471条2項・472条の2第2項）。

　他方、引受人となる者と原債務者の合意によって成立した債務引受の場合、①それが併存的債務引受であれば、引受契約に基づく原債務者に対する抗弁も債権者に対して主張することができる（第三者のためにする契約であるため。539条）のに対し、②それが免責的債務引受であれば、そのような抗弁を主張することはできない。

　また、原債務者が債権者に対して反対債権を有している場合、①併存的債務引受であれば、引受人は、債務者の負担部分の限度において、債務の履行を拒むことができる（原債務者の負う債務と引受人の負う債務は連帯債務であるため。439条2項）のに対し、②免責的債務引受であれば、引受人は、原債務者が反対債権を有していることを理由として履行を拒絶することはできない。

3　求償関係

　併存的債務引受の場合、原債務者と引受人は連帯債務者となるため、両者には負担部分を観念することができよう（仮に、純粋に担保目的の併存的債務引受である場合には、引受人の負担部分はゼロということになる）。その場合の求償関係については、別段の意思表示がなければ連帯債務における求償関係の規定（442条～445条）に従うこととなる。

　他方、免責的債務引受の場合、引受人は債務者に対して求償権を取得しない（472条の3）。債務者が負っていた債務を、引受人が引き受けた上で、自

己の債務として債権者に弁済するからである。もちろん、原債務者と引受人の間に別段の合意（例えば、原債務者と引受人の間に委任契約がある場合における費用償還請求。649条・650条）があれば、それに基づく請求権は発生する可能性はある。また、債務の承継を目的とする債務引受においても、免責的債務引受ではなく併存的債務引受契約（それに加えて原債務者の債務のみを免除する）を締結したり、保証契約を締結したりすることによっても、求償権取得の途は確保されているものといえよう。

V　担保権の移転

　免責的債務引受がなされる場合、原債務者の負う債務の担保として設定された担保権はどのようになるのか。

　これに関し改正民法は、債権者は当該担保権を引受人が負担する債務に移すことができるものとしている（472条の4第1項本文。なお、例外として改正民法398条の7第3項。元本の確定前に免責的債務引受があった場合における債権者は、改正民法472条の4第1項の規定にかかわらず、根抵当権を引受人が担保する債務に移すことができない）。ただし、引受人以外の者（物上保証人など）が引受前の債権を担保する担保権を設定した場合には、その者の承諾を得なければならない（同項ただし書）。担保権設定者が有する「誰が負う債務を担保したか」に対する期待を保護するためである。担保権が設定された財産の第三取得者も同様と解すべきであろう。また、原債務者は、形式的には「引受人以外の者」に該当するため、原債務者の設定した担保の移転にも、原債務者の承諾が必要となろう。ただし、とくに、原債務者と引受人となる者との間の免責的債務引受契約においては、担保権が移転する可能性を引受契約当事者（原債務者）が考慮し得る立場にあるため、その際にも原債務者の承諾を要するかは、検討の余地があるように思われる。

　なお、免責的債務引受によって原債務者の債務は消滅するため、担保の「消滅に関する付従性」という性質上、担保権の移転は、免責的債務引受の時までには担保権の移転も行わなければならない。その際、あらかじめまたは同時に、引受人に対して意思表示をすることが求められている（472条の

4第2項)。

　また、保証が付着した債務について免責的債務引受がなされた場合、改正民法472条の4第1項2項に従い、保証債務を引受人が負う債務に移すことができる（同条3項）が、その場合、保証人の承諾は、書面（同条4項）、または、電磁的記録（同条5項）によってする必要がある。保証契約の要式行為性（446条2項3項）と平仄を合わせたものである。

35 契約上の地位の移転

立教大学教授 **野澤 正充**

要点

① 「契約上の地位の移転」の創設とその明文化
② 契約上の地位の移転の要件と制度の捉え方

解説

I はじめに

契約上の地位の移転とは、契約当事者の一方（譲渡人）が、個々の債権債務のみならず、解除権などの形成権をも含めた契約上の地位を第三者（譲受人）に移転する制度である。この制度は、沿革的には新しい制度で、民法には明文の規定がない。しかし、民法には、個別に、契約上の地位の移転を認める規定が存在する。すなわち、賃貸借における賃貸人の交代（605条）と賃借人の交代（賃借権の譲渡——612条）、雇用における使用者または労働者の交代（625条）である。また、民法以外の法領域においても、事業譲渡（商16条〜18条、会社21条以下・467条以下）・会社合併（会社748条以下）に伴う契約の承継、特定目的信託における委託者の交代（資産流動化237条）など、その例は多い。さらに、国際的な契約ルールにおいても、契約上の地位の移転が明文化されている（国際商事契約原則〔UNIDROIT〕9.3.3条以下）。そこで、改正民法においても、債務引受とともに、契約上の地位の移転が明文化された。

Ⅱ　改正前民法下における議論の枠組み

　改正前民法下においても、契約上の地位の移転の制度を認めることについては、判例・学説はほぼ一致していた。しかし、その要件と効果については見解が一致せず、その前提として、なぜこの制度が必要なのかという点についても、理解が分かれていた。

　まず、伝統的な学説は、契約上の地位の移転の機能を、個別の債権譲渡と債務引受によっては移転できない取消権・解除権を第三者に移転することに求めた（我妻・債権総論 579 頁）。しかし、①取消権は、詐欺・強迫を受けた者にのみ認めればよく、その者から目的物を取得したにすぎない特定承継人には認める必要がない（改正民法 120 条の「承継人」は包括承継人を意味し、特定承継人は含まれない）。すなわち、取消権の移転を認める必要性はなく、現実には解除権の移転のみが問題となる。また、②取消権や解除権は、契約のノーマルな状態ではない、いわば病理現象に際して生じるものである。そうだとすれば、形成権の移転は、契約上の地位の移転を認めることの、積極的なメリットとはならない。

　また、有力な見解は、契約上の地位を、債権と同じように、1 つの経済的価値を有する財産として捉え、その譲渡を促進させようとする（椿寿夫「契約引受(上)」法学セミナー257 号〔1976〕69 頁）。この見解は、例えば、B が A との間で A の所有する絵画を 1000 万円で買う旨の売買契約を締結し、代金支払の前に、その買主の地位を C に 1200 万円で譲渡することを想定し、自己資金なしに取引に参加するための制度として、契約上の地位の移転を理解する。しかし、その例は、目的物の転売に債務引受を組み合わせることによっても同じ結論となる。すなわち、B は代金を支払う前にその絵画を C に転売し、C に代金債務を引き受けさせればよい（差額の 200 万円は B が受け取る）。そうだとすれば、目的物の転売の事例は、契約上の地位の移転の本来の領域ではないと考えられる。

　そこで、近年の見解は、契約上の地位の移転が現実に問題となるのは、継続的契約であることと、この制度が民法の中で唯一、契約当事者が交代して

も契約関係の存続を認めるものであることに着目する。そして、継続的契約においては、当事者の一方が、目的物や営業の譲渡または債務超過など、契約の当初には予定しなかった事情によって、その契約関係を維持できなくなることがある。しかし、そのような場合にも、契約を終了することなく、従前の契約関係を維持しつつ、当事者の交代を認めるのが契約上の地位の移転であるとする。換言すれば、契約上の地位の移転は、継続的契約による契約関係の安定性を維持するために、契約当事者の一方の変更にもかかわらず、将来に向かって契約関係を存続させる制度である（野澤正充・契約譲渡の研究〔弘文堂、2002〕371頁）。なお、この見解は、契約上の地位の移転を、①合意に基づく場合と②特定の財産の譲渡に伴う場合とに類型化し、それぞれ要件・効果を異にすることを提示する。すなわち、①合意に基づく契約上の地位の移転については、譲渡人と譲受人の合意に加えて、(a)相手方の承諾が必要である（612条参照）。なぜなら、契約においては、当事者が誰であるかは重要であり、相手方の承諾なしに当事者の交代を認めることはできないからである。そして、譲渡人も当然には免責されず、その免責には(b)相手方の承諾が必要である（(a)と(b)の承諾は、論理的に区別されるが、現実には1つの承諾が両者を兼ねることが多い）。これに対して、目的不動産の譲渡に伴う賃貸人の地位の移転に代表される、②特定の財産の譲渡に伴う契約上の地位の移転については、相手方（賃借人）の承諾は不要である。特定の財産に着目して契約を締結した場合には、当該財産の所有者であれば契約上の義務を果たすことができ、相手方にも不利益がないからである。そして、この場合には、譲渡人は当然に免責される。特定の財産を譲渡したことにより、もはや契約関係に利害を有しないからである。

Ⅲ　改正民法の下での問題処理の枠組み

改正民法は、「契約上の地位の移転」を、債権譲渡・債務引受とは切り離し、契約総則の「第2款　契約の効力」の次に、独立の款（「第3款　契約上の地位の移転」）として位置付ける。

> 第539条の2　契約の当事者の一方が第三者との間で契約上の地位を譲渡する旨の合意をした場合において、その契約の相手方がその譲渡を承諾したときは、契約上の地位は、その第三者に移転する。

　この規定からは、契約上の地位の移転は、①契約当事者の一方（譲渡人）と第三者（譲受人）の合意によってすることができ、契約の相手方は当事者ではないこと、および、②相手方の承諾が必要であることが明らかである。そして、この2つの要件があれば、「契約上の地位」が譲受人に移転することとなる。

　ところで、法制審議会民法（債権関係）部会における審議からは、少なくとも事務当局（法務省民事局）が上記の学説の中でも「近年の見解」に依拠していることがうかがわれる（例えば、部会資料9-2・68頁）。そして、「契約上の地位の移転」を、その沿革および比較法的観点とは異なり、債権譲渡・債務引受とは区別して、契約総則に位置付けたことも、その例証となる（この点については、野澤正充「債務引受・契約上の地位の移転(1)──民法（債権関係）の改正案の検討」立教法学92号〔2015〕290頁以下参照）。

　また、改正民法は、不動産賃貸借における賃貸人の地位の移転について、賃貸借が「対抗要件を備えた場合」に関する605条の2のほかに、「合意による不動産の賃貸人たる地位の移転」の規定を設け、相手方である賃借人の承諾を不要としている（605条の3）。

　以上のように、改正民法は、契約上の地位の移転を明文化し、その制度の位置付けを明らかにするとともに、その要件（相手方の承諾の要否）を明確にしている。しかし、論点整理において提示されていた、「契約上の地位の移転の効果等」と「対抗要件制度」については、その明文化が見送られ、解釈に委ねられている。

IV　明文化されなかった問題点

　まず、契約上の地位の移転の効果としては、「①既発生の債権債務も譲受人に移転するか、②譲渡人の債務についての担保を、順位を維持しつつ移転させる方法、③契約上の地位の移転によって譲渡人が当然に免責されるか否

か」が問題となる（論点整理57頁）。このうち、③について法制審議会民法（債権関係）部会は、「契約上の地位の移転には、免責的債務引受の趣旨が含まれており、その要件として相手方の承諾が必要であること等から、契約上の地位の移転は譲渡人が契約関係から当然に離脱することを含意する概念であるとする見解」（部会資料9-2・73頁）に基づき、「契約上の地位の移転に伴って、譲渡人は免責されるのが原則である」（中間試案補足説明274頁）とする。しかし、「相手方の承諾」の意思解釈に委ねるべきであり、相手方の承諾が、契約上の地位の移転を認めることについての承諾であって、譲渡人の免責を含むものではない場合には、譲渡人の併存的責任を認めるべきであろう。比較法的にも、契約の相手方が譲渡人を免責したり補充的な債務者としていない限り、譲渡人が連帯債務を負うことが原則である（国際商事契約原則9.3.5条）。

　また、対抗要件制度については、「その制度を創設する必要性を指摘する意見がある一方で、これを疑問視する意見があるほか、契約上の地位の移転一般について、二重譲渡の優劣を対抗要件具備の先後によって決することの当否や、多様な契約類型に対応可能な対抗要件制度を具体的に構想することの可否」が問題となる（論点整理57頁）。この問題は、結局は解釈に委ねられるが、契約上の地位の移転については債権譲渡の対抗要件（467条）を類推適用し、また、賃貸人の地位の移転については登記（177条）を対抗要件とすれば足りよう。

　ところで、当初の「債権法改正の基本方針」では、将来債権の譲渡後に、譲渡人の契約上の地位が移転された場合にも、譲渡人の行った将来債権譲渡の効力が譲受人（「契約上の地位を承継した者」）に対しても対抗することができるという提案（基本方針3.1.4.02〈2〉）がなされていた（詳解Ⅲ272頁）。この将来債権譲渡の効力の問題は、具体的には、不動産の賃貸人が将来の賃料債権を譲渡した後に当該不動産を譲渡した場合に、当該不動産から生じる賃料債権が将来債権の譲受人に帰属するのか、それとも不動産の譲受人（新賃貸人）に帰属するのか、という問題として争われる。そして、基本方針は、「譲渡人は、自身に処分権のある将来債権を譲渡することができるだけで、第三者の下で生じた債権については、基本的に譲渡の効力が及ばない」というこ

とを前提に、「第三者であっても、譲渡人の契約上の地位を承継した者」については譲渡の効力が及ぶとする（沖野眞已＝小粥太郎＝道垣内弘人・聞き手片岡義広＝吉元利行「インタビュー民法（債権法）改正検討委員会・第3準備会 債権者代位権、詐害行為取消権、多数当事者の債権および債務の関係、債権譲渡(下)」NBL909号〔2009〕52-53頁〔小粥発言〕）。ただし、不動産の譲受人（新賃貸人）が「賃借人を入れ替えた後に生じた賃料は、別」であり、これについては将来債権譲渡の対抗力が及ばない、とも説明されている（小粥・前掲54頁）。

　この基本方針の考え方を受けて、法制審議会民法（債権関係）部会においては、次の3つの見解が提示された（部会資料9-2・33頁）。すなわち、〔A説〕「賃料債権の譲受人は、将来債権譲渡の効力を新賃貸人に対抗でき、将来債権譲渡の対象となった賃料債権は、すべて賃料債権の譲受人に帰属するという考え方」、〔B説〕「賃料債権の譲渡人（建物の譲渡人）である旧賃貸人が締結した賃貸借契約に基づき発生した賃料債権は、賃料債権の譲受人に帰属し、建物の譲受人である新賃貸人が新たに締結した賃貸借契約に基づき発生した賃料債権は、新賃貸人に帰属するという考え方」、および、〔C説〕「賃料債権の譲受人は、将来債権譲渡の効力を新賃貸人に対抗できず、不動産の譲渡後に発生する賃料債権は、すべて新賃貸人に帰属するという考え方」である。

　これらの見解のうち、将来債権譲渡が担保目的で行われるものであり、その対抗要件が登記として公示されることを前提とすれば、担保の効力を弱める〔C説〕は妥当でない。そして、契約上の地位の譲受人にとっても、将来の賃料債権が譲渡されていることが登記によって公示されていれば、譲渡人によってなされた債権譲渡の効力を対抗されても、不測の損害を被ることはないと解される。また、将来債権の譲渡担保においては、その目的を特定することが不可欠であり、特定のためには、債権者のほかに債務者（第二債務者）も特定されなければならない。そうだとすれば、賃貸人が将来の賃料債権を譲渡し、かつ、当該不動産を譲渡した後に、賃借人（第三債務者）が交替した場合には、将来債権譲渡の効力は、新賃貸人とその者が新たに締結した賃貸借契約の賃借人との間で発生した賃料債権には及ばないことになる。結論としては、〔B説〕が適切であったと思われるが、この問題も今後の解釈に委ねられている。

36 弁済(1)——弁済の意義・方法

慶應義塾大学教授 北居 功

要点

① 弁済の定義規定の新設

② 代物弁済の諾成化

③ 弁済の給付内容、履行時期、受取証書の交付請求の明確化

④ 弁済の提供の効果規定の文言変更

解説

I 弁済の意義

1 弁済の意義

「債務者が債権者に対して債務の弁済をしたときは、その債権は、消滅する」(473条)。そもそも弁済とは、「債務の内容たる給付を実現させる債務者その他の者の行為」であって、「これによって債権はその目的を達して消滅する」とされてきた(我妻・債権総論213頁)。履行が債務内容を実現する「行為」の側面に比重があるのに対して、弁済は債権内容の充足による債権の「消滅」の側面に比重があるとされるが、履行と弁済の厳密な使い分けが困難なため、同条では履行の文言は用いられていない(部会資料80-3・23頁)。

　もともと、旧民法財産編451条1項は、「弁済ハ義務ノ本旨ニ従フノ履行ナリ」と定め、債務者または第三者による単純弁済(同452条以下)と弁済による代位をもたらす代位弁済(同479条以下)に区別していた(同451条2項)。しかし、改正前民法の制定に際して、弁済に関する定義規定を設ける必要がないとして(法典調査会速記録三〔商事法務版〕232頁)、第三者による

弁済を定める改正前民法474条から弁済規定が始まっていた。もっとも、学説でも実務でも、弁済を債務者または第三者が、債務の本旨に従って債務を履行することによって債権が充足され、債権が消滅する意義とすることに異論はない。

今般の民法改正では、旧民法では規定されていたものの、改正前民法では規定されなかったが、それでも広く認められてきた弁済の意義を明文化することとなった（一問一答186頁）。第三者弁済からはじまる旧来の弁済規定は、やはり不自然との誹りを免れないであろう（山野目140頁）。ただし、改正民法473条は債務者の履行行為による弁済を定めるだけであり、第三者による弁済は改正民法474条に定められている。そのため、改正により、「弁済」は、債務者による弁済（狭義：改正民法473条）と第三者による弁済も含む弁済（広義）の2つの意義に分けて用いられることになろう。さらに、強制執行や担保権の実行による債権充足も弁済に含まれるかどうかについては、なお疑念がある。

2 弁済の法的性質

通説は、給付が客観的に債務内容に適合すれば弁済が成立するとして、弁済を当事者の意思表示を要しない準法律行為と理解してきた。そのため、強制執行・担保権実行による配当によって債務内容が充足される場合であっても、弁済の成立を認めることができる。さらに、強制執行あるいは抵当権の実行による配当が債権者の債権の全額を消滅させる額に達しない場合に、たとえ債権者の充当指定権が合意されていても、配当手続において当事者が充当指定をする余地もなく、画一的で公平な充当方法として法定充当を認める判例（最判昭和62・12・18民集41巻8号1592頁、共同抵当の被担保債権への充当に関する最判平成9・1・20民集51巻1号1頁、不動産競売での配当金が供託された場合の充当に関する最判平成27・10・27民集69巻7号1763頁）も、準法律行為説に依拠するとされる。

しかし、学説では、むしろ当事者の合意による指定を介入させるべきとする見解も有力であり、実際、実務では、配当手続の終了後に当事者が充当合意をあらためて行っているとの指摘さえある（第8回会議議事録24頁、第47

回会議議事録 2 頁以下、渡辺美恵子「最三判平 27.10.27 をめぐる諸問題」金法 2064 号〔2017〕58 頁以下参照）。さらに、学説上有力な不当利得類型論でも、給付を債務者の出捐とその目的からなると理解するなら、この理解は債務者が支出する財産が充てられるべき債務の指定が重要となるため、弁済を法律行為として理解する方向を再評価することになろう。

II 代物弁済

1 改正前の枠組み

代物弁済は、債務の本来の給付と異なる給付によって債権を消滅させる旨の合意であって、要物契約とされてきた。例えば、1000 万円の金銭債権の弁済に代えて、債務者が所有する動産を譲渡することを当事者が合意して、1000 万円の債権を消滅させる行為である。ここで、譲渡される動産の所有権は、特段の合意がなければ、当事者が譲渡を合意した代物弁済合意の時点で債務者から債権者に移転するが（176 条）、それでもなお 1000 万円の債権は消滅せず、債務者が債権者に当該動産を引き渡してはじめて債権は消滅する。譲渡されるのが不動産であれば、移転登記手続が完了してはじめて債権は消滅するとされる（最判昭和 39・11・26 民集 18 巻 9 号 1984 頁、最判昭和 40・4・30 民集 19 巻 3 号 768 頁）。そのため、代物弁済をすることを合意しただけでは、ただちに代物弁済として債権を消滅させないが、目的物の所有権が移転することは妨げられない（最判昭和 57・6・4 判時 1048 号 97 頁、最判昭和 60・12・20 判時 1207 号 53 頁）。このように、代物弁済を要物契約とすると、給付行為ではじめて債権が消滅するため、給付行為の前に代物弁済を合意することが代物弁済の予約に当たるのかといった点に、なお疑念が残されていた。

2 改正後の枠組み

民法改正によって、代物弁済は諾成契約とされたため、代物弁済契約を締結した時点で目的物の所有権は移転する。しかし、債権の消滅は、代物弁済によって合意された給付行為がなければ生じない（482 条）。このように、代

物弁済の合意とその履行による債権消滅とを明確に峻別することにより、履行行為を伴わない代物弁済の意義をめぐって存在していた従来の疑念が解決された（一問一答187頁）。もっとも、当事者が移転登記に必要な書類を交付することでただちに債権を消滅させる合意をした場合には、その合意に従って債権はただちに消滅する（最判昭和43・11・19民集22巻12号2712頁）。

　問題となるのは、代物弁済の合意をした後に、債権者はなお本来の給付を請求でき、あるいは、債務者はなお本来の給付をできるのかどうかである。債権者が本来の債務の給付を請求できる旨が提案されていたが（部会資料80-3・24頁）、詳細すぎる内容を規定することへの異論があって（部会資料83-2・28頁）要綱仮案では削除された経緯から、債権者はなお本来の給付を請求できるとされる（潮見・改正法の概要181頁）。もとより代物弁済の合意の解釈に帰着するが、債務者に本来の給付がなお許される場合に、債務者が代物弁済の給付を履行する前に既存の債務を弁済したときは、その弁済によって債務は消滅するため、代物弁済の合意の効力は失われる（最判昭和43・12・24判時546号60頁）。

Ⅲ　弁済の方法

1　はじめに

　弁済は、債務の本旨に従ってなされなければならない。すなわち、債務の内容に適合した給付が行われなければならず、給付の内容はもとより、履行の時期や場所も、定められたとおりに行われなければ、弁済としての債権消滅の効力を持たない。ただ、そのような債務の内容について明確な定めがない場合には、民法の任意規定が適用される。給付の内容について改正民法483条、履行の時期と場所について改正民法484条、受取証書の交付について改正民法486条、履行費用と債権証書の返還については、従来どおり、民法485条と民法487条が定める。

2 改正後の枠組み

(1) 給付の内容

特定物の引渡債務について、契約その他の債権の発生原因および取引上の社会通念に照らしてその引渡しをすべき時の品質を定めることができないときは、弁済者は、その引渡しをすべき時の現状で目的物を引き渡さなければならない（483条）。そもそも、原状引渡しを定める改正前民法483条は、瑕疵ある物の引渡しでも売主の債務の履行となるとするいわゆる「特定物ドグマ」の根拠とされ、あるいは、専ら帰責性のない後発的な物損傷で債務者が損傷した物の引渡しで債務を履行できることを定める給付危険規定と理解するなど、その規定の意義について議論があった（北居功・契約履行の動態理論II弁済受領論〔慶應義塾大学出版会、2013〕146頁以下を参照）。

しかし、改正民法によれば、売買をはじめとする有償契約では、目的物が債務内容に適合しなければ債権者は債務者になお追完を請求できるのであるから（562条・559条参照）、現状引渡しでは足りない。追完が不能であっても買主に帰責性がない限り救済が認められるため（563条・564条参照）、やはり改正民法483条の適用は問題とならない。そのため、法制審議会では、483条の意義をめぐって議論は錯綜し、その積極的な意義は明確にはならず（第46回会議議事録51頁以下参照）、中間試案以降はその規定の削除が提案されていたが、最終的には売買などの有償契約以外の契約債権や法定債権での特定物の引渡債務における準則の必要性から、修正・維持された経緯がある（部会資料83-2・29頁、同84-3・8頁）。したがって、改正民法483条は、契約などで特定物の引渡時点での品質を定められていない、例えば担保責任の準用がない贈与（551条参照）、あるいは、もともと合意のない法定債権の場合の現状引渡義務を定めるものであり、その適用場面はほとんどないとされる（山野目186頁）。

(2) 履行時期

履行時期は、確定期限があればその時点、不確定期限があればそれが到来した時点、期限の定めがない債務では債務の発生時点である（412条参照）。しかし、法令または慣習によって、取引時間の定めがある場合には、取引時

間内に限って弁済の効力が認められる（484 条 2 項）。従来、改正前商法 520
条が商人の債務の弁済について規定していた内容を一般的な民事ルールとし
てここに規定したのであり、同条は削除された（一問一答 187 頁）。なお、こ
の考え方は、債務の履行だけでなく、意思表示の効力発生時期にも当てはま
るのではなかろうか（97 条 1 項参照）。

　例えば、5 月末日限りの履行期限が定められている場合でも、それが法令
または慣習により、通常の営業時間の午後 5 時での取引が想定されていれば、
5 月 31 日の午後 5 時までの履行しか認められない。債務者が午後 5 時を過
ぎて履行を提供した場合、それがたとえ 5 月 31 日であっても、債権者はそ
の受領を拒絶して受領遅滞（413 条参照）に陥ることはない。反面で、取引
時間を過ぎた履行の提供であっても、それが弁済期日内で、債権者が任意に
その受領に応じるのであれば、債務者は債務不履行に基づく不利益を被るこ
とはない（最判昭和 35・5・6 民集 14 巻 7 号 1136 頁）。

　(3)　受取証書の交付義務

　弁済者は、弁済と引換えに、弁済受領者に対して受取証書の交付を請求で
きる（486 条）。すなわち、弁済行為と受取証書の交付は同時履行の関係に立
つ。このことは、判例および学説で従前より認められてきていたが（大判昭
和 16・3・1 民集 20 巻 163 頁）、改正民法はそのことを明文化した（一問一答
187 頁）。これに対して、債務の履行は、債権証書の返還に対しては先履行と
なる（487 条）。すでに、受取証書によって弁済の証拠は確保できるため、債
権証書の返還まで弁済との同時履行の関係を認める必要はないためである。

IV　弁済の提供

1　弁済の提供による免責の意義

　債務者は、債務の本旨に従った弁済の提供をすれば、それ以後、債務を履
行しないことによって生じる不利益を免れる。改正前民法 492 条は「債務の
不履行によって生ずべき一切の責任」と規定していたが、解除の要件規定に
併せて（541 条参照）、「債務を履行しないことによって生ずべき責任」とあ
らためられた。履行不能以外の債務不履行を含む趣旨であるが（部会資料

70A・37頁）、単なる文言の変更であって、内容的に異なるところはない。したがって、債務者が弁済の提供をすれば、それ以後、損害賠償の責任を負うことはなく、遅延利息も進行を停止し、担保権の実行を甘受する必要もない。

「責任」の文言内容には含まれないように映るが、債権者は提供以降はもはや契約を解除することもできないことに異論はない（第92回会議議事録50-51頁参照）。しかし、解除の制限は、「債務の不履行が債権者の責めに帰すべき事由によるものである」と規定されており（543条）、必ずしも、債務者の弁済の提供だけが債権者の解除の排除原因ではない。例えば、債務の履行が不能となっている場合には、もはや債務者は弁済を提供できないが、その履行不能が債権者の責めに帰すべき事由による場合には、債権者は解除権を行使できない。

2　弁済の提供が不要な場面

改正審議の中間的な論点整理までは、口頭の提供すら必要なく債務者が債務不履行の責任を免れる旨の規定を置くことが検討されていたが、その明文化は断念された。判例は、一連の賃貸借事案で、賃貸人が賃料値上げに応じない賃借人の賃料支払を賃貸借契約自体を否定して拒否する事案で、債権者が明確に受領を拒絶する場合には、口頭の提供すらなくても、債務者が債務不履行に陥らないとの法理を確立してきた（最判昭和32・6・5民集11巻6号915頁ほか）。

しかし、この判例法理をめぐって、賃貸借に特有の賃借人保護法理であるとする見解も有力であり、法制審議会も、判例法理を賃貸借事例から離れて一般化することに対する危惧を考慮して、口頭の提供がなくとも債務不履行が生じないことに関する条文化を見送った（部会資料39・37頁）。もっとも、取立債務では、たとえ債務者が口頭の提供すらしていなくても、債権者が期日に取り立てなければ、債務者はなお債務不履行に陥らないとの理解が一般的であろう（東京地判昭和45・10・9判時623号86頁参照）。そのため、なお、債務者が口頭の提供すらしなくても、債務者が債務不履行に陥らないとの解釈理論を確立する余地は十分にあるといえよう。

学説では、提供をすれば債務不履行とはならないが、そのことはただちに提供がないと債務不履行に陥ることにはならず、むしろ履行期日の到来に加えて、債権者が履行期日に履行を受け取る準備ないし意思を有しなければ、債務者は提供をしなくても債務不履行に陥らないとする見解もある（北居功・契約履行の動態理論Ⅰ弁済提供論〔慶應義塾大学出版会、2013〕453頁以下参照）。この観点からすれば、債権者が賃料の受領を拒絶し、あるいは、取立債務で期日に債務を取り立てないというのは、債権者側に履行を受け取る準備ないし意思が欠けるのであるから、債務者が提供をしなくても債務不履行に陥ることはない。その反面、こうした場合に債務者が提供をすれば、かえって債権者が受領遅滞に陥ることになる。

37 弁済(2)——弁済者・弁済の相手方

立教大学教授 **難波 譲治**

要点

① 第三者の弁済を広く認める方向での改正前民法 474 条の改正

② 制限行為能力者が弁済として物を引き渡した場合の改正前民法 476 条の削除

③ 預金または貯金の口座に対する払込みによる弁済（477 条）の新設

④ 債務の履行の相手方について、「債権の準占有者」から「受領権者としての外観を有するもの」への改正（478 条）

⑤ 受取証書の持参人への弁済について定める改正前民法 480 条の削除

解説

I 第三者の弁済

1 「第三者」について

改正前民法 474 条は、「利害関係を有しない第三者」は、債務者の意思に反して弁済をすることができない、と定めていた。この「第三者」は債務者ではないから、物上保証人や抵当不動産の第三取得者は含むが、自ら債務を負う保証人や連帯債務者は含まない。また、「利害関係」について、判例は、法律上の利害関係に限定していた（最判昭和 39・4・21 民集 18 巻 4 号 566 頁）。

他方、弁済に関する条文で「正当な利益を有する者」という概念も使われている。すなわち、「正当な利益を有する者」が弁済した場合には、その者は、求償権を取得するとともに、当然に債権者に代位すること（法定代位）ができるとされている（500 条）。「正当な利益を有する者」は、上記の「利害関係を有する者」のほか、保証人や連帯債務者も含む広い概念である。

しかし、法定代位制度の目的は第三者による弁済を促進することにあるとされ、両者は密接に関連するから、両者の要件を共通にするのが望ましいとされ、改正民法474条も「正当な利益を有するものでない第三者」と改正された（部会資料70A・23頁参照）。

改正後も、保証人など自ら債務を負う者は、第三者ではないから改正民法474条の「正当な利益を有するものでない第三者」に該当しない。したがって、実質的な変更はないと考えられる。

2　債務者の意思に反することの債権者の認識（改正民法474条2項ただし書の新設）

改正前民法474条2項は、利害関係を有しない第三者は、「債務者の意思に反して弁済をすることができない」と定めていた。この規定によって、債務者は、意に反する第三者が弁済し、その者が代位する（499条）のを阻止することができる。従来、この債務者の反対の意思を表示する必要があるか否かについて議論があった。判例はこの表示を不要としていた（大判大正6・10・18民録23輯1662頁）が、学説は本条の制限に合理性がないという観点から、第三者弁済を有効にする方向に解釈し、債務者の意思が確定的であり、しかもそれを認識し得る相当顕著な客観的事情が必要であるとしていた（我妻・債権総論245頁など通説）。もっとも、判例の側も証明責任については当初の判例を変更し、弁済の無効を主張する者が債務者の反対の意思について証明責任を負うとされた（大判大正9・1・26民録26輯19頁。通説）ので、その点では若干第三者弁済を有効とする方向であった。

改正の過程では、第三者の弁済が債務者の意思に反するかどうかわからないときに、債権者が弁済を受領することを躊躇するという問題が指摘されたことを踏まえて、「債務者の意思に反することを債権者が知らなかったときは、この限りでない」、すなわち弁済が有効となるという、2項ただし書が加えられた（部会資料80-3・23頁）。当該問題の対処のためには、債務者の反対の意思の表示を要求することも考えられるが、改正民法は、債権者が債務者の反対の意思を知らなかったときは、弁済を有効とすることによって対処したものである。なお、知らなかったという善意で足り、過失の有無を問

わないとされている（第92回会議議事録46頁〔松尾博憲関係官発言〕）。証明
責任については、ただし書であるから債務者の反対の意思を債権者が知らな
かったことを弁済が有効であると主張する当事者が証明する責任を負う。

　この改正によって、事実上、債務者の反対意思の表示に関する判例は変更
されたことになろう。すなわち、表示がなければ通常債権者が債務者の反対
の意思を知らず弁済することになりそうであり、その弁済が有効になるから
である。

3　委託を受けた第三者の弁済（改正民法474条3項ただし書の新設）

　この規定の新設も、改正民法474条2項ただし書の新設と同様に、債務者
の意思に反しても弁済を有効とする例外を定めたものである。

　これは、履行引受のように債務者の委託によって第三者が弁済する場合に、
弁済を有効としないと取引が制約されるという理由によるものである。ただ
し、「債務者の委託があったことを債権者が知っていたとき」という要件を
設けることによって、債権者の保護を図っている。この改正によって、委託
を受けて弁済をする第三者は、「正当な利益を有する者」と同様に弁済をす
ることができるが、代位をするためには、第三者対抗要件を具備しなければ
ならない（500条。部会資料70A・24頁参照）。

II　制限行為能力者が弁済として引き渡した物の取戻し

1　改正前民法

　改正前民法476条は、譲渡につき行為能力の制限を受けた所有者が弁済と
して物の引渡しをした場合、その弁済が取り消されたときは、所有者はさら
に有効な弁済をしなければその物を取り戻すことはできないと規定していた。
弁済の前提となる契約を取り消すのが通常であるから、この規定が適用され
るのは、弁済自体を取り消すという場合、例えば、代物弁済など限定的であ
り、改正前もその意義に疑問が呈されていた。

2 改正民法による削除

改正民法482条は、代物弁済を諾成契約と位置付けている。そうすると、代物弁済契約を取り消したとしても、「弁済」を取り消したこととはならないし、代物の給付自体は法律行為ではなく単なる履行と考えられる。そのため、改正前民法476条は、代物弁済でさえ適用されない条文となってしまうので削除された（部会資料70A・25頁）。改正前から疑問とされていた条文であり、実質的な影響はほとんどないと思われる。

Ⅲ　預金または貯金の口座に対する払込みによる弁済

1　預金または貯金の口座に対する払込みによる弁済についての規定新設

預貯金口座への払込みによる弁済について、民法典にはじめて規定が設けられた（477条）。

預貯金とは、預貯金者と金融機関との間で結ばれた消費寄託契約（666条）に基づいて預けられた金銭である。ゆうちょ銀行やJAバンクなど一部の金融機関は「貯金」、そのほかの銀行など多くの金融機関は「預金」と称しているが、それは、ゆうちょ銀行の歴史的経緯などに由来するものであり、預貯金者からすればあまり意味のある区別ではない。現代では、預貯金口座への払込みによって弁済がなされることがきわめて重要になっていることに異論はないと思われる。ところが、従来、民法にはまったく規定がなく、今回の改正によってようやく規定が新設された。もっとも、規定化にいたったのは弁済の効力発生時期に関する改正民法477条の1か条だけであり、どのような場合に預貯金口座への払込みによって弁済をすることができるかについては規定されていない。当事者の合意がある場合に認められるのは当然であるが、それ以外に認められるかどうかは解釈に委ねられている。

2　弁済の効力発生時期

預貯金口座への払込みによる弁済は、債権者がその払込みによる金額の払

戻しを請求する権利を取得したときに効力を生ずるとされた（477条）。この規定によって、弁済の効力発生時期が定められたが、さらに「払戻請求権の取得時」については条文上明確でなく問題は残っており、今後の解釈に委ねられている。誤振込みに関するものであるが、最判平成8・4・26（民集50巻5号1267頁）は、振込金額が受取人の預金口座に入金記帳された時に受取人と金融機関との預金契約に基づいて預金払戻請求権が成立するとしており、「入金記帳時」を軸に議論されることになることになると思われる。なお、蛇足ながら、入金記帳時というのは、金融機関のコンピュータ上に預金のデータが記録された時点であり、預金者が金融機関に通帳を持参して記帳した時点ではない。

IV 債務の履行の相手方

1 債務の履行の相手方に関する改正の全体像

債務の履行の相手方は、第1に債権者であり、第2に債権者から弁済を受領する権限を与えられた者、すなわち、債権者の代理人、財産管理人、債権の質権者（366条）、債権者代位権を行使した者（423条）などである。ところが、改正前にはそもそも誰が受領権を有するかについて規定がなかったので、わかりやすく条文化するという観点から、受領権者とは、「債権者及び法令の規定又は当事者の意思表示によって弁済を受領する権限を付与された第三者をいう」と規定された（478条括弧書）。

次に、弁済を受領する権限がない者に弁済した場合においても、受領した者が債権者らしい外観だった場合に弁済者を保護するための制度として、改正前は、改正前民法478条が「債権の準占有者」に対する弁済について定めていた。しかし、その概念は不明確であったので、明確にするために「取引上の社会通念に照らして受領権者としての外観を有する」者に改められたものである。

また、改正前民法480条は、受取証書の持参人に対する弁済について定めていたが、その意義について疑問であることから削除された。

2　改正前民法478条における「債権の準占有者」についての議論

　判例は、表見相続人、無効な債権の譲受人、債権の二重譲渡の劣後譲受人、銀行預金の払戻しなどの場合に、弁済を受領した者を「債権の準占有者」として、弁済者を保護してきた。これらは、債権者の外観を持つ場合であったが、債権者の代理人と名乗って弁済を受けた場合についても判例（最判昭和37・8・21民集16巻9号1809頁）・通説は、債権の準占有者に該当するとした。判例・通説は、債権者と名乗るか債権者の代理人と名乗るかは実質的に弁済者を保護すべき状況に変わりないと見て、準占有者の意義を広く解したわけである。これに対して、有力学説は、代理人と名乗った場合は表見代理の法理を適用すべきとしていた。物権編に「準占有」という表題のもとに、「自己のためにする意思をもって財産権を行使する場合」と定義しており（205条）、改正前民法478条の「準占有者」も自己のためにする意思が必要だとすると、他人のために行動する代理人はその意思がないので準占有者ではないことになる。そこで、学説は、代理占有関係にも自己のためにする意思があるとしたり、民法205条の準占有と改正前民法478条の準占有は異なる（誰を保護するかという機能や沿革的に別の制度であることを理由とする）と解釈した。

3　改正民法478条の「取引上の社会通念に照らして受領権者としての外観を有するもの」

　前述のように、「債権の準占有者」の意義について争いがあったことから、代理人の場合など受領権限を有するように見える者に対する弁済を広く救済するという観点から、「取引上の社会通念に照らして受領権者としての外観を有するもの」と変更された（部会資料39・10頁、同70A・26頁以下）。この改正によって、弁済受領者が債権を準占有しているかどうかとは関係なく、真実の債権者または受領権者らしい外観を有するかどうかを問題にすればよいことが条文上も明確になった。したがって、詐称代理人を含むことができるし、上記の判例に現れた事例もすべて包含することができる。この改正は、

改正前の判例・通説に沿ったものであり、改正によって実質的な変更はない
と考えられる。

4　改正前民法 480 条（受取証書の持参人への弁済）の削除

　改正前民法 480 条は、受取証書の持参人を受領権限があるとみなして、弁
済者を保護していた。受取証書の例として通常、領収証が挙げられる。領収
証を持参する者は、受領する権限があるのが通常であるから、その者に善意
無過失で弁済すれば有効な弁済となる。改正前民法 478 条とは異なり、弁済
者は善意無過失を証明する必要はなく、弁済を無効と主張する者が証明責任
を負っていた。

　判例は、受取証書は真正であることを要するとしている（大判明治 41・1・
23 新聞 479 号 8 頁）が、偽造の受取証書であっても、ほかの事情とともに債
権の準占有者と見られる場合は、改正前民法 478 条で保護されるとしていた
（大判昭和 2・6・22 民集 6 巻 408 頁）。

　立法時は改正前民法 478 条の適用範囲が狭く、改正前民法 480 条の独自の
意義があったが、改正前民法 478 条も判例・学説によって適用範囲が広がっ
ているので、改正前民法 480 条の意義は乏しい。また、証明責任の点も、真
正の受取証書の持参人に対する弁済であるという証明ができるなら事実上弁
済者の善意無過失が推定されるので改正前民法 478 条と差異がない。さらに、
受領権限の証明は受取証書以外でもできること、上記判例によれば受取証書
が真正かどうかで適用条文が異なりルールが複雑である（部会資料 70A・28
頁）。以上の理由から、改正前民法 480 条は削除された。

　受取証書の持参人は、受取証書が真正であるか否かにかかわらず、改正民
法 478 条の「取引上の社会通念に照らして受領権者としての外観を有するも
の」に該当すると考えられる。したがって、改正後は同条が適用されること
になる。上記削除理由からすれば、実質的な変更はほとんどないと考えられ
る。

38 弁済(3)——弁済充当・弁済供託

早稲田大学教授　三枝　健治

要点

〈弁済の充当〉
① 合意充当について明文化
② 民事執行法上の配当手続における合意充当の可否について明文化を断念

〈弁済の目的物の供託〉
① 供託原因について、判例のいわゆる口頭の提供必要説を明文化
② 自助売却の柔軟化
③ 供託物の還付請求権について明文化

解説

I　弁済の充当

1　はじめに

　債務の一部しか弁済されない場合、債務の本旨の履行がなされていないとして債権者はこの受領を拒否することができるが、一部の弁済としてこれを受領することも可能である。このように、一部弁済が受領されたときは、債務のどの部分が弁済されて消滅したのか特定する必要がある。これが弁済の充当である。

2　改正前民法下の弁済の充当

　弁済の充当は、債務者が同一の債権者に対して、①元本のみならず、利息や費用の債務も負っている場合、②同種の給付を目的とする数個の債務を

負っている場合、③一個の債務の弁済として数個の給付をする債務を負っている場合に問題となる。

弁済の充当に関する規定は任意規定なので、債権者と債務者の間に合意があれば、その合意に従って充当される。これを(a)合意充当という。

もし充当に関して合意がなければ、(b)費用・利息・元本の順に充当される（旧491条1項）。これにより、①の充当の問題は解決されるが、②および③で、複数の給付（例えば、給付α・給付β）ごとに費用・利息・元本が認められる場合、費用・利息・元本の順に充当されるとしても、同じ費用の相互間（給付αの費用と給付βの費用）、次いで利息の相互間（給付αの利息と給付βの利息）、さらに元本の相互間（給付αの元本と給付βの元本）のそれぞれにおいて、いずれに充当されるのか明らかにする必要がある。

この点に関して、民法は、弁済者が充当の対象を指定できるとした（旧488条1項2項・490条）。これを(c)指定充当という。しかし、弁済者が指定しない場合、また、債権者が補充的にした指定に弁済者が異議を述べた場合には、民法の定める順序で充当される（旧489条・490条）。これを(d)法定充当といい、債務者の利益になると客観的に考えられる順序が定められた。

なお、改正前民法491条2項において準用の対象と明示されていたのが(d)の改正前民法489条のみであったため、学説には、上に説明した立場と異なり、元本相互にとどまらず、利息相互、費用相互の充当の順序まで問題となる場合は(c)の改正前民法488条が準用されず、ただちに(d)によるとする見解もあった。

3　改正民法下の弁済の充当

改正民法下では、改正前民法に明文のなかった(a)が490条に規定化されるとともに、規定の配置が変更されたものの（488条〔旧489条＋旧490条〕・489条〔旧491条〕・490条〔新設〕・491条〔旧490条〕）、その内容は改正前と変わらず、(a)(b)(c)(d)の順番で弁済の充当がされる。弁済の充当に関する改正前民法下の判例は改正民法下でもそのまま維持される。

なお、改正前民法下では、上述のとおり、(a)(b)(d)の順序で弁済の充当がなされる場合がある旨説く見解もあったが、元本相互にとどまらず、利息相互、

費用相互の充当の順序まで問題となる場合も(c)が準用される旨明文で定めたことから（489条2項・488条）、改正民法下でそのような見解は否定された。

ところで、弁済の充当は弁済以外の場面でも問題となる。改正前民法下では、不動産競売手続における配当が同一債権者の数個の被担保債権を全額消滅させるに足りない場合にも、法が画一的に示した順序により充当されるのが公平であるとして、判例上、(b)(d)の適用が認められ（最判昭和62・12・18民集41巻8号1592頁）、また、共用根抵当権の実行時も各債務者への配当金の案分後の取り扱いについて同様の判断が示されていた（最判平成9・1・20民集51巻1号1頁）。しかし、当事者の意思が介在する(a)(c)が民事執行法上の配当場面で認められる余地がないかについて見解が分かれていたため、立法による態度決定が目指されたが、結局、合意形成にいたらず、改正民法下では、その明文化が見送られ、なお解釈に委ねられるべきものとされた（その後出現した最判平成27・10・27民集69巻7号1763頁も参照）。

II　弁済の目的物の供託

1　はじめに

弁済が債権者の受領を要する場合、弁済の提供がされても、それが債権者に受領されなければ債務は消滅しない。そこで、「供託」の制度を用意し、債権者の受領がなくとも、弁済者（債務者にとどまらず、債務者に代わって弁済することができる者も含む〔482条〕）が弁済の目的物を供託所に供託することにより、債務を消滅させることができるようにした。民法494条以下に定められた供託を弁済供託とよび、供託法がそのほかの供託も含め、供託方法などの詳細を定めている。

2　改正前民法下の供託

弁済供託は、①受領拒絶、②受領不能、③債権者不確知を供託原因とする（旧494条）。「債権者が弁済の受領を拒み」と定められた①の供託原因に関して、判例（大判大正10・4・30民録27輯832頁）は、現に受領が債権者に拒否されている場合を意味するにとどまるとして、債権者があらかじめ受領

を拒否している場合、弁済者が口頭の提供（493条ただし書）をして債権者を受領遅滞に陥らせて受領が現に拒否された状態にしてはじめて供託することが認められるとする。これに対し、反対説はそのような債権者のために口頭の提供という余計な手間をかけなければ供託が認められないのは不当であるとして判例を批判し、解釈論上見解が対立していた。もっとも、口頭の提供はそれをしても債権者が受領してないことが明らかである場合は不要とされており（大判大正11・10・25民集1巻616頁）、そのような場合は判例も反対説と同様、口頭の提供をすることなく弁済者がただちに供託することを認めるから、両者に違いは生じない。

　なお、(a)弁済の目的物が供託に適しない場合、(b)弁済の目的物が滅失または損傷のおそれがある場合、および(c)目的物の保存に過分の費用を要する場合、弁済の目的物を供託所で保管することはふさわしくないので、それに代えて、裁判所の許可を得て目的物を競売に付し、その代金を供託する自助売却が認められた（旧497条）。

3　改正民法下の供託

　改正民法下でも、供託に関する改正前民法下の規律は基本的に維持されている。ただ、上述のとおり、改正前民法下では、供託原因の①に関して見解の対立が生じていたことから、改正民法は「弁済の提供をした場合において、債権者がその受領を拒んだとき」（494条1項1号）に供託することができると定め、債権者があらかじめ受領を拒否している場合は少なくとも口頭の提供をしなければ供託は認められないとする判例の立場を明文化し、解釈論上の争いに決着をつけた。判例の立場が明文化されたのは、反対説によれば口頭の提供なくして債務が消滅することとなり、債務不履行を免れる効果を生じさせるにすぎない受領遅滞でさえ口頭の提供が必要とされている（492条・493条ただし書）ことと均衡を失すると考えられたからである。もっとも、改正民法下でも、口頭の提供はそれをしても債権者が受領しないことが明らかである場合には不要となる旨の上述の判例は維持されるので、そのような場合に弁済者は、規定の文言にかかわらず、口頭の提供なしにただちに供託することができることに変わりはない。

また、自助売却について、それが認められる場合として、改正前民法下の上述の(a)(b)(c)のほか、(d)滅失・損傷以外の事由により目的物の価格が低落するおそれがある場合（497条2号）と、そのほか(e)目的物を供託することが困難な事情がある場合（同条4号）が付け加えられた。(d)は、「損傷その他の事由による価格の低落のおそれがある物」について自助売却を認める商法524条2項を参考に、物理的な価値の低下のみならず、市況の変化に伴う価格の暴落にも対応できるようにしたものである。さらに、(e)は、例えば、債務の履行地に供託法の定める供託所が存在しない場合に自助売却することができるなど、(a)〜(d)以外の場合にも実務上の要請に応じて柔軟な対応をすることができるように、いわゆる受け皿規定として用意されたものである。なお、商人間の売買における自助売却の規定である商法524条は、改正民法下においてもそのまま改正されずに維持されている。

　さらに、改正民法は、改正前民法498条において、債権者に目的物の還付請求権があることを当然の前提に、その目的物の還付請求権の行使要件だけ定めていたのを改め、その当然の前提を明確にすべく、これを明文化した（498条1項）。

335

39 弁済(4)──弁済による代位

慶應義塾大学教授 **田髙 寛貴**

要点

① 任意代位の要件の変更
② 法定代位者相互の関係に関する規定の整序
③ 一部弁済による代位における判例法理の変更と明文化
④ 担保保存義務の障害要件と減免特約の効力に関する判例法理の明文化

解説

I はじめに

弁済による代位とは、債務者以外の第三者、または債務者とともに債務を負う者（連帯債務者、保証人など）が弁済をした場合において、債務者に対する弁済者の求償権を確保するため、債権の効力および担保として債権者が有していた一切の権利を行うことができるとした制度である（501条1項）。

今回の民法改正において、弁済による代位に関しては「任意代位」「法定代位者相互関係」「一部弁済による代位」「担保保存義務」の4つの事項につき条文の変更があった。改正の趣旨の観点から整序すると、従前の判例法理の明文化を図ったもの（一部弁済による代位の効果、担保保存義務違反の障害要件と免除特約の効力）、問題の指摘されていた条文や判例法理を是正するもの（任意代位の要件、一部弁済による代位の要件）、およびその両要素を含むもの（法定代位者相互の関係）に分けられる。以下、各事項ごとに、改正前の規定とその問題を示した上で、改正の内容を解説していく。

II　任意代位制度

1　従前の任意代位制度とその問題

　任意代位の制度は、弁済をするにつき正当な利益を有する者でない第三者も弁済によって債権者に代位できるとしたものであり、改正前には、債権者の承諾がある場合にのみ、これが認められていた（旧499条1項）。この任意代位制度には、次のような問題のあることが指摘されていた。

　第1に、第三者弁済の規定との不整合である。任意代位は、弁済をするにつき正当な利益を有しない第三者の弁済を、求償権確保の施策を設けることにより奨励する目的を持つ。ところが、改正前民法474条2項では、弁済をするにつき利害関係のない第三者の弁済は、債務者の意思に反してはできないとして、制限をしている。一方では奨励しつつ、一方では制限をする、というのは整合性を欠く。

　第2に、債権者が第三者の弁済を受領しておきながら、代位の効果発生のみを拒否できるとするのは、弁済者が求償権の確保を図れなくなり、不当である。

　この第2の問題に対応するべく、通説は、正当な理由がない限り債権者は承諾を拒否できないと解していた。もっとも、債権者の意向に反して代位の効果が発生させられるとなると、実質的に債権譲渡が強制されるにも等しい事態になり、それはそれで問題である、という指摘もあった。

2　改正後の任意代位の要件

　改正の議論の過程では、根本的な問題を抱える任意代位制度を廃止すべきとの案も示されていたが（部会資料39・44頁）、最終的に成案となったのは、債権者の承諾を不要とするものであった。先に述べたとおり、従来より債務者の承諾については正当な理由がないと承諾を拒否できないと一般に解釈され、要件としての機能は縮減されていた。また、改正民法474条3項では、債権者は正当な利益を有しない第三者による弁済の受領を拒絶できるようになったため、第三者へ債権が移転することを債権者が望まない場合には、弁

済の受領を拒絶すればよい。

任意代位の法定代位との相違は、債権譲渡の対抗要件具備が必要な点のみとなり、その結果、改正民法499条は、法定代位と任意代位の区別なく「債務者のために弁済をした者は、債権者に代位する」との規定とし、改正民法500条を、任意代位にのみ従前どおり467条の規定が準用されることを示すものとした。

第三者弁済が有効となる範囲を定める474条とともに、法定代位・任意代位の成立要件につき、改正前と改正後の要件の概要を図示すると、**図表1**のようになる。

図表1　第三者弁済権者と代位権者

〔改正前民法〕

★利害関係を有する者←（≠？）（≦？）（≧？）→正当な利益を有する者
☆債権者は正当な理由なくして承諾を拒絶できない（通説的解釈）

〔改正民法〕

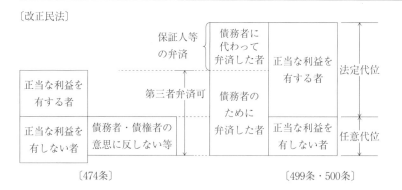

Ⅲ　弁済による代位の効果──法定代位者相互の関係

1　弁済による代位の効果

　弁済による代位の効果が生じる仕組みについて、判例・通説は、弁済によって消滅するはずであった原債権とそれに付従する担保とが、求償権確保の目的の限度で存続し、債権者から弁済者に移転するものと解している（最判昭和59・5・29民集38巻7号885頁）。

　この見方によると、弁済者には原債権と求償権の2つが帰属することになるが、これに対しては、法律関係が複雑化し、派生する問題が種々生じるとの指摘がされていた。そこで、弁済者が代位する場合でも原債権は弁済により消滅し、原債権の効力として認められた権利を代位者が行使できるとする提案もあった（部会資料39・46頁以下）。しかしこの案にも難があったことから、最終的には、弁済による代位の効果の一般論については従前の理解が維持された。

2　改正前の法定代位者の相互関係の規律

　法定代位者が複数いる場合に、先に弁済した者が他の者に対し先行して代位ができるとすると、他の者が全面的に負担を強いられることになってしまう。そこで、人的担保は頭数、物的担保は財産価格に応じて負担を分配する，という基本姿勢の下、法定代位権者の相互関係を調整する規律が民法に設けられている。ところが、このことを規律する改正前の条項には、次のような問題があった。

(1)　第三取得者の意味の不明確さ

　第三取得者には、担保物件を債務者から取得した者と、物上保証人から取得した者の双方が含まれる。改正前民法には、保証人と第三取得者の関係を規律する条文があったが（旧501条1号2号）、これは債務者の地位を引き継いだと解される債務者から取得をした第三取得者を念頭に置いたものと考えることができ、物上保証人から取得した第三取得者については、物上保証人と同様に扱うべきとの理解が一般的であった。しかし、条文上には、こうし

た第三取得者内の区別は示されていなかった。

(2) 条文の欠落部分の存在

次の問題は、規律の欠落した部分があったことである。法定代位をなし得る者として想定される保証人、物上保証人、第三取得者の3者のいずれかが複数いる場合には、①保証人同士、②物上保証人同士、③第三取得者同士、④保証人と物上保証人、⑤保証人と第三取得者、⑥物上保証人と第三取得者という6パターンの関係が現れる。このうち、改正前には①と⑥の規律が存在しなかった。⑥の物上保証人と第三取得者の関係については、保証人と第三取得者の間についての規律（旧501条1号2号）をこの場合にも用いる解釈がなされてきた。問題は、①の保証人相互の関係である。

民法465条には共同保証人間の求償権の範囲が定められているが、代位の割合に関する規定は存在しないため、同条とは別に代位を認めることができるのか、次の3つの見解の間で争いがあった（部会資料70B・13頁以下）。すなわち、①共同保証人間の関係は同条により一元的に処理されるべきであり、代位は認められないとするもの、②同条により取得する求償権の範囲で代位が認められるとするもの、③同条で定められた範囲に制限されることなく代位ができるとするもの、である。②と③の相違は、例えば共同保証人間で内部的負担部分を平等としない特約があった場合には共同保証人間の求償権の範囲はそれによって決せられるところ、③によれば、そうした特約には影響されることなく、債務者に対する求償権を保証人の数で頭割りした分の代位が認められることとなる。

(3) あらかじめの付記登記

改正前民法501条1号6号では、保証人が第三取得者や物上保証人に対して代位をするには、あらかじめ担保権の登記に代位を付記すべきものとされていた。この「あらかじめ」とは、「弁済後、第三取得者が登記をする前」と解釈されてきた（最判昭和41・11・18民集20巻9号1861頁）。また、付記登記は第三取得者どうしでの代位（同条3号）にも準用されると解されていた。これらの解釈を明文化すべきとの意見がある一方（部会資料39・50頁）、付記登記の必要性を疑問視する向きもあった。

3 改正後の条文

こうした問題を受け、法定代位者相互の関係の規律は、次のように改正された（**図表2**参照）。

(1) 第三取得者の意味の明確化

第三取得者の中に扱いを異にすべき2種のものがあることが条文上明らかでなかった問題については、次のような対応がなされた。まず、改正民法501条3項1号括弧書において、第三取得者を「債務者から担保の目的となっている財産を譲り受けた者」と定義した。また、同項5号において、物上保証人からの第三取得者は、前主の物上保証人に準ずるものとして扱うことが明記された。

(2) 欠落部分の補充等

規律のなかった第三取得者から物上保証人に対する代位については、改正民法501条3項1号において、保証人に対する代位と同様、これが認められないことが明記された。

次に、共同保証人間での代位については、1(2)に掲げた3つの見解のうち、民法465条の定める求償権の範囲内で代位を認める②が採用され明文化された。専ら同条によるべきで代位は認めないとする①の見解に対しては、保証債権に担保権が設定されている場合や債務名義が作成されている場合などには代位を認める実益があり、かつ認める必要があるとの批判があり、また、同条の定める求償権の範囲に制約されることなく代位を認める③の見解については、求償権確保のために認められるものという代位制度の趣旨に反するとの批判が、それぞれあった。なお、②を明文化する際には、改正民法501条3項で列挙されているものの中に入れ込む形はとられなかった。同項で列挙されているのは、求償権が発生しない法定代位者間で代位を認めるための根拠を示す必要があるものであり、共同保証人間の代位はこれに該当しないからである。そこで、改正民法では、代位をなし得るのが債務者に対する求償権の範囲内となることを定めた同条2項の中で、括弧書として、共同保証人間の代位の範囲にも言及する形がとられた（部会資料70B・14頁以下、同80-3・27頁）。

なお、改正前民法501条1号には、保証人が第三取得者に対し代位できる

図表 2　法定代位者相互間の関係　　（項号はいずれも 501 条）

		改正前 ➡ 改正後		
保　証　人　→	債務者からの 第三取得者	1 号　→※ ［※付記登記必要］	明示せず	代位可
物上保証人　→	債務者からの 第三取得者	―		
債務者からの 第三取得者　→	保　証　人	2 号	3 項 1 号	代位不可
債務者からの 第三取得者　→	物上保証人	―		
債務者からの 第三取得者　↔	債務者からの 第三取得者	3 号（→※）	3 項 2 号	代位割合 →各財産の価格に応じて
物上保証人　↔	物上保証人	4 号	3 項 3 号	
保　証　人　↔	物上保証人	5 号 6 号　→※	3 項 4 号	代位割合 →保証人と物上保証人間 　は頭割り 　複数物上保証人間では、 　保証人の負担部分を除 　いた残額につき各財産 　の価格に応じて
保　証　人　↔	保　証　人	―	2 項括弧書	代位割合 →465 条の求償権の範囲 　に応じて
物上保証人からの第三取得者		―	3 項 5 号	物上保証人に準じて扱う

ことが明記されていたが、条文に記さなくとも改正民法 501 条 1 項から自明といえるため、削除された（部会資料 80-3・27 頁）。物上保証人から第三取得者に対する代位についても、同様の趣旨で引き続き明文化はされなかった。

(3) 付記登記の要件の廃止

改正前民法 501 条 1 号 6 号に規定された代位の付記登記については、代位の要件を意味するものとしては廃止された。付記登記がないことを理由に債権（担保権）が消滅したという第三取得者の信頼が生じたといえるかは疑問なこと、抵当権付債権が譲渡された場合は付記登記が担保権取得の第三者対抗要件とされていないこととバランスを失していることなどがその理由である（中間試案補足説明 296 頁）。改正後の代位の付記登記は、担保権実行の際に承継を証する公文書（民執 181 条 3 項）として機能し得るものとなる（代位者が承継を証する他の公文書を提出すれば担保権実行は可能である。一問一答 196 頁）。

(4) その他

以上のほか、501 条に関しては次のような改正もなされた（一問一答 196 頁）。1 つは、改正前民法 501 条柱書後段では「……次の各号に定めるところに従わなければならない。」とされ、強行法規のようにも読めるものであったところ、同条が任意規定と解釈されていることにかんがみて、改正民法 501 条 3 項柱書では「……次に掲げるところによる。」とされた。また、改正前民法 501 条 1 号・2 号にいう「保証人」には物上保証人が含まれると説明されていたが、字義的にそのように解するのは困難であるため、改正民法 501 条 3 項 1 号では「保証人及び物上保証人」と表現をあらため、意味内容を明確化した。

4　法改正による対応がされなかった解釈上の問題

改正の議論において条文を設けることが検討されたものの、条文化が見送られたものもある。

例えば、代位割合を変更する特約について、判例には、これを後順位抵当権者に対抗できることを認めたものがある（前掲・最判昭和 59・5・29）。同判決を明文化する提案（部会資料 39・52 頁以下）は最終的には成案にいたらなかったが、解釈論としては今後も維持される。

また、保証人兼物上保証人といった二重資格者がいる場合の扱いについて、判例には、保証人 1 人説をとったものがあり（最判昭和 61・11・27 民集 40 巻 7 号 1205 頁）、その明文化も提案されていた（部会資料 82-1・40 頁）。ただ、

同判決の射程が「二重資格者以外が連帯保証人の場合」という同判決の事案とは異なる「二重資格者以外が物上保証人の場合」や「全員が二重資格者の場合」にも及ぶかは見解が分かれている（仙台高判平成16・7・14判時1883号69頁参照）。結局この問題については明文化にいたらず、引き続き解釈に委ねられることとなった（部会資料83-2・31頁）。

IV 一部弁済による代位

1 一部弁済による代位の要件

債権の一部について代位弁済があった場合、代位者は「債権者とともにその権利を行使する」ものとされている（旧502条1項）。その行使要件について、大審院判例には、一部弁済の代位者は単独でも抵当権の実行ができるとしたものがある（大決昭和6・4・7民集10巻535頁）。しかし、多くの学説はこれに反対し、代位者は債権者と共同でなければ抵当権を実行できないと解すべきとしてきた。一部弁済者が現れることにより、債権者が担保物件の換価時期を選択する利益を奪われるのは不当であること、担保物権の不可分性に反すること、「債権者とともに」という文言に整合的でないことなどの理由による。金融実務では、債権者の同意のない限り、一部弁済では代位権を行使できない旨の代位権不行使特約を置くことによって、上記判例の帰結を回避するのが一般的ともなっていた。

そこで今回の改正では、上述の判例法理を変更し、実務における代位権不行使特約との整合性を持たせるべく、一部弁済の代位者が代位権を行使するのには、債権者の同意を要するものとし（502条1項）、他方、債権者については、単独でその権利を行使できることが明記された（同条2項）。担保権の実行以外で、本条が適用され得る「権利の行使」としては、保証人に対する保証債権の履行請求や、債権者が有する債務名義、債権者代位権・詐害行為取消権などが想定される（部会資料39・58頁以下）。

2 一部弁済による代位の効果——配当の順位

一部弁済による代位があった場合において、抵当権の実行より、債権者と

一部弁済による代位者のそれぞれに対する配当については、債権者を優先させるとするのが判例である（最判昭和60・5・23民集39巻4号940頁、最判昭和62・4・23金法1169号29頁）。今回の改正では、この判例法理が、抵当権以外の権利行使（具体例については1に述べたようなもの）にも用いられ得るものとして一般化しつつ明文化された。「債権の担保の目的となっている財産の売却代金」のほか、「当該権利の行使によって得られる金銭」について、債権者の行使する権利が代位者の行使する権利に優先するものとされた（502条3項）。

V 担保保存義務

1 担保保存義務とは

法定代位ができる者の代位の期待を保護するために規定されたのが、担保保存義務（504条1項前段）である。同条によれば、債権者が故意または過失によって担保を喪失または減少させたときは、法定代位ができた者は、それにより償還を受けられなくなった限度で免責されることになる。

改正の議論の中では、504条の規律の前提となる担保保存義務の存在を明示することも検討された。しかし、この義務は強制執行ができるようなものでないことから、義務を明言することは見送られた（部会資料84-3・11頁）。

2 担保保存義務違反による免責の要件

金融機関が、債務者の経営状況の変化に伴い、あるいは一部弁済を受けるのと引替えに、担保の差替えや一部解除をすることは、取引上必要で合理性もある。にもかかわらず、これらが504条にいう担保の喪失・減少に該当するものとして法定代位者が免責されると、円滑な取引が阻害されてしまう。

判例は、従来より債権者が担保を喪失または減少させたことに合理的理由がある場合は、改正前民法504条の適用を否定している。例えば、競売をしても全債権額の弁済を受けられないと判断し、物件を換価して得た金額を任意弁済させて抵当権を放棄しても、故意または過失による担保の喪失に当たらないとしたものがある（最判昭和41・4・12金判4号18頁、最判平成2・4・

12 金法 1255 号 6 頁参照）。このように、担保保存義務免除特約の有無によって判断基準や立証責任に相違はあるものの、総じて、取引上の合理性が認められる場合には担保保存義務違反による免責の効果は生じないとするのが、従来の判例の姿勢といえる（判例の状況については、田髙寛貴「契約法と担保法」加藤雅信ほか編・野村豊弘還暦記念・二一世紀判例契約法の最前線〔判例タイムズ社、2006〕85 頁以下）。

　以上のような判例の動向や実務の要請を受け、改正によって 504 条に 2 項が新設され、債権者が故意または過失によって担保の喪失または減少をさせたときであっても、それが「取引上の社会通念に照らして合理的な理由があると認められるとき」は、免責の効果が生じないものとされた。

　なお、実務では、改正前民法 504 条による不都合を回避するべく、担保保存義務免除特約が用いられることが多く、判例も古くからその有効性を認めてきた（最判昭和 48・3・1 金法 679 号 34 頁など）。もっとも、債権者がこの特約の効力を主張することが信義則に反し、または権利の濫用に当たるものとして許されない場合もある（最判平成 7・6・23 民集 49 巻 6 号 1737 頁）。今回の改正において、こうした従前の担保保存義務免除特約の効力やその限界に関する判例が否定されるものではない（一問一答 198 頁）。

3　担保保存義務違反による免責の効力が及ぶ範囲

　債権者が担保保存義務に違反して担保の喪失等をした後に、物上保証人などから抵当不動産を譲り受けた第三者は、担保保存義務違反による免責の効力を債権者に主張することができるか。判例は、債権者が担保の喪失等をしたときは、改正前民法 504 条の規定により免責の効果が当然かつ確定的に生じ、その後に抵当不動産が第三者に譲渡されてもその責任の減少・消滅の効果に影響はないとしている（最判平成 3・9・3 民集 45 巻 7 号 1121 頁）。

　改正民法の 504 条 1 項では、後段に「代位権者から担保の目的となっている財産を譲り受けた第三者及びその特定承継人」も免責を受けられる旨の規律が付加され、上記判例法理を抵当不動産以外の第三取得者も包摂する形で一般化した上で、明文化が図られた。

40 相殺(1)——差押えと相殺・相殺充当

中央大学教授 山田八千子

要点

- ① 無制限説の判例の明文化
- ② 差押後に取得した債権による相殺が許される範囲と相殺期待の保護
- ③ 相殺充当は相殺適状の順序に従うという規定の新設（判例法理の明文化）
- ④ 弁済充当の規定につき指定充当規定を除き準用
- ⑤ 相殺充当の規定の準用

解説

I 差押えと相殺

1 はじめに

　相殺の機能は、一般に、簡易決済機能、公平保持機能、担保的機能の３つが挙げられるが、差押えを受けた債権を受働債権とする相殺をめぐる、受働債権者に対する債権を有する差押債権者による差押えと自働債権者による相殺との間の優劣関係は、相殺の担保的機能を第三者の差押債権者による個別執行との関係でどの程度重視するべきかという問題である。改正民法では、差押前に取得した債権による法定相殺に関して無制限説に立つ判例法理が明文化された。無制限説は実務上通用しており、判例の明文化の実務上への影響は必ずしも大きくないとはいえ、いまだ制限説に立つ学説からの無制限説への根強い批判がある中での無制限説の条文化は一定の意義を有する。また、判例の明文化と並んで、あるいはそれ以上に注目すべきは、差押後に取得した債権であっても、当該債権が差押前の原因に基づいて生じたものであると

きに相殺を優先させる規定が新設されたことである。改正前民法の下では条文の解釈からは導き出すことは難しかった範囲まで相殺の担保的機能を拡大したのであり、自働債権者の相殺への期待について破産法の規定と平仄を併せて同様の保護を与えるという考慮の下で認められた。

2　改正前民法下における議論

(1)　法定相殺と差押え

　改正前民法511条は、「支払の差止めを受けた第三債務者は、その後に取得した債権による相殺をもって差押債権者に対抗することができない。」と規定するのみで支払の差止めの前に取得した債権による相殺については何らの規定をしていないため、支払差止前に取得した債権を自働債権とする相殺と差押債権者との間の優劣について見解が対立し、規定の明文化が要請されてきた（論点整理補足説明163頁）。

　自働債権の弁済期が先に到来する場合、自働債権者は受働債権の債務者としての期限の利益を放棄して相殺権を行使することができるから（505条1項・136条）、自働債権者は相殺に対する合理的期待を有するといえるという見解に基づき、最判昭和39・12・23（民集18巻10号2217頁。以下、「昭和39年判決」という）では、弁済期の先後を基準として、相殺と差押えの優劣を判断するとされた。しかし、その後の最判昭和45・6・24（民集24巻6号587頁。以下、「昭和45年判決」という）は、金融取引における相殺の担保的機能を尊重し、差押えを受けた受働債権の第三債務者である自働債権者は、差押時に相殺適状にある必要はなく、自働債権と受働債権の弁済期の先後を問わず、差押前に取得した債権を自働債権とする相殺による相殺をもって差押債権者に対抗できるとする無制限説の立場を採用した。511条の「その後に取得した債権による相殺をもって差押債権者に対抗することができない」ならば、その前に取得した債権による相殺をもって差押債権者に対抗することができるという反対解釈（推論）による。昭和45年判決以降も、第三債務者の相殺の期待を保護する合理性がない場合があるとして、昭和39年判決のような自働債権と受働債権の弁済期の先後を基準する説などの制限説も有力に唱えられている一方で、実務上では、昭和45年判決の事例である銀

行取引を中心として、実務では昭和 45 年判決は肯定的に受け入れられていた（部会資料 10-2・51-53 頁）。弁済期の先後を基準とする説については、銀行取引において弁済期の先後は偶然に決まることが多いため、弁済期に決定的意味は与えられず、弁済期の先後は相殺の合理的期待を基礎付けるものではないという批判がある（詳解Ⅲ 67 頁）。なお、差押えの申立てまたは仮差押えの申立てがあった後に差押命令や仮差押命令が第三債務者に送達されるまでの間に債権を取得した場合であっても、その取得当時、それらの申立てがあったことを知っていたときには、個別債権執行などに対する妨害的な自働債権の取得であるとして、相殺への合理的期待はないことから、その債権による相殺をもって差押債権者または仮差押債権者に対抗することができないものとすべきであるという論点も指摘されてきた（詳解Ⅲ 68 頁、部会資料 10-2・55 頁）。

(2) 相殺の要件を操作する特約についての規制

法定相殺と差押えの問題について無制限説を採用したとしても、相殺権を行使するためには、改正前民法 505 条の相殺適状の要件を充たす必要があるから、自働債権の弁済期が到来しなければ相殺することが許されない。よって自働債権の弁済期到来前に受働債権の弁済期が到来して差押債権者が取立てを行う危険性がある。この危険性を回避するため、実務上、受働債権の債権者つまり自働債権の債務者に対し差押えまたは仮差押えの申立てがあったこと、差押命令または仮差押命令が発せられたことその他債権の差押えまたは仮差押えの手続を開始させる事由に関する事実が生じた場合に期限の利益を失わせて相殺適状を生じさせることをあらかじめ合意しておくことがある。いわゆる期限の利益喪失約款である。あるいは、こうした事実が生じたことをもって相殺が効力を生ずるものとする旨の意思表示をすることがある。停止条件付相殺合意である。このような相殺の要件を操作する特約については、昭和 45 年判決は、期限の利益喪失約款につき、契約自由の原則を理由にして効力を有するという判断をしていた。他方、学説においては、当該合意が二当事者間のみならず差押債権者に対し効力を有することについても法定相殺と差押えの場面と同様に制限的に解するべきという立場が唱えられていた（部会資料 10-2・57-59 頁）。なお昭和 45 年判決の事例の結論に関しては銀行

取引の預金債権と貸付債権のように相互に信用を供与し合っていて担保的な機能を営んでおり、相殺合意がなされていることが公知であるため不測の損害を生じないという理由からの正当化は可能であるとされる（昭和45年判決大隅裁判官意見参照）。また、個別執行の作用を作為的に妨害する第三債務者（自働債権者）側からの企ては原則的に肯定されるべきではないものの、例外的に、自働債権が銀行取引のような当事者の特定の継続的取引によって生じた場合には合意に差押債権者に対する効力を認めるべきであるという見解もある（部会資料10-2・59-60頁）。継続的取引間にある事業者の間においては、相互に債権債務関係に立つことにより信用を与え合っている関係にあり、頻繁に相手の信用を調査しなければならない負担から解放されることに合理性があるとされるのである（詳解Ⅲ 72頁）。

(3) 相殺権濫用の法理

　民法1条3項の権利濫用の規定の適用により、相殺する権利の行使が相殺権の濫用であるとして相殺の効果が否定されることがあるのは当然である。相殺権濫用における固有の問題とは、相殺権濫用について特別の規定を新設するべきかという点にある。この相殺権の濫用は、自働債権者受働債権者間のみならず、自働債権の債務者に対し債権を有する者つまり自働債権者と差押債権者との関係において、相殺の担保的機能を制約する仕組みとして問題とされてきた。この仕組みとしては、民法1条3項を適用するのではなく、この具体的類型化として相殺の箇所で条文を新設し、例えば相殺をする権利の行使が差押債権者または仮差押債権者との公平を害する場合において、相殺権は差押債権者または仮差押債権者に対抗できないという規定を設けるということが提案されたのである（詳解Ⅲ 76-77頁、部会資料10-2・61-62頁）。

3　改正民法下の枠組み

(1) 法定相殺と差押え

(ⅰ) 差押前に取得した債権による相殺

　改正民法511条1項は、前段に「差押えを受けた債権の第三債務者は、差押え後に取得した債権による相殺をもって差押債権者に対抗できない」と規定し、改正前民法511条の内容を維持するとともに、改正民法511条1項後

段で「差押え前に取得した債権による相殺をもって対抗することができる。」と規定し修正を行った。これは、差し押えられた債権を自働債権とする相殺については差押時に相殺適状にある必要はなく、自働債権と受働債権の弁済期の先後を問わず相殺を差押債権者に対抗することができるとする内容の規定であり、昭和45年判決を明文化したものであるとされている（中間試案補足説明307頁、部会資料69A・26-30頁）。よって、法定相殺と差押えについては、解釈上の見解の対立は解消され、改正民法511条1項により、差押前に取得した債権による相殺をもって対抗することができることとされたといえる。

2の改正前民法下の議論においては、制限説からの無制限説に対して強力な異論はあったものの、法定相殺と差押えにおいて典型的な場面である金融取引のように自働債権の弁済期が自働債権者により延長される結果自働債権と受働債権の弁済期が切り替わることがあるような場合には自働債権の弁済期が後に到来するとしても自働債権者の相殺への期待は合理的で保護すべきであると思われる場合があること、また、実務上昭和45年判決以降無制限説で運用され定着しており無制限説を前提とした相殺の担保的機能は社会で認知されて無制限説が明文化されたとしても差押権者の期待は害されることはないことが理由とされる（中間試案補足説明309頁）。なお、不誠実な第三債務者からの相殺については相殺権濫用の法理によって効力を否定することが可能であるという指摘がされている（中間試案補足説明309頁）。なお、上述の2(3)の改正前民法下の議論において、規定の新設が検討された相殺権濫用の法理については、適切な要件設定が困難であるという理由から、民法1条3項の権利濫用法理を相殺の場面で類型化する規定は新設せず、民法1条3項の解釈に委ねられることとなった（中間試案補足説明310頁）。

関連する条文としては、債権譲渡と相殺について、改正民法469条1項は、受働債権の債権譲渡の対抗要件を具備する前に取得した譲渡人に対する債権（自働債権）による相殺と債権譲渡との優劣について、無制限説に立つことを明文化した（**30**参照）。

(ii) 差押後に取得した債権による相殺の原則と例外

差押後に取得した債権は原則として相殺が禁止されるが、例外的に、差押

時に具体的に発生していないものの発生原因は存在する債権につき、これを自働債権とする相殺が許容されるべきかどうかが問題となる。例えば、委託を受けた保証人が差押後に保証債務の履行をしたことにより生じた事後求償権を自働債権とする相殺が考えられる。破産法の判例として、最判平成24・5・28（民集60巻7号3123頁。以下、「平成24年判決」という）は、委託を受けた保証人が破産手続開始の決定後に保証債務を履行したことにより生じた事後求償権を自働債権として相殺することができると判示した。

破産法における自働債権とは、破産者に対し破産手続開始前の原因に基づいて生じた財産上の請求権であって、財団債権に該当しないものである（破2条5号）。また、破産法の相殺に関する規定は破産法67条以下に規定されているが、破産者は、破産手続開始後に破産財団に対して債務を負担したときは相殺することはできないのが原則であるが（破71条1項）、例外的に支払不能であったことまたは支払の停止もしくは破産手続開始の申立てがあったことを破産債権者が知ったときより前に生じた原因に基づく場合は相殺することができるとされる（同条2項2号）。受働債権が差し押えられた場合の相殺の範囲が、債権者平等がより強く要請される破産手続において認められる相殺の範囲よりも狭くなるべきではないという考え方も理に適っており、破産法の規定との平仄を勘案して明文化されたのが、改正民法511条2項の規定であるとされる（部会資料58・116頁、同56・4-5頁、第3分科会第6回会議議事録17-24頁、中間試案補足説明307-309頁、部会資料69A・26-30頁）。ただし、第三債務者である自働債権者が差押後に他人の債権を取得したときは、相殺への期待を保護する必要がないから、改正民法511条2項ただし書はこの場合には自働債権者は差押債権者に対し相殺を対抗できないと規定する。

関連する条文としては、債権譲渡と相殺について、改正民法469条2項1号は、受働債権の債権譲渡の対抗要件を具備する後に取得した譲渡人に対する債権（自働債権）による相殺と債権譲渡との優劣に関して、対抗要件具備時より前の原因に基づいて生じた債権については、相殺をもって譲受人に対抗できることを明文化したが、これは、改正民法511条2項と同趣旨である（**30**参照）。さらに、改正民法469条2項2号で譲受人の取得した債権の発生原因である契約に基づいて生じた債権についても、相殺をもって譲受人に対

抗できると規定しており、譲渡債権の債権者債務者間の継続的な取引関係の安定などを勘案して、差押場面よりも相殺への期待の保護を拡張している（**30**参照）。

(2) 相殺の予約

いわゆる期限の利益喪失約款や停止条件付相殺合意のような相殺要件を操作する特約の効力、規制についての明文の規定は新設されなかった。

差押え・仮差押えの申立てがあったこと、差押命令・仮差押命令が発せられたことなどをもって、期限の利益を喪失させる合意や、これらの事由が生じた場合に意思表示を要しないで相殺の効力が生ずるものとする旨の合意（以下、「相殺予約」という）については、立案過程において、①相殺予約を差押債権者に対抗できる旨の規定、②一定の場合（自働債権と受働債権が一体的な決済の予定された取引から発生したものであり、相殺予約が付されることが取引慣行上一般的であると認められる場合）にのみ対抗できる旨の規定、③規定は設けないという3つの見解をめぐり議論が行われた。相殺予約として一体化して扱うのが適切かどうか、弁済についての当事者間の合意を第三者に対抗できるかどうか自体が問題になるのかなどの問題提起を含めて、さまざまな議論がなされたものの（第46回会議議事録86-89頁、部会資料39・86-88頁、第1分科会第6回会議議事録11-14頁）、条文化に向けた意見の集約は見られず、相殺予約についての規定は設けられていない。よって、実務で運用されている期限の喪失約款などの条項につき差押債権者に対抗できるのか否かの問題は、無制限説が明文化された法定相殺と差押えの論点とは異なり、改正民法下でも残っているといえよう。

II　相殺充当（512条・512条の2）

1　はじめに

債権者が債務者に対して有する一個または数個の債権と、債権者が債務者に対して負担する一個または数個の債務について、債権者が相殺の意思表示をした場合において、債権者の有する債権とその負担する債務が、どの順序で相殺により消滅するかどうかが相殺充当の問題である。相殺充当について

は、改正前民法では弁済充当の規定が準用されていたものの、相殺の遡及効を認める法制度下において、弁済充当の規定の準用では適切でない部分について判例法理によって修正が加えられていた。改正民法では、この相殺の遡及効を踏まえて、基本的に判例法理に基づき、法定充当の規定が整序された。また、厳密には相殺充当でないが同様に処理すべき法律関係について相殺充当の規定を準用する規定が新設された。

2 改正前民法下における議論

相殺充当については、改正前民法512条は、相殺した場合における充当関係について、弁済充当の規定（旧488条～491条）を準用するとのみ定めていた。しかし、相殺充当時期の特有の問題として、相殺の効果が相殺適状に遡ることを考慮する必要がある（506条2項）。複数の自働債権と受働債権がある場合、充当の対象となる費用・利息および損害金の額は、相殺の対象となる自働債権と受働債権とが特定される必要があり、弁済充当の規定をそのまま適用することはできないのである。そこで、判例により、自働債権または受働債権として複数の元本債権を含む数個の債権があり、当事者のいずれもこの元本債権について相殺の順序を指定しなかった場合に、まず元本債権相互間で相殺に供し得る状態となった時期の順序に従って相殺の順序を定めた上で、その時期を同じくする元本債権相互間および元本債権とこれについての利息、費用債権との間で、改正前民法489条および491条の規定の準用により相殺充当をするとされていた（最判昭和56・7・2民集35巻5号881頁。以下、「昭和56年判決」という）。

改正前民法下では、相殺の効果を相殺適状に遡る法制度の適否についても議論されていた。相殺適状時に相殺が当然生じるのではなく相殺権の行使を必要とする日本の相殺については、立法的選択として相殺の遡及効の規律を廃することも可能であるとされ、仮に相殺権行使時に相殺の効果が生じるという規律を採用すれば、相殺充当については、相殺の意思表示をする者にとって債務消滅の利益が多いものに先に充当するという規律への改正の議論がされていた（詳解Ⅲ78頁）。

3 改正民法下の枠組み

相殺充当についての昭和56年判決は、以下のように、基本的に、改正民法512条で明文化された（中間試案補足説明311頁）。ただし、指定充当については、昭和56年判決によれば、当事者のいずれもこの元本債権について相殺の順序を指定しなかった場合において、相殺適状の順序に従うとされていたが、改正された同条においては、弁済における指定充当の規律を準用されていない。

まず、改正民法512条1項で、当事者双方の合意充当を除き、相殺適状が生じた順序で相殺の対象とするとされた。

続いて、改正民法512条2項1号では、自働債権者の債権が自ら負担する債務の全部を消滅させるに足りない場合で、合意充当がないとき、同種の給付を目的とする数個の債務がある場合の弁済充当に関する改正民法488条4項につき、同項1号を除き2号から4号を準用すると定める。準用されない同項1号は、弁済期の到来および未到来を区別して弁済の充当を定める規定であるから、相殺の遡及効下では準用は無意味である。ただし、相殺に遡及効を認める場合には指定充当を認めることは整合的ではなく、改正民法488条1項の指定充当の規定は準用されず、この点については、昭和56年判決の判例法理は修正されている（中間試案補足説明311頁）。

改正民法512条2項2号では、同時に相殺適状にある債権が複数ある、元本のほか、利息および費用を支払うべき場合には、まず、そのすべての債権における費用、次にそのすべての債権における利息の順に充当され元本に充当されることとする弁済充当の489条の規定を準用する（部会資料69A・30-34頁）。

改正民法512条3項は、相殺をする債権者である自働債権者の負担する債務がその有する債権の全部を消滅させるのに足りないときは、前項である2項の規定を準用するとしている。これは、厳密にいえば、相殺の充当の問題ではないが、民法は、相殺に関する法定充当の規律を準用している（部会資料69A・30-34頁）。

改正民法512条の2は、①債権者が債務者に対して有する債権に一個の債

355

権の弁済として数個の給付をすべきものがある場合における相殺および②債権者が債務者に対して負担する債務に一個の債務の弁済として数個の給付すべきものがある場合における相殺について、改正民法512条を準用するとされた（要綱原案についての部会資料84-1・43-44頁）。一個の債権であっても弁済として数個の給付をするべき場合において、改正民法512条と同様の充当関係を認めるべきものとされたと考えられる。

41 相殺⑵──相殺禁止

東洋大学教授 **深川 裕佳**

要点

① 悪意または重過失ある第三者への相殺禁止の意思表示の対抗と立証責任
② 悪意による不法行為に基づく損害賠償債務および生命・身体の損害賠償債務を受働債権とする相殺の禁止とその例外

解説

I はじめに──改正の要点

1 【要点①】「重過失」の追加と立証責任の明確化

相殺適状と相殺の効果を規定する民法505条1項に続いて、改正前民法505条2項本文は、「当事者が反対の意思を表示した場合」に同条1項を適用しないとしつつ、そのただし書において、「その意思表示は、善意の第三者に対抗することができない」と規定していた。改正民法505条2項では、当事者の「相殺を禁止し、又は制限する旨の意思表示」(以下、「相殺禁止の意思表示」という)は、第三者がこれを知るときだけでなく、「重大な過失によって知らなかった」ときにも、その第三者に「対抗することができる」とあらためられた。第三者の悪意／重過失の立証責任は、相殺禁止の意思表示を主張する当事者にあるものと考えられている。なお、本規定は、相殺禁止の意思表示が施行日以後になされた場合に適用される(附則26条1項)。

357

2 【要点②】不法行為等により生じた債権を受働債権とする相殺の禁止

改正前民法509条は、「不法行為によって生じた」債務を受働債権とする相殺を禁止していた。改正民法は、①「悪意による不法行為に基づく損害賠償の債務」（509条1号）、および、②「人の生命又は身体の侵害による損害賠償の債務」（同条2号）を受働債権とする場合には、相殺できないものとする。損害の種類に着目すれば、生命または身体の侵害による損害（以下、「人損」という）については、不法行為であれ、債務不履行であれ、その発生原因を問わないことから、改正民法は、改正前民法509条よりも適用場面を拡大しており（図1）、これ以外の損害については、債務の発生原因を悪意の不法行為に限ることで、同条よりも適用場面を限定する（図2）。例外として、前述①または②の債務であっても、これらを譲り受けた第三者（債権者）に対して、その債務者が受働債権として相殺を対抗することは禁止されない（509条ただし書。図3）。なお、本規定は、施行日以後に発生した不法行為などにより生じた債権を受働債権とする場合に適用される（附則26条1項）。

これら2つの改正条文について、以下、順に述べる。

II 相殺禁止の意思表示の第三者に対する効力（505条2項）

1 改正前の議論

相殺は公序でないため、旧民法（明治23年公布）でも、当事者の意思表示によって相殺を制限できるものとされていた（旧民法財産編520条・526条4号）。改正前民法505条2項は、この旧民法の趣旨を受け継いだものであり（梅・要義三325頁）、通説は、契約から生じた債権は契約によって当事者の一方または双方の相殺を禁止し、また、単独行為から生じた債権はその単独行為によって相殺を禁止することができると説明する（我妻・債権総論330頁）。

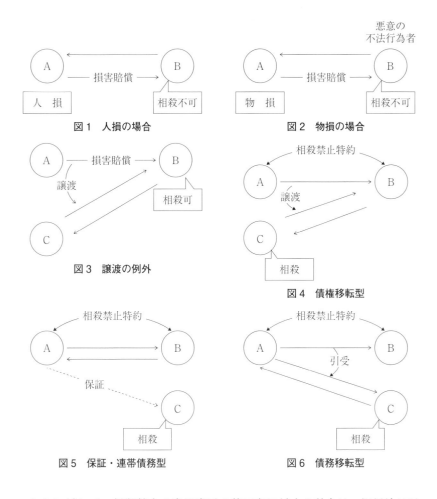

図1　人損の場合
図2　物損の場合
図3　譲渡の例外
図4　債権移転型
図5　保証・連帯債務型
図6　債務移転型

　これに対して、相殺禁止の意思表示の第三者に対する効力は、旧民法には規定がなく、改正前民法505条2項ただし書においてはじめて規定された。同規定は、「善意ノ第三者ヲ保護スル当然ノ規定」（民法修正案（前三編）の理由書480頁）と考えられてきた。この「第三者」に含まれる者として、学説は、相殺の禁止された債権の①譲受人（梅・要義三325頁）や相続人（川名兼四郎・債権総論〔金刺芳流堂、1904〕359頁。図4）、②保証人（梅・要義三325頁）、その他の連帯債務者（注民(12)398頁〔中井美雄〕。図5）、③債務引受人（我妻・債権総論330頁。図6）を挙げてきた。

2 改正後の変更点

改正民法505条2項は、以下のように、債権譲渡（466条）と整合的に改正された。

まず、①「当事者が反対の意思を表示した場合」（旧505条2項）を明確化して「当事者が相殺を禁止し、又は制限する旨の意思表示をした場合」（505条2項）と改正したのは、債権譲渡制限に関する改正民法466条2項と文言上の平仄を合わせたものであろう。

次に、②(a)相殺禁止の意思表示について第三者が悪意の場合だけでなく、善意・重過失の場合にも（重過失の追加）、(b)その悪意または重過失を当事者が立証することによって（改正民法は改正前民法505条2項ただし書をその本文へと移動させて立証責任を明確化）、相殺禁止の意思表示をその第三者に対抗できるとして、改正民法466条3項と整合的な改正がなされている。この第三者に、前掲の3つの場面（**図4～図6**）が含まれることは従前どおりであろう。そこで、これらの第三者は、悪意または重過失ならば、相殺禁止の意思表示の対象となった債権を自働債権（**図4**）または受働債権（**図6**）として相殺することができない（ただし、主たる債務者または連帯債務者の1人の有する債権を自働債権とする場合に、**図5**では、改正民法457条3項および439条2項に基づく履行拒絶の抗弁権が問題になる）。「対抗することができない」という文言を「対抗することができる」とあらためたことは、善意の第三者保護という改正前民法505条2項の趣旨を変更して当事者の相殺禁止の意思表示を保護するもののようにも見えるが、改正民法505条2項でも、当事者に立証の負担を課すことから、善意・無重過失の第三者保護を趣旨とすることには変わりはないであろう。

III 不法行為などによる債権を受働債権とする相殺の禁止（509条）

1 改正前の議論

不法行為により生じた債権を受働債権とする相殺の禁止について、改正前

民法 509 条は、旧民法（明治 23 年公布）が「債務ノ一ガ他人ノ財産ヲ不正ニ取リタルヲ原因ト為ストキ」に相殺を禁じていた（旧民法財産編 526 条 1 号）のをあらためて、一方で、不法行為に基づく債務一般に相殺禁止を拡大し、他方で、その債務を受働債権とするときに限った（民法修正案（前三編）の理由書 485-486 頁）。その趣旨は、①被害者に現実の弁済による損害の補てんを受けさせること（「治療代は現金で」）、および、②債権者が、後で相殺すればよいと考えて、債務者に対して不法行為・自力救済をすることを防ぐことである（最判昭和 42・11・30 民集 21 巻 9 号 2477 頁）。

　しかし、改正前民法 509 条のこれらの趣旨は、学説によって、次のように批判されてきた。一方で、不法行為全般では範囲が広すぎるとして、前述の①の趣旨からは、交叉（双方）的不法行為（後述 3(1)）では相殺を認めるべきであるとか、自動車損害賠償保障法 3 条の趣旨を踏まえて人損についてのみ相殺を禁止すべきであるとか、前述の②の趣旨からは、故意およびそれに準ずる不法行為者についてのみ一種の制裁として相殺を禁止すべきであるという（注民⑿ 429 頁・432-433 頁〔乾昭三〕）。他方で、不法行為に基づく損害賠償債務だけでなく、債務不履行を原因とする損害賠償債務についても、とくに両者が請求権競合の関係にあるときには、改正前民法 509 条を類推適用すべき場合があるという（注民⑿ 430-431 頁〔乾〕）。

2　改正後の変更点

(1)　損害賠償債務を受働債権とする相殺禁止の枠組みの全体像

　改正民法には、前述のような学説の議論が反映されているものといえよう。改正民法 509 条は、①人損については、その賠償債務の発生原因を問わずに相殺を禁止して、被害者に現実の賠償を得させようとする。また、②それ以外の損害については、悪意の不法行為を原因とする損害賠償債務に限定して相殺を禁止することで、不法行為を防止、または、不法行為者を制裁しようとする。そして、これらの趣旨に反しない場合に相殺を認めることは差し支えないので、この①または②の損害賠償債権を譲り受けて債権者となった者に対して、その債務者がこれらの債権を受働債権として相殺を対抗することを認める。被害者は、第三者に損害賠償債権を譲渡して損害の回復を図るこ

361

とができる。

(2) 「悪意による不法行為」による損害賠償債務

改正民法は、新たな問題も提起する。それは、改正民法509条1号に規定された「悪意による不法行為」の意味と悪意の対象である。民法典には、故意の不法行為と過失の不法行為とは区別されておらず、まして悪意の不法行為という概念もない。改正過程の議論によると、生命・身体だけでなく、財産権を侵害する行為も含みつつ、過失による行為は除外することが検討されたようであるが、用語法をめぐって見解が一致せず、「損害を与える意図」「故意」「悪意」「害意」の語が検討され、最終的に、「悪意」に落ち着いたようである。

その解釈に当たって参考にされるのは、起草過程で指摘されるように（部会資料69B・3頁）、破産法253条1項2号が規定する「悪意で加えた不法行為」であろう。同条の解釈をめぐって、単なる悪意か、または、害意に限定されるかという議論があったものの、今日では、同項3号において「故意又は重大な過失により加えた人の生命又は身体を害する不法行為」が規定されたために、同項2号の「悪意で加えた不法行為」は、「他人を害する積極的な意欲（害意）」を意味するものと理解されている（伊藤眞ほか編・条解破産法〔第2版〕〔弘文堂、2014〕1680頁、竹下守夫編集代表・大コンメンタール破産法〔青林書院、2007〕1087頁〔花村良一〕）。そこで、改正民法509条1号が不法行為の抑止だけでなく、その制裁をも目的とするものであれば、「悪意」は、「積極的に他人を害する意思をもって不法行為をした場合」（部会資料80-3・29頁）を指すことになろう（したがって、改正民法505条2項の解説において用いた「悪意」とは意味が異なる）。

しかし、破産法とは別に解釈することも可能であろう。免責が問題になる破産法と民法とでは状況が異なっており、また、破産法253条1項2号が加害者への制裁や道徳的非難から「悪意で加えた不法行為」を特別に扱うのと異なって、民法は加害者の主観的態様によって不法行為責任を区別しないのであり、さらには、規定上も、悪意と故意を区別する同項2号および3号と異なって、改正民法509条はこの区別をしていないからである。そこで、不法行為の抑止を目的とする同条の「悪意」とは、従来の「悪意」の一般的用

法に従って、損害を生じさせることを知っていることを意味するとも考えられそうである。

　この解釈問題は、不法行為者の主観的態様によって要件・効果を区別するかどうかに関連して、不法行為の制裁的機能をめぐる議論とも関わるものと思われ、今後の判例および学説の発展が注目される。

(3)　人損の賠償債務を受働債権とする相殺の禁止

　「人の生命又は身体の侵害による損害賠償」債務は、受働債権とすることができない（509 条 2 号）。人損については不法行為でも債務不履行でもその原因を問わずに相殺が禁止されるが、条文の構造（同条 2 号の丸括弧内の文言）からは、悪意の不法行為から生じた人損の賠償債務には同条 1 号が適用されることになるであろう。

　今般の民法改正は、消滅時効においても、人損の賠償請求権を保護する必要性が高いものと位置付けている。改正民法 509 条には、前述のように 2 つの目的が認められるが、とくに、1 号についても 2 号についても共通する「人の生命又は身体の侵害による損害賠償」の実現による被害者救済は相殺の利益より優先されるというのが、同条の第 1 の趣旨と考えてよいものと思われる。

3　改正では明確にされなかった問題

(1)　交叉（双方）的不法行為に基づく債権間の相殺の可否

　改正前民法 509 条をめぐって、複数の裁判例で、交叉（双方）的不法行為における相殺（同一事実から生じた相互的損害賠償債務の相殺）の可否が問題とされてきた。判例（最判昭和 49・6・28 民集 28 巻 5 号 666 頁）は、双方の過失による事故に起因する物損の賠償債権相互間に同条の規定を適用して相殺を禁止する。改正民法では、交叉的不法行為に関する規定は設けられなかったが、物損では、「悪意による不法行為」でなければ、損害賠償の債務者も相殺を主張できるために（改正民法 509 条反対解釈）、この判例とは結論が異なることになる（なお、交叉的債務不履行であれば、受働債権が人損の賠償債務である場合にのみ相殺が禁止される）。

　改正民法 509 条については、以下のように二方向から、被害者救済につな

363

がらないとして問題が提起され得る。一方で、自動車事故において、とくに、双方ともに責任保険をかけている場合には、改正前民法509条を適用して相殺を禁止し、損害賠償を現実にさせることが被害者救済に資すると学説において指摘されてきた。改正民法509条の下でも、相殺によって相互に自働債権を喪失するために、損害は、相殺された額も含めて、それぞれになお残っているものとして、双方が保険給付を得られると考える必要があろう（部会資料69B・4頁）。他方で、受働債権が人損の賠償債務である場合に、相手方が無資力であるときには、相殺が禁止されると、一方のみが債権の満足を得られないことになり得る。

(2) 改正民法509条と異なる合意の効力（任意規定か、強行規定か）

通説は、改正前民法509条を任意規定とする（我妻・債権総論354頁）。しかし、これを強行規定として、将来発生するかもしれない不法行為に基づく損害賠償債権について締結された事前の相殺契約・相殺予約を無効と考える見解も主張されている（注民(12)434-435頁〔乾〕）。

改正民法においても、同様の議論が生じそうである。とくに、改正民法509条2号は、生命・身体に関する利益を保護するものであるために、公序に関する規定と位置付けることも可能であろう。また、同条1号についても、異なる事前合意を有効とすれば不法行為の抑止または制裁という条文の趣旨を損なう結果になる。そこで、立法趣旨を尊重すれば、これらの損害賠償債務について、既発生のものを対象とする相殺の合意は妨げられないにしても、未発生のものについては、相殺契約（相殺予約）は、無効になり得るものと考えられる。

42 更改

大阪市立大学准教授 **藤井 徳展**

要点

① 更改の要件・効果の明確化
② とくに債権譲渡・債務引受と、当事者（債権者・債務者）の交替による更改との同異点を踏まえた、要件面・効果面の調整

解説

I はじめに

　更改は、更改前の債権・債務（以下、「旧債権・債務」という）を消滅させる一方、更改後の債権・債務（以下、「新債権・債務」という）を発生させる契約である、という概念を、基本とする。すなわち、その特徴として、旧債権・債務を消滅させること、新債権・債務を発生させること、旧新両債権・債務の消滅発生は、相応の別個の行為によるのでなく、一個の法律行為（契約）によること、債権・債務の同一性が失われ、旧債権・債務に係る担保（権）・抗弁（権）は消滅することを、挙げることができる。

　民法は、こうした概念を基に、513条以下で、更改の要件・効果、また、当事者（債権者・債務者）の交替による更改について、規定を設けている。

　そして、今改正では、更改の制度・概念については、なお一定の存在意義を認めた上で、これを一般にわかりやすいものとするという観点を、基本とする。ただ、当事者の交替による更改の制度・機能には、債権譲渡（466条以下）・債務引受（470条以下）と重複する部分がある（が、一応区別して制度設計することが可能である）ことから、その部分で、要件面・効果面の、一定の調整がされている。

Ⅱ 改正前民法下の議論

1 更改の制度の存在意義

古くは、債権・債務は法鎖とされ、当事者（債権者・債務者）が交替すれば債権・債務の同一性を失うとされ、債権譲渡・債務引受が認められず、そのような目的を実現しようとするならば、当事者の交替による更改によらざるを得ないとされていた。したがって、当時は、更改は重要な役割を果たしていたと見られている。しかし、今日では、当事者の交替という目的を実現する方法として、債権譲渡・債務引受が認められる。

また、契約自由の原則が確立されているから、給付内容の変更（目的の変更）にかかわらず、債権・債務の同一性を維持することが可能である。判例・学説では、一般に、債権・債務の同一性を失わせるのはむしろ例外であるとして、当事者の意思がとくに明確でない限り、更改の成立をたやすく認めるべきでないとしてきた。そして、今日では、給付内容の変更という目的を実現する方法として、代物弁済、準消費貸借のほか、債権・債務の同一性を維持した上の変更（合意）が認められる。

こうして、更改の制度の存在意義は乏しいとされてきた。

民法（債権関係）部会法制審議会（以下、「法制審」という）では、当初は、当事者の交替による更改の制度を廃止することの当否が検討されていた。しかし、中間試案で、一転、存置することとした。国際的金融取引・決済を念頭に、一定の需要が見られること、他方、実務上弊害が見られないことが、理由である。

2 更改の概念の存在意義

もっとも、相応の契約（合意）により、旧債権・債務を消滅させる一方、新債権・債務を発生させることができるという更改の概念が有用であることは、否定されていない。

まず、更改の概念（更改的効果）による法的説明が有用と見るべき問題として、流動性預金・決済性預金の入金に係る法律関係が、挙げられよう。

すなわち、普通預金・当座預金で、入金によって債権額が増加する一個の預金債権と扱うための法律構成を考えるとき、交互計算の概念、また、更改の概念による法的説明が試みられてきた。

次に、多数当事者間の決済で、債権・債務の消滅を伴う法的概念に基づく法的説明をすることで、取引・決済の安定性が高められるべき問題として、取引当事者とは別の主体（清算機関）——CCP——を介在させた集中決済に係る法律関係が、挙げられよう。

すなわち、典型的には資金決済・証券決済を念頭に、原取引当事者とCCPとの間の、債権・債務の置換えに係る部分で、従前は、債務引受構成、また、発生消滅構成による法的説明が試みられてきた。

法制審では、当初は、債権・債務の置換えに直接に当てはまる法的概念を創設することの当否が検討されていた。そして、中間試案では、更改の制度の新たな類型としての三面更改の制度へと衣替えした上で、法的説明を可能とすることが提案されていた。しかし、当初から、民法で債権・債務の消滅に係る制度として規律することに対しては、異論・懸念が相当強かった。それゆえ、今改正では、これは見送られた。

3　代物弁済、準消費貸借との関係

更改には、代物弁済、準消費貸借と類似する部分がある。すなわち、いずれも、当初の給付とは異なる他の給付をすると合意して当初の債権・債務を消滅させる制度である。他方で、それぞれの対比で相異点が見られ、それとの関係で、いくつかの論点が存在する。

まず、代物弁済では、当初の債権・債務が消滅するだけである。他方、債権・債務の消滅の効果発生には、現実に代物給付をしたことまで要する。

なお、今改正では、代物弁済は諾成契約とされる（482条）。もっとも、当初の給付義務はあくまで債務者が代物給付をしなければ消滅しないことに、変わりはない。

そして、代物弁済と更改の関係では、伝統的に、支払手段として手形が授受された場合が、問題とされている。また、近時は、とくに手形の書替えがされた場合に、これを単なる支払の延期（期限の猶予）と見るか、代物弁済

と見るか、更改と見るかが、問題とされている。

次に、準消費貸借では、そもそも旧新両債権・債務の間の関係が問題となる。これは、原則として当事者の意思による。判例では、当事者の意思が不明であるときは、債権・債務の同一性を維持して、単に消費貸借の規定に従うべきとしてきた。学説では、担保（権）・抗弁（権）の帰すうを演繹的に一律に決定するのは適当でないとして、当事者の意思、また、債権・債務の同一性を、問題ごと・事項ごとに検討すべきとするのが、支配的である。

学説では、1つには、準消費貸借を更改の一種と見て、法的説明が試みられてきた。債権・債務の切替えに係る部分で、更改の概念（更改的効果）による法的説明が有用で、ただ、金銭その他の現実の授受はないから、消費貸借の要物性との関係で疑義が生じないようにするために、特別の規定（特則）が置かれている、と見るわけである。もう1つには、準消費貸借の制度を期限の猶予と更改の制度の中間的な制度と見て、法的説明が試みられてきた。準消費貸借を更改と同一視することを慎重に避けて、旧債権・債務の属性を受け継ぐ余地を残した上で、担保（権）・抗弁（権）の維持・存続の取っ掛かりがある、と見るわけである。

なお、今改正では、要式行為としての消費貸借（書面による諾成的消費貸借）について、規定を新設し、書面による場合に合意のみによって消費貸借の成立を認める（587条の2）。もっとも、要物契約としての消費貸借に関する規定は維持される（587条）。また、準消費貸借に関する規定は、改正前民法下の「消費貸借によらないで」という文言を削除した上で、維持される（588条）。したがって、改正民法588条は、587条との関係で要物性に係る特則としての意味を失わない（587条の2との関係で要式性〔書面性〕に係る特則としての意味が加わるのみ）。また、改正前民法下の議論との関係で、貸付金を旧債権・債務とする準消費貸借の成立を認めることに、変わりはない（解釈上異論が見られない部分として、明文化されるのみ）。

そして、準消費貸借と更改の関係では、伝統的に、利息を元本に組み入れる場合、また、数口の貸付金を1口にする（貸付金の統合）場合に、これを単なる期限の猶予と見るか、準消費貸借と見るか、更改と見るかが、問題とされている。また、近時は、こうした場合を含めて、債権管理上、当初の債

権・債務の態様などを変更する場合が、議論の対象とされている。

　今改正は、総じてこれらの議論には関わらない。改正民法下でも改正前民法下と変わらず、主として、問題となる当該契約自体の解釈に委ねられることになろう。

Ⅲ　更改の要件・効果

　改正民法下では、更改の要件・効果は、改正前民法下と大きくは異ならない。

1　更改の要件

(1)　序論

　旧債権・債務を消滅させる一方、新債権・債務を発生させると見られるほど、債権・債務の内容上重要な部分を変更する契約をした場合に、更改の成立が認められる。条文上は3つが挙げられる（513条）。

　改正前民法では、更改の基本的要件としては、「債務の要素を変更する契約をしたとき」とするのみである（旧513条1項）。しかし、改正前民法起草者以来、客観的要件たる「要素の変更」として、当事者（債権者・債務者）の変更と並んで給付内容の変更（目的の変更）を挙げてきた。また、判例・学説では、客観的要件とともに主観的要件たる更改の意思を挙げるべきとしてきた（前述Ⅱ1）。この点、今改正では、解釈上異論が見られない部分として、条文上明確化される。

(2)　債権・債務の存在

　旧債権・債務が不存在の場合は、本要件上、更改契約は無効で、新債権債務は発生しない。

　ただし、旧債権・債務（の発生原因である契約）に取消原因がある場合に、なお当事者が異議をとどめないで更改をしたときは、追認をしたとみなされる（125条）から、新債権・債務は有効に確定する。今改正は、これには関わらない。

　また、債権者の交替による更改で、旧債権・債務がすでに弁済等で消滅し

ている場合に、なお債務者が異議をとどめないで承諾をしたときは、改正前民法では、債権譲渡（旧468条1項）と平仄を併せて、かかる事由（抗弁）を新債権者に対抗することができないとしている（同項を準用する旧516条）。これを攻撃防御の構造で見ると、（新債権・債務に基づく請求に係る）債務者の弁済等の抗弁以下で、新債権者としては、債務者が承諾をした旨を主張・立証することになる（ただ、新債権者側で併せて異議無留保を主張・立証すべきか、債務者側で改めて異議留保を主張・立証すべきか、見解が分かれてこようか）。しかしながら、今改正では、改正前民法468条1項の削除と平仄を併せて、改正前民法516条は削除される。改正民法下では、効果上、旧債権・債務に係る抗弁（権）は消滅する、という原則どおりとなるから、債務者が異議をとどめて承諾をする、という余地は存在しない。更改契約の締結が主張・立証されると、あとは、債務者としては、「意思表示の一般的な規律」の下で、法的主張を展開することくらいしかなかろう。

(3) 更改契約の締結

まず、給付内容の変更による更改について、これは同一当事者（債権者・債権者）の契約による。

次に、債権者の交替による更改について、これは新債権者・旧債権者・債務者の三面契約（三者合意）による（515条1項）。この点、今改正では、解釈上異論が見られない部分として、明文化される。

そして、改正前民法では、第三者との関係および債務者との関係では、債権譲渡（旧467条および旧468条）と平仄を併せて、これと同じ準則が当てはまるとしてきた（旧515条および旧516条）。

法制審では、当初は、債権譲渡について、その第三者に対する関係につき、抜本的に見直すことが検討されていた（結論は改正前民法下の現状を維持）。他方で、債権者の交替による更改については、中間試案段階で存置の方針が決まると、その第三者に対する関係につき、債権譲渡に関する規律と整合的にあらためるべく、調整が続けられた。結局、今改正では、民法467条2項と平仄を併せて、確定日付のある証書によってすることを、第三者対抗要件とした（515条2項）。こうして、改正民法下では、契約の締結をめぐって、結論として改正前民法下の現状が維持されている。

次に、債務者の交替による更改について、これは債権者・新債務者・旧債務者の間の三面契約（三者合意）はもちろん、債権者・新債務者の間の契約によることもできる（514条1項前段）。

　そして、改正前民法では、債権者・新債務者の間の契約によるときは、第三者弁済（旧474条）と平仄を併せて、旧債務者の意思に反しないことを要件としてきた（旧514条）。他方で、免責的債務引受についても、債権者・引受人間の契約によることができるが、判例・通説は、債務者の交替による更改と平仄を併せて、これと同じ準則が当てはまるとしてきた。これに対して、学説では、批判が強かった。

　法制審では、免責的債務引受については、その要件を明文化することが検討されてきた。他方で、債務者の交替による更改については、中間試案段階で存置の方針が決まると、その要件を見直すことが検討されてきた。それぞれ、債務者または旧債務者が関与しないまま離脱することを不当と見たのであるが、要綱仮案段階で債務者に対する意思表示または旧債務者の意思表示を要しないとされると、免責的債務引受に関する規律と整合的にあらためるべく、なお調整が続けられた。結局、今改正では、改正民法472条2項と平仄を併せて、債権者から旧債務者に対して、更改契約が成立した旨の通知をすることを効果発生要件とした（514条1項後段）。こうして、改正民法下では、契約の締結をめぐって、改正前民法下の現状が基本的に維持され、とくに旧債務者との関係でのみ、要件が変更の上、新たに付加されている。

(4)　新債権・債務の成立

　新債権・債務（の発生原因である更改契約）は、その成否または当否が問われる。そして、新債権・債務が不存在の場合は、本要件上、更改契約は無効で、旧債権・債務は消滅しない。

　改正前民法では、新債権・債務が「不法な原因のため又は当事者の知らない事由によって成立せず又は取り消されたとき」を挙げて、この場合には、旧債権・債務は消滅しないとしている（旧517条）。旧規定起草者以来、ここでは当然のことを注意的に規定していると見てきた。

　今改正では、結局、改正前民法517条は削除される。同条の反対解釈に係る場合には、一律に債権者の免除の意思があるとみなされるのに等しいが、

その合理性には疑問があるというのが、理由である。改正民法下では、(旧債権・債務に基づく請求に係る)債務者の更改の抗弁以下で、とくに債務者が、債権者が免除の意思を表示したことを主張・立証しようとするならば、それは、やはり当該契約自体の解釈（とくに明示・黙示の意思表示の確定・補充）を踏まえた上で、展開されることになろう。

(5) 債権・債務の重要な部分の変更

これに当たるものとして、条文上は3つが挙げられる（前述(1)）。このうち給付内容の変更のみ、「重要な部分を変更するもの」という限定が付されている（513条1号）。そもそも債権・債務の同一性を失わせるものではないと評価されるときは、更改の成立は認められないわけである。これに対して、当事者の変更は、それ自体で、重要な部分を変更するものと見ることができる（同条2号・3号）。もっとも、あくまで更改の意思の認定次第であって、これをむしろ債権譲渡・債務引受と見るべきときが多いのではなかろうか。

法制審では、一時、この3つと並んで発生原因の変更（性質の変更）が挙げられるとして、条文上明確化することが、提案されていた。

しかし、改正前民法起草者がすでに意識的に排除していたとして、懸念が見られ、今改正では、これは見送られた。

改正前民法では、そのほかに、条件に関する変更を、「要素の変更」とみなしている（旧513条2項）。条件・期限のうち、条件に関する変更については、改正前民法起草者は、これを債権・債務の額または目的物の変更より一層大きいと見て、この規定を設けた。しかし、適用例は見られず、学説では、常に要素の変更に当たるわけではないとして、更改の意思が明確でなければ、更改の成立を認めるべきでないとしてきた。他方で、期限に関する変更については、改正前民法起草者は、これはそもそも要素の変更に当たらないと見ていた。

今改正では、結局、改正前民法513条2項は削除される。今日では、取引が複雑化・高度化して、契約条項・条件もまた多様化しているから、その合理性には疑問があるというのが、理由である。改正民法下では、条件・期限に関する変更については、給付内容の変更による更改の要件一般に即して、更改の成否が判断されることになる。ただ、とくに期限に関する変更につい

ては、そもそも重要な部分を変更するものとは見られないことがほとんどだ
ろう。

2 更改の効果

⑴ 担保（権）の帰すう

原則として、旧債権・債務に係る担保（権）は消滅する。もっとも、改正
前民法以来、例外として、一定の要件の下で、質権または抵当権の、担保の
移転が認められている（518条）。

改正前民法起草者は、実際上の便宜から、この規定を設けた。原則を貫く
とすれば、当事者の希望に沿えず不利益となると見て、順位を維持する必要
のある担保を元の順位のまま移転することができるようにしたのである。た
だし、第三者が当該担保を供しているときは、その利益を害するおそれがあ
るから、とくにその承諾を要件としたわけである。

法制審では、中間試案で、改正前民法の趣旨を基本的に維持することとし
たが、これに対しては、反対意見もまた強かった。結局、今改正では、新た
に、債権者（債権者の交替による更改では、旧債権者）から更改契約の相手方
（債権者の交替による更改では、債務者）に対する、あらかじめまたは同時の、
担保移転の意思表示を要件とした（518条）。

翻って法制審では、担保の移転に係る行為の概念について釈然としない部
分があるとして、条文上明確化すること、併せて、移転されるべき担保の範
囲を検討すべきことが提案されていた。

まず、行為の性質について、改正前民法では、担保の移転は当事者間の特
約（合意）によるとしている。もっとも、学説では、明示的であることを要
しないとしてきた。中間試案では、免責的債務引受と平仄を併せて、債権者
の単独の意思表示によることとしたが、これに対しては、反対意見もまた強
かった。そこで、要綱仮案段階で、更改契約の相手方が担保設定者でなく、
不利益を受けないのにかかわらず、承諾をしないことで担保を移転できなく
する余地を認めるのは不当であるという理由を、決め手とすることにした。

次に、行為の時期について、中間試案では、免責的債務引受と平仄を併せ
て、債権者の意思表示は債務引受または更改の本体契約と同時にすることと

した。異時にするのでよいとすれば、付従性との関係でさまざまに疑義が生じるから、それを避けるため、というのが、理由である。しかし、要綱仮案段階で、「あらかじめ又は同時に」することにした。債権者があらかじめ本体契約の相手方に対して意思表示をするのは妨げないというわけである。

行為の性質を債権者の単独の意思表示とするとして、本体契約との関係で、一体の行為と見るか、独立の行為と見るかを基本として、複数の可能性があり得る。改正民法下では、独立の行為と見ることが前提となるが、ただ、とくに債権者が、その意思表示を本体契約と同時にしたことを主張・立証しようとするならば、それは、やはり当該契約自体の解釈（意思表示の確定・補充）を踏まえた上で、展開されることになろう。もっとも、そうだとすると、とくに当事者の変更については、やはり更改の意思の認定次第となって、これをむしろ債権譲渡・債務引受と見るべきときが多いのではなかろうか。

次に、担保の範囲について、中間試案では、免責的債務引受と平仄を併せて、「担保権又は保証」を挙げた。しかし、要綱仮案段階で、一転、両制度で規律を分けた。そして、債務引受では、「担保権」を挙げて、これに係る規律を「保証」に準用することにした。債務者が負担していた債務と同一性のある債務を引受人が負担するのだから、物的担保については、法定担保もその移転を認めてよく、人的担保・保証についても同じことが当てはまる、というのが、理由である。他方で、更改では、「質権又は抵当権」を挙げて、これに限定した。こうして、改正前民法の趣旨を基本的に維持することとしたわけである。ただ、そうすると、譲渡担保、仮登記担保等について、その移転を認めることの理論上・実際上の当否がなお問題とされてしかるべきであろうが、いまのところ立ち入った議論は見られない。

なお、担保の範囲について、その限度として、改正前民法以来、旧債権・債務の目的の限度としている。これは、質権または抵当権で担保している範囲のことをいう（例えば、元本以外について、どの範囲かが問題となろう）。旧新両債権・債務の間の同一性がないから、新債権・債務について担保すべき範囲を限定する上で、意味を持つ。

最後に、担保移転の承諾を要する「第三者」（518条ただし書）とは、更改契約の当事者以外で、担保を設定した者のことをいう。また、担保を「設定

した」者には、「設定した」者その者のみならず、「供している」者が含まれる（第92回会議議事録44頁）。

(2) 抗弁 (権) の帰すう

原則として、旧債権・債務に係る抗弁（権）は消滅する。

債権者の交替による更改については、改正民法下では、債務者が異議をとどめて承諾をする、という余地は存在しない、という意味で、原則どおりとなる（前述1(2)）。

債務者の交替による更改については、改正民法下でも改正前民法下と変わらず、原則どおりである。免責的債務引受との対比で、そこで引受人の抗弁について新設される改正民法472条の2に相当する規定は、ここでは存在しない。これがそのあらわれである。

(3) その他

消滅時効に関する問題は、新債権・債務との関係で決まる。もっとも、今改正では、短期消滅時効（旧170条以下）、商事消滅時効（旧商522条）は廃止される。改正民法下では、旧新両債権・債務ともに、債権の消滅時効に関する一般原則（166条）どおりとされることがほとんどだろう。

債務者の交替による更改の新債務者は、旧債務者に対して求償権を取得しない（514条2項）。今改正では、免責的債務引受（472条の3）と平仄を併せて、規定が新設される。もっとも、別段の特約（合意）を妨げない。

伝統的に、更改によって発生した新債権・債務の不履行が生じた場合に、債権者が更改契約を解除すること（法定解除）が認められるかどうかが、問題とされている。今改正は、この議論には関わらない。

多数当事者の債権・債務関係において、債権者の1人または債務者の1人との間で更改が生じた場合に、他の債権者または他の債務者にも効力を生じるかどうかは、それぞれの債権・債務関係の特徴・性質に応じて規律されている（詳細は、**26 27**の解説に委ねる）。

※改正民法が適用されるのは、改正民法施行日後に、（新債権・債務の発生原因たる）更改契約が締結される場合である（附則27条）。

43 契約に関する基本原則

北海道大学教授 曽野 裕夫

要点

① 契約自由の原則およびその制限の明文化
② 原始的不能による契約無効の否定

解説

I はじめに

改正前の民法には、基本原則として広く受け入れられている考え方であっても、条文に明示的に定められていないものが多くあった。これは、改正前民法制定時の、自明の規定は置かないという起草の傾向によるものである。これに対して、改正民法では、市民社会の基本法である民法は、市民にわかりやすいものであるべきであるという観点から、基本原則を明示的に規定する方針で改正作業が進められた。

改正前民法に明文のない契約に関する基本原則としては、①「契約は守られなければならない」（契約の拘束力）の原則、②契約自由の原則、③原始的不能に関する原則、さらに、④意思能力に関する原則を挙げることができる。いずれも改正の過程で明文化が検討されたが（①については法律行為一般の基本原則として検討された〔中間試案第1、1(1)〕）、これらのうち、改正民法で明文化（または明文による否定）が実現したのは②（521条・522条2項）、③（412条の2第2項）、④（3条の2）である。

以下では、改正要綱において「契約に関する基本原則」という項目で取り上げられていた「契約自由の原則」と「原始的不能に関する原則」を取り上げる（「人」に関する規定として新規定が設けられた④については、**2**参照）。

II　契約自由の原則の明文化

1　はじめに

　改正民法は、契約自由の原則を、①「契約締結の自由」（521条1項）、②「契約内容決定の自由」（同条2項）、③「方式の自由」（522条2項）に分節化して明文で定める。他方で、契約当事者の対等性・立場の互換性を所与とできない現代社会においては、これらの自由が無制約でないことを強調することも重要であって、改正民法ではこの制約も明示されている。

　これらの契約自由の原則とその制約については、従来から異論のないところであり、改正民法はそれを明文化したものと位置付けることができる。なお、契約自由の原則には、従来、①〜③に加えて、④「相手方選択の自由」も含まれるとされてきたが、これについては明文の規定は置かれなかった。この点は、2において①と併せて解説する。

2　契約締結の自由

(1)　原則

　改正民法は、「何人も……契約をするかどうかを自由に決定することができる」と規定する（521条1項）。これは、意に反した契約締結は、原則として、強制されないことを意味する。また、契約交渉を開始しながら、結果的に契約締結にいたらなかったとしても、原則として、損害賠償責任が発生することはない。

　なお、従来、「契約締結の自由」とは区別して論じられてきた「相手方選択の自由」については、改正民法に明文の規定は置かれなかった。これは、「相手方選択の自由」は「契約締結の自由」に包摂されると考えられることに加え、「相手方選択の自由」を明示的に規定することは、国籍・年齢・性別などによる差別的な契約締結（例：賃貸借における高齢者や外国人に対する差別、雇用における男女差別など）が許容されるという誤ったメッセージを社会に与えること（例えば、第48回会議議事録28-34頁）、また、差別的な締結拒絶の場合について（(3)で後述するような）損害賠償責任が認められにくく

なることが懸念されたためである（中間試案補足説明 324 頁）。

(2) 「法令に特別の定めがある場合」の制約

この原則は、「法令に特別の定めがある場合」は制約される（521 条 1 項）。

そのような、私法上の契約締結義務を定める法令としては、借地借家法 6 条・28 条（法定更新制度）・13 条（建物買取請求権）・33 条（造作買取請求権）などを挙げることができる。

行政法規においても、供給者の契約締結義務を定める法令が多数ある（電気・水道・ガスなどの公益事業における供給義務等に関するもの〔電気 17 条 1 項、水道 15 条 1 項、ガス 47 条 1 項・75 条、道運 13 条・65 条、鉄営 6 条など〕、医師などの応招義務〔医師 19 条 1 項等〕など）。また、需要者の契約締結義務を定めるものとして、NHK 受信契約締結義務（放送 64 条 1 項）がある。さらに、取引拒絶が「不公正な取引方法」として禁止されることもある（独禁 19 条）。このような行政法規の多くは、契約締結拒絶に対して罰則や排除措置命令等の行政法上の制裁を定めるにとどまり、私法上の効果については定めていないため、これらの法令が、私法上の締結強制まで認める根拠となるか否かは、法令ごとに個別に判断されなければならない。判例上、締結強制を認める趣旨とされた例としては、水産業共同組合法 25 条（最判昭和 55・12・11 民集 34 巻 7 号 872 頁〔漁業協同組合加入契約〕）、水道法 15 条 1 項（最判平成 11・1・21 民集 53 巻 1 号 13 頁〔給水契約。ただし、一般論〕）、放送法 64 条 1 項（最判平成 29・12・6 裁判所ウェブサイト〔NHK 受信契約〕）などがある。これらは改正民法 521 条 1 項にいう「法令に特別の定めがある場合」に当たることになる。

(3) 締結拒絶による損害賠償責任

また、従来から、契約の締結拒絶による損害賠償責任の発生があり得るとの考え方が判例・学説で支持されてきた。このような解釈論は、改正民法の下でも維持される。

例えば、契約交渉の不当破棄が、信義則上の義務違反と評価されて不法行為に基づく損害賠償責任が発生するとされることがある（最判昭和 59・9・18 判時 1137 号 51 頁など）。中間試案の段階までは、この判例法理を明文化する規定案が検討されていた（中間試案第 27、1）。改正民法には取り入れられなかったが、それは要件設定が容易でないことから見送られたものであって

（部会資料 80B・11 頁、同 81-3・30 頁）、従来の判例法理が否定されたわけでは
ない。

　また、差別的な締結拒絶によって損害賠償責任が発生することもある（い
ずれも下級審であるが、外国人の入店拒否〔静岡地浜松支判平成 11・10・12 判時
1718 号 92 頁〕、外国人の公衆浴場入浴拒否〔札幌地判平成 14・11・11 判時 1806 号
84 頁〕など）。改正民法が「相手方選択の自由」を規定しなかったのは、こ
のような裁判例の発展を阻害しないためであることは上述したとおりである。

3　契約内容決定の自由

(1)　原則

　改正民法は、「契約の当事者は、法令の制限内において、契約の内容を自
由に決定することができる。」と規定し（521 条 2 項）、契約内容決定の自由
を明文で規定するとともに、この自由は「法令の制限内」でのみ認められる
と規定する。

　なお、法律行為一般について当事者の意思表示が任意規定に優先すること
を定める民法 91 条と、契約についてその内容決定の自由を定める改正民法
521 条 2 項の規定内容には重複がある。この点については、後者は契約法の
基礎となる根本的な原理であることから、契約に関する箇所であらためて規
定したものと説明されているが（中間試案補足説明 322-323 頁）、同項から見
れば、民法 91 条は、任意規定と異なる内容の契約をすることは、「法令の制
限内」であることを確認する規定と位置付けられよう。

(2)　「法令の制限」による制約

　以上に対して、「法令の制限」を逸脱する場合としては、公序良俗や強行
規定（私法法規である強行規定と行政法規の効力規定）に反する契約内容決定
を挙げることができる（強行規定に反する合意が効力を有さない根拠を、民法
90 条と民法 91 条〔反対解釈〕のどちらに求めるかについては議論があるが、改正
民法はこの争いに決着をつけるものではない）。

　契約に関わる私法上の強行規定の例としては、改正民法 465 条の 2 第 2 項
（個人根保証における極度額の定め）、改正民法 548 条の 2 第 2 項（定型約款の
内容規制）、改正民法 572 条（担保責任免除特約の効力）、消費者契約法 8 条か

ら10条、利息制限法、借地借家法（同法30条参照）、労働基準法（同法13条参照）などを挙げることができる。

契約内容規制を行う行政法規も、その違反が私法上の効果（無効）をもたらす場合には、本条にいう「法令」に当たる。しかし、個別の行政法規の違反がどのような私法上の効果を有するかの判断は、521条2項の規律するところではなく、従前の判例・学説が維持される（中間試案補足説明324頁）。

4　方式の自由──諾成契約の原則

(1)　原則

改正民法は、「契約の成立には……書面の作成その他の方式を具備することを要しない」と明文で定め（522条2項）、「方式の自由」を宣言する。このことは、合意のみによって効力を生ずる「諾成契約」が民法の原則であること、そして、その合意を書面等の方式によってする必要はないことを意味する。

(2)　要物契約の諾成契約化

これに関連して、改正前民法において、物の引渡しがなければ契約の効力が生じない「要物契約」とされていた消費貸借、使用貸借、寄託について、改正民法では諾成契約化が図られた。これらが要物契約とされていたのは沿革上の理由によるとされるが、少なくとも現代において一律に要物性を求めることは合理性を欠くし、諾成的処理をする実務とも合わないと考えられたからである（中間試案補足説明442頁・469頁・510頁、一問一答292頁・303頁・357頁）。

すなわち、使用貸借と寄託については、要物契約であれば貸主の貸す義務（引渡義務）、受寄者の預かる義務（寄託物引受義務）は観念できないところ、改正民法はこれを諾成契約として、合意によってこれらの義務が発生するとする一方で（593条・657条）、借主・受寄者が借用物・寄託物を受け取る前は、貸主・受寄者は契約解除権（受取前解除権）を有するとして、その拘束力を緩和している（593条の2・657条の2第2項）。ただし、契約が書面による場合および有償寄託の場合（使用貸借は定義上無償契約である）には、受取前解除権は否定され、契約は完全な拘束力を有する（593条の2ただし書・

380　**43**　契約に関する基本原則

657 条の 2 第 2 項)。なお、立案担当者は、電磁的記録による場合はここでいう書面に当たらないとする（一問一答 303 頁注 2・358 頁注 4 参照。受取前解除をすることができる場面を狭くする必要性に乏しいためとされる。しかし、保証契約に要する書面についてさえ電磁的記録が許容されていること（後述）と均衡がとれているのか疑問である）。これは、書面によらない贈与の解除を定める改正民法 550 条と同じ構造であり、書面によらない贈与・使用貸借・無償寄託——いずれも書面によらない無償契約——は、同様の規律に服することとなった（改正前民法 550 条の贈与の「撤回」という文言は、整合性を確保するため、改正民法で「解除」にあらためられた〔部会資料 84-3・15 頁、一問一答 264 頁〕）。なお、借主・寄託者の契約からの離脱については、利益の放棄とも位置付けられるから、受取後も含めて（また書面による契約の場合も含めて）認められる（598 条 3 項・657 条の 2 第 1 項前段・662 条 1 項）。ただし、寄託については、これによって受寄者に損害が生じた場合には寄託者に損害賠償責任が生ずるとされた（657 条の 2 第 1 項後段・662 条 2 項。詳細は**53 58**参照）。

　消費貸借については、これを要物契約とする改正前からの規定（587 条）を維持した上で、それと並んで「書面でする諾成的消費貸借契約」を認める規定が設けられた（587 条の 2 第 1 項）。電磁的記録による場合もここでいう書面によるものとみなされる（同条 4 項）。その契約が有償（利息付き）であるか否かは問わない。諾成的消費貸借を認めたのは従来からの取引実務や学説を追認したものともいえるが、書面によらない場合にはその効力を有さないとしたことが重要である（要式契約である諾成契約）。これはまた、軽率な消費貸借の締結を防ぐためと説明される（中間試案補足説明 442 頁、一問一答 292 頁）。なお、書面による諾成的消費貸借における借主の契約からの離脱は、利益の放棄の側面を有するから、受取後も含めて認められる（同条 2 項前段・591 条 2 項）。ただし、これによって貸主に損害が生じた場合には借主に損害賠償責任が生ずるとされた（587 条の 2 第 2 項後段・591 条 2 項。詳細は**50**参照）。

(3)　「法令に特別の定めがある場合」の制約

　方式の自由は、「法令に特別の規定がある場合」には制約される（522 条 2 項)。

そのような法令として、契約または特約を書面によらなければ効力を生じない「要式契約」とするものがある。諾成的消費貸借はその一例である（587条の2第1項。上述(2)）。とくに慎重を要する契約・条項や、事後的な紛争予防の必要性の高い契約・条項には、公正証書の作成まで求められることがある。公正証書の作成まで求められる例として、任意後見契約に関する法律3条（任意後見契約）、借地借家法22条・38条（定期借地・定期借家における不更新特約）などがある。公正証書に限らず書面によることが求められる例としては、民法446条2項（保証契約）、改正民法465条の2第3項（個人根保証における極度額の定め）、借地借家法39条（取壊し予定建物賃貸借における取壊事由の定め）などがある。前二者については、明文上、電磁的記録による場合も書面によるものとみなされる（446条3項・465条の2第3項）。

行政法規には、書面交付義務（割賦4条、特定商取引5条等、宅建業37条など）や書面作成義務（会計29条の8〔国を当事者とする契約〕、農地21条〔農地賃貸借〕など）が定められることがある（電磁的記録による場合もそこでいう書面に当たるか否かは個別に規定されている）。これらは契約の効力発生に関する規定ではないが、書面交付が、クーリングオフ期間の起算点とされている場合には（割賦35条の3の10、特定商取引9条等、宅建業37条の2など）、私法上の効果もある。

III　原始的不能による契約無効の否定

1　改正前民法における考え方

改正前民法においては、原始的に不能な債務を内容とする契約は無効であると考えられてきた。例えば、遠隔地にある別荘の売買契約において契約締結前に目的物が滅失していた場合、契約は無効であるとされた。この考え方は、近時において学説の批判を受けていたものの、条文にない民法の原則として判例（最判昭和25・10・26民集4巻10号497頁〔ただし一般論〕など）・通説に支持されていたといえる。

もっとも、原始的に不能な契約を締結したことについて債務者に帰責事由があった場合（例えば、上の例で売主の火の不始末で別荘が消失した場合）には、

契約締結上の過失責任に基づく信頼利益の損害賠償責任が発生するとされた。

また、このような規律は後発的不能については見られないものであったから、原始的不能と後発的不能は区別されていた。

2　改正民法における考え方

(1)　原始的不能に関する原則の転換

改正民法は、改正前の考え方を転換し、原始的不能であることのみによって契約が無効となることはないという考え方を採用した。不能が生じたのが契約成立の前後のいずれであるかという偶然によって、その有効性や損害賠償の範囲に当然に大きな違いが生じるのは適切ではないこと、当事者が、履行が可能であると考えて契約を締結しているのであれば履行利益の損害賠償が認められるべきことを理由とする（中間試案補足説明 325 頁、部会資料 75A・3 頁、一問一答 72 頁）。改正民法 412 条の 2 第 2 項は、債務の履行が原始的に不能であったことは、改正民法 415 条に基づく「損害の賠償を請求することを妨げない」と規定することによって、原始的不能の契約が有効であることを表現するものである（部会資料 83-2・35 頁）。

なお、この原則の転換は、原始的不能であることのみをもって契約が当然に無効となることを否定するにとどまるものであって、原始的に不能な契約の効力がほかの原因で否定されることはあり得る。例えば、原始的不能のために錯誤取消し（95 条 1 項 2 号）が認められる場合（一問一答 72 頁注 2）や、契約の趣旨が、原始的不能の場合には契約は効力を有さないとするものであった場合などが考えられる。

(2)　原始的不能の場合の法律関係

原始的不能の契約も有効であるとすれば、それは後発的不能と区別されることなく、同じ規律に服することになる。まず、債権者は、①履行請求をすることはできないが（412 条の 2 第 1 項）、②損害賠償請求（415 条）が認められる（412 条の 2 第 2 項）。この損害賠償は、後発的不能の場合と同じく、契約が有効であることを前提とした履行利益の賠償を内容とするものである。ちなみに、同条 1 項も改正民法 415 条 1 項本文も、「債務の履行が不能であるとき」を要件としており、原始的不能と後発的不能を区別しない文言を採

用している（改正民法415条1項本文は、改正前民法415条前段の「履行をしない」という文言が不能を含むことを明確にするよう改正されたものであって、後発的不能の場合についての従来の解釈を変更するものではない〔部会資料83-2・8-9頁〕）。

なお、原始的不能による契約の無効を前提として信頼利益の賠償のみを認める「契約締結上の過失責任」の法理が適用されるケースは、錯誤取消しや契約の趣旨によって契約が無効となる場合などを除き、なくなる（潮見・新I 119頁注5）。

ところで、改正民法412条の2第2項を反対解釈すると、原始的不能な契約においては、債権者には損害賠償請求権以外の権利は認められないことになりそうである。しかし、このような反対解釈はするべきでない。改正の過程においては、中間試案まで、原始的不能によって「契約は……その効力を妨げられない」とされ、原始的不能による契約の無効が否定されることが正面から宣言され（中間試案第26、2）、後発的不能におけるのと同じ権利が債権者に与えられることが明示されていたが、同項は、損害賠償請求が妨げられないと定めることによって、同じことを表現しようとしたものである（前述）。損害賠償請求のみが挙げられているのは、それが原始的不能の「最も代表的な法的効果」であるからにすぎず、後発的不能について認められるほかの救済を原始的不能について否定するものではないと解すべきである（第96回会議議事録32-33頁、潮見・新I 83-84頁）。このことは、履行不能の場合における債権者の権利として規定されている代償請求権（422条の2）や契約解除権（542条）についての改正民法の文言が、原始的不能と後発的不能を区別しないものとされたこと（後述）からもいえよう。そして、何よりも、後発的不能の場合に認められる債権者の権利を、原始的不能の場合について否定する実質的理由が見当たらない。

債権者に認められる損害賠償請求以外の救済は次のように整理できる。

③契約解除（542条）。改正前は、原始的不能によって契約が無効である以上、契約解除による契約の消滅を考える必要がなかった。これに対して、改正民法では、原始的に不能な契約も有効とされるので、債権者は、反対債務を消滅させるために、履行が「不能であるとき」には契約を解除することが

できるとされる（同条1項1号・2項1号）。この文言は、改正前の履行不能における解除に関する規定である改正前民法543条の「不能となったとき」（＝後発的不能）に解除できるとする文言とは異なっており、原始的不能の場合にも解除権を及ぼすことを明らかにするものである（第97回会議議事録13頁参照）。

　④危険負担に基づく履行拒絶権（536条）。改正前は、債務が後発的に不能となった場合の反対債務の消滅については、債務者に帰責事由があるときの契約解除（旧543条）と債務者に帰責事由がないときの危険負担（旧534条〜546条）の2つの制度が棲み分けていた。これに対して、改正民法においては不能な債務の反対債務の消滅は、債務者の帰責事由の有無にかかわらず契約解除（542条1項1号・2項1号）によって一元的に処理することとされた。その上で、解除の意思表示をすることが困難な場合や意思表示の不到達のリスクを債権者が負うことに対する手当てとして、改正民法では、債務が履行不能である場合の債権者の履行拒絶権（536条）を規定した（部会資料79-3・17頁）。これは、改正前民法では反対債務の消滅に関する制度であった危険負担制度を再構成したものである（**21**参照）。この履行拒絶権は、原始的不能の場合における債権者にも認められると解される。たしかに、同条1項の文言は、「履行することができなくなったとき」となっており、原始的不能の場合には適用されないようにも読み得るが、債務消滅を効果とする解除権とは別に履行拒絶権を設けた理由は、原始的不能についても等しく当てはまるものであるから、履行拒絶権は原始的不能の場合にも適用されると解すべきである（潮見・新Ⅰ617頁、中田・契約法162頁）。

　⑤代償請求権（422条の2）。債務者が「債務の履行が不能となったのと同一の原因」によって債務の目的物の代償を取得したときは、債権者には代償請求権が認められる。改正前民法に代償請求権の規定はなかったが、改正民法は、判例（最判昭和41・12・23民集20巻10号2211頁）・学説が後発的不能について認めていた法理を、不能一般について明文化したものである。規定の文言上も、原始的不能と後発的不能は区別されていない。

44 契約の成立

北海道大学教授 **池田 清治**

要点

① 契約自由の原則を明記
② 承諾を発信主義から到達主義に変更
③ 対話者間の申込みに関する規定を創設

解説

I はじめに

契約の成立に関する規定は、改正民法でも521条以下に定められている。それらを改正前民法と比べると、要点①②③に関する改正が注目される。

もっとも、①は別の項目で取り上げられ（**43**参照）、③は従前の議論を踏襲している。他方、②は、改正前民法を一変させ、これに伴い、付随的規範も改廃された。以下では、②を中心に検討する。

II 改正前民法下での議論

1 承諾における発信主義と到達主義

⑴ 2つの主義の相違点

承諾について、発信主義と到達主義ではどのような違いが生じるのか。「基本型」を確認しておこう。

第1に、承諾発信後に申込みの撤回が届いた場合、発信主義によれば、承諾発信の時点で契約は成立しているので、撤回の通知に効力がないのに対し、到達主義によれば、承諾の通知が申込者に到達する前に、申込みの撤回が承

諾者に届いた場合、契約は成立しない。

　第2に、承諾者が承諾発信後に承諾の撤回の通知を出した場合、発信主義によれば、承諾発信の時点で契約は成立するから、承諾の撤回に効力がないのに対し、到達主義によれば、撤回の通知が承諾よりも先に申込者に届いた場合、契約は成立しない。

　第3に、承諾を発信したが、申込者に届かなかった場合、発信主義によれば、承諾発信の時点で契約が成立するのに対し、到達主義によれば、契約は成立しない。

　第4に、申込者に承諾が届く前に承諾者が死亡した場合、発信主義によれば、承諾発信の時点で契約は成立するが、到達主義によれば、到達の時点で承諾者は死亡しているので、承諾に効力はなく、契約は成立しない。

　このように、発信主義の意義は、①申込み撤回の阻止、②承諾撤回の阻止、③不着リスクの申込者への負荷、④承諾者死亡のリスクの回避、の4つである（星野英一「〔英米判例研究〕契約の成立」同・民法論集(1)〔有斐閣、1970〕318頁以下参照）。

(2)　付随的規範と現実の立法例

　上記(1)はあくまで「基本型」である。発信主義をベースとしつつ、不着リスクを承諾者に負わせる立場や、到達主義をベースとしつつ、承諾到達前に承諾者が死亡しても、承諾の効力を認める立場もあり得る。そのため、現実の立法例は複雑になる。例として、旧民法（旧民法財産編308条）を確認しておこう（旧商法も含め、星野英一「編纂過程からみた民法拾遺——民法92条・法例2条論、民法97条・526条・521条論」同・前掲205頁以下参照）。

　隔地者間でされた承諾の期間の定めのない申込みは、承諾されない限り、撤回できるが、承諾発信後は撤回できない（1項）。
　承諾の期間の定めのある申込みは、撤回できないが（2項）、期間の満了により、効力を失う（3項）。
　承諾は撤回できる（4項）。
　申込者が死亡しても、承諾者がそれを知らずに承諾した場合、承諾は有効である（5項）。

> 郵便や電信の事故は、発信者がリスクを負担する（6項）。

　上記のうち、1項は発信主義と、同条4項と6項は到達主義と同じである。しかも、期間の定めのある申込みと定めのない申込みで区別した扱いがされ、事態は複雑化する。

2　改正前民法の立場

(1)　承諾の発信主義と関連規定

　改正前民法では、承諾は発信主義とされた（旧526条1項）。承諾者は、承諾発信後、履行の準備にとりかかるはずで、この承諾者の信頼を保護するためである（星野・前掲編纂過程からみた民法拾遺193頁以下参照）。しかし、これには修正が加えられている。

　まず、期間の定めのある申込みの場合、申込みに拘束力を認めることで、申込みの撤回への対応がされた（上記①）。また申込者に承諾が到達しない限り、契約は成立しないとされ（旧521条2項）、不着のリスクについては、到達主義と同じである（上記③。そのため、同項と改正前民法526条1項との関係が問議された）。さらに承諾発信後に承諾者が死亡した場合、改正前民法97条2項により、解決が図られた（上記④）。

　これに対し、承諾の撤回が認められなかったのは発信主義に基づく（上記②）。また、契約の成立時期は承諾発信時とされる（このほか、承諾の延着に関する改正前民法522条も発信主義を前提とした規定とされるが、到達主義をとりつつ、同様の規定を設ける立法例もある）。

　他方、期間の定めのない申込みの場合（旧524条参照）、撤回可能となった時点以降も、一定期間は承諾適格が存続するので、この時期に承諾を発信したとき、それ以降、申込みの撤回の通知が届いても、契約は承諾発信時に成立したことになる（上記①。これを前提に、申込みの撤回の通知が延着した場合に備え、改正前民法527条が規定された）。承諾の撤回は認められず（上記②）、不着のリスクは申込者が負い（上記③）、承諾者の死亡は改正前民法97条2項によって解決された（上記④）。

　このように、期間の定めのない申込みについては、発信主義の影響が期間

388　**44**　契約の成立

の定めのある申込みよりもやや大きい。

ところで、発信主義の効果として、承諾の撤回は認められない（上記②）。しかし、これは微妙な利益調整の結果であり、発信主義から直接導かれたわけではない（星野・前掲編纂過程からみた民法拾遺192頁以下・214頁以下参照）。しかも、その過程では、もっとも考慮せねばならない要素が欠落していた。すなわち、

「承諾者が承諾発信後に承諾撤回の通知を出し、撤回の通知が先に申込者に届いた場合、その通知に『一度承諾したが、撤回する』と丁寧に記載されていれば、紛れはないが、単に『申込みは断る』と書いてあった場合、それを信じた申込者が別の相手と契約し、その後、承諾が届いたとき、承諾の撤回が認められないとすると、申込者は二重契約したことになる」

という要素である。旧民法で承諾の撤回が認められた（旧民法財産編308条4項）のはこの事例を想定したためで（池田清治・契約交渉の破棄とその責任〔有斐閣、1997〕265頁参照）、これを考慮に入れても、なお承諾の撤回を否定すべきかは疑問であろう（ただし、契約の合意解除を擬制すれば、問題解決は可能である）。

また、期間の定めのない申込みにつき、承諾発信後、申込みは撤回できないが（上記①）、到達主義をとる立法例の中にも、同種の規定を置くものがあり、他方、不着のリスクを申込者に負担させること（上記③）には、当否自体に問題がある（星野・前掲編纂過程からみた民法拾遺215頁以下も参照）。

いずれにせよ、改正前民法は承諾について発信主義をとったが、付随的規範によって修正されていた。また、立法論として批判されるべき点もあった。

(2)　対話者間の申込み

対話者間の申込みにあっても、期間の定めのある申込みには、改正前民法521条が適用された。しかし、期間の定めのない申込みに関する改正前民法524条は、隔地者間の申込みのみ対象としていた。対話者間における期間の定めのない申込みについては、判例と学説によって議論が蓄積された。

Ⅲ　改正後民法の内容

1　到達主義の採用と発信主義の発想

(1)　到達主義の採用と付随的規範への影響

　現代社会には、迅速で多様な情報伝達手段があることから、承諾において発信主義をとる必要性はなく、通常の意思表示と同様、到達主義が採用された（改正前民法 526 条 1 項は削除され、承諾にも改正民法 97 条 1 項が適用される）。しかし、Ⅱで見たように、改正前民法においても発信主義には修正が施されており、そのため、到達主義をとったからといって、すべてが一変したわけではない。

　まず、期間の定めのある申込みについては、改正前民法 521 条がほぼそのまま改正民法 523 条とされた。また、改正前民法 522 条は削除されたが、到達主義をとったとしても、この種の規定があり得ることは前述（Ⅱ 2⑴）のとおりである（第 9 回会議議事録 47 頁の問題意識および第 49 回会議議事録 39 頁以下参照）。承諾の撤回は可能となったが、発信主義においても、上述のように、撤回を認めたほうが事態適合的である可能性もある。改正前民法 97 条 2 項は改正民法 97 条 3 項として維持された。結局、期間の定めのある申込みについては、承諾の撤回が可能となることと契約の成立時期が承諾到達時とされること以外、変更はない。

　これに対し、期間の定めのない申込みについては、申込みの撤回が可能となった時点以降、申込みの撤回と承諾が競合した場合、いずれが早く相手方に到達したかで契約の成否が決まる（そのため、承諾者にとっても契約の成否を確定し難いので、改正前民法 527 条は削除された。もっとも、到達主義をとりつつ、承諾発信後の申込みの撤回を認めない立法例もある）。また、承諾の撤回が認められるほか、承諾の不着のリスクは承諾者が負う。多様な伝達手段がある以上、発信者が不着のリスクを負うのは合理的であろう。

　このように、期間の定めのない申込みのほうが、期間の定めのある申込みに比べ、変更点は多い（改正民法については、潮見・新Ⅰ 9 頁以下参照）。

(2) 発信主義の発想と改正民法 526 条

改正民法は到達主義を採用したが、発信主義の発想に基づく規定も残っている。

改正前民法 525 条は、申込みにつき、改正前民法 97 条 2 項の例外を定めていた。そして、改正前民法 97 条 1 項を勘案しつつ、改正前民法 525 条を厳格に解するなら、改正前民法 525 条が想定するのは、申込者の死亡に即していうと、申込者が申込み発信後、相手方に申込みが届く前に死亡した場合で（＝申込みが相手方に届いた後に申込者が死亡した場合、改正前民法 97 条 1 項により、申込みの効力は生じているから、そもそも同条 2 項の想定する事案ではなく、すると、改正前民法 525 条の想定例でもない）、かつ、相手方が申込みを受領した時点で、申込者の死亡を知っていた場合に限られる（＝申込みを受け取った時点で相手方が申込者の死亡を知らなかった場合、申込みが一定期間撤回できないことを前提に、諾否判断のために費用をかける可能性がある）。

しかし、改正前民法 525 条では、申込者が申込みの中で「自分が死んだ場合、この申込みはなかったことにする」と表示した場合にも、申込者の死亡によって申込みは失効するとされていた。この場合、申込者が申込み到達前に死亡したときに限って申込みを失効させる意思であったとは通常考えられず、申込み到達後であっても「もし自分が死んだなら、なかったことにする」という趣旨であろう。相手方もそのことはわかるはずで、すると、申込者がいつ死亡したかを問うべきではない。そして、同条は「申込者が反対の表示した場合」と「相手方が申込者の死亡……の事実を知っていた場合」を並置しており、そのため、改正前民法 525 条は申込み到達後に申込者が死亡した場合にも適用されるとの有力説が登場した（ただし、承諾の発信によって契約は成立するから〔旧 526 条 1 項〕、改正前民法 525 条が適用されるのは、この有力説によっても、承諾者が承諾発信前に申込者の死亡を知ったときに限られる）。

ここでの問題は、改正前民法 525 条をめぐる学説の優劣を決することではない。また、改正民法 526 条は有力説の立場を明確に採用しており、紛れはない（ただし、後述表＊2 参照）。しかし、この有力説は改正前民法 526 条 1 項を前提としており、改正民法 526 条も「……相手方が承諾の通知を発するまでにその事実が生じたことを知っていたときは、その申込は、その効力

を有しない」とし、承諾者が承諾発信後に申込者の死亡を知っても承諾の効力に影響はないとする。部会資料41・58頁、中間試案補足説明354頁、部会資料67A・51頁は、その理由を「契約が成立すると信頼した相手方の利益を害しないように、承諾を発信するまでに相手方が申込者の死亡等の事実を知ったことを要件としている」と説明しており、これは発信主義の発想に基づくものといえよう。

2 対話者間の申込み

対話者間の申込みでも、期間の定めのある申込みには、改正民法523条が適用される。他方、対話者間でされた期間の定めのない申込みは、対話の継続中いつでも撤回でき（525条2項）、対話の継続中に承諾がされなかった場合、失効する（同条3項）。前者は従前の多数説に従ったものであり、後者も、商法507条を手がかりに、このように解されてきた（新注民(13)〔補訂版〕474頁以下〔遠田新一〕参照。改正民法525条3項が規定されたので、商法507条は削除された）。

IV 結び──情報伝達手段の発展と民法

隔地者間の情報伝達手段は、古くは手紙であり、しかも、馬車や船が輸送に当たった。その後、鉄道によって迅速化され、さらに電報によって申込みや承諾よりも、申込みの撤回や承諾の撤回のほうが先に届くという事態が現実化した。ただし、電報は当初不安定であり、文字数に応じた料金設定であるため、経費節減に由来する不分明さも残った。情報交換には手間と時間と費用がかかり、不着や延着のリスクも存在した。

日本で電話が一般に普及し始めるのは1960年以降で、60年代後半から加入数は激増する。鉄道の高速化、さらに航空機と、交通手段も発展する。その後も、ファックス、電子メール、携帯電話、ネット上での対話など、進化は続く。契約の成立に関する規定は情報交換に関わるものであり、この変化から影響を受けるのは当然である。しかし、これにとどまらない。

改正前民法501条1号は、保証人の代位につき、保証人に付記登記を要求

した。抵当権付きの不動産を購入する者は、所有者（売主）だけでなく、抵当権者にも抵当権の存否や被担保債権額について照会するが、債務者である抵当権設定者の代わりに保証人が弁済した場合、抵当権者は単に「弁済された」と回答するかもしれず、それでは抵当権の消滅を信じた第三取得者が不利益を被る可能性がある（債権譲渡との違いを含め、池田清治・基本事例で考える民法演習〔日本評論社、2013〕78頁以下参照）。第三取得者が事細かに抵当権者に照会したり、直接面談するのは物理的には可能だが、コスト（手間、時間、費用）がかかるので、保証人に対して登記簿を通じた情報発信を求めるほうが合理的であった。

　しかし、リアルタイムで状況確認したり、面談の打ち合わせができる電話が普及し、また交通手段の発達によって日帰り可能な地域が広がると（＝確認コストの低減）、保証人に一律に付記登記を求めるより、第三取得者に状況確認させる方向性が出てくる。登記内容の真正さを保証する「公信の原則」と異なり、「公示の原則」は調査の端緒を与えるにすぎず（＝登記されていない事項は確認しなくてよい）、そして、上記の事例で抵当権の登記は現にされている。改正前民法501条1号は改正法で削除された。登記は情報伝達の手段であり、ここにも変化の影響を見てとれる。情報伝達手段の発展が民法に及ぼす影響は、契約の成立に限られたものではない。

契約の成立に関する改正前後の規定

内容	改正前	改正後	備考
契約締結の自由	―	521条1項	改正前と実質的に同じ。
契約内容の自由	―	521条2項	改正前と実質的に同じ。
意思表示の合致	―	522条1項	改正前と実質的に同じ。
契約方式の自由	―	522条2項	改正前と実質的に同じ。
期間のある申込み	521条1項	523条1項	ただし書を追加。
同上	521条2項	523条2項	改正前と同じ。
承諾延着の通知	522条	（削除）	到達主義の採用に伴い、延着は承諾者のリスクとされる。（＊1）

遅延した承諾の効力	523 条	524 条	改正前と同じ。
期間のない申込み	524 条 1 項	525 条 1 項	対話者間に拡張。ただし書を追加。
同上（対話者間）	—	525 条 2 項	対話者間の申込みの規定を創設。
同上（対話者間）	—	525 条 3 項	対話者間の申込みの規定を創設。
申込者の死亡等	525 条	526 条	意思能力の喪失を追加。（＊2）
承諾の発信主義	526 条 1 項	（削除）	到達主義を採用（97 条 1 項）。
承諾の通知が不要な例	526 条 2 項	527 条	改正前と同じ。
申込み撤回の延着	527 条	（削除）	到達主義の採用に伴い、撤回の通知の到達と承諾の到達との先後によって処理。

　＊1：申込者が承諾者に承諾の延着を連絡しなかった場合、申込者に信義則上の義務違反が認められる可能性もある。

　＊2：改正民法526条は、改正前民法525条における有力説を立法化した。しかし、①申込者が「自分が死亡したなら、この申込みは失効するものとする」との意思を表示し、かつ、②承諾発信の時点では、申込者は存命であったが、承諾到達の時点では、死亡していたとき、どうなるのか。

　この事案につき、改正前は発信主義がとられていたため、上記の有力説でも、契約は成立する。しかし、改正民法では到達主義がとられたので、契約は成立しないとの解釈も出てくる。改正民法526条は、(a)「申込者が……の意思を表示していたとき」と(b)「相手方が承諾の通知を発するまでにその事実が生じたことを知ったとき」を卒然と並記しており、承諾の発信により効果が確定するのは(b)に限られ、(a)は含まれないと解し得るからである。この解釈によれば、同条は改正前民法525条を変更したことになる。

　改正民法526条は、「中間試案」まで(b)のみ規定していた（中間試案補足説明352頁以下参照）。ところが、その後、(a)が挿入された（部会資料67A・49頁以下）。そのため、上記の解釈を生む余地を残したが、立案担当者にその意図はないようである（第77回会議議事録48頁以下）。すると、承諾者が承諾発信後に申込者の死亡を知っても、契約の成否に影響しないこととのバランスから、申込者が上記の意思を表示した場合も、承諾発信後に申込者が死亡したとき、契約の成否は影響されないとすべきであろう。

45 定型約款(1)
——みなし合意・不当条項規制・開示

法政大学教授　大澤　　彩

要点

① 定型約款の定義、および、定型約款が合意されたものとみなされるための要件
② 定型約款の開示

解説

Ⅰ 改正の背景と概要

　契約の一方当事者が多数の相手方との契約に用いるためにあらかじめ作成し、定式化された契約条項の一群のことを一般に「約款」とよぶ。この場合、契約条項が一方当事者によって作成されていることから、相手方はこれらの契約条項を交渉することもなく受け入れ、契約することが少なくない。このように、両当事者が契約内容を交渉によって作成し、合意するという従来の契約概念とは異なる状況にあるといえることから、学説では古くから約款の法的性質および約款の内容へ当事者が合意し、それらが契約内容に組み入れられたといえる場合はいかなる場合なのかについて議論がなされてきた。

　改正民法は、以上の問題について「定型約款」という新たな概念を用いた新規定を設け、それが契約内容へ組み入れられる（当事者が合意したとされる）ための要件、さらには定型約款の変更（46参照）の要件について定めている。もっとも、改正民法の組入規定やその前提となる開示要件は従来の学説の有力説とは必ずしも同一のものとはいえず、そもそも定型約款の定義自体、従来の約款概念とは若干離齬がある。

II 改正前民法下における議論の枠組み

「約款」の定義や約款の組入れ・内容規制に関する規定は改正前民法に設けられていない。しかし、約款が従来の当事者間の合意を前提とした契約とは異なり、約款作成者の相手方にとっては個別の契約条項についての実質的な交渉可能性が存在せず、1つひとつの契約条項を認識しないまま契約にいたることが少なくないこと、その結果として、相手方当事者にとって不利な内容の条項が隠蔽されることや、不利な内容の条項であってもその修正を求めることが難しいまま、やむを得ずその条項に同意せざるを得ないことがある。

学説・判例においては、約款の以上の問題点を踏まえつつ、約款による契約も契約である以上、約款が当事者を拘束する根拠は何かが模索される（学説の概要として、河上・約款規制 178 頁、新注民(13)〔補訂版〕173 頁以下〔潮見佳男〕、争点 219 頁〔山本豊〕、ほかに近時の論文として、河上正二「『約款による契約』と『定型約款』」消費者法研究 3 号〔2017〕7 頁以下。なお、同誌は「改正民法における『定型約款』と消費者法」と題した特集を組んでおり、本稿も同誌から示唆を得た）。約款の契約内容の組入れに関するリーディングケースである大判大正 4・12・24（民録 21 輯 2182 頁）は、火災保険約款中の免責条項が契約内容を構成するか否かの問題に関し、当事者双方がとくに普通保険約款によらざる旨の意思を表示せずして契約したる時は反証なき限りその約款による の意思をもって契約したるものと推定されるとし、会社の約款による旨を記載した申込書に客が調印して申し込み、契約を締結した場合には、たとえ契約の当時その約款の内容を知らなくても一応約款による意思で契約したものと推定するという考え方（いわゆる意思推定理論）を示した。

学説ではかつては約款を法規範と理解するものが有力であったが（自治法規説）、最近の学説では、契約時に約款の内容を知る機会がない場合にまで合意があったとの推定を認めるのは契約の拘束力に関する一般原則と相いれないとして、判例が示した意思推定説には批判的である。そこで、約款が契約内容に組み入れられるためには、約款が相手方に開示され、それによって相手方が約款の内容について具体的に認識可能な状態にあること、および、

約款を組み入れる旨の当事者の合意が必要であるとの契約説が有力である。

　しかし、仮に契約説に従って約款の組入れ要件が満たされ、当事者が約款に含まれる個別の条項へ合意をしたとみなされる場合であっても、約款に定められた条項に不当な内容がある場合には規制がなされる。これが不当条項規制であり、民法の規定であれば公序良俗規定などの一般条項による無効や、契約の解釈による内容規制（「隠れた内容規制」と批判されることもある）がなされている。また、消費者契約については消費者契約法8条以下の規定による内容規制が及ぶ。

　また、そもそも、条項作成者の相手方にとっておよそ合理的に予測できない内容の条項は契約内容にならないという、不意打ち条項の排除という考え方が存在する。この考え方を明文で定めているドイツ民法の影響を受けたものであり、相手方にとって不当条項とまではいえないがおよそ合理的に予測し得ないような条項についての組入れ自体を否定するものである。

Ⅲ　改正民法の下での定型約款規制の枠組み

　改正民法は、「定型取引において、契約の内容とすることを目的としてその特定の者により準備された条項の総体」を「定型約款」と定義し（548条の2第1項本文）、「定型約款」の個別の条項についての合意をしたものとみなされる場合として、第1に、定型約款を契約の内容とする旨の合意をしたとき、第2に、定型約款準備者があらかじめその定型約款を契約の内容とする旨を相手方に表示していたときを列挙している（同項1号2号）。これまでの学説の理解によれば、約款による旨の合意がなされる前提として当該約款が相手方に開示され、それによって相手方が約款の内容について具体的に認識可能な状態にあることが必要となるが、この点について改正民法は「定型取引合意の前又は定型取引合意の後相当の期間内に相手方から請求があった場合には、遅滞なく、相当な方法でその定型約款の内容を示さなければならない。」としており（548条の3第1項）、相手方からの請求がない限り、約款を開示することは必ずしも約款組入れの要件となっていない点でいわゆる契約説が前提とする約款の組入要件とは異なっている。

397

また、定型約款が契約の内容とされた場合であっても、定型約款に含まれる条項のうち、相手方の権利を制限し、または相手方の義務を加重する条項であって、その定型取引の態様およびその実情ならびに取引上の社会通念に照らして民法1条2項に規定する基本原則に反して相手方の利益を一方的に害すると認められるものについては、合意をしなかったものとみなすとの規定が存在する（548条の2第2項）。

IV　定型約款の合意

1　定型約款の定義

　「定型約款」とは、「定型取引において、契約の内容とすることを目的としてその特定の者により準備された条項の総体」である（548条の2第1項本文）。

(1)　要件①「定型取引において」

　ここでは、定型約款が「定型取引」において用いられるものであることが要件とされている。具体的に「定型取引」に当たるためには次の2つの要件を充たす必要がある。

　第1に、「ある特定の者が不特定多数の者を相手方として行う取引」でなければならない。すなわち、相手方の個性に着目せずに行う取引であり（一問一答243頁）、例えば相手方の個性に着目して締結される労働契約は「定型取引」に当たらない。他方、「不特定多数」という文言があることから、「特定多数」の者を相手方とする場合には「定型取引」に当たらないように見えるが、一定の集団に属する者との間での取引であっても、相手方の個性に着目せずに行う取引であれば、この要件を充たし得る。

　第2に、その内容の全部または一部が画一的であることが当事者双方にとって合理的なものであることが要求されている。約款の「内容の全部又は一部が画一的である」ことは、当事者が交渉によって契約条項を修正することを予定していないという約款の特徴そのものであるが、この基準によればビジネスで用いられる約款はおよそ規制の対象となることが懸念された結果、「画一的であることがその〔当事者〕双方にとって合理的なもの」であることが要件として付加されている点に、従来の約款概念との離齬がある。具体

的に「画一的であることが……合理的なもの」である場合の典型例は、多数の人々にとって生活上有用性のある財やサービスが平等な基準で提供される場合や、提供される財やサービスの性質から、多数の相手方に対して同一の内容で契約を締結することがビジネスモデルとして要請される場合であるとされている（部会資料75B・10頁、同78B・15頁）。

　もっとも、画一的であることが「当事者双方にとって」合理的であることが要求されていることから、当事者の一方のみにとっての主観的な利便性があるというだけでこの要件を充たすわけではなく、その取引の客観的態様およびその取引に対する一般的な認識を踏まえて、契約相手方が交渉を行わずに一方当事者が準備した契約条項の総体をそのまま受け入れることが合理的であるといえる場合でなければならない。約款作成者にとって契約条件が画一的であることの合理性は、約款が多数取引に用いられる上で便宜上用いられるものである以上、肯定されやすいが、契約相手方にとっても合理的であるといえる場合は、契約相手方も個別の契約条件の交渉を行うことを予定していない、ある程度統一的・画一化された取引（鉄道輸送取引など）に限られるように思われる。少なくとも約款準備者の大量取引の実現性や迅速性の要請のみでは相手方にとっても合理的であるとまではいえない（沖野眞已「『定型約款』のいわゆる採用要件について」消費者法研究3号〔2017〕113頁）。

　改正民法は約款の性状や約款が使用される契約の当事者の属性を区別しておらず、むしろ約款が用いられる取引を相手方の不特定多数性や給付内容などの画一性を軸とした「定型取引」という概念によって、定型約款規制の適用範囲を画している点に特徴がある（森田修「約款規制——制度の基本構造を中心に（その2）」法教433号〔2016〕91頁）。この定義によれば、保険約款、旅行業約款、宿泊約款、運送約款等が「定型約款」に当たり得る（潮見・新Ⅰ38頁）。

(2) 要件②「契約の内容とすることを目的として」

　以上の要件を充たした上で、「契約の内容とすることを目的として」、当該定型取引を行うその特定の者により準備された条項の総体であれば、「定型約款」に当たる。「契約の内容とすることを目的として」という文言は、もともとは「契約の内容を補充することを目的」とするという文言であったこ

とから（部会資料83-2・37頁）、「定型取引合意」を補充して契約の内容とする、すなわち、主たる給付と対価の内容に関する合意を補充するものであると理解すべきであり、そのことからいわゆる付随条項を念頭に置いたものであるとの見解がある（山本敬三「改正民法における『定型約款』の規制とその問題点」消費者法研究3号〔2017〕39頁）。約款規制が約款の隠蔽効果にかんがみたものであることから、組入れがとくに問題となるものの多くは付随条項であり、改正民法が積極的に中心条項をも規制の対象としたとまでいうことはできないが、明文上は中心条項が完全に排除されているとは必ずしも断言できず、この姿勢の妥当性については検討の余地がある。

(3) 事業者間取引における約款

　事業者間取引における約款であっても、以上の要件を充たすものであれば「定型約款」に当たる。ただし、単に一方当事者の交渉能力が乏しいために取引が画一的になっているにすぎず、取引が画一的であることが取引の客観的態様から両当事者にとって合理的であるとまではいえないものや、当事者の一方によってあらかじめ契約書案が作成されていても、それをたたき台に契約内容を十分吟味するような場合には、当該契約条項の総体は定型約款にあたらない。例えば、事業者間の契約であってもある企業が一般に普及しているワープロ用のソフトウェアを購入するような場合は、契約の内容が画一的であることが通常であり、かつ、相手方もそこで準備された契約条項についてその変更を求めるなどの交渉を行わないで契約を締結することが取引通念に照らして合理的であるので、「定型約款」を用いた取引に当たる（部会資料78B・15頁以下）。また、いわゆる「ひな型」とよばれるものも、当事者がそのひな型を何ら修正を加えることなく、そのまま用いるような場合には「定型約款」に当たり得る（もっとも、潮見・新I 38頁および一問一答247頁はその多くが「定型取引」要件を充たさず、定型約款に当たらないとされるとしている）。

　以上の改正民法の「定型約款」の定義は、これまでの学説が念頭に置いていた「約款」の定義よりも、より定型化された大量取引で用いられるものに限定されると考えられる。そうすると、「定型約款」に当たらない「約款」には、従来の民法学説・判例における約款法理が適用される。これについて

はⅦで後述する。

2　定型約款の合意

　改正民法は、定型約款を準備した者の相手方が定型約款に含まれる個別条項に合意したものとみなされるための要件として次の2つを定めている。

　第1に、定型取引を行うことの合意（「定型取引合意」）をした者が、定型約款を契約の内容とする旨の合意をしたこと（548条の2第1項1号）。ここでは「合意」という文言が2度用いられているが、「定型取引合意」とは、「当該取引を行おうという合意」のことである。このような「定型取引合意」の存在を前提として、「定型約款を契約の内容とする旨」の合意、すなわち、その定型約款を契約に組み入れることを合意することが要件となる。合意は明示によるものはもちろん、黙示の合意もこれに当たる。中間試案第30、2では、「その契約に約款を用いること」を合意しただけでは足りず、約款使用者が相手方に対して約款の内容を知ることができる機会を確保していることをも要求していたが、改正民法では前者の合意のみで、「定型約款に含まれる個別条項に合意」したものとみなされる、言い換えれば約款の組入れが認められることになる。

　第2に、第1のような定型約款を契約内容に組み入れる旨の合意がない場合であっても、定型約款を準備した者が「あらかじめその定型約款を契約の内容とする旨を相手方に表示」（548条の2第1項2号）していた場合にも同様に「定型約款に含まれる個別条項に合意」したものとみなされる。

　以上の要件の特徴として、改正民法548条の2第1項1号では「定型約款を契約の内容とする旨」の合意があれば「個別条項への合意」が認められ、また、同項2号でも、「その定型約款を契約の内容とする旨」をあらかじめ相手方に表示さえすれば、「個別条項への合意」が認められる。すなわち、約款の内容そのものを契約締結時までに事前に相手方に示すことや、開示がなくとも少なくとも相手方が合理的な行動をとれば約款の内容を知ることができる機会が確保されていることは要件とされておらず、事後的に相手方から約款の開示請求があった場合のみ、「相当な方法（立案担当者は現実の開示のみならず、定型約款に掲載されているウェブページの案内を想定しているよう

であるが、相手方が常時確認可能な書面や電磁的記録の交付が必要であろう）」に
よる定型約款の開示が義務付けられる（548条の3第1項）。この義務違反は
損害賠償などを導き得る契約上の義務違反に過ぎないとされており（部会資
料75B・11頁以下）、定型条項の内容の開示の問題と、それが契約内容となる
かという問題を切り離している点に改正民法の特徴がある。組入れの前提た
る開示であるのならば「事後の」開示では意味を持たないからである。ただ
し、契約締結前の開示請求に対して約款準備者が開示を拒んだ場合には、み
なし合意の適用が否定される（同条2項）。

　もっとも、以上の改正民法の規定には、従来の契約説を踏まえると以下の
ような疑問が残る。まず、改正民法548条の2第1項1号については、具体
的な約款の内容を見ることなしに約款を組み入れる旨の合意があるというの
は、事実上、「約款による」ということだけに合意があったに等しく、相手
方にとってその内容を知らないものであるにもかかわらずその内容に拘束さ
れるのはなぜかということを理論的に説明できるのか、疑問が残る。さらに、
同項2号は一方当事者が定型約款による旨を「表示」しただけで定型約款へ
の拘束力が認められるとしており、相手方の定型約款を契約の内容とするこ
とへの合意自体存在しないため、合意していないものに対して相手方が契約
上拘束されるのはなぜかを説明することが困難である。これについて、同号
については、第1の場合同様、定型取引合意があったことが前提とされてい
ることから、定型約款準備者が定型約款による旨を表示したことに対して、
相手方が異議をとどめずに定型取引についての合意をしたという点、すなわ
ち、黙示の合意があったという点に定型約款の拘束力の根拠を求めたもので
あり（そのことから、審議過程で「異議を述べずに」という文言が削除されたこ
とに激しい異論が述べられた。山本・前掲45頁・50頁参照）、黙示の合意があっ
たという判断自体を不要にしたものであるとの説明もなされている（部会資
料75B・10頁）。このように捉えると、あくまで客観的な合意（消極的な合意）
を軸とするという点で理論的には従来の契約説と必ずしも異なるものではな
いと見ることもできるが（鹿野菜穂子「『定型約款』規定の諸課題に関する覚書
き」消費者法研究3号〔2017〕81頁、沖野・前掲121頁以下）、実際上は定型約
款準備者に「もはや事前に約款条項を顧客に開示する必要はない」という

誤ったメッセージを送ることにもなりかねない（河上・前掲21頁、山本・前掲51頁も参照）。「黙示の合意」があったといえるためには、法によってすでに一般的な開示義務が認められ、内容の正当性が業法規制などによって担保されている特殊な業法上の約款でない限り（河上・前掲23頁、廣瀬久和「『定型約款』規定についての覚書を再び掲載するに当たって」消費者法研究3号〔2017〕238頁以下も参照）、やはり定型約款の内容を示した上での「定型約款による旨の表示」が必要であろう（沖野・前掲125頁はあくまで1号が基本であるという運用をすべきであるとしている）。少なくとも取引を行う際に相手方に対して個別に約款による旨が表示されていなければならず（鹿野・前掲82頁）、ウェブサイト上などの「公表」では足りないと解するべきである（潮見・新Ⅰ43頁、一問一答250頁）。

　以上のように改正民法が定型約款の開示を約款の組入れの要件とはしていない理由として、相手方も定型条項の中身を逐一見ようとしない場合が多くあり、常に相手方に事前に開示しなければ契約内容とならないとすると、かえって煩雑になると考えられるとの理由が挙げられているが（部会資料75B・11頁）、約款の内容を相手方が確認することは実際上多くないという取引実務の存在を持って、本来であれば当事者間の合意を前提とする契約成立の原則を容易に修正することが可能なのか、疑問が残る（丸山恵美子「『定型約款』に関する規定と契約法学の課題」消費者法研究3号〔2017〕162頁も参照）。実際にも定型約款開示を相手方からの請求にかからしめている点は、とくに消費者契約の場合に問題となろう。

　なお、鉄道・バス等旅客運送取引、郵便事業や電子通信事業関係取引など、「あらかじめその定型約款を契約の内容とする旨を相手方に表示」することすら困難である取引（ICカードで自動改札を通過して電車に乗る場合や、ポストに郵便物を投函する場合などが想定される）のうち、取引自体の公共性が高く、定型約款を契約内容とする必要性が高いものについては、定型約款を契約の内容とする旨を相手方に「表示」していた場合のみならず、その旨をあらかじめ「公表」していた場合にも当事者がその定型約款の個別条項について合意をしたものとみなす旨、それぞれの業種の特別法で規定が設けられる（改正後の鉄道営業法18条の2、改正後の航空法134条の3、改正後の電気通信事

業法 167 条 2 項など。潮見・改正法の概要 227 頁）。

V　みなし合意規定の例外

　改正民法は、定型約款を準備した相手方が定型約款に含まれる個別の条項への合意をしたとみなされる場合（548 条の 2 第 1 項）の例外を定めている。具体的には、改正民法 548 条の 2 第 1 項の条項のうち、「相手方の権利を制限し、又は相手方の義務を加重する条項であって、その定型取引の態様及びその実情並びに取引上の社会通念に照らして第 1 項第 2 項に規定する基本原則に反して相手方の利益を一方的に害すると認められるものについては、合意をしなかったものとみなす。」というものである（548 条の 2 第 2 項）。消費者契約法 10 条の要件と類似しているが、同条は問題となる条項が契約内容に含まれる（当該条項に対する合意が成立している）ことを前提として、同条前段要件・後段要件を充たす条項を条項内容が不当であるとして無効とするのに対して、改正民法 548 条の 2 第 2 項はこの要件に該当する不当条項については合意しなかったものとみなす（みなし合意の対象から除外する）という点に違いがある（以下、本条については大澤彩「『定型約款』時代の不当条項規制」消費者法研究 3 号〔2017〕177 頁以下も参照）。

　当初、立法過程では、定型条項の契約条項のうち、「他の契約条項の内容、約款使用者の説明、相手方の知識及び経験」「契約の主たる給付の内容、同種の他の契約の内容その他の事情及び取引上の社会通念に照らしてその契約の内容となることを合理的に予測し得ないと認められる」条項の契約への組入れを否定するという規定案が提示され、それとともに消費者契約法 10 条の要件を参照した要件に基づく不当条項規制規定案が存在した（部会資料 81B・11 頁以下参照）。本条はこれら 2 つの規定、言い換えれば不当条項規制と不意打ち条項規制を一本化した規制であるといえるが、約款の組入れとその組み入れられた約款に含まれる契約条項の不当性判断の段階を分ける従来の学説や諸外国の立法とは齟齬が生じている。

　まず、「相手方の権利を制限し、又は相手方の義務を加重する条項」に当たるかについては、当該条項がなければ認められるであろう相手方の権利義

404　　**45**　定型約款(1)──みなし合意・不当条項規制・開示

務が制限・加重されているかによって判断することになる。この点は、消費者契約法 10 条の前段要件をめぐる学説の理解と同様である。もっとも、同条とは異なり、比較対照となる標準的な内容（同条でいえば任意規定等）は明示されていない。これについて、実際には同条同様、民商法のデフォルトルールが比較対照となる可能性も示唆されているが（オムリ・ベンシャハー＝金山直樹「約款規制のための基本的手法」法時 89 巻 3 号〔2017〕62 頁）、そうではなくフリーハンドの判断がなされる余地も残されており、今後より精緻な不当性判断基準を検討する必要がある（丸山・前掲 165 頁）。

　また、民法「第 1 条第 2 項に規定する基本原則に反して相手方の利益を一方的に害する」か否かを判断するに当たっては、「その定型取引の態様及びその実情並びに取引上の社会通念」が考慮要素となる。「定型取引の態様」が挙げられているのは、個々の契約条項の内容を認識しなくても定型約款の個別の条項について合意をしたものとみなされることから、条項が隠蔽されたり、明確性を欠いている結果、相手方が予測し得ない条項が存在する可能性があるという定型約款の特殊性を考慮したものである（部会資料 83-2・40頁）。また、「（定型取引の）実情」「取引上の社会通念」を考慮するというのは、当該条項そのもののみならず、取引全体に関わる事情を取引通念に照らして広く考慮するということであり、当該条項そのものを見れば相手方にとって不利であっても取引全体を見ればその不利益を補うような定めがある場合には信義則に違反しない（一問一答 254 頁）。

　もっとも、信義則違反性の判断に当たって、以上の考慮要素を個別の契約締結にいたる具体的な事情や交渉の経緯を踏まえて具体的に行うためのものであると捉えるのか、それとも定型条項の定型性という、より抽象的な特徴を踏まえるにすぎないものと捉えるのかについては、解釈の余地が残されている。審議過程を踏まえると定型約款およびそれが用いられる定型取引の「定型性」を重視した解釈となる可能性があるものの、約款の開示の有無・方法、条項の明確性といった手続面から条項内容の不当性はもちろん、消費者契約の場合には消費者の情報不足（それゆえに開示が十分でなかった場合にはその点も含めて）、事業者間契約においては健全な商慣習といったような要素、さらには個別の約款取引の個別事情を考慮にいれることも否定はされて

いない（森田修「約款規制──制度の基本構造を中心に（その4）」法教435号〔2016〕96頁、大澤・前掲188頁）。その一方で、「（定型取引の）実情」や「取引上の社会通念」の解釈いかんによってはこの規定は必ずしも十分に不当な条項を排除できるとはいえない（これについてはすぐ後に述べる）。

さらに、ここでは民法「第1条第2項に規定する基本原則」との文言が採用されており、これについてはこの規律が現在も民法1条2項に反するとされる契約条項のみを無効とするものであることを明らかにするためであるとされているが（部会資料75B・14頁）、とくに消費者契約における定型約款については、事業者と消費者との間における構造的な情報・交渉力格差を踏まえた信義則違反性判断がなされるべきであろう。しかし、そもそも消費者契約法10条の規制基準を事業者間契約にも適用される民法の定型約款規制においても妥当させること自体も本来であれば慎重でなければならない（山本・前掲63頁、大澤彩「事業者間契約における不当条項規制をめぐる立法論的視点（2・完）」法学志林109巻1号〔2011〕11頁以下も参照）。

なお、改正民法のみなし合意およびその例外規定は、少なくとも明文上は必ずしもいわゆる付随条項に限定したものとはいえない。これについて、学説ではⅣ 1(2)で前述したように積極的に中心条項をも対象としたものとはいえないとの理解も示されているが、中心条項なのか付随条項なのかが明確ではない場合（いわゆる価格関連条項が典型例である）こそ、相手方にとっての不意打ち性が存在し得ることを踏まえると、とりわけ価格関連条項や明瞭性を欠く対価・目的物条項については、まさに「定型取引の態様」を踏まえてみなし合意が否定される余地があるのではないだろうか。しかし、本来給付の内容とその対価については、市場メカニズムで調整されるべきものであり、その妥当性判断は慎重であるべきことに留意しなければならない（潮見・新Ⅰ 39頁以下、大澤・前掲消費者法研究190頁以下も参照）。

以上のように、定型約款の内容の不明確性といった契約締結過程における説明の不足など、契約締結過程（ここでは定型約款の組入れ過程）における事情が、条項の信義則違反性において考慮されるという方向は、消費者契約法10条後段要件該当性判断において契約締結過程規制において考慮されるべき要素も考慮されるとした最判平成23・7・15（民集65巻5号2269頁）、さ

らには条項内容の不当性と契約締結過程の不当性を「合わせて一本」的に判断するという見解を踏まえると目新しいものとはいえないが（従来の学説の内容につき、森田修「約款規制——制度の基本構造を中心に（その1）」法教432号〔2016〕98頁）、以上に述べたように解釈いかんによって運用の幅は変わり得るのであり、慎重な運用および解釈（さらには立法的手当て）が求められる。また、そもそも個別の事情が考慮される契約締結過程規制とは異なり、内容規制においてはより客観的な不当性判断が要請されることを踏まえると、改正民法の規定はこれらの異なる趣旨・判断方法に基づく規制を混同させたものであるとして批判的な見方も可能である（山本・前掲61頁以下、河上・前掲29頁）。

VI　不当条項規制

　改正民法は、定型約款に含まれる個々の契約条項が契約内容となった場合であっても、当該契約条項の内容に不当性がある場合には当該契約条項が無効となるという、いわゆる不当条項規制に関する条文を明文で定めていない。しかし、先に述べた、いわゆるみなし合意規定の例外を定めるにおいて、「相手方の権利を制限し、又は相手方の義務を加重する条項であって、その定型取引の態様及びその実情並びに取引上の社会通念に照らして第1項第2項に規定する基本原則に反して相手方の利益を一方的に害する」か否かが考慮されるため、不当な内容の条項についてそもそも「合意しなかったものとみな」されるという方法での排除がなされ得る。その意味では不当条項規制によって果たされる目的の一部は達成し得るが、ここでの考慮事情が「定型取引の態様及びその実情並びに取引上の社会通念」であることから、その解約運用によっては必ずしも相手方にとって不利な条項が排除されるとは限らないという危惧もある（その取引ではそのような条項が用いられるのが通常であるという場合）。もっとも、それによって定型約款のみなし合意は肯定されたとしても、相手方当事者に生じている一方的な不利益が公序良俗規定や消費者契約法10条に照らして不当と評価される場合には当該条項は無効となる。

Ⅶ 「定型約款」に当たらない「約款」「契約条項」

　前述したように、定型約款の定義は画一的なサービス契約で用いられるきわめて定型的なもののみを対象としたものといえる（そもそも、「定型約款」に関する規律は約款の一般的な定義や約款一般に妥当する準則を扱うものではないとする潮見・新Ⅰ35頁）。そうすると、例えばいわゆる「ひな型」に当事者が若干の修正を加えるような場合や、消費者取引のように事業者にとってはともかく消費者にとっては契約内容が定型化されていることが合理的とはいえないような場合には、改正民法の定型約款規定は適用されない。これらの「定型約款」には当たらない「約款」や「契約条項」には従来の民法学説・判例における（「約款」とよぶことができる場合であれば）約款論および不当条項規制論が当てはまる（鹿野・前掲79頁、沖野・前掲114頁以下、丸山・前掲172頁以下、および、一問一答248頁）。

　近時有力な契約説によれば、あらかじめ約款の内容が相手方に開示された上で、当事者の約款を組み入れる旨の合意があることによって、約款に含まれる個別の条項に当事者が合意したものとみなされる。ただし、そこでの開示の程度については学説上、約款準備者の開示にかかるコストと約款作成者の相手方保護の調和を模索しながら、実際に相手方に対して約款の事前に提示すべきという場合から相手方の約款へのアクセス可能性を保障すれば足りるという場合まで、取引類型や当該契約の個別事情を踏まえてその程度の幅広さが見られる（森田・前掲法教432号96頁）。しかし、定型約款規定が給付の均一性や約款の定型性が見られる、約款の事前開示が現実的に容易ではない取引を念頭に置いたものであると見れば、そうではない取引においては相手方への開示がより積極的に要求されるべきである（鹿野・前掲79頁）。その上で、約款内に一方当事者にとって不当に不利な内容の条項が存在する場合には、改正民法90条や信義則による内容規制、さらには消費者契約における約款内の条項であれば消費者契約法8条以下による不当条項規制が及ぶことになる。もっとも、当該条項が当事者間の交渉を経たものであるということになれば（その場合には、そもそも約款の組入れは以上の論理によるまでも

なく、当事者間の合意によってなされることになるが)、内容規制が及ばないというのが有力な見解である。以上の内容規制はいわゆる不意打ち条項規制とは異なり、約款の組入れが認められた上でその中に存在する個別の条項について無効の余地を認めるというものである。

46 定型約款(2)——定型約款の変更

甲南大学教授 **桑岡 和久**

要点

① 定型約款準備者による相手方の同意のない約款変更の根拠づけ
② 定型約款の変更の要件

解説

I はじめに

改正民法548条の4は、定型約款準備者に、一定の要件の下、相手方の同意なく約款変更を可能にしている。

このような判例は存在しないし、外国法にも見られない（最判平成13・3・27民集55巻2号434頁は使用者による一方的な約款変更を承認した判決ではない。同判決を548条の4の根拠として援用するのは不適切である）。学説でも約款変更はこれまでほとんど議論されていない。法制審議会では、そもそも変更規定の採否をめぐって意見が対立し、その内容についておよそコンセンサスが得られたとはいえない。同条をいかに解釈すべきかは、判例・学説に委ねられたわけだが、議論の蓄積はなく、その手がかりは乏しい。

II 相手方の同意のない約款変更の基礎づけ

契約が成立すれば、その内容に当事者は拘束される。契約内容を変更するには、事情変更の原則によらない限り、相手方の同意が必要である。これが契約法の基本原則である。定型約款であれ、組入れによって契約内容となれば、準備者もこれに拘束され、一方的に変更することはできない。そこで改

正民法 548 条の 4 についてはまず、相手方と合意することなく、定型約款準備者が約款変更によって契約内容を改変することがいかにして基礎づけられるのかが問われることになる。

1 すべての相手方と個別に合意することの困難性

約款変更規定の新設が審議の対象となったのは経済界からの要請による。現実には、すべての相手方から同意を得ることなく、使用者によって約款が変更されることがある。こうした実務に使用者の側から法的な裏づけが求められたのである。たしかに、定型約款のような約款取引では、相手方が多数であるため、すべての相手方から個別に合意を得るのは実際的ではない（部会資料 42・31 頁）。問題は、この事情によって、定型約款準備者による一方的な変更が正当化されるかである。

この事情は審議会において共有されていたものの、その構成員であった複数の論者が、これに加えて、継続性や集団性を要求している（沖野眞已＝深山雅也「〈対談〉法律行為及び契約総論」ジュリ 1456 号〔2013〕34 頁〔沖野発言〕、山本敬三「民法（債権関係）の改正に関する要綱と保険実務への影響」生命保険論集 191 号〔2015〕47 頁）。ここには、多数の相手方全員と個別に合意することが困難だという事情だけでは、相手方の合意をおよそ必要としない約款変更を正当化することはできないという認識が示されている。定型約款の変更は、相手方が多数で個別合意を得るのが「著しく」困難であるときに限定すべきであり、これをとくに継続性や集団性を有する契約の場面で認定するにとどめる解釈が求められる（山本敬三「改正民法における『定型約款』の規制とその問題点」消費者法研究 3 号〔2017〕71 頁）。

2 中心条項──個別合意との関係

定型約款による契約であっても、価格や主たる給付を定める条項（中心条項）は，通常、相手方もこれを認識した上で個別に合意している。中心条項の拘束力の根拠は、一般的な契約と同様、相手方との個別合意である。定型約款であっても、中心条項には契約法の一般原則が妥当し、その変更には相手方の同意を要する。それゆえ、中心条項は基本的に改正民法 548 条の 4 の

射程から除外されるべきである。

3 付随条項

(1) 拘束力の根拠としての組入合意

付随条項（中心条項に当たらない約款条項）については、相手方は個別に同意しておらず、拘束力の根拠が問題とされてきた。約款が適切に開示された上で、当該約款を用いることの包括的な同意（組入合意）を見出せる場合に、この組入合意を介して、約款に含まれる付随条項に、不意打ちとならない限りで、契約内容としての拘束力を認める（河上・約款規制 432 頁以下、同「債権法講義・特論──『定型約款』規定の問題点」法セミ 726 号〔2015〕105 頁）。これが約款の拘束力に関する現在支配的な理解である。

個別合意は要求されないものの、約款条項が拘束力を獲得するには、約款を一括して契約内容として組み入れる包括的な合意（組入合意）が必要である（山下友信「普通保険約款論──その法的性格と内容的規制について（5・完）」法学協会雑誌 97 巻 3 号〔1980〕342 頁以下）。これと同じように変更された約款条項についても、組入合意に応じて、少なくとも変更後の新たな約款の契約内容化（組入れ）を拒否する機会、ならびに、その前提として相手方が変更とその内容を知り得る機会が確保されなければならない（横山美夏「約款」法教 394 号〔2013〕13 頁、潮見佳男「判批」金法 2049 号〔2016〕76 頁）。改正民法 548 条の 4 は、こうした機会を保障するように解釈されるべきである（三枝健治「約款の変更」法時 89 巻 3 号〔2017〕69 頁以下は、アメリカ法の検討から、約款変更には相手方に通知と検討の機会が必要だとして、こうした要請を充たす同条の解釈論を提案する）。もっとも、変更は組入れと異なり、すでに契約内容となって当事者を互いに拘束する約款条項の改変であることから、組入規制とパラレルな基礎づけで足りるかどうかについて検討する必要があることを留保しておく。

(2) 約款変更における組入合意の要否──改正民法 548 条の 2 第 1 項 2 号との関係

表示組入れ（548 条の 2 第 1 項 2 号）については、「およそ両当事者の合意を欠く事実に基づいて民法が拘束力を付与」するものであって、「当事者の

合意という事実は、規範化されたものとしてすら、およそ介在して〔おら
ず、〕……548条の2第1項2号は法規説……に立っていると評すべきこと
になる」と解する見解もある（森田修「約款規制――制度の基本構造を中心に
（その2）」法教433号〔2016〕99頁）。こうした理解からは、変更においても
組入合意に相当する相手方の意思的関与を不要とすることも背理ではない。

　しかし、改正民法548条の2第1項2号については、法制審議会のやりと
りからも、相手方の意思を拘束力の根拠とする規定だと解すべきことが説か
れている（沖野眞已「『定型約款』のいわゆる採用要件について」消費者法研究3
号〔2017〕119-122頁、中田・契約法40頁）。同号について「相手方が異議を
述べないこと」を要件として明示することは最終的には見送られたものの、
これは「異議を述べて契約を締結することは実際にはあり得ず、その契約は
不成立になっているはず」であって明文化する必要がないことが理由とされ
ていた（第93回会議議事録26頁〔村松秀樹関係官発言〕）。このことから、相
手方の異議の存在が組入合意を否定するという消極的な形ではあるが、相手
方の意思が要求されていると解されることになる（立案担当者による解説も、
相手方に「黙示の合意があるといい得る局面を想定した規定である」〔一問一答
250頁〕と解しており、組入れにつきおよそ相手方の同意を不要とはしていない）。
したがって、改正民法548条の4による定型約款の変更についても、組入合
意に相当する相手方の意思的関与は必要である。そもそも、定型約款準備者
だけに事後的な変更を認めるならば、合理性要件などの制約はあるものの、
準備者のみが契約の拘束を免れて片面的な内容変更権を承認されるに等しい。
このことからも定型約款の変更であっても組入合意と同等の変更を拒否する
機会は必要である。そうでなければ相手方は変更による新たな拘束に関与す
る可能性を奪われることになる。

4　変更条項による事前の変更同意

　審議過程では、当初の約款に変更する旨の条項（変更条項）が定められて
いることを、変更の要件とすることが提案されていた。変更条項によってあ
らかじめ変更に相手方が同意したものとみて約款変更を基礎づけようとする
ことは考えられなくはない。

しかし、変更条項それ自体が付随条項であって、これに相手方の個別の合意はなく、せいぜい組入合意によって拘束力が承認されるにすぎない。しかも、「当社は約款を変更することがあります」といった抽象的な変更条項に典型的であるが、このような確定性の乏しい条項では変更後の内容自体が不明であって、変更内容について相手方が同意したと評価することはできない。むしろ、使用者に価格や給付の一方的な変更権限を与える約款条項は不当条項の典型例だと考えられてきた（潮見佳男＝角田美穂子「不当条項リストをめぐる諸問題」河上正二ほか・消費者契約法〔別冊 NBL54 号〕〔商事法務、1999〕176 頁など）。

Ⅲ　改正民法 548 条の 4 による変更の要件

　約款変更についても、当初の約款と同様、本来であれば、拘束力（組入れ）と内容それぞれについて規制すべきである。改正民法 548 条の 4 では、周知に関する同条 2 項、3 項を除けば、内容規制に関する規定しか設けられていない（同条 1 項・4 項）。しかし、変更後の約款に相手方を拘束する以上、変更においても拘束力の根拠として組入合意に対応する措置を取り込む必要がある。これにはとくに同条 1 項 2 号の合理性要件の解釈によって対応することが可能である。

　定型約款の変更には改正民法 548 条の 4 が適用され、当初約款の内容・不意打ちを規制する改正民法 548 条の 2 第 2 項の適用はない（548 条の 4 第 4 項）。本条による規制の方が厳格であることが、その理由とされていた（部会資料 88-2・6 頁）。当初の定型約款がはじめて契約内容となる場合と違って、変更の場面ではすでに契約は成立し、契約内容は具体的に確定している。事後の変更規制では、事前の組入規制以上に、契約に内在的な観点からの規制が可能である。こうした変更規制の特徴を明らかにすることも、本条解釈の重要な課題である。

　以下では、これら 2 点、すなわち組入れに対応する規制と変更に固有の規制に留意して、改正民法 548 条の 4 の具体的な規律内容を検討する。

1 相手方の一般の利益に適合するとき（548条の4第1項1号）

改正民法548条の4第1項1号は相手方の一般の利益に適合する場合に定型約款の変更を認めている。準備者による定型約款の変更が、すべての相手方にとって、権利放棄または債務免除（519条）に当たるなら、一方的な意思表示によって可能である（周知に548条の4による変更の意味が残る）。そうでない場合には、一般の利益に適合する変更であっても、基本的には、組入合意に応じて、相手方に事前に変更内容を知る機会を与え、変更後の定型約款の組入れを拒否する機会を保障する必要がある。

2 変更が契約目的に反することなく、かつ、合理的であるとき（548条の4第1項2号）

改正民法548条の4第1項2号は、契約目的に反することがなく、かつ、合理的であることを要件としている。ここでは、相手方一般に不利な約款変更も排除されていない。

(1) 契約目的に反しないこと

「契約目的に反しないこと」は、当初の定型約款条項の内容規制（548条の2第2項）と異なり、変更に固有の規制基準として機能する。

契約目的をどのように確定するかが前提問題となるが、契約目的に反する約款変更は、契約の性質を変容させるものであって、価格や給付を定める条項（中心条項）の変更と同じ程度に、相手方との個別合意の趣旨を没却する可能性が高い（大澤彩「『定型約款』時代の不当条項規制」消費者法研究3号〔2017〕200頁参照）。

(2) 合理的であること

個別合意が要求されない以上、定型約款の変更に合理性が要件とされるのは当然である。この要件の解釈に当たっては契約内在的な規制の中身を詰める作業のほか、変更約款の拘束力を基礎づけるために組入合意に応じた措置を確保することが求められる。以下では、これらに留意しつつ、改正民法548条の4第1項2号の掲げる考慮事情、すなわち変更の必要性、変更内容の相当性、変更条項の有無と内容、その他の事情について検討する。

(i) 変更の必要性

改正民法548条の4では変更の必要性は合理性判断の考慮事情の1つにとどめられている。しかし相手方の個別同意なくすでに契約内容となって互いを拘束する約款を一方的に改変するのであれば、変更は必要性のある場合に限られるべきである。必要性は変更の前提条件である。相手方に不利な必要のない変更は、特別な事情がない限り、合理性を欠くものと評価する方向で解釈すべきであろう。

(ii) 変更後の内容の相当性

変更内容が考慮されるのは当然である。変更規制の特徴は、変更の時点ですでに当初の定型約款が契約内容を構成しているところにある。それゆえ、変更後の内容の相当性は、組入れにおける内容規制（548条の2第2項）と異なり、既存の契約に内在的な観点からも審査することが可能である。問題は、これをどのように行うかであり、今後の検討が必要である。

(iii) 変更条項の有無とその内容

前述したとおり（Ⅱ4）、「変更することがある旨の条項」（変更条項）によって、変更後の約款に相手方が事前に同意しているわけではない。変更内容を詳細に定めている変更条項であっても、せいぜい包括的な組入合意が認められるにすぎず、改正民法548条の2第2項の内容規制をクリアして契約内容を構成するにとどまる。約款の変更が、このような詳細な変更条項に従ったものであっても、それだけで合理的だと評価されるわけではない。組入段階と異なり、変更規制においては変更の必要性その他の事情も考慮して判断されるからである（一問一答258頁注）。

(iv) その他の変更に係る事情

上述の3つの事情は例示であり、「その他の変更に係る事情」を考慮することは妨げられていない。どのような事情が考慮されるのだろうか。

中間試案では、相手方に不利な変更については、その不利益の程度に応じて適切な措置が講じられていることが変更の要件とされていた（中間試案第30、4(1)エ）。定型約款を相手方の個別同意なく変更する以上、相手方に不利か否かにかかわらず、変更約款の組入れを拒否する機会が与えられるべきであり、これを本条においては「その他の変更に係る事情」として考慮すべき

である。とりわけ相手方にとって重要な変更においては、相手方に変更された約款の組入れを拒否する機会を保障する必要性が高い。この場合には、解除権など相手方に契約から離脱する機会を付与していなければ、合理性を欠くものと評価すべきであろう。

3 変更約款の周知（548条の4第2項3項）

改正民法548条の4第2項は、定型約款準備者に、効力発生時期の定めと変更の周知を義務づけている。もっとも周知が効力発生要件とされるのは、同条1項2号の場合に限られている（同条3項）。周知は変更された約款を組み入れる前提条件として相手方に認識の機会を提供し得るが、そのためには効力発生前に行われる必要がある。インターネットの利用など（同条2項）、方法の適切性についても検討を深める必要がある。

IV　効果

上述の要件を充たせば、相手方の個別合意がなくとも、変更後の約款条項について合意があったものとみなされる（548条の4第1項柱書）。こうして契約内容となって相手方を拘束する。

V　組入れにおける内容規制（548条の2第2項）との関係（548条の4第4項）

改正民法548条の4第4項は、約款変更に改正民法548条の2第2項（内容規制）が適用されない旨を定める。事務局は、より厳格な規制であることから、内容規制による必要がないと説明していた（部会資料88-2・6頁、一問一答262頁）。組入除外されるような変更は、改正民法548条の4においても当然排除されなければならない。

417

47 第三者のためにする契約

筑波大学教授 **岡本 裕樹**

要点

① 受益者の権利の発生に関する受益の意思表示の要否

② 契約時に受益者を確定しておく必要性

③ 要約者による履行請求の可否

④ 受益者の権利に影響を及ぼす契約当事者の行為の取扱い

解説

I 概要

　私的自治の原則を基礎とする私法の領域では、契約は第三者を利することも、害することもできないとされる。民法典は、こうした原理を基礎としながらも、当初より、第三者に利益を与える契約の有効性を承認してきた。ただし、第三者のためにする契約に関する規定は、3か条しか置かれなかったため、どのような契約が第三者のためにする契約に当たるのかや、契約当事者が第三者の法的地位にいかなる影響を及ぼし得るのかなどをめぐって、後述のようにさまざまな議論がなされてきた。

　今回の民法改正に際しては、その論議の過程で、抜本的な改正案も提起された。しかし、結果として、多くは、あまり異論のない判例法理や通説を採用したにとどまり、改正前後において、民法典の基本的態度に大きな変化は見られない。

II 改正前民法下における議論の状況

1 第三者のためにする契約の概念

　民法の規定によれば、契約当事者の一方（諾約者）が第三者（受益者）にある給付を約することを要件として、直接その給付を請求する権利を第三者に付与することが認められている。こうした第三者のためにする契約の概念をめぐっては、大きく2つの異なる局面において、その該当性が論じられてきた。

　まず、条文の文言からは、第三者が契約から受け得る利益として、諾約者に対する債権しか予定されていないように読める。しかし、契約上の債権の取得は基本類型にすぎず、受益者による物権取得や受益者への債務免除についても、第三者のためにする契約により実現可能とされてきた。また、諾約者と受益者との間に契約を成立させる合意が認められるかにつき、争いがあった。

　他方、実際の契約類型をめぐり、第三者のためにする契約の該当性が論じられることがある。とりわけ電信送金契約に関して、議論の蓄積が見られた。

2 契約時における第三者の現存性・特定性

　契約時に第三者が現存し、また、特定されている必要があるかは、条文からは明らかではなかった。この問題について、判例は、早くから契約時の現存を不要とし（大判明治 36・3・10 民録 9 輯 299 頁、最判昭和 37・6・26 民集 16 巻 7 号 1397 頁）、また、契約時に特定されていなくても、第三者のための契約であることは否定されないとしていた（大判大正 7・11・5 民録 24 輯 2131 頁）。通説も判例を支持し、契約時において現存性・特定性は不要で、特定可能であればよく、受益の意思表示時に受益者が権利能力を有して現存し、特定されていればよいと解していた。

3 第三者による受益の意思表示

　改正前民法では、第三者の権利は、諾約者に対する第三者の受益の意思表示によって発生するものと規定され（旧 537 条 2 項）、これは、契約成立要件ではなく、権利発生要件と解されていた。第三者の権利発生のために、当事

者の契約締結だけでは不十分とされたのは、第三者は利益といえども押しつけられるべきではなく、自分が知らない間に権利を取得させられるのは好ましくないと考えられたためであった。ただし、法律の規定によって、受益の意思表示を要することなく、契約により当然に第三者の契約上の利益が発生する場合が、例外的に認められていた（保険42条・71条、信託88条1項など）。

　こうした状況の下、改正前民法537条2項の強行規定性について議論があった。かつての多数説は、受益の意思表示なしに第三者の権利が発生する旨を、要約者と諾約者の間で約定しておくことも有効であり、同項の適用を特約により排除できると解していた。他方、第三者が権利を放棄できるとしても、当事者の合意により、この放棄に遡及効を付すことができないことを理由に、反対説も有力に主張されていた。判例の中には、法律の規定がない限り、同項の適用は排除されないと述べるものがあった（大判大正5・7・5民録22輯1336頁）。

4　諾約者に対する要約者の履行請求の可否

　要約者は、諾約者との契約に基づき、第三者に債務の履行をするよう、諾約者に対して請求できる。これとの関連で、第三者が受益の意思表示をして、諾約者に対する固有の債権を取得した後に、先の要約者の履行請求権も存続するのかが問題となる。通説はこれを肯定していた。これによると、要約者と受益者の債権が併存することになるが、給付内容が異なるため、連帯債権ではないと説明されてきた。他方で、判例の立場は明確ではなく、二重起訴のおそれや判決の既判力・執行力の範囲等への懸念から、要約者の履行請求権を否定する下級審裁判例があった（神戸地伊丹支判昭和50・2・17判タ332号314頁）。

5　要約者による契約の解除

　第三者が受益の意思表示を行うと、第三者の権利の発生が確定し、これ以降、要約者と諾約者は、第三者の権利を変更し、または消滅させることが許されなくなる（旧538条）。それでは、その後に諾約者の債務不履行があったとき、要約者は契約を解除することができるか。この点についても、明文

の規定がなく、議論の対象となっていた。この解除が認められると、受益者は、取得した利益を失うことになる。かつての通説は、同条の趣旨を下に、受益者の承諾がなければ、要約者は契約を解除できないと解していた。これに対し、諾約者に対して債務を負っている要約者につき、解除により自らの債務を免れる自由を制約すべきではないとの見解も、有力に主張されていた。

Ⅲ　改正民法の立場

1　類型化の否定

　今回の改正論議においては、第三者のためにする契約を、債権取得型、負担付債権取得型、契約成立型、債務免除型、および、条項援用型に類型化し、類型ごとの要件・効果を定めた規定の創設が検討された。この類型化は、第三者のためにする契約の認定に係る紛争が生じてきた中で、債権取得以外の類型も承認されてきたことなどを考慮し、現実的な紛争解決のための具体的指針が必要との考えに基づくものであった（部会資料 19-2・60 頁以下）。

　この類型化の提案に対しては、類型ごとの詳細な規定の必要性について、立法論として大袈裟にすぎるとの根本的な疑問が呈された。また、条項援用型とは、運送人の責任を免除・軽減を定めた運送契約中の条項が、運送人の被用者や履行補助者にも援用され得ることを認めるいわゆる「ヒマラヤ条項」を念頭に置いたものであったが、「ヒマラヤ条項」も一般化できるほどものではないことや、第三者のためにする契約の一類型に位置付けて、これを含めた一般的な理論を検討するのは過大であることから、第三者による条項援用については固有の法理を生成すべきであるとの批判がなされた。さらに、仮に類型化をしても、個別事例がどの類型に当たるのかの問題は依然として残ることになる（第 19 回会議議事録 59-60 頁〔松岡久和委員・山下友信委員発言〕、部会資料 42・8 頁）。

　こうした議論の結果、第三者のためにする契約の類型化と類型ごとの規定の創設は、改正に盛り込まれなかった。そのため、いかなる内容の契約が第三者のためにする契約に該当するのか、および、これに該当しない契約に関する固有の法理が必要であるかなどの問題は、従来の議論を基礎として、引

き続き解釈に委ねられることとなった。

2　契約時における第三者の不存在・不特定の容認

契約時に第三者が不存在・不特定でもよいということは、先述のとおり、判例や学説において広く支持されるところであった。また、消費者紛争をはじめとした多数当事者間での紛争の際の和解において、第三者のためにする契約が用いられることがあり、そうした場合に備えて一般的理解の明確化が望ましいとも考えられていた。そこで、従来の判例・通説を明文化する趣旨で、改正民法537条2項の規定が新設された（部会資料56・22頁）。なお、受益者未確定の状態がいつまで容認されるのかについては、残された問題となっている（第50回会議議事録10頁以下、とりわけ同12頁〔松本恒雄委員発言〕）。

3　受益の意思表示の維持

(1)　受益の意思表示を不要とする提案

先の類型化案は、受益者に負担が生じない債権取得型において、受益者の権利発生要件である受益の意思表示を不要とすることを基礎とした立法提案を含んでいた。この提案を基に、①受益者が負担なしに権利を取得する場合、②受益者の権利は、受益の意思表示を要することなく、要約者と諾約者との合意によりただちに発生する、③権利取得を望まない受益者は、その権利を放棄することができ、この権利放棄の意思表示により、受益者の権利取得は遡及的に失効する、④権利放棄の意思表示の前に、受益者の権利について利害関係人が生じたときは、受益者はこの利害関係人に対して、権利放棄を対抗できなくなる、⑤受益者が権利取得を承認する意思表示をした後は、要約者と諾約者は合意により受益者の権利を変更・消滅させることができなくなることを定めた規定の創設が検討された（部会資料19-2・58頁以下、同42・1頁）。

(2)　不要説の論拠

この提案の根拠として挙げられていたのは、受益の意思表示なく第三者の権利を発生させるべき場合も多い中で、裁判例には、黙示的な受益の意思表

示を認定しなければ対応できなかった事例もあり、こうした事例の処理が簡明になることや、過去の公表裁判例を振り返ると、受益の意思表示を不要とすることで支障が生じる事案が見られないこと、ならびに、利益の押付けの防止については、第三者に権利放棄の自由を認めればよいことなどであった（詳解Ｖ 373 頁以下）。

その中で、黙示的な受益の意思表示を技巧的に認定するよりも、この意思表示を不要とすることが望ましい場面として、主に想定されていたのは、出産に係る親と医療機関との間の契約を第三者のためにする契約と構成し、出生直後の子の受益の意思表示を親が黙示的に代理して行ったと認定した裁判例（東京地判昭和 54・4・24 判タ 388 号 147 頁、名古屋地判平成元・2・17 判タ 703 号 204 頁など）であった。このほか、過払金の返還債務を負う貸金業者の事業承継において、承継した側の事業者が第三者のためにする契約として併存的債務引受を合意した後に、その合意内容を変更し、あるいはこの合意の存在を否定するにいたったときに、過払金返還請求権を有する借主の受益の意思表示の存否が争われる事例や、社債を発行した後に社債管理者を設置したいという場合に、受益の意思表示を不要とすべき状況があるとの指摘も見られた（第 50 回会議議事録 9 頁〔神作裕之幹事・内田貴委員発言〕）。

(3) 不要説の評価

こうした不要説に対する評価は、消極的なものが多かった。そこで指摘された不要説の問題点は、大きく 2 つに集約できる。

一方で、改正を基礎づける立法事実が十分に示されていない。金融機関の新たなスキーム作りには不要説が便利であるとか、不要説に改正しても困らないといった感想を持つ論者でさえ、個別的に例外を認めたり、黙示的な受益の意思表示を認定したりするといった対応でよいと考え、原則論を変えることへの賛同は少なかった（第 19 回会議議事録 59 頁〔山下委員発言〕、第 50 回会議議事録 7 頁以下〔中井康之委員・岡正晶委員発言〕）。不要論から例示された子のための医療契約の事例も、一般原則を変更するための根拠としては不相応な例外的個別状況であるだけでなく、ほかの法律構成による解決が可能といえるものであった（第 19 回会議議事録 58 頁以下〔高須順一幹事・松本委員発言〕、第 50 回会議議事録 3 頁〔深山雅也幹事発言〕・4 頁〔高須幹事発言〕）。む

しろ、反社会的勢力をはじめとして、自らが望まぬ者との権利関係が自己の関与なしに発生することへの懸念のほうが、多く見られた（第19回会議議事録57頁〔大島博委員発言〕・58頁〔高須幹事発言〕、第50回会議議事録5頁〔中井委員発言〕）。

　他方、前掲①～⑤の複雑な規律構造が紛争解決の基準として機能するのかについても、疑念が示された。具体的には、不要説は受益者に負担がない場面を前提としているが、対価的な負担とは異なる権利取得に伴う不利益（租税負担、不動産所有権に伴う工作物責任や環境汚染に関する責任など）も考えられることから、負担の有無の判断は必ずしも容易ではなく、これ自体が争点となり得る（第50回会議議事録2頁〔能見善久委員発言〕・3頁〔深山幹事発言〕・5頁〔中井委員発言〕）。また、過払金の返還債務を負う貸金業者の事業承継をめぐる事案では、受益の意思表示に代わり、受益者の承認の意思表示（⑤）の有無が争われる可能性が生じることから、紛争の根本的な解決にはつながらない（第50回会議議事録9頁〔鎌田薫部会長・内田委員発言〕）。こうしたことから、あえて技巧的な仕組みを採用することの必要性が疑問視されていた。

(4)　改正民法の下での議論の行方

　こうした検討を経て、最終的に不要説は採用されなかった。ただ、不要説も有力に支持されており、将来の法改正による不要説の採用が完全に断たれたわけではない。それでも、前述の批判に耐え得る論拠の提示が求められることになろう。さらに、私人に認められる私的自治の範囲を画する重要な論題であることにも留意すべきである（第50回会議議事録5頁〔中田裕康委員発言〕）。この度の論議では、不要説が法的技術論に拘泥するあまり、こうした観点からの検討が疎かにされ、議論を理論的に深化させる貴重な機会が活かされなかった。

　なお、要約者・諾約者間での受益の意思表示を不要とする特約の有効性については、議論の中で個別的に触れられることがなかった。とはいえ、第三者を害する契約の効力を厳格に否定するのであれば、こうした特約の有効性に関しても、第三者の「負担」の有無が先決問題となる。そのため、特約を有効とする立場には、前述の不要説への批判がそのまま当てはまり、今回の不要説不採用という判断が、重くのしかかることとなる。

4　受益の意思表示後の要約者の履行請求の取扱い

　第三者による受益の意思表示後に、要約者はなお諾約者に対して、第三者への債務の履行を請求できるかについては、従来の通説を明文化して、これを承認する規定の創設が提案された（部会資料42・10頁）。消費者紛争や薬害、公害等の多数当事者が関係する和解において、当事者以外の消費者や被害者との関係を踏まえ、第三者のためにする契約が用いられる場合などにつき、要約者の地位を規定しておくことに意義があると考えられるためである（第19回会議議事録57頁〔加納克利関係官発言〕）。

　この提案には、要約者と受益者の請求権を併存させた際の二重訴訟の問題が伴うが、この点については、要約者による履行請求訴訟と、受益者による履行請求訴訟とは、訴訟物を異にすると理解することでの処理が主張された（部会資料42・11頁）。これに対し、両訴訟の争点が基本的に重なっている中で、諾約者は二重の応訴を強いられることになり、実質的に矛盾した判断が出るおそれがあるとの指摘がなされた。とりわけ、受益者敗訴後の要約者による請求を認めることが疑問視された（第50回会議議事録12頁以下〔山本和彦幹事発言〕、第77回会議議事録56頁〔同〕）。その結果、ここでも明文化は見送られ、従来からの議論が残されることとなった。

5　要約者による解除の制限

　受益の意思表示後における諾約者の債務不履行に際し、要約者による解除のために受益者の承諾を要するかにつき、これを必要とするかつての通説の立場が明文化された（538条2項）。この点については、民法（債権関係）部会法制審議会ではあまり議論はなかった。なお、この解除に関する受益者の承諾を不要とする要約者・諾約者間の特約は、有効であるというのが、立案担当者の立場である（第99回会議議事録13頁〔筒井健夫幹事発言〕）。こうした特約を含む契約に対して、受益者が受益の意思表示をすれば、この意思表示は、当該特約を前提とするものと解されるためである。

48 売買

東京大学教授 **石川　博康**

要点

① 契約内容に適合した物・権利を供与すべき義務を売主が負うことを前提として、売主の担保責任に関する規律を、契約不適合を理由とする債務不履行責任として一元的に統合（契約責任説の採用）

② 契約不適合の場合一般における買主の救済手段として、追完請求権と代金減額請求権に関する規定を新設

③ 物・権利に関する契約不適合を理由とする損害賠償および解除につき、特則を置かずに債務不履行の一般規定を適用

④ 買主の権利の期間制限につき、物の種類・品質における契約不適合の場合に限定して期間制限に関する特則を導入

⑤ 売買の目的として特定した目的物の引渡しにより、目的物の滅失・損傷に関する危険が買主に移転する旨の規定、および買主の受領遅滞中における目的物の滅失・損傷につきその危険が買主に属する旨の規定の新設

解説

I　売主の担保責任の見直し──契約不適合を理由とする債務不履行責任としての一元的規律へ

1　従来の判例および学説の状況

　担保責任とは、当事者が給付した目的物や権利に瑕疵がある場合に当事者が負うべき責任をいう。売主の担保責任に関し、改正前民法では、権利の全部または一部が他人に属する場合、目的物に用益物権や抵当権などの他人の

権利が付着している場合、および目的物に隠れた瑕疵がある場合などについて、それぞれ一定の要件の下で損害賠償請求権や解除権等の救済手段を買主に認める規定が、以上の各場面に応じて個別的に定められていた（旧561条以下）。

　しかし、以上の各担保責任と債務不履行の一般原則との関係については、規定上必ずしも明確なものとはなっていなかった。とくに、物の瑕疵に関する瑕疵担保責任（旧570条）に関しては、その法的性質の理解における対立を前提として、瑕疵の修補や代替物の引渡しといった履行の追完を求める権利が買主に認められるかなどをめぐって学説上の主張はさまざまに分かれており、判例の立場についての一貫した理解も必ずしも容易ではなかった。この点に関し、瑕疵担保責任の法的性質をめぐっては、①特定物売買においては目的物の品質・性能等は契約内容とはならないため（特定物ドグマ）、売主の義務は当該特定物を現状にて引き渡すことに尽きるが、契約当事者間の衡平の観点から法が（特定物の）売主に対して特別に認めた責任が瑕疵担保責任であると解する見解（法定責任説：柚木・瑕疵担保166頁以下、我妻・債権各論中Ⅰ270頁以下など）が、かつては通説であった。しかし、近時においては、②特定物・不特定物を問わず、当該契約において予定された性能・品質などを備えた目的物を引き渡す義務が売買契約の内容になり得ることを前提として、その義務の違反によって生じる債務不履行責任の特則として瑕疵担保責任を位置付ける見解（契約責任説：北川・契約責任168頁以下、星野英一「瑕疵担保の研究──日本」同・民法論集(3)〔有斐閣、1972〕211頁以下、森田宏樹・契約責任の帰責構造〔有斐閣、2002〕241頁以下、潮見佳男・契約各論Ⅰ〔信山社、2002〕190頁以下など）が、学説上支配的となっていた。判例も、不特定物の瑕疵をめぐる売主の責任に関する最判昭和36・12・15（民集15巻11号2852頁）において、①債権者は瑕疵の存在を認識した上でこれを履行として認容して瑕疵担保責任を問うこともできるが、②それ以外の場合には、債権者は受領後もなお完全履行請求権や債務不履行に基づく損害賠償請求権および解除権を有する、と判示しており、不特定物売買に関しては瑕疵担保責任の規定が適用されないとする典型的な法定責任説の立場に立つものではないことを明らかにしていた。

2 改正民法における規律の枠組み——契約不適合を理由とする債務不履行責任への統合

売主の担保責任をめぐる問題に関し、改正民法においては、契約の内容に適合した権利の移転・目的物の引渡しをなすべき義務を承認することを前提として（契約責任説の採用）、その義務の不履行に関する買主の救済手段に関する統一的な規定を定めるという方向で、担保責任に対する改正前民法の規定につき抜本的な変更が行われた。これにより、改正前民法では物の瑕疵と権利の瑕疵とを区分して個別的に規定され、また一般の債務不履行責任とは異質のものとして理解されることもあった売主の担保責任の制度は、改正民法の下では、物・権利に関する契約不適合を理由とする債務不履行責任についての規律として、一元的に整理・統合されることとなった。それに伴い、改正前民法 570 条などにおいて用いられていた物や権利の「瑕疵」という表現については、売買以外の契約類型における担保責任に関する規定とともに、「契約の内容に適合しない」ことという表現にあらためられた（消費貸借につき改正民法 590 条、請負につき改正民法 636 条を参照のこと）。

また、特定物債権については品質・性状は契約内容とはならない（現状にて引き渡せば足りる）とする特定物ドグマと結び付けて理解されることのあった改正前民法 483 条についても、物の品質における契約適合性が契約上の義務内容となる売買契約等については本条の規律は適用されないということが明らかとなるように、「引渡しをすべき時の品質を定めることができないとき」という要件が追加された（483 条）。

なお、競売における担保責任については、規定の対象が「強制競売」（旧 568 条 1 項）から「競売」一般に拡張されたものの、具体的な規律内容に関しては改正前民法の規定がほぼ維持されている（568 条）。その結果、瑕疵担保責任に関しては以上の規律が適用されないとする改正前民法 570 条ただし書についても、目的物の種類・品質における契約不適合の場合につき競売の担保責任に関する規定の適用対象から除外する改正民法 568 条 4 項として、その規律が維持されている。

II 物・権利に関する契約不適合に対する買主の救済手段

1 契約不適合に対する買主の救済手段に関する規律の基本構造

改正民法における具体的な規律の構造としては、まず、物に関する契約不適合を理由とする買主の救済手段として、追完請求権（562条）、代金減額請求権（563条）、損害賠償請求権および解除権（564条）についての規定が置かれ、その上で、以上の諸規定が権利の契約不適合の場合についてもそのまま準用される（565条）。このように、改正民法においては、物の不適合か権利の不適合かを問わず、同一の規定によって規律されることになる。

以上の改正民法565条に関しては、権利の一部が他人に属する場合についても権利に関する契約不適合の場合と同様に扱われる一方、権利の全部が他人に属する場合については本条の適用対象から除外されている、という点に注意が必要である。すなわち、改正民法562条から改正民法564条までの規定は、物・権利の契約不適合という不完全履行の場合に関する規定であって、債務の履行が何らなされていない無履行の場合については、債務不履行の一般規定の適用によって処理されることが想定されている。全部他人物の売買において売主がその権利の全部を移転しないときは、権利移転義務についての無履行であり、債務不履行の一般規定をそのまま適用すれば足りる、と考えられたためである（部会資料84-3・13頁）。

2 瑕疵についての買主の善意・悪意などの主観的要件を定める規律の排除

物の種類・品質における契約適合性に関し、改正前民法570条では「隠れた」瑕疵という要件（買主側の善意無過失を意味するものと解されていた）が課されていたのに対し、改正民法では、この「隠れた」という要件が外されている（562条など）。目的物に関する欠陥などを当事者がどこまで契約に織り込んでいたのかを踏まえて行われる契約適合性の要件判断において、「隠れた」という要件が課されていた趣旨は評価し尽されていると考えられたた

めである（中間試案補足説明 404 頁・407 頁）。

瑕疵についての買主の善意・悪意などの主観的要件に従って救済を画一的に排除または制限する現行法の諸規定（旧 561 条・565 条・566 条など）についても、契約不適合に関する売主の責任は売主がいかなる内容の義務を引き受けたのかによって定まるという改正民法の規律方針とは合致しないため、買主側の善意・悪意等を要件とした規律は改正民法では設けられていない（中間試案補足説明 418 頁）。もちろん、以上の取扱いは、契約に適合した履行として求められるべき行為義務の内容や売主・買主の帰責事由などについて具体的に判断するに際し、契約当事者の認識内容や主観的事情が重要な考慮要素となり得ることを否定する趣旨ではない。例えば、他人物の売主が負う権利取得移転義務に関しては、目的物が他人の物であることを当事者双方が認識していた場合とそれ以外の場合とではその義務の内容が定型的に異なるということを基本的前提とした上で、具体的な契約解釈によってその義務内容や帰責事由の有無に関する判断がなされるべきことになろう。

なお、他人の権利の売買における善意の売主の解除権（旧 562 条）についても、権利移転義務を履行しない売主の側に契約離脱の選択肢をとくに与えることには合理性が乏しいため、以上に関する規律は改正民法においては設けないこととされた（中間試案補足説明 418 頁）。

3　契約不適合を理由とする追完請求権（562 条）

改正前民法では、瑕疵の修補や代替物の引渡しといった履行の追完を求める権利に関しては、請負においては瑕疵修補請求権に関する規定（旧 634 条）が置かれていたのに対し、売買においては明文の定めは置かれていなかった。それに対し、改正民法では、契約不適合一般についての統一的な救済手段として、買主の追完請求権に関する規定が新たに設けられ、目的物の修補・代替物の引渡し・不足分の引渡しによる履行の追完を求める買主の権利が明文で認められている（562 条）。なお、追完請求権に関しては、債務不履行一般における救済手段として規定を置くことも検討されたものの、最終的には、そのような一般規定を置くことは断念された（部会資料 53・35 頁参照）。そのため、改正民法 562 条の規定は、追完請求権に関する不文の一般的規律に

対する売買の特則としての意義を有している。

　買主の追完請求権に関する具体的規律としては、まず、修補か代替物の引渡しかなどの追完方法の選択に関しては買主側が選択して主張することができるとした上で、買主に不相当な負担を生ぜしめない限りにおいて、売主はそれとは異なる方法での追完をすることができる旨規定されている（562条1項）。

　追完請求権が認められない場合としては、契約不適合が買主の責めに帰すべき事由による場合が定められている（562条2項）。各救済手段に関する規律は相互に整合的である必要があるところ、買主側に帰責事由がある場合には解除権や代金減額請求権が認められないこと（543条・563条）との均衡から、この場合には追完請求権についても排除されるべきである、と考えられたことによる（部会資料81-3・9頁）。以上の規律は、履行請求権に関する一般規定においては定められていない排除事由を、売買における追完請求権との関係において設けるものであり、以上の取扱いを本来の履行請求権との関係でどのように位置付けるか——履行請求権と基本的に同一の性質を有する追完請求権に関する（売買についての）特則として理解するのか、あるいは、ここでの追完請求権を履行請求権とは性質を異にする救済手段として理解するのか、など——については、解釈に委ねられている。なお、以上の規定に関しては、危険負担制度との競合とその規律の整合化の観点から、解除・代金減額請求による反対債務からの解放やその縮減という救済手段が帰責事由ある買主から排除されるところ、追完請求権についても、契約不適合な債務自体を治癒するという方法によってであれ、それによって双方債務上の対価的不均衡が是正されるという点では解除・代金減額請求と共通した性質の結果に寄与する救済手段であると解されるため、解除権・代金減額請求権と同様に追完請求権も帰責事由ある買主からは排除される、という論理に基づくものとして理解することができる。したがって、この買主の帰責事由による排除という規律を含む買主の追完請求権の規定をほかの契約類型に準用する際には、以上のような意味において売買と同質の双務有償性を有するものと認められる限りにおいて、その準用が認められるべきものと解される。

　なお、追完が不能（412条の2第1項）の場合にも追完請求権は排除される

と考えられているものの、この点に関しては、追完請求権についても履行不能の規律が適用されることは明らかであるとして、明文化は回避されている（部会資料75A・13頁参照）。

4　契約不適合を理由とする代金減額請求権（563条）

買主の代金減額請求権については、改正前民法では権利の一部の移転不能や数量不足の場合（旧563条・565条）に限ってしか認められていなかったところ、改正民法においては、代金減額請求権によって対価的均衡を維持する必要性は、以上の場合に限らずより一般的に認められるものと考えられた結果、代金減額請求権は契約不適合の場合一般における救済手段として認められることとなった（中間試案補足説明409頁）。

代金減額請求権の要件に関しては、代金減額請求権が一部解除としての性質を有することを前提として、解除と同様の枠組みが採用されている（部会資料75A・15頁）。すなわち、①代金減額請求をするためには、催告解除の場合（541条本文）と同様、追完の催告をした上で相当期間の経過を待たなければならない（563条1項）、②無催告で代金減額請求をすることができる場合につき、無催告解除の場合（542条）に準じた要件が定められている（563条2項）、③代金減額請求と帰責事由の関係についても、解除の場合と同様、売主の帰責事由は代金減額請求の要件とはならない一方、契約不適合が買主の帰責事由による場合には代金減額請求は認められないこととなる（同条3項）、といった規律が妥当する。このように、売主に帰責事由がないことによって損害賠償請求権が認められない場合や、履行請求権の排除事由があることによって追完請求権が排除される場合においても、代金減額請求権については行使可能であるという点に、その存在意義が認められる。

代金減額の算定方法や算定基準時については、明文の規定は設けられておらず、解釈に委ねられている。この点につき、まず、代金減額の算定方法については、目的物が契約に適合していた場合の価額と実際の目的物の価額との差額が代金額から減額されるとする見解（絶対的評価方法）と、以上の両価額の比較に基づく減価割合に応じて代金額が割合的に減額されるとする見解（相対的評価方法）とがあるが、代金額は目的物の客観的な価額から独立

して主観的に形成されたものであってその主観的な等価関係が尊重されるべきことにかんがみて、学説上は後者の相対的評価方法が一般的に支持されている。

　また、代金減額の算定基準時については、契約時・履行期・引渡時のいずれが基準時となるのか見解が分かれており、この点に関しては、買主の代金減額請求は引き渡された物を当該契約の目的物として承認して受領する旨の買主の意思の表明に他ならないことを根拠として、引渡時を算定基準時とする見解が比較的多い（潮見・改正法の概要262頁以下、山野目191頁など）。これに対し、契約締結後の目的物の価値変動を織り込んだ救済は（履行利益に関する）損害賠償によって実現されるべきであって、代金減額は当初の契約の基礎となった契約締結時の価格に基づいて算定されるべきであるとして、契約時を基準時とする見解も有力である（磯村保「売買契約法の改正──『担保責任』規定を中心として」Law and Practice 10号〔2016〕75頁参照）。実際に引き渡された（契約に適合しない）物の保持を前提として、それが契約の目的物であったならば定められたであろう契約内容への改訂（割合的縮減）が代金減額請求によって実現されることとの関係では、この後者の見解は、理論的により整合性の高い取扱いをもたらすものと評価されよう（一問一答279頁も、契約時を代金減額の算定基準時とするのが相当であると解している）。

5　債務不履行の一般規定の適用による損害賠償・解除（564条）

　物・権利に関する契約不適合に対する救済としての損害賠償請求および解除に関しては、その要件・効果につき債務不履行の一般規定に従うものとされており（564条）、この場面に関する特則的な規定は置かれていない。したがって、改正民法の下では、契約不適合に関する売主の責任についても、売主に帰責事由がない場合には損害賠償請求は認められず、また損害賠償の範囲については履行利益にも及び得ることなどが、規定上明らかとなっている。なお、解除の要件に関しては、改正前民法では契約目的達成不能の場合に限って解除が認められる場合があったところ（旧566条・570条）、改正民法においては、契約目的の達成が不能であるかを問わず、解除の一般規定（541条以下）に従った取扱いがなされることとなる。

433

III 契約不適合を理由とする買主の権利についての期間制限

1 物の種類・品質における契約不適合を理由とする買主の権利の期間制限（566条）

　改正前民法では、物・権利の瑕疵を理由とする売主の担保責任に関し、買主の権利行使につき1年の期間制限が課される場面があった。すなわち、①権利の一部が他人に属する場合および数量不足等の場合には、買主が善意のときは事実を知った時から1年、悪意のときは契約時から1年（旧564条・565条）、②目的物に用益物権等が付着している場合には、事実を知った時から1年（旧566条3項）、③目的物に隠れた瑕疵があった場合（瑕疵担保責任）につき、事実を知った時から1年（旧570条・566条3項）、という各期間内に買主は権利行使をしなければならない旨定められていた。それ以外の場合（権利の全部が他人に属する場合など）については、債権の消滅時効に関する一般規定（旧167条1項）に従った10年の消滅時効のみが妥当する取扱いとなっていた。

　以上の改正前民法に対し、改正民法においても、物の種類・品質における不適合を理由とする買主の権利については、消滅時効の一般原則とは別に、買主が不適合の事実を知った時から1年間の期間制限を維持することとなった。すなわち、目的物の種類・品質における契約不適合を知った買主は、不適合を知った時から1年以内に不適合の事実を売主に対して通知する義務を負い、この義務を怠った場合には買主は契約不適合を理由とする権利を行使できないこととされた（566条）。その理由については、①目的物の引渡しによって履行は完了したという売主の期待を保護する必要があること、②物に関する不適合の有無は使用や時間経過による劣化などによって比較的短期間で判断が困難となるため、短期の期間制限によって早期に法律関係を安定させる必要があることなどが挙げられている（部会資料75A・23頁）。なお、従来の判例は、権利の保存のために1年の期間内に行うべきことにつき、「売主の担保責任を問う意思を……明確に告げること」で足りるとしつつ、その

434　**48**　売買

具体的内容として、「売主に対し、具体的に瑕疵の内容とそれに基づく損害賠償請求をする旨を表明し、請求する損害額の算定の根拠を示す」ことなどが必要となるとしていたのに対し（最判平成4・10・20民集46巻7号1129頁）、改正民法においては、不適合があることの通知のみで買主の権利が保存されることになり、判例の立場よりも買主の権利保存にとってより緩和された取扱いとなっている点に留意を要する（以上につき、中間試案補足説明412頁）。

　また、買主の通知義務を基礎とした以上の1年の期間制限については、引渡しの時に売主が不適合を知りまたは重大な過失によって知らなかったときは、そのような売主に関しては短期期間制限によって保護すべき必要性は認められないため、改正民法566条ただし書によりこの期間制限を適用しないものとされている（中間試案補足説明412頁）。

　なお、以上の短期期間制限に関する規律は、消滅時効の一般原則の適用を排除するものではなく、期間内の通知によって保存された買主の権利は、債権に関する消滅時効の一般原則に従うものとされている（部会資料75A・24頁）。すなわち、物の種類・品質における不適合を理由とする買主の権利は、引渡時から10年または不適合を知った時から5年という二重の時効期間の下で、消滅時効にかかることとなる（166条1項）。

2　権利および（物の）数量に関する契約不適合についての取扱い

　権利に関する契約不適合については、権利移転義務の不履行に関しては短期間でその不履行の判断が困難になるとは考えがたく、消滅時効の一般原則と異なる短期の期間制限を必要とする趣旨が妥当しないとの理由により、短期の期間制限に関する特則を設けないこととされた（中間試案補足説明419頁）。したがって、この場合には、消滅時効の一般原則に従った取扱いのみが妥当することになる。

　物の数量における契約不適合についても、物の種類・品質に関する契約不適合の場合とは異なり、1年の期間制限に関する改正民法566条の適用対象に含められていない。この点に関しては、数量不足は外形上明白であり、履行が終了したとの期待が売主に生じることは考えがたく、買主の権利行使期

間を制限してまで売主を保護する必要性は乏しい、との理由が示されている（部会資料75A・24頁以下）。

IV　危険の移転

1　引渡しによる買主への危険の移転

　売買契約の目的物が売主の帰責事由によらずに滅失・損傷した場合につき、改正前民法534条によれば、その滅失・損傷の危険は買主が負担することとされていた。しかし、本条の定める危険負担の債権者主義については、少なくとも買主に実質的な支配が移転する以前において買主が危険を負担すべき合理的根拠は存在しない、といった批判が強く向けられていた。また、目的物に対する支配が移転した時に危険の移転を認めるとしても、引渡し・所有権移転・登記移転といったメルクマールのいずれをもって支配の移転を認めるかについては、学説上見解が分かれていた（以上につき、新注民⑬〔補訂版〕650頁以下〔甲斐道太郎〕を参照のこと）。

　これに対し、改正民法においては、解除制度と危険負担制度の見直しに伴って、危険負担の債権者主義を定める改正前民法534条は削除されることになったものの、実質的な支配の移転があった時点以降における危険について買主への移転が認められるかどうかといった危険の移転をめぐる問題については、危険負担に関する一般規定においては規定されていない。より具体的には、何らかの事由による危険の移転をもって、危険負担の債務者主義を定める改正民法536条に基づく反対債務の履行拒絶権やその他の救済手段（解除権など）が遮断されることになるのか、という問題がなお残ることとなる。

　この点に関し、改正民法においては、危険の移転が最も典型的に問題となる売買契約に関する規定として、目的物の滅失・損傷に関する危険の移転時期を目的物の引渡時とする規律を定めることとなった（中間試案補足説明428頁）。その結果、目的物の引渡時以降に当事者双方に帰責事由なくして目的物が滅失・損傷した場合には、買主は、その滅失・損傷を理由とする救済手段（追完請求、代金減額請求、損害賠償請求、解除）を行使することができず、

436　　48　売買

また代金の支払を拒絶することができない旨の規定が定められた（567条1項）。ここでは、引渡しによる危険の移転の効果に関し、反対債務の履行拒絶権の排除という対価危険の移転に係る効果だけでなく、追完請求権等の排除という給付危険の移転にかかる効果も含まれている点が重要である。なお、買主への危険の移転により権利行使が否定されるのは「その滅失又は損傷を理由」としたものに限られるため、引渡以前に生じていた契約不適合等を理由とした権利行使は妨げられない。

　改正民法567条1項の規律内容に関しては、目的物が「売買の目的として特定」されている場合に限られている点に、留意を要する。特定物および特定した種類物がここでの規律の対象となることを明確にする趣旨に基づくものであり（部会資料83-2・43頁）、種類物たる目的物に契約不適合があることによって特定が生じない場合には、引渡後であっても危険は買主に移転しないことになる（なお、どのような内容・程度の契約不適合がある場合に同条における「特定」が妨げられ得るのかについては、今後の解釈に委ねられている）。

　以上の規定に関しては、目的物たる種類物が特定した後、引渡前に目的物が滅失・損傷した場合における危険の移転（とくに、給付危険の移転）についてどのように考えるのか、という問題がある（この問題点につき、山野目195頁以下を参照のこと）。この点に関しては、改正民法567条1項の反対解釈により、引渡しがなされない限りは特定が生じていても買主に危険は移転しないという帰結が導かれ得るが、そのような解釈以外の可能性——例えば、引渡しによる危険の移転について規定する同項は、引渡し以外の事由による危険移転の可能性を否定するものではなく、給付危険については民法401条2項における「特定」の効果としても移転する、といった解釈——が文言上当然に排除されているわけではない（改正民法の下でも特定による給付危険の移転を認める見解として、山本敬三「契約責任法の改正——民法改正法案の概要とその趣旨」曹時68巻5号〔2016〕1260頁、中田・契約法330頁以下などがある）。また、具体的な契約解釈の帰結として、特定が生じた場合には危険が移転する旨の個別の合意が認定されるような場面も、少なからず存在し得るものと考えられる。もっとも、特定物債務に関しては、（買主の受領遅滞の場合などを除けば）引渡前には買主への危険移転の契機は存在せず、契約に適合した

目的物を引き渡すことに関する重い責任と危険を売主が負担することにかんがみれば、種類物債務に関する危険の移転についてのデフォルト・ルールとしても、特定が生じていても引渡しがなされるまでは買主に危険（給付危険を含む）は移転しないものと解するのが整合的であろう。

2　買主の受領遅滞中の目的物の滅失・損傷に関する危険

改正民法においては、債権者が受領遅滞中に当事者双方の責めに帰することができない事由によって債務の履行が不能となった場合には、その不能は債権者の帰責事由によるものとみなす——その結果、債権者からの解除および反対債務の履行拒絶の主張が排除される（536条2項・543条）——という規定が定められることとなっている（413条の2第2項）。受領遅滞中に生じた危険については債権者が負担する趣旨であるが、以上の規定の適用場面は、受領遅滞中の不能の場合に限られている。この点、受領遅滞中の目的物の滅失・損傷に際して履行の追完が可能であるような場合についても、履行不能の場合と同様に債権者が危険を負担すべきであるとして、その場合をも適用対象に含める形で売買契約上のルールとして規律を整備したのが、改正民法567条2項の規定である（部会資料75A・31頁）。すなわち、売主が契約の内容に適合した目的物の引渡しを提供したにもかかわらず買主側での受領拒絶・受領不能があった場合には、買主に危険が移転し、改正民法567条1項と同様の規律に服することとなる。

438　**48**　売買

49 贈与

京都大学教授 **横山 美夏**

要点

① 贈与の目的
② 書面によらない贈与の解除
③ 贈与者の義務

解説

I はじめに

　贈与は、当事者の一方が相手方に「財産」を「無償で与える」契約をいう（549条）。贈与は、無償契約であり、かつ、贈与者のみが「与える」債務を負う片務契約である。

　贈与は、友人や家族への贈り物、お祝いや見舞いなどの社交として行われるほか、家族間における財産承継の手段として用いられることもある。例えば、独立して生活をはじめる子に親が生活の資本として相当額の金銭を贈与したり、家業を継がせるため、親が子に家業に関わる財産を贈与する場合がそれに当たる。また、災害支援をする各種団体などへの寄付も贈与である。

　このように、贈与は贈与者と受贈者との人間関係を背景として行われることが多い。その場合、贈与者の意思表示は、商品取引におけるような合理的な計算に基づいてはされないのが通常である。

　贈与は、諾成契約であって、当事者の合意のみによって成立する（549条）。この点、外国には、無償契約である贈与の持つ上記の性質を考慮し、公正証書の作成など一定の形式を贈与契約の成立要件とする立法例もある。しかし、民法は、公正証書の作成がわが国の慣行に馴染まないなどの理由により、贈

与を要式契約としなかった。民法は、その上で、書面によらない贈与については、履行の終わった部分を除き、贈与の解消を認めることにより（550条）、贈与の拘束力を段階的なものにしている。

II　改正前民法下の議論

1　贈与の目的

(1)　「財産」の意味

改正前民法549条は、贈与の目的を「自己の財産」と定めていた。これは、売買が「財産権」（555条）の移転を目的とするのと異なる。贈与が「財産権」ではなく「財産」を与える契約と定義されたのは、民法の起草者（穂積陳重）が、贈与を、財産権の移転に限らず、より広く、贈与者が自己の財産により受贈者に利益を与えることを目的とする契約と理解していたことによる。起草者は、例えば、債務の免除も贈与であると解していた（法典調査会速記録三〔商事法務版〕837頁以下）。

贈与の範囲について、学説の見解は分かれている。例えば、債務の免除についてはこれを否定する見解もある（中田・契約法267頁以下参照）。また、労務の無償提供も贈与とする見解がある（川井健・民法概論(4)〔補訂版〕〔有斐閣、2010〕111頁）一方で、労務の提供は受贈者および贈与者の財産の増減を生じさせないことなどから、贈与ではないとする見解も少なくない（新注民(14)19頁〔柚木馨＝松川正毅〕、三宅正男・契約法〔各論〕(上)〔青林書院、1983〕6頁、潮見佳男・契約各論I〔信山社、2002〕51頁）。このほか、用益物権の設定は、それが無償であるときは贈与であるとする見解もある（注民(14)16頁）。

もっとも、贈与に関する学説の議論は、所有権を中心に主として財産権を無償で移転する場合を念頭に展開してきた。

(2)　他人の財産の贈与

改正前民法549条は贈与の目的を「自己の財産」と定めているが、民法の起草者は、他人の財産を目的とする贈与が有効であることは売買の場合と変わりがないと考えていた。判例（最判昭和44・1・31集民94号167頁）・通説も、他人物の贈与を有効としている。

2 書面によらない贈与の解消

　改正前民法は、贈与が書面によらない場合にその拘束力を弱めた。これは、贈与が、当事者間の人間関係や、贈与者の受贈者に対する親愛の情などを基礎とする無償契約であることによる。贈与が書面によらない場合、当事者は、契約を撤回して未履行部分につき贈与契約の拘束力を免れることができる（旧550条）。これに対し、書面による贈与は、未履行であっても、各当事者は撤回により一方的にその効力を失わせることができない。改正前民法が、贈与に契約成立時から完全な拘束力を与えるためには書面の作成が必要であるとする趣旨は、書面によって当事者の意思を明確にすることおよび、贈与者が軽率に贈与をすることを予防することにある（大判明治40・5・6民録13輯503頁、最判昭和60・11・29民集39巻7号1719頁）。

　改正前民法550条の定める「書面」の意義につき、判例は、これを非常に緩やかに解している（池田清治「民法550条（贈与の取消）」広中俊雄＝星野英一編・民法典の百年Ⅲ〔有斐閣、1998〕261頁以下、新注民⑭40頁〔柚木＝松川〕参照）。判例によれば、本条の「書面」は、贈与契約書である必要はなく（大判昭和9・2・22法学3巻9号108頁）、受贈者の贈与者に対する贈与の意思表示が書面によって明らかにされていれば足りる（前掲・大判明治40・5・6）。贈与の意思表示についても、受贈者名が当該書面に記載されていることは不要である（大判昭和2・10・31民集6巻581頁）。また、契約当事者ではなく第三者との間で作成された書面であっても、書面性の要件を満たし得る。例えば、前掲・最判昭和60・11・29は、Aから購入した不動産をCに贈与したBが、売主Aに対し、Cへ直接に目的不動産の所有権移転登記をするよう求めた内容証明郵便を、DC間の贈与の書面に該当すると判断した。学説では、書面性について判例と同様に解する見解（我妻・債権各論中Ⅰ228頁）がある一方、判例に批判的な見解も主張されている。それによれば、本条の「書面」は、贈与の意思を明確にして紛争を予防するという立法趣旨に照らし、契約当事者の名前、贈与の目的物および贈与の意思が書面に記載される必要があり、原則として、当事者間で作成され、受贈者に交付された書面でなければならない（新注民⑭42頁以下〔柚木＝松川〕）。

書面によらない贈与を撤回できるのは「各当事者」であるから（旧550条）、贈与者のみならず受贈者も本条により契約を撤回できる。

3　贈与者の義務

贈与者は、契約によって負担した財産的出捐を完了する債務を負う（我妻・債権各論中Ⅰ 231頁）。

贈与者の担保責任につき、改正前民法551条1項は、次のように定めていた。「贈与者は、贈与の目的である物又は権利の瑕疵又は不存在について、その責任を負わない。ただし、贈与者がその瑕疵又は不存在を知りながら受贈者に告げなかったときは、この限りではない」。

本項の意義について、民法の起草者は、特定物の贈与を前提に、代価の支払がない贈与においては、贈与者は「夫レ丈ケノモノヲヤルト云フノデアッテ」相手方も「夫レダケノモノヲ貰ウト思フベキノガ当リ前デアリマスルカラ夫故ニ権利ノ瑕疵又ハ物ノ瑕疵ニ付テハ其責ニ贈与者ハ任ゼヌト云フコトニスルノガ正当」であると述べている（法典調査会速記録三〔商事法務版〕844頁）。起草者によれば、本項本文は、無償契約である贈与における通常の当事者の意思を示したものである。すなわち、無償契約である贈与の当事者は、贈与者が目的物をその現状有姿のまま、その権利の状態で与えるのが通常の意思であると考えられた（民法修正案（前三篇）の理由書529頁、潮見・前掲契約各論Ⅰ52頁）。また、起草者は、贈与者の担保責任が問題となるのは、物の瑕疵によって受贈者の人身や財産に損傷を惹起した場合であるとし、贈与者は瑕疵があることを知りながらこれを受贈者に告げなかったときに受贈者に生じたこれらの損害を賠償する責任を負うと説明している（法典調査会速記録三〔商事法務版〕844頁、来栖・契約法240頁）。

学説は、売主の担保責任に関する議論を贈与にも反映させつつ、贈与の無償性が当事者の合理的意思または法定責任の内容にどのように影響するかを考慮して、贈与者の担保責任の具体的内容を結論づける。改正前民法551条1項ただし書の趣旨については、物または権利の瑕疵を知らなかった受贈者の信頼を保護するために一種の法定責任を定めたと解する見解（注民(14)31頁以下）、一般的な当事者の意思を定めたものと解する見解（来栖・契約法237

頁、内田Ⅱ 168 頁）などが主張されている。また、贈与者が賠償すべき損害については、受贈者の身体や財産に生じた損害と理解する見解もある（来栖・契約法 237 頁）が、通説は、受贈者が物または権利の瑕疵または不存在がないと誤信したことによる利益（信頼利益）であると解している（我妻・債権各論中Ⅰ 232 頁）。

Ⅲ　改正民法の枠組み

1　贈与の目的

　改正民法 549 条は、第 1 に、改正前と同様、贈与の目的を「財産」と定める。改正案の立案過程では、当初、贈与の目的を「財産権」とし、贈与を「財産権を移転する」契約と定義することが検討された。それによれば、債務免除、用益権の設定などは贈与に当たらないことになる（中間試案第 36、1）。しかし、贈与の目的を財産権の移転に限定すると、財産権とはいえない利益（顧客関係や営業秘密など）を無償で与える契約に関する規律が不明確になること、無償の消費貸借との区別が困難になること、などを理由に（部会資料 75A・34-35 頁）、改正前の用語が維持された。したがって、贈与の目的は財産権に限定されず、また、「与える」とは、移転に限らず、贈与者が受贈者の財産を増加させることを広く意味する。したがって、債務免除の合意や債権放棄の合意は、それが無償でされたときは贈与に当たるかどうかが改正民法でも問題となる。

　改正前と同じく、財産でないものは贈与の目的とはならない。例えば、血液・臓器・生殖子など、人体の一部は贈与契約の対象とはならない（中田・契約法 267 頁）。同様に、労務は人間の行為であってそれ自体は財産ではないから、無償の労務提供は贈与には当たらないというべきであろう。

　第 2 に、改正民法は、自己の財産のみならず他人の財産を目的とする贈与も有効であるとするこれまでの判例・通説の考え方を条文上明確にするため、改正前は「自己の財産」とされていた規定を「ある財産」とあらためた。他人の財産を贈与の目的とした場合に、贈与者が他人の財産を取得する義務まで負うかどうかは、契約の内容による（中田・契約法 268 頁）。改正案の立案

過程では、贈与が無償契約であることに照らし、他人の財産を取得する義務までは負わないと定めることも提案されたが（部会資料81B・20頁）、判例・学説の蓄積が少ない中、原則をそのように定めることには慎重であるべきとして、見送られた。改正民法に関する学説には、他人の財産を贈与した者はその財産を取得する義務を負う点で売主と異ならないとする見解もある（潮見佳男・債権各論Ⅰ〔第3版〕〔新世社、2017〕121頁）。

2　書面によらない贈与の解消

改正民法は、改正前民法550条の考え方を維持した上で、贈与の「撤回」という表現を「解除」にあらためた。これは、民法は、意思表示に瑕疵があることを理由としないで契約の効力を消滅させる行為を意味する語として、同条を除き「解除」を用いていること、「撤回」は、同条以外、意思表示の効力を消滅させる意味で用いられていることを理由とする（部会資料84-3・15頁。中田・契約法189条参照）。

改正案の立案過程では、改正前民法550条の「書面」の内容を条文上明確にすることも検討の対象とされたが（論点整理補足説明317頁）、改正は見送られた。その結果、改正民法の下でも、550条の「書面」とは何かが引き続き問題となる。贈与が契約成立時に完全な拘束力を生じるために書面を要求する趣旨は、意思の明確化および軽率な贈与の予防にあることからすれば、贈与が「書面による」といえるためには、当該書面が贈与契約の当事者間で作成され、かつ、贈与の当事者、贈与の意思および贈与の目的を書面によって確定できることが必要と解すべきであろう（詳解Ⅳ166頁参照）。

3　贈与者の義務

贈与者は、改正前と同様、契約によって負担した財産的出捐を完了する債務を負う。贈与が物の占有を伴う財産権を目的とする場合、贈与者は目的物を受贈者に引き渡す義務を負う。また、贈与の目的である財産権の設定・移転が登記などを対抗要件とする場合、贈与者は対抗要件を備える義務を負う。このほか、債権の放棄や債務の免除を内容とする贈与契約が締結された場合、これを贈与と認める見解によれば、贈与者の受贈者に対する債権は贈与契約

の意思表示によって消滅するが、贈与者は、当該債権を被担保債権とする抵当権を自ら有していたときは、抵当権抹消登記を行う義務を負う。

　贈与の目的が物または財産権である場合、贈与者は、「贈与の目的である物又は権利を、贈与の目的として特定した時の状態で引渡し、または移転することを約した」と推定される（551条1項）。同項は、贈与者が、契約に定められた物または権利を引渡しまたは移転する義務を負うことを前提として、無償契約である贈与における当事者の通常の意思を推定する。「贈与の目的として特定した時」とは、特定物贈与のときは契約時を、不特定物贈与のときは目的が特定した時（401条2項）をいう（潮見・前掲債権各論Ⅰ120頁、中田・契約法271頁）。不特定物については、契約内容に適合した品質を先に決めなければ「特定」の有無は決まらないので、このような推定規定を置くことは無意味であるとの指摘もある（潮見・前掲債権各論Ⅰ120頁）。しかしながら、不特定物についても、当事者は、将来目的物が選定された時点でのその物の品質および権利の状態を給付の目的とすることを、あらかじめ契約時に合意していたと推定する余地はあると考えられる。いずれにせよ、同項は当事者の意思を推定する規定であるから、特定物贈与であれ不特定物贈与であれ、目的物が特定の品質を有することを合意していたときなど、当事者の意思が同項と異なる場合はそれに従う。

　贈与者は、これらの義務に反したときは、債務不履行に関する一般原則に従って責任を負う。

50 消費貸借

大阪大学教授　千葉惠美子

要点

① 書面による諾成的消費貸借を要物的消費貸借契約ともに典型契約として承認

② 書面による諾成的消費貸借における借主の特別解除権の導入

③ 期限前弁済に関して民法 136 条 2 項の特則規定の追加

④ 消費貸借の予約に関する条文の削除と利息付消費貸借の予約の可否

⑤ 利息債権の発生原因・発生時期の明文化

解説

I　はじめに

　消費貸借に関する主要な改正点は以下のとおりである。第 1 に、書面（電磁的記録を含む）によることを要件として諾成的消費貸借契約を典型契約として承認（587 条の 2）するとともに、これまでの要物契約としての消費貸借（587 条）も典型契約として残すことになった（Ⅱ 1 参照）。

　第 2 に、書面による諾成的消費貸借の成立によって、貸主には目的物の交付義務（借主からの目的物引渡請求権）が発生することになり、貸主は、借主の目的物返還義務との関係では先履行義務を負うことになるが、借主が目的物を受領するまでは、借主に特別の解除権が認められることになった。上記解除によって貸主が損害を被った場合には借主に対して賠償を請求できる旨が規定された（587 条の 2 第 2 項。Ⅱ 2 参照）。

　第 3 に、民法 136 条 2 項の特則として、期限の利益を放棄して弁済をした場合には、返還時期を定めたとしても借主はいつでも返還できること、その

場合に、貸主は当初の返済期限までの利息全額を借主に請求できるのではなくて、借主による期限前弁済によって貸主に損害が生じた場合に賠償することができるとする明文規定が置かれることになった（591条2項3項。Ⅱ3参照）。

第4に、改正前民法589条が削除され、改正民法では消費貸借の予約という用語が使われていない。改正民法の下で、消費貸借の予約が成立するのかどうか、成立した場合にどのような効力が生じるのかは、民法559条によって、売買の一方の予約を規定する民法556条が、利息付消費貸借契約の場合にも準用されるかどうかという観点からまずは検討されることになる（Ⅲ参照）。

第5に、消費貸借において利息を請求できるかどうかは、契約の当事者間に利息契約があるかどうかによる（589条）。もっとも、商人間の消費貸借については特約がなくても利息を請求できる（商513条1項）。また、改正民法は、目的物の利用の対価として、目的物の利用期間に応じて一定の割合（利率）で借主から貸主に支払われる金銭を利息と解してきた判例（最判昭和33・6・6民集12巻9号1373頁）を前提に、貸主は目的物の受領日から利息を請求できるとする明文規定を置いた（589条2項）。

この他、貸主の担保責任については、売主の担保責任に関する規定を準用した上で（559条）、無利息の場合については贈与に関する改正民法551条を準用し、貸主は原則として目的物が特定した時の状態で目的物を引き渡せば足りるものとした（591条1項）。

Ⅱ　典型契約としての消費貸借契約

1　消費貸借契約の成立

(1)　諾成消費貸借契約の承認

消費貸借契約は、同種・同量・同等の物を返還すればよく、有償か無償かを問わない点に特色がある。沿革的理由および無償の消費貸借があることから、これまで消費貸借契約は要物契約とされてきた。しかし、目的物の交付に先立って貸借の合意だけがある場合に、要物契約であることを根拠に、上記合意にまったく拘束力を認めないと解することは実務的にも理論的にも多くの問題がある。そこで、実務では、非典型契約として諾成的消費貸借契約

を締結したと構成して、あるいは、これを要物契約である消費貸借の予約であると構成して、上記合意に拘束力を認めてきた。学説上も、成立要件として要物性を要求するのは無利息の消費者貸借契約の場合に限られるべきであるとする見解や、有償契約である利息付消費貸借契約については諾成的消費貸借契約が成立していると解する見解、あるいは、契約自由の原則に基づいて非典型契約として諾成的消費貸借契約を認める見解が主張されてきた。

改正民法では、要物契約としての消費貸借契約（587条）に並置して、書面（電磁的記録を含む）によることを要件として諾成的消費貸借契約を典型契約として認めることになった（587条の2第1項4項）。この結果、消費貸借には、成立要件を異にする2つの類型があることになり、前者の場合には目的物を受領した時点で、後者の場合には、書面による合意があった時点で消費貸借契約が成立することになる。また、改正民法では、書面による諾成的消費貸借契約の場合にだけ、契約成立後も借主に法定の解除権が認められている（2(1)参照）。したがって、要物契約としての消費貸借契約における目的物の返還約束と書面でする諾成的消費貸借契約を区別する必要があり、要物契約としての消費貸借が原則、書面による諾成的消費貸借を例外とする関係にはない（反対、中田・契約法349頁）。

(2)　書面を成立要件とする趣旨

諾成消費貸借契約の成立要件に書面が求められているのは、諾成的消費貸借契約の場合には利息の有無にかかわらず、契約当事者の合意によって契約の拘束力が生じるからである（同旨、中田・契約法350頁）。したがって、借主の借りる意思が書面において表れていること、また、貸主にとっても貸す義務が生じることから、目的物の受領前に貸主の貸す意思が書面に表れていることが必要となる（同旨、一問一答293頁）。

金融機関で融資を決定した場合、金銭の消費貸借の合意について公正証書を作成し抵当権の登記をしてから金銭を交付するのが実務では一般的である。この場合に、書面で借り手の借りる意思・貸し手の貸す意思が明確である場合には、書面の授受の時点で諾成的消費者契約が成立するものと解すべきことになる。書面によるが、上記の意思が明確でない場合には、要物契約としての消費貸借契約の成立要件を充足する限り、消費貸借は成立する。金銭が

交付されてはじめて消費貸借契約が成立する要物的消費貸借の場合には、抵当権の設定契約後に貸金債権が発生することになるが、この場合にも、抵当権の附従性の緩和という観点から抵当権の効力を認める判決（大判明治38・12・6民録11輯1653頁）や、上記のような公正証書についても債務名義としての効力を肯定する判決（大判昭和5・12・24民集9巻1197頁など）は、改正後も維持されることになり、これまでの解釈論に変更はない。

　特定融資枠契約に関する法律では、借り手（一定の要件を備えた株式会社、大企業などに限定）の将来の資金需要にあらかじめ備える目的で、金融機関が、定められた期間と融資枠の限度で、貸し出す義務を負担する契約（コミットメントライン契約）について定めている。そこでは、借主となるべき者による予約完結権の行使によって諾成的消費貸借契約が成立することになる（特定融資枠2条）。予約完結権の行使によって成立する本契約について個別に書面がなかったとしても、コミットメントライン契約自体が書面でなされている限り、予約完結権行使の時点で書面による諾成的消費貸借契約が成立したものと解される（同旨、一問一答293頁。予約との関係についてはⅢ参照）。

　一方、一般当座貸越契約の法的性質をめぐっては、手形などの決済資金の立替払であるとする委任契約説と金銭消費貸借説（消費貸借予約説・停止条件付消費貸借説）が対立してきたが、約定された極度額の限度で当座預金残高を超えて手形・小切手が提示されたときに融資を行われているのが実態であり、後者と解するべきである。ただ、一般当座貸越契約では、金融機関は金融情勢の変化、債権保全その他相当の事由がある場合には貸越義務、つまり融資義務を免れることが約定されており、当座貸越契約の時点で貸し手が貸付義務を負っているとはいえない。したがって、当座貸越契約が書面でなされたとしても、その時点で書面による諾成的消費貸借契約が成立したものと解すべきではないだろう。もっとも、このような目的物の返還約束を要物契約としての消費貸借の予約と解する余地がないのかどうかは、別の問題である（Ⅲ参照）。これに対して、総合口座取引における自動貸越の場合には、一定の限度額の範囲で貸付義務があることから、書面による諾成的消費貸借契約であると解すべきであろう。

449

(3) 準消費貸借の意義と制度趣旨の変更

判例・通説は、改正前民法588条に、「消費貸借によらないで」という文言があるにもかかわらず、この点を準消費貸借の要件とはせずに、借換え、借入金債務の一本化など消費貸借契約に基づく債務を旧債務として準消費貸借契約を締結することができると解してきた。改正民法では、この点を明確にするために、「消費貸借によらないで」という文言を削除することにした。

準消費貸借では、当事者の合意のみによって消費貸借の成立を認めることになるから、これまで改正前民法588条は消費貸借契約の要物性を緩和するための規定と解されてきた。しかし、改正民法では、書面による諾成的消費貸借に基づいて発生する債務についても準消費貸借を認めることになるから、改正民法588条は書面によらない諾成的消費貸借の成立をも認めていることになる。このような2つの効果を生じさせる同条の制度趣旨を統一的に説明するとすれば、準消費貸借は、金銭その他の物を給付する既存債務を消費貸借の目的とする新たな債務へ変更する制度であると解するしかないだろう。改正民法の下では、従前の債務を消滅する意思が明確な場合には、更改契約（513条1号）、この点が不明な場合には、準消費貸借と解することになろう。

2 消費貸借契約の効力

⑴ 書面による諾成的消費貸借の効力

（ⅰ） 貸主の目的物の交付義務と借主の目的物の返還義務

書面による諾成的消費貸借によって消費貸借契約が成立すると、貸主は、原則として約定の金額を約定の時期に借主に交付すべき義務を負うことになる。借主からみれば、貸主に対する目的物引渡請求権が発生することになる。したがって、上記債権を第三者に譲渡することも、借主の債権者が差押えをすることも可能である（なお、この場合にも目的物の返還義務を負うのは、諾成的消費貸借の借主であって、この点に変わりはない）。また、相殺も理論的には可能である。

相続や会社の合併・会社分割などによって消費貸借契約上の借主の地位が包括承継される場合には、借主の資力が変化する可能性があるから、借主の信用リスクを回避するためには特約条項を定めておくことが必要となる。

貸主の目的物交付義務は、借主の目的物返還義務に対して先履行の関係に立つ。借主からすれば、貸借の合意に基づいて、一定の期間、目的物を利用できることが前提となることから、諾成的消費貸借の場合にも、目的物を交付後、一定の期間を経過するまでは貸主は目的物の返還を求められないことになる（587条の2第1項）。

貸主が目的物の交付義務に違反した場合には、借主は目的物の引渡しを求められるほか（最判昭和48・3・16金法683号25頁）、目的物交付義務の違反を原因として損害賠償を請求できる。金銭消費貸借の場合、損害賠償の範囲については、改正前民法419条1項に基づき法定利率によるとする見解と、特定の目的のために貸付が実行されることを認識しながら、融資を拒絶した場合に、借主の実損額を賠償の範囲に含めるべきであるとして、改正前民法416条に基づいて損害賠償の範囲を画定するべきであるとする見解が対立してきた（窪田充見「金銭債務の不履行と損害賠償」前田達明ほか編・奥田昌道先生還暦記念・民事法理論の諸問題(下)〔成文堂、1995〕327頁など参照）が、改正によってこの対立は解消されないものと解される。

(ii) 借主の特別な解除権

諾成的消費貸借が成立し貸主の目的物交付義務が発生したとしても、借主が貸主から目的物を受領するまでは、借主は契約を解除できる（587条の2第2項第1文）。改正民法は資金需要がなくなった借主に契約の拘束力から解放される手段を与えており、諾成的消費貸借が成立したからといって借主に借りる義務が発生するわけではない。

借主の法定の解除権によって、貸主も目的物の交付義務を免れることになる。この結果、利息付消費貸借の場合には、利息の約定があったとしても、借主は利息の支払義務を免れることになる。上記解除権は契約の拘束力を制限するために法律が認めた権利であるから、当事者間の約定で制限することはできないものと解される（強行規定。同旨、一問一答294頁）。

なお、改正民法（587条の2第2項第2文）は借主による特別の解除権の行使と貸主の損害の発生との間に因果関係がある場合には、貸主による損害賠償請求を妨げないことを注意的に規定し、貸主との利害の調整を図っている（部会資料70A・51頁以下参照）。上記因果関係および損害の発生とその額に

ついての立証責任は、貸主が負担することになる。損害としては、契約費用などの事務コスト・資金調達コストのほか、目的物交付後に発生するはずであった利息相当額（いわば、得べかりし利息）が問題となるが、目的物が金銭で貸主が再運用している場合には資金調達費用を損害と解すことはできない。また、金銭の交付がない以上、利息相当額について損害賠償を求めることはできないものと解される。

(iii) 当事者の資産状態の悪化と貸主の目的物交付義務

借主の資産状態が、貸主から金銭等の交付を受ける前に悪化する場合には、十分な担保の提供などがない限り、貸主は目的物交付義務の履行を拒絶できると解すべきである（不安の抗弁権）。この点に関連して、改正民法（587条の2第3項）では貸主から借主が目的物の受領する前に、当事者の一方が破産手続の開始決定を受けた場合には、改正前民法589条と同様、消費貸借はその効力を失うとする規定を置いている（部会資料70A・52頁以下参照）。借主破産の場合には返済を期待できず、貸主破産の場合には借主が金銭の交付請求権を破産債権として配当を受けることができるだけになり借入れの目的を果たせないからである。また、消費貸借の効力があるとすると、貸主破産の場合に借主が配当を受けても、借主は消費貸借契約に基づいて配当額を返還することになり、管財人はその分を追加配当することになり、手続が煩雑になるからである。なお、民事再生手続や会社更生手続との関係については解釈に委ねられている。

(2) 期限前弁済

返還時期の定めがある場合には、返済期日まで返還しなくともよいということになるから、借主には期限の利益があることになる。もっとも、借主は、返還時期の定めがあっても、期限の利益を放棄して弁済することはできるから（136条2項本文）、改正民法は、この点を明確にするために、改正前民法591条2項を改正して、当事者が返還時期を定めた場合であっても、借主は返還時期の定めの有無にかかわらず、いつでも返還できるとした。これによって、金利低下時に、長期の固定金利で貸付を受けた借主が、約定の弁済期前に弁済を完了することができることが明確になった。

民法136条2項ただし書によれば、期限の利益の放棄によって相手方の利

益を害することはできないが、改正民法では、期限前弁済を行ったことによって貸主に損害が生じた場合にはその損害を借主に請求できるとする明文の規定が置かれることになった（591条3項）。この規定との関係で問題となるのは、利息付消費貸借の場合に、貸主が、期限前弁済した借主に対して期限までの利息を請求できるのかという点である。

利息は、元本たる金銭の利用の対価であるから、元本債権が期限前に弁済された場合には、約定の弁済期までの元本が消滅していることになり、期限前弁済の時点で、それ以降の利息債権も元本債権に対する付従性の原則によって消滅することになる。しかし、利息債権が消滅したのは借主が約定の弁済期を早めたことに起因する。そこで、改正民法では、借主の期限前弁済と貸主の損害の発生との間に因果関係がある場合に、貸主は借主に損害の賠償請求できるものとしている（部会資料70A・59頁参照）。もっとも、貸主は、借主の期限前弁済によって元本が返還されるから、本来貸付期間内に負担するはずであった目的物の調達コストを免れることになる。また、目的物が金銭の場合には貸主は再運用が可能である。したがって、抽象的には、利息相当額からこれらを控除した額が貸主の損害額になるものと解される（利息の構造については、債権法研究会編・詳説改正債権法〔金融財政事情研究会、2017〕479-482頁参照）。なお、特約によって繰上返済の受付期間を制限することや期限前弁済を制限することは可能であるが、借主の権利を制限することになることから、カードローンや住宅ローンなど定型約款による場合には、借主の権利を一方的に害さないか検討を要する（548条の2第2項）。

Ⅲ　消費貸借の予約

改正前民法589条の削除によって消費貸借の予約という用語が削除されたが、目的物の引渡しをせず、書面によらないで消費貸借の合意をしただけの状態を法的にどのように取り扱うかは、改正民法の下でも問題となる。予約は、本契約を締結する義務を生じさせる契約であるが、相手方が本契約締結に応じない場合に、承諾の意思表示を求める訴訟で勝訴後、成立した本契約に基づいて債務の履行を求める訴訟を提起しなければならないとすることは

迂遠であり、無意味である。そこで、民法556条は当事者の一方が将来売買をすることを約束した場合には、相手方が売買を完結する意思表示をしたときに、売買契約の効力が生じるとする規定を置いている。したがって、同条が準用されるのは、有償の諾成契約の場合であって、消費貸借の場合には、利息付諾成的消費貸借の場合に限られる。

利息付諾成的消費貸借契約の成立を目的とする予約の場合、改正民法587条の2が、諾成的消費貸借の成立要件として、当事者の軽率を予防し、その意思の明確を期するために書面を要求している以上、予約についても書面を要するものと解すべきである（中間試案補足説明445頁）。前述したように、特定融資枠契約は、借り手の意思表示だけで消費貸借契約を成立させることができることから、諾成的消費貸借の成立を目的とする一方の予約であり、借主のみに予約完結権があり、この予約完結権の行使によって本契約が成立するものと解される（権利型の予約。予約に書面があって本契約について書面がない場合についてはⅡ1(2)参照）。

一方、予約が利息付要物的消費貸借契約（返す義務を内容とする片務契約）の成立を目的とする場合には、民法556条（一方の予約）を準用することはできない。要物契約であるのに、一方の意思表示だけで契約の成立を認めることはできないからである。しかし、利息付要物的消費貸借契約についても、将来本契約を締結する義務を生じさせる契約をすることは可能である。このような予約は貸し手側が本契約締結義務を負う片務予約と解される（義務型の予約）。予約に基づいて、貸し手は消費貸借契約の承諾の意思表示をする義務があることになり、借り手に約定の金銭を交付するべき義務（貸す義務）負うことになる。改正民法の下では、一般当座貸越契約を書面による諾成的消費貸借契約と性質決定ができないとしても（Ⅱ1(2)参照）、要物的消費貸借の予約と解する余地はある。

なお、消費貸借の予約が成立する場合にも、貸し手・借り主の一方が破産手続の開始決定を受けたときには、改正民法587条の2第3項が類推適用され、消費貸借の予約の効力は失われるものと解される（中間試案補足説明445頁、一問一答294頁）。

454　50　消費貸借

51 賃貸借・使用貸借(1)
——契約の成立と第三者・賃貸人の地位の移転

早稲田大学教授 **秋山　靖浩**

要点

① 賃貸借の存続期間の上限を 50 年に長期化
② 賃貸不動産が譲渡された場合における賃貸人たる地位の移転、および、不動産の賃借人による返還請求・妨害排除請求に関する規定の明文化

解説

I　はじめに

　賃貸借の成立に関して、改正民法は、賃貸借の存続期間の上限を 50 年に長期化する改正を行った。これにより、借地借家法などの特別法の適用を受けない目的物についても、長期の賃貸借を成立させることが可能になった。

　不動産賃貸借の効力に関して、①改正民法は、改正前の判例法理に従い、賃貸不動産が譲渡された場合において賃貸借が対抗要件を備えていれば、賃貸人たる地位が譲渡人から譲受人に当然に移転すること、また、(対抗要件を備えていなくても) 譲渡人と譲受人との合意により賃貸人たる地位を移転することができることを明文化した。他方で、②賃貸不動産が譲渡されても、譲渡人と譲受人との合意のみで、賃貸人たる地位を譲渡人に留保することが認められた。こちらは、改正前の判例を採用せずに、実務上の要請に応えたものである。さらに、③改正民法は、賃貸不動産の占有を奪ったり妨害している第三者に対し、対抗要件を備えた賃借人が賃借権に基づいて返還請求・妨害排除請求をすることができる旨を規定した。改正前の判例法理を明文化

したものであるが、第三者が不法な侵害者の場合について、争いが残っている。

II　賃貸借の成立

1　賃貸借契約の当事者の基本的な債務

　賃貸借は、①賃貸人となるべき者が目的物の使用収益を賃借人となるべき者にさせること、②賃借人となるべき者がこれに対してその賃料を支払い、引渡しを受けた物を契約終了時に返還することをそれぞれ約することによって成立する、有償・双務・諾成の契約である。②のうち、契約終了時の目的物返還債務は、改正前民法601条には規定されていなかったが、賃借人の基本的な債務の1つであることから改正民法601条に明記された（一問一答310頁）。

2　短期賃貸借

　「処分の権限を有しない者」（不在者の財産管理人〔28条〕、権限の定めのない代理人〔103条〕など）が賃貸借をする場合には、目的物の種類に応じて、改正民法602条1号から4号所定の短期の賃貸借しかすることができない（同条柱書前段）。改正前民法602条は「処分につき行為能力の制限を受けた者」も掲げていたが、この文言が誤解を招きかねないことから、改正民法602条はこれを削除している（一問一答310頁）。

　処分の権限を有しない者が所定の期間を超える賃貸借をしたときには、その賃貸借の期間は所定の期間となり、所定の期間を超える部分の賃貸借契約は無効とされる（602条柱書後段）。改正前民法602条がこの点を明確に定めていなかったことから、明文化を図ったものである（一問一答310頁）。これによると、処分の権限を有しない者が建物所有を目的とする土地の賃貸借（借地借家法3条によると存続期間は30年以上とされる）をした場合には、5年を限度としてその賃貸借契約が有効となるが、このような結論が借地借家法3条・9条との関係で妥当といえるかは疑問が残るとの指摘がある（第55回会議事録2頁〔山野目章夫幹事発言〕）。

3　賃貸借の存続期間

　賃貸借の存続期間の上限は 50 年である（604 条）。

　改正前民法 604 条は、賃貸借の存続期間の上限を 20 年としていた。しかし、一定の類型の賃貸借では、賃借人の保護のためにより長期の存続期間を認めるべきだとする要請が強くなり、特別法において、より長期の存続期間を認める旨の規定が設けられていた（借地借家 3 条・29 条 2 項、農地 19 条など）。さらに、これらの特別法が適用されない賃貸借（例えば、ゴルフ場の敷地の賃貸借、大型プロジェクトにおける重機・プラントの賃貸借など）においても、20 年を超える存続期間を認めてほしいとの実務上の要請があると指摘された。他方で、あまりにも長期にわたる賃貸借は、目的物の所有権にとって過度な負担になるなどの弊害も考えられ、このような弊害に対して公序良俗等の一般原則によっては十分に対応できないおそれもあることから、一定の上限は設けるべきだとされた。

　そこで、改正民法 604 条は、永小作権の存続期間の上限（278 条）などを参考にしつつ、賃貸借の存続期間の上限を 50 年とした（一問一答 315 頁）。これにより、ゴルフ場の敷地の賃貸借や重機・プラントの賃貸借など、上述の特別法が適用されない賃貸借であっても、存続期間の上限を 50 年とする賃貸借契約を締結することができるようになった（なお、本条の改正に伴って農地法 19 条は削除された〔民法の一部を改正する法律の施行に伴う関係法律の整備等に関する法律 253 条〕）。

Ⅲ　不動産賃貸借の対抗力・賃貸人たる地位の移転

1　不動産賃貸借の対抗力

⑴　改正民法 605 条の規律対象

　改正前民法 605 条の下では、不動産の賃貸借が登記を備えているときには、その不動産について物権を取得した者などの第三者との関係で、①その賃借権を対抗することができること（賃借権の対抗の問題）と、②賃貸人たる地位がその者に移転すること（賃貸人たる地位の移転の問題）の両者が規律され

ていると理解されてきた。

これに対し、改正民法は、①②を区別して規律するべきであるとの指摘を
受けて、①については改正民法 605 条が、②については改正民法 605 条の 2
第 1 項がそれぞれ規律するものとした（中間試案補足説明 452 頁。ただし、下
記(3)で述べるように、①と②の区別が不十分な点が残っている）。

(2) 改正民法 605 条の改正点

改正民法 605 条は、改正前民法 605 条から次の点で改正を受けている（中
間試案補足説明 451 頁）。

第 1 に、改正前民法 605 条は「その効力を生ずる」と規定していたが、改
正民法 605 条が賃借権の対抗の問題を規律する内容になったことから（上記
(1)）、「対抗することができる」に変更された。

第 2 に、改正前民法 605 条は「その不動産について物権を取得した者」だ
けを掲げていたが、改正民法 605 条は、「その不動産について物権を取得し
た者その他の第三者」（傍点は著者）と規定した。賃借権の対抗は、その不動
産について物権を取得した者との関係だけでなく、その不動産を差し押えた
者やその不動産をさらに賃借した者（二重賃借人）との関係でも問題となる。
そこで、不動産の賃貸借が登記を備えていれば、差押債権者や二重賃借人の
ような者にも対抗できることを明らかにするために、「その他の第三者」が
付加された。

第 3 に、改正前民法 605 条は「その後その不動産について物権を取得した
者」と規定していたが、改正民法 605 条は「その後」を削除した。賃貸借の
登記をする前に登場した第三者との関係でも、賃借人と第三者との関係は対
抗問題として処理されることを明確化したものである。

(3) 「賃借権の対抗の問題」と「賃貸人たる地位の移転の問題」との区別

改正民法 605 条は賃借権の対抗の問題を規律している（上記(1)参照）。しか
し、同条の「その不動産について物権を取得した者」には文言上、その不動
産の譲受人も含まれるところ、不動産の譲受人と賃借人との関係は、厳密に
いえば、賃借権の対抗の問題とは異なる。賃借権の対抗とは、賃借人が、賃
貸人に対して有している賃借権を、賃貸人以外の第三者（その不動産につい
て抵当権の設定を受けた者など）にも対抗できるかという問題であるのに対し、

譲受人と賃借人との関係は、賃貸人たる地位が譲渡人から譲受人に移転して譲受人が新賃貸人になるか（不動産の譲受人との関係で賃貸借の効力が生じるか）という問題だからである。

その意味で、改正民法は、賃借権の対抗の問題と賃貸人たる地位の移転の問題とを区別して規律する方針を採用したにもかかわらず、その方針が規定の構成・表現に必ずしも反映されていないとの見方もある（第68回会議議事録18-19頁、第71回会議議事録35頁、第79回会議議事録49-50頁等〔山本敬三幹事発言〕）。このような見方によれば、改正民法605条において不動産の譲受人との関係が問題となる場面では、賃貸人たる地位の移転に関わることを明確にするために、「対抗することができる」の文言を（改正前民法605条と同様に）「その効力を生ずる」と読み替えるべきであろう（潮見・改正法の概要294頁）。

2　不動産の賃貸人たる地位の移転

⑴　賃貸人たる地位の当然の移転

(i)　改正前の議論状況

賃貸不動産の所有者が不動産を譲渡した場合において、その賃借権が対抗力を備えているときは、賃貸人たる地位が法律上当然に譲渡人から譲受人に移転すると解されてきた（大判大正10・5・30民録27輯1013頁、最判昭和39・8・28民集18巻7号1354頁など）。その理由として、①賃貸借関係は不動産の所有権と結合する関係（所有者であるからこそ賃借人に対する債務を履行することができる）にあり、所有権が譲受人に移転すると、それに付着した賃貸借関係も当然に移転すること、②このように解しても、所有者たる譲受人は賃借人に対する債務を履行することができるから、賃借人にとって不利益はないこと、などが挙げられた。また、賃貸人たる地位の移転は契約上の地位の移転に当たることから、契約上の地位の移転に関する理論によれば契約の相手方＝賃借人の承諾が必要であるが（最判昭和30・9・29民集9巻10号1472頁）、上記②の理由などから、賃借人の承諾の有無を問うことなく、賃貸人たる地位が当然に移転するとされた（下記⑵も参照）。

もっとも、賃貸不動産の譲受人が賃借人に対して賃貸人たる地位を主張す

459

るには、当該不動産の所有権移転登記を備えていなければならない（大判昭和8・5・9民集12巻1123頁、最判昭和49・3・19民集28巻2号325頁など）。賃借人が民法177条の「第三者」に当たるというのがその理由である（もっとも、学説では、同条の問題ではないとした上で、新たな賃貸人が賃貸人たる地位を主張するための資格要件として登記が必要だと説明する見解が有力であった）。

(ii) 改正民法の規定

改正民法605条の2第1項・3項は、以上の判例法理を明文化したものである（中間試案補足説明451-452頁、一問一答316頁・317頁）。

もっとも、前掲・最判昭和39・8・28は、「特段の事情」のある場合には、賃貸不動産が譲渡されても賃貸人たる地位が移転しないとする例外の可能性を認めていた。改正民法605条の2は、この例外がいつ認められるかについて、（同条2項の場合を除いて）とくに規定しておらず、今後の解釈に委ねられる。

(2) 合意による賃貸人たる地位の移転

(i) 改正前の議論状況

改正前民法の下では、不動産の賃借権が対抗要件を備えていないときでも、賃貸不動産の譲渡人と譲受人との合意により、賃貸人たる地位を譲渡人から譲受人に移転することが認められていた。すなわち、最判昭和46・4・23（民集25巻3号388頁）は、賃貸人が賃貸不動産を譲渡する際に、譲渡人と譲受人の合意により賃貸人の地位を移転することができ、特段の事情のある場合を除き、賃借人の承諾は不要であるとした。賃貸人たる地位の移転は契約上の地位の移転に当たるから、契約上の地位の移転に関する理論によれば、契約の相手方＝賃借人の承諾が必要なはずである（前掲・最判昭和30・9・29）。しかし、賃貸人たる地位の移転の場合には、賃貸人の義務は誰であるかによって履行方法がとくに異なるわけではなく（所有者であれば誰でも履行可能）、しかも、土地所有権の移転に伴って新所有者が賃貸人の義務を承継したほうが賃借人にとってむしろ有利であるとの理由で、賃借人の承諾は不要であるとされた。

(ii) 改正民法の規定

改正民法605条の3前段は、上記の判例法理を明文化し、譲渡人と譲受人

は、賃貸不動産を譲渡する際に合意によって賃貸人たる地位を移転すること
ができ、賃借人の承諾は不要であるとした（一問一答 319 頁）。改正民法では、
合意によって契約上の地位を移転するには契約の相手方の承諾が必要である
旨が明文化されているから（539 条の 2）、改正民法 605 条の 3 前段は、賃借
人の承諾を不要とした点で改正民法 539 条の 2 の特則として位置付けられる
ことになる。

　他方で、前掲・最判昭和 46・4・23 は、賃借人の承諾がなければ賃貸人た
る地位の移転が生じないとする「特段の事情」の可能性を残していた。学説
では、合意によって賃貸人たる地位が移転しても、その移転を賃借人に強制
する理由はないとして、賃借人がただちに異議を述べれば移転した賃貸借関
係の拘束を免れることができると解する見解も主張されていた。この点は改
正民法 605 条の 3 でとくに規律されておらず、今後の解釈に委ねられる。

　なお、改正民法 605 条の 3 後段は、賃貸人たる地位の当然の移転に関する
改正民法 605 条の 2 第 3 項・4 項を、合意による賃貸人たる地位の移転に準
用している。

(3)　賃貸人たる地位の移転と敷金返還債務等の承継

(i)　改正前の議論状況

　賃貸不動産の譲渡に伴って賃貸人たる地位が承継される場合には、①譲渡
人（旧賃貸人）に差し入れられた敷金をめぐる権利義務関係も譲受人（新賃
貸人）に承継され、譲受人が賃借人に対して敷金返還債務を負う（大判昭和
5・7・9 民集 9 巻 839 頁など）。敷金設定契約は賃貸借契約に付随する契約と
しての性質を有しており、賃貸借契約上の賃貸人たる地位が譲受人に移転す
れば、これに付随して敷金設定契約上の地位も譲受人に移転すること、また、
譲受人は敷金の有無や額について調査した上で目的物の譲受代金額を決めら
れるから、敷金返還債務を承継しても不測の不利益を被ることはないこと、
などがその理由である。②その際、承継前に賃借人の旧賃貸人に対する未払
賃料債務等の債務がある場合には、敷金がその弁済に当然に充当され、その
限度において敷金返還請求権は消滅するので、譲受人に承継されるのは充当
後の残額となる（最判昭和 44・7・17 民集 23 巻 8 号 1610 頁など）。

　また、賃貸人の賃借人に対する費用償還債務（608 条）についても、賃貸

不動産の譲渡に伴って賃貸人たる地位が承継されると、譲受人（新賃貸人）が費用償還債務を承継するとされた（最判昭和46・2・19民集25巻1号135頁参照。もっとも、有益費償還債務は賃貸借終了時の賃貸人が負担するから〔608条2項〕、同債務の承継を認める必要性は乏しい）。

(ii) 改正民法の規定

改正民法605条の2第4項は、上記(i)の判例法理①を明文化し、賃貸人たる地位が譲受人に移転したときは、譲受人が賃借人に対する敷金返還債務を承継する旨を規定した。賃借人に対する費用償還債務についても同様である（一問一答317頁。以上の規律は、合意による不動産の賃貸人たる地位の移転にも準用される〔605条の3後段〕）。

これに対し、上記(i)の判例法理②（譲受人が承継する敷金返還債務の範囲）は、これと異なる取扱いをするのが一般的な実務であるとの強い異論が示されたことから、明文化されず、今後の解釈または個別の合意に委ねるものとされた（中間試案補足説明452頁、一問一答318頁注3）。

なお、改正の審議では、譲受人（新所有者）の賃借人に対する敷金返還債務について、譲渡人（旧所有者）もその返還債務の履行担保義務を負担する旨の規律を設けることの当否も検討された（詳解Ⅳ259-260頁、論点整理補足説明333-334頁）。しかし、譲渡人にこのような義務を負わせることは、改正前民法の下での取扱いを変更するものであり、不動産取引の実務への影響が大きいなどの批判が強く、その採用は見送られた（部会資料59・51頁参照）。今後も解釈に委ねられることになろう。

3 不動産の賃貸人たる地位の留保

(1) 改正前の議論状況

(i) 問題の所在

2(1)で触れたように、不動産の賃貸借が対抗要件を備えている場合には、賃貸不動産の所有権が移転すると、賃貸人たる地位も旧所有者（譲渡人）から新所有者（譲受人）に当然に移転する。もっとも、前掲・最判昭和39・8・28は、特段の事情のある場合には賃貸人たる地位が移転せず、譲渡人に留保される可能性を残していた。そこで、どのような要件を充たせば、賃貸

不動産の所有権は譲受人に移転するものの、賃貸人たる地位は譲渡人に留保することが認められるか——上記判例にいう特段の事情に当たるか——が問題となった。

(ii) 最判平成 11・3・25（判時 1674 号 61 頁）

最判平成 11・3・25 は、譲渡人（旧所有者）・譲受人（新所有者）間で賃貸人たる地位を譲渡人に留保する旨の合意（以下、「留保合意」という）をしただけでは、ただちに上記特段の事情があるものということはできず、かかる留保は認められないとした。留保合意に従って賃貸人たる地位の譲渡人への留保を認めると、「賃借人は、建物所有者との間で賃貸借契約を締結したにもかかわらず、新旧所有者間の合意のみによって、建物所有権を有しない転貸人との間の転貸借契約における転借人と同様の地位に立たされる」結果、仮に譲受人が譲渡人の債務不履行を理由に両者間の賃貸借契約（原賃貸借）を解除すると、譲渡人・賃借人間の賃貸借（転貸借）も終了し、賃借人は譲受人からの不動産の返還請求に応じなければならなくなる（最判昭和37・3・29民集 16 巻 3 号 662 頁など）。これでは、賃借人が自己の関与なくしてその地位を不安定に変更されてしまうというわけである。

以上によると、賃貸人たる地位の譲渡人への留保が認められるためには、譲渡人・譲受人・賃借人の三者間でその旨の合意をするか、譲渡人・譲受人間の留保合意を賃借人が承諾することが必要であると解することになる（詳解Ⅳ 256-257 頁参照）。

(iii) 実務上の要請

前掲・最判平成 11・3・25 の解釈に対しては、実務上の要請に対応することができない点が問題視された。近時、賃貸物件を信託的に譲渡する、譲渡担保に供する、不動産小口化商品として販売するなどの事例が増えている（前掲・最判平成11・3・25 もその種の事案だった）。これらの事例では、例えば、賃貸物件の小口化された共有持分権を取得した者（投資家）が賃貸人たる地位まで引き受ける（その結果、賃借人に対する修繕義務や敷金返還義務を負う）ことになれば、そのようなリスクのある商品を購入しようとする者は出てこなくなり、商品化そのものが事実上大きく制約される。そこで、賃貸不動産の所有権は譲受人に移転しても、賃貸人たる地位は譲渡人に留保しておく必

要があるが、その留保のために、譲渡人・譲受人・賃借人で三者間合意をしたり賃借人の承諾を個別に取り付けなければならないとすれば、実務の円滑な遂行に支障を来すことになる。

そこで、学説では、前掲・最判平成11・3・25とは異なり、譲渡人・譲受人間の留保合意によって賃貸人たる地位の譲渡人への留保が認められると解した上で、賃借人の地位の不安定化（転借人と同等の地位にさせられてしまうこと）については、これを回避する方策を別途講じればよいとする見解が有力に主張された。

(2) 改正民法の規定

改正民法605条の2第2項前段は、不動産賃借権が対抗力を備えている場合において、その不動産が譲渡されたときでも、譲渡人と譲受人が、①賃貸人たる地位を譲渡人に留保する旨、および、②その不動産を譲受人が譲渡人に賃貸する旨を合意すれば、賃貸人たる地位は譲受人に移転しないと規定した。

賃貸人たる地位の譲渡人への留保が認められるために、譲渡人（旧所有者）・譲受人（新所有者）間で留保合意（①）に加えて②の合意をも必要とされたのは、以下の理由による（中間試案補足説明453頁）。(a)留保合意がなされる場合には、新所有者から旧所有者に何らかの利用権限が設定されることになるところ、その利用権限の内容を明確にしておくことが望ましい。(b)賃貸人たる地位を留保した状態で新所有者が賃貸不動産をさらに譲渡すると、その譲渡によって新所有者・旧所有者間の利用関係および旧所有者・賃借人間の利用関係がすべて消滅し、新所有者からの譲受人に対して賃借人が自己の賃借権を対抗できなくなるおそれがある。このような疑義を生じさせないために、新所有者・旧所有者間の利用関係を賃貸借としておくことが望ましい。(c)譲渡人・譲受人間の関係を賃貸借に限定したとしても、それによって譲渡人・譲受人間の合意のみで賃貸人たる地位の譲渡人への留保が認められることになる点では、改正前の判例法理の下で賃借人の同意を個別に得ることとしている実務の現状に比べて、不当な不便を課すものではない。

以上の②の合意がなされることにより、譲受人・譲渡人・賃借人の間には、いわば譲受人を賃貸人、譲渡人を賃借人・転貸人、賃借人を転借人とする一

種の転貸借の関係が成立する（潮見・改正法の概要296頁）。この関係には、適法な転貸借に関する改正民法613条1項・2項が適用されると考えられる（第94回会議議事録16頁〔住友俊介関係官発言〕参照）。

　他方で、上記①②の合意により賃貸人たる地位の譲渡人への留保を認めると、前掲・最判平成11・3・25が問題視した賃借人の地位の不安定化が生じる。そこで、改正民法605条の2第2項後段は、上記①②の要件を充たして賃貸人たる地位が譲渡人に留保されている場合でも、譲渡人と譲受人（またはその承継人。以下同じ）との間の賃貸借が終了したときは、賃貸人たる地位は当然に譲受人に移転すると規定した。これにより、賃借人は、譲受人との関係でも、これまでと同様の賃借人の地位を保持し続けることができる。その際、同規定が、譲渡人・譲受人間の賃貸借が終了した場合に賃借人を保護するための特別な規律を設けている以上、譲受人・譲渡人・賃借人間に一種の転貸借関係が成立したとしても、改正民法613条3項はこの場合に適用されないと解すべきである（第94回会議議事録16頁〔住友関係官発言〕・17頁〔岡正晶委員発言〕・19頁〔鎌田薫部会長発言、中井康之委員発言〕のほか、一問一答318頁注1を参照）。

(3) 残された課題——賃貸人たる地位のみの移転

　実務では、賃貸不動産が譲渡された後に、新所有者が、その取得した所有権を自己に留保したまま、賃貸人たる地位のみを（旧所有者以外の）第三者に移転することへのニーズもあるといわれている。

　このような場面は、新所有者が賃貸人たる地位を旧所有者に留保したか、第三者に移転したかの違いにすぎず、その意味で、新所有者が賃貸人たる地位を旧所有者に留保した場面——改正民法605条の2第2項の規律する場面——と同様に捉えることができそうである。そこで、①新所有者と第三者との間で賃貸人たる地位のみを譲渡する旨の合意、および、新所有者を賃貸人、第三者を賃借人とする賃貸借をする旨の合意をしたことを要件とし、かつ、②新所有者・第三者間の賃貸借が終了したときは、賃貸人たる地位が第三者から新所有者に当然に移転するというルールが採用されるならば、新所有者が（賃借人の承諾がなくても）賃貸人たる地位のみを第三者に移転することが許されると解する余地がある（中間試案補足説明454頁）。

しかし、改正民法 605 条の 2 第 2 項の規律する場面は、賃貸人たる地位が譲渡人（旧所有者）に留保されても、賃借人にとっての賃貸人は従前と変わらない——譲渡人（旧所有者）のままである——ことを前提としている。これに対し、上記の場面は、賃貸人たる地位が（旧所有者以外の）第三者に移転することにより、賃借人にとっての賃貸人が当該第三者に変わってしまう。このような契約当事者の変更（賃貸人の変更）は、改正民法 605 条の 2 第 1 項（当然の移転）および改正民法 605 条の 3 （合意による移転）に当たらない以上、他方当事者たる賃借人の承諾がなければ許されないと考えられる（539 条の 2 参照）。

IV　不動産の賃借人による妨害の停止の請求など

1　改正前の議論状況

不動産の賃借人が、当該不動産を占有している者や賃借人の占有を妨害している者に対し、その不動産の返還や妨害停止の請求をすることができるかについて、判例・学説はこれらの者が二重賃借人の場合と不法占拠者の場合とに分けて議論してきた。

まず、二重賃借人の場合、例えば、A が不動産を B に賃貸した後、C にも二重に賃貸し、C がその不動産を占有している場合には、B は、賃借権の対抗要件を備えていれば、その不動産について物権を取得した者だけでなく、賃借権を取得した者（C）に対しても、自己の賃借権を対抗することができる（最判昭和 28・12・18 民集 7 巻 12 号 1515 頁など。その結果、B は C に対して不動産の返還を請求することができる）。不動産賃借権の対抗要件は本来、その不動産について物権を取得した者との関係でもその賃借権を主張できるようにするための要件であるが（旧 605 条参照）、二重賃借人との関係で優劣を判定する基準としても用いているわけである（Ⅲ 1 (2)も参照）。

次に、不法占拠者の場合、例えば、A が不動産を B に賃貸したが、D がその不動産を不法に占有している場合について、判例は、B が賃借権の対抗要件を備えていれば、D に対して賃借権自体に基づく返還請求をすることができるとした（最判昭和 30・4・5 民集 9 巻 4 号 431 頁など。判例は他方で、B

が、AにするＡに対する賃借権を保全するために、ＡのＤに対する所有権に基づく物権的請求権を代位行使する方法も認めている〔大判昭和4・12・16民集8巻944頁など〕）。もっとも、学説では、仮にＢの有する権利が地上権であれば、対抗要件を備えていなくてもＤに対する物権的請求権の行使が認められるから、不動産賃借権についても同様に考えるべきであること、不動産賃借権は保護されるべき必要性が高いこと、さらに、ＤにはＢの対抗要件の不存在を主張する正当な利益がないことなどを理由に、賃借権の対抗要件の有無を問うことなく、ＢのＤに対する賃借権に基づく請求を認めるべきだと解する見解が有力であった。

2　改正民法の規定

改正民法605条の4は、不動産の賃借人が対抗要件（賃借権の登記のほか、借地借家法に基づく対抗要件を含む〔605条の2第1項参照〕）を備えている場合には、賃借権に基づいて妨害排除請求（605条の4第1号）や返還請求（同条2号）をすることができる旨を規定した。これは、従来の判例法理を明文化したものである（一問一答314頁）。これによれば、不動産の賃借人は、二重賃借人との関係でも不法占拠者との関係でも、賃借権の対抗要件を備えていれば上記の請求をすることができる。

3　残された課題

本条に関する残された課題として、次の点を指摘することができる。

第1に、不動産の賃借人が対抗要件を備えている場合に、賃借権に基づいて妨害予防請求（199条参照）をすることもできるかについて、本条は規律していない。一方で、妨害予防請求まで認める判例がないこと、債権たる賃借権に基づいて物権的な請求権が認められるのはあくまでも例外であり、返還請求と妨害排除請求を認めれば足りることなどの理由から、本条は妨害予防請求をあえて外した——妨害予防請求までは認められない——ともいえる。他方で、返還請求と妨害排除請求を認めるのであれば、妨害予防請求まで認めるのが自然であり、本条は妨害予防請求を排除する趣旨まで含んでいないと理解することもできる。今後の解釈に委ねられていると見るべきであろう

（中間試案補足説明 456 頁参照）。

　第 2 に、第三者が何らの権原もなくその不動産の占有を妨害している・その不動産を占有している場合（上記 1 で取り上げた不法占拠者のケースに当たる。以下、「不法占拠者等」という）には、不動産の賃借人が対抗要件を備えていなくても、妨害停止・返還の請求をすることができるだろうか。改正民法 605 条の 4 の反対解釈によれば、請求は否定されることになる。しかし、改正前の議論状況では、この場合には賃借人の請求を認める学説が有力であったこと（上記 1）を踏まえると、同条は、この点についてとくに規定しておらず、今後の解釈に委ねられていると解される（中間試案補足説明 455 頁、潮見・改正法の概要 298 頁参照）。例えば、改正民法 605 条の「第三者」とは、対抗問題の一般法理に照らし、賃借人の対抗要件の欠缺を主張する正当な利益を有する第三者に限定されるところ、改正民法 605 条の 4 の「第三者」も同様に捉え、不法占拠者等は第三者には含まれないと解することにより、賃借人が不法占拠者等に対して妨害停止・返還の請求をするには対抗要件の具備は不要である、との解釈を導くことなどが考えられる（第 94 回会議議事録 15-16 頁〔山本敬三幹事発言〕参照）。

52 賃貸借・使用貸借(2)
――契約の効力・転貸借・敷金

京都大学教授 吉政 知広

要点

① 目的物の修繕に関する規律の明確化
② 賃借物の一部滅失などの場合における賃料債務の帰趨
③ 適法な転貸がされた場合に関する規律の明確化
④ 敷金の意義、敷金に関する基本的な法律関係の明文化

解説

I　はじめに

　本稿に割り当てられたのは、民法の債権編第2章「契約」第7節「賃貸借」第2款「賃貸借の効力」に置かれた規定のうち606条以下、および、第4款「敷金」(622条の2) である。

　以下では、まず、賃貸人の中心的な義務である目的物の使用・収益をさせる義務と、賃借人の中心的な義務である賃料支払義務に関するものとして、目的物の修繕に関する規律および賃料額の調整に関する規律について説明し、引き続き、賃借権の譲渡・転貸に関する規律、敷金に関する規律について説明する。

II　目的物の修繕に関する規律

1　賃貸人による修繕

(1)　賃貸人の目的物修繕義務

　賃貸人は、目的物を賃借人に引き渡し、契約で定められた目的に従って使

用・収益をすることができる状態に置く義務を負う（601条を参照）。そのため、契約で定められた目的に従って目的物の使用・収益をするために修繕が必要な場合、賃貸人は当該修繕をする義務を負う（606条1項本文）。賃貸人が修繕をしない場合、賃借人は、債務不履行に関する一般的な規律に従い、履行の強制（414条）、債務不履行による損害賠償（415条1項）などの救済手段を利用することができる。

(2) **賃借人の責めに帰すべき事由による場合**

賃貸人の責めに帰すべき事由によって目的物の修繕が必要となった場合はもちろんのこと、天災など賃貸人の責めに帰することができない事由によって修繕が必要となった場合にも賃貸人に修繕義務が認められることについて、改正前民法の下でも争いはなかった。改正前民法の下で見解が分かれていたのは、賃借人の責めに帰すべき事由によって修繕が必要となった場合である。かつての通説的な見解は、このような場合であっても賃貸人は修繕義務を負い、修繕に要した費用などについて、賃借人に対して目的物の保管義務違反を理由に損害賠償の請求をすることができると考えていた（我妻・債権各論中I 444頁）。これに対して、自らの責めに帰すべき事由によって修繕が必要となったにもかかわらず、賃借人が修繕を求めることができるのは不当だとして、このような場合に賃貸人の修繕義務を否定する見解も有力に主張されていた（星野英一・借地・借家法〔有斐閣、1969〕621頁など）。

この問題に関して、改正民法は、後者の立場を採用し、賃借人の責めに帰すべき事由によって修繕が必要となった場合、賃貸人は修繕義務を負わない旨の規定を置いた（606条1項ただし書）。立案担当者は、このような規律を採用した理由として、「公平の観点」のほか、賃借人の責めに帰すべき事由によって目的物の一部の使用・収益をすることができなくなった場合に賃料が減額されないこと（611条1項。下記III 3を参照）、および、賃借人の責めに帰することができない事由による目的物の損傷が原状回復義務の対象とならないこと（621条）と平仄を合わせる必要があるという点を挙げている（部会資料69A・54頁）。さらに、賃借人が賃貸人に対して有する目的物の修繕請求権は、売買契約における買主の追完請求権（修補請求権）に対応するものだと考えることもできるところ、改正民法606条1項ただし書の規律は、

470 **52** 賃貸借・使用貸借(2)——契約の効力・転貸借・敷金

目的物の不適合が買主の責めに帰すべき事由によるものであるときに買主による履行の追完の請求が認められないこと（562条2項）とも平仄が合っているといえる。

(3) 賃借人の意思に反する修繕

賃貸人が賃貸物の保存に必要な行為をしようとするとき、賃借人はこれを拒むことができない（606条2項）。したがって、修繕が目的物の保存に必要である場合には、賃借人は、賃貸人による修繕を受忍しなければならない。この点を捉えて、目的物の修繕は、賃貸人の義務であると同時に権利でもあるといわれる（我妻・債権各論中Ⅰ444頁など）。もっとも、賃貸人が賃借人の意思に反して修繕などの保存行為をしようとする場合、そのために賃借人が賃借をした目的を達することができなくなるときは、賃借人は、契約の解除をすることができる（607条）。

2 賃借人による修繕

(1) 賃借人の修繕権限

目的物の修繕が必要となった場合、賃借人としては、賃貸人に対して修繕を請求するのではなく、自ら修繕をし、その費用の償還を賃貸人に請求することも考えられる。改正前民法の下でも、賃借人の必要費償還請求権を定めた608条1項の存在などから、一定の場合には賃借人が自ら修繕をする権限を有すると考えられてきた。（星野・前掲613頁など）。改正民法は、どのような場合に賃借人の修繕権限が認められるのか明文の規定を置いている。

第1に、賃借人が賃貸人に修繕が必要である旨を通知し、または、賃貸人が修繕の必要性を知ったにもかかわらず、賃貸人が相当の期間内に修繕をしない場合に、賃借人は自ら修繕をすることができる（607条の2第1号）。この規律は、賃借物が修繕を要するときに、賃借人は遅滞なくその旨を賃貸人に通知する義務を負う（615条）ことを踏まえたものである（中間試案補足説明458頁を参照）。第2に、急迫の事情があるときには、賃借人による通知の存否や賃貸人の認識に関わりなく、賃借人は目的物の修繕をする権限を有する（607条の2第2号）。

(2) 費用償還請求権

賃借人が目的物の修繕に必要な費用（必要費）を支出した場合、賃借人は、賃貸人に対してその費用の償還を請求することができる（608条1項）。同条2項が定める有益費の場合とは異なり、賃借人は、賃貸借の終了を待たずに、ただちに必要費の償還を請求することができる。賃借人は、賃貸人が目的物の返還を受けた時から1年以内に必要費・有益費の償還を請求しなければならない（622条・600条1項）。

(3) 賃借人の責めに帰すべき事由による場合

上述のとおり、改正民法の下では、賃借人の責めに帰すべき事由によって修繕が必要となった場合、賃貸人は修繕義務を負わない（606条1項ただし書）。このような場合、賃借人は自ら修繕をしたとしても賃貸人に対してその費用の償還を請求することができない。賃貸借が終了したときは、修繕が必要な状態であることが目的物の損傷である評価され、賃借人は当該損傷を原状に復する義務を負う（621条。以上について、中間試案補足説明458頁を参照）。

III 賃料額の調整に関する規律

1 賃借人の賃料支払義務とその調整

賃借人は、契約の定めに従って賃料を支払う義務を負う。賃貸借契約は長期にわたることが多いため、契約締結後の事情を踏まえて賃料額を調整することが必要になることが少なくない。賃料の増減額を認める規定として、今日の社会では、不動産の賃貸借に関する特別法の規定、すなわち、借地借家法11条（地代等）・32条（建物の借賃）、農地法20条（農地の借賃等）が重要な役割を果たしているが、以下では、民法が定めている規律について説明する。

2 減収による賃料の減額請求・契約の解除

(1) 減収による賃料の減額請求（609条）

改正前民法609条は、宅地の賃貸借を除いた収益を目的とする土地の賃貸

借において、賃借人が不可抗力によって賃料より少ない収益を得たとき、賃借人はその収益の額にいたるまで、賃料の減額を請求することができると定めていた。同条に対しては、土地を利用して利益を上げることができないリスクは賃借人が負担するべきであるという批判が投げかけられており、改正作業では、事情変動を理由とする賃料額の調整は上述の特別法の規定に委ね、同条を削除することが検討されていた（中間試案第38、9）。しかしながら、改正作業の最終段階において、農地・採草放牧地（農地法2条1項を参照）の賃借人を保護するという観点から同条の規律を維持するべきであるという意見が関係省庁から示されたことを受けて、改正民法は「耕作又は牧畜を目的とする」土地の賃貸借に限定して従前の規律を維持することとしている（部会資料84-3・16頁）。

(2) 減収による解除（610条）

改正前民法は、収益を目的とする土地の賃借人は、不可抗力によって引き続き2年以上賃料より少ない収益しか得ることができなかったとき、契約の解除をすることができる旨を定めていた（610条）。改正民法の下では、上述の609条の改正を受けて、「耕作又は牧畜を目的とする」土地の賃貸借についてのみ減収を理由とする契約の解除が認められる。

3 賃借物の一部滅失などによる賃料の減額など（611条）

(1) 賃借物の一部滅失などによる賃料の当然減額

改正前民法611条は、賃借物の一部が賃借人の過失によらないで滅失したときに、賃借人は滅失部分の割合に応じて賃料の減額を請求できると定めていた。同条に関して、次のような問題点が指摘されていた（星野・前掲219頁以下を参照）。

第1に、改正前民法611条は賃借物の一部が滅失した場合についてのみ賃料の減額請求を認めていたが、滅失以外の理由によって賃借物の一部の使用・収益をすることができなくなった場合にも賃料の減額を認めるべきだと指摘されていた。このような場合について、改正前民法の下では、同条の類推適用を認める見解（我妻・債権各論中I 444頁）のほか、双務契約の一般原則と位置付けられる危険負担の規定（旧536条1項）に基づいて賃料の減額

を認める見解（星野・前掲220頁）が主張されていた。改正前民法の下での議論を踏まえて、改正民法611条1項は、滅失のみならず、その他の事由により賃借物の一部の使用・収益をすることができなくなった場合にも賃料の減額を認めている。

第2に、危険負担に関する改正前民法536条1項によると、双務契約から生じた債務の一方が不能となった場合には牽連関係に立つ反対債務も当然に消滅するのに対して、改正前民法611条によると、賃料債務の一部が当然に消滅するのではなく、賃借人の請求によってはじめて減額が認められるが、このような相違を設ける理由が明らかでないと指摘されていた（星野・前掲220頁）。このような指摘を踏まえて、改正民法611条1項は、賃借物の一部の使用・収益をすることができなくなった場合、使用・収益をすることができなくなった部分の割合に応じて賃料が当然に減額されるという規律を採用した。

ここで注意するべきこととして、改正民法は、危険負担に関して、債務の一方が不能となった場合に反対債務が当然に消滅するという立場を放棄している（536条を参照）。そのため、改正民法の下では、双務契約の一般原則との関係に着目するならば、買主の代金減額請求権（563条）に対応させる形で、賃借人の請求によって賃料の減額が認められるという改正前民法611条の規律を維持する選択肢もあった。それにもかかわらず、改正民法が当事者の意思表示を要求することなく賃料が当然に減額されることにした理由について、立案担当者は、目的物が使用・収益をすることができる状態に置かれたことの対価として賃料は発生するものであるという点を強調している（中間試案補足説明459頁、一問一答322頁を参照）。賃貸借における対価（賃料）の発生メカニズムに関するこのような理解は、賃借物の全部の使用・収益をすることができなくなった場合に賃貸借は当然に終了し、危険負担の問題とはならないという改正民法の規律（616条の2を参照）にも反映されている。

(2) 賃借人の責めに帰すべき事由による場合

改正民法611条1項は、賃借人の責めに帰すべき事由による場合には賃料の減額は認められないという点において、改正前民法611条1項の規律を維持している。改正前民法の下では、このような場合にも賃料の減額を認める

べきだという主張も見られたところ（星野・前掲222頁以下）、改正民法は、役務提供型の契約において債権者の責めに帰すべき事由によって役務の提供が不能となった場合に債務者は報酬の全額を請求することができる（624条の2・634条・648条3項を参照）こととの整合性などを理由として、賃借人に責めに帰すべき事由がある場合には賃料の減額を認めないこととした（部会資料69A・56頁以下）。この点において、賃借物を使用・収益をすることができる状態においてはじめて賃料が発生するという上記の理解は、改正民法においても貫徹されていないことになる。立案担当者もこうした不整合を意識していたようであり、改正作業の比較的早い段階では、賃借人の責めに帰すべき事由によって賃借物の一部の使用・収益をすることができなくなった場合にも賃料は当然に減額されるという規律が提案されていた（部会資料45・27頁以下）。

　改正民法の下でも、賃借人の責めに帰することができない事由によって賃借物の一部の使用・収益をすることができなくなったことを主張・立証する責任は賃借人が負う。その理由について、立案担当者は、賃借物は賃借人の支配下にあり、賃貸人は賃借人の責めに帰すべき事由の有無を把握することができないと説明している（部会資料69A・57頁）。

(3)　賃借物の一部滅失などを理由とする解除

　賃借物の一部の使用・収益をすることができなくなった場合、残存する部分のみでは賃借人が賃借をした目的を達することができないときは、賃借人は契約の解除をすることもできる（611条2項）。この解除権は、賃借人の責めに帰すべき事由によって使用・収益をすることができなくなった場合にも認められる。改正民法の解除に関する規律は、債務の不履行が債権者の責めに帰すべき事由によるものである場合、債権者は契約の解除をすることができないことを明確にしている（543条）ところ、賃貸借については、この点においても、債務の一部の履行不能に関する一般的な規律とは異なった規律が採用されている。

475

IV 賃借権の譲渡・転貸に関する規律

1 賃借権の譲渡と転貸

賃貸人と賃借人の間で締結された賃貸借契約を前提として第三者が目的物の使用・収益をする権限を取得する場面として、第三者が賃借人から賃借権の譲渡を受ける場合と、第三者が賃借人から目的物の転貸を受ける場合がある。本節では、これらの2つの場面について三者間の基本的な法律関係を説明する。

2 賃借権の譲渡・転貸の制限 (612条)

賃借人は、賃貸人の承諾を得なければ、賃借権を譲渡すること、または、貸借物を転貸することができない (612条1項)。賃借人が賃貸人の承諾を得ずに賃借権の譲渡、または、貸借物を転貸した場合、賃貸人は賃貸借契約の解除をすることができる (同条2項)。民法612条が定める規律は、誰が目的物の使用・収益をするのかについて賃貸人が大きな利害を有することを考慮したものである。

しかしながら、判例は、賃借人が賃貸人の承諾を得ずに第三者に賃借物の使用・収益をさせたとしても、当該行為が賃貸人に対する背信的行為と認めるに足りない特段の事情がある場合、賃貸人は賃貸借の解除をすることができないという法理を確立するにいたっている (最判昭和28・9・25民集7巻9号979頁など)。この法理は、背信的行為論、あるいは賃借人の債務不履行を理由とする解除が制限されるその他の場面とあわせて信頼関係破壊の法理とよばれる。この法理に基づいて、賃借人が近親者に目的物の使用・収益をさせた場合 (最判昭和40・9・21民集19巻6号1550頁など) や、目的物の使用・収益をする主体が実質的・形式的に変更していない場合 (最判平成8・10・14民集50巻9号2431頁など) には、賃貸人による解除は認められない。この法理を明文化することは改正作業の比較的早い段階で断念されたものの (明文化の検討として部会資料45・33頁以下)、改正民法の下でもこの法理は変わらず妥当し続ける。

さらに、借地借家法19条は、土地の賃借人が借地上の建物を譲渡しよう とする場合に、賃貸人の不利となるおそれがないにもかかわらず賃貸人が賃 借権の譲渡または転貸を承諾しないとき、裁判所が賃貸人の承諾に代わる許 可を与えることができるという制度を規定している。今日では、土地の賃借 権の譲渡または転貸をめぐる紛争の多くは、この制度によって処理されてい る。

3 適法な賃借権の譲渡

賃借人が賃貸人の承諾を得て賃借権を譲渡した場合、賃貸借契約は賃貸人 と譲受人の間に引き継がれ、譲渡人（旧賃借人）は賃貸借契約から離脱する。 上記の判例法理によって賃貸人が賃貸借の解除をすることができない場合、 および、借地借家法19条に基づく裁判所の代諾が存在する場合も同様であ る（以上の場合における敷金に関する権利義務関係の帰趨については、下記Ⅴ3を 参照）。

4 適法な転貸

⑴ 賃貸人と転借人の関係

賃借人が賃貸人の承諾を得て転貸をした場合、転借人は目的物の使用・収 益をする権原を取得し、賃貸人は転借人による使用・収益を受忍しなければ ならない。信頼関係破壊の法理によって賃貸人が契約の解除をすることがで きない場合、および、裁判所の代諾が存在する場合も同様である。

これらの場合においても、転借人は転貸人（元の賃借人）との間で賃貸借 契約を締結しているにすぎず、転借人と（元の）賃貸人との間には直接の契 約は存在しない。したがって、契約が当事者間でのみ効力を有するという原 則からすると、賃貸人は転借人に対して賃貸借契約に基づく権利を行使する ことはできないはずである。しかし、転貸がされた場合、現実に目的物の使 用・収益をするのは転借人であるため、賃貸人が転借人に対して直接に義務 の履行を請求することができるようにしたほうが賃貸人の保護に資するとい える。このような考慮に基づいて、民法613条1項は、適法な転貸がされた 場合、転借人に、転貸借契約に基づいて負担する債務を（元の）賃貸人に対

して直接に履行する義務を負わせている。具体的には、用法遵守義務、目的物の保管義務、賃料支払義務、賃貸借が終了した場合の目的物返還義務などの義務を、転借人は賃貸人に対して直接に履行しなければならない。

転借人が賃貸人に対して履行する債務は転貸借契約に基づいて生じるものであるから、その内容は転貸借契約によって画される。さらに、転借人が賃貸人に対して直接に履行する義務を負う債務は、「賃貸人と賃借人との間の賃貸借に基づく賃借人の債務の範囲を限度と」する（613条1項）。賃貸人を保護するという趣旨からして、この限りで直接に履行を請求することを認めれば足りるからである。

このように、転借人は賃貸人に対して債務を直接に履行する義務を負うわけであるが、賃料債務については、転借人が転貸人に対してすでに賃料を支払ったことにして、賃貸人からの請求を拒もうとするという事態が考えられる。このような事態を想定して、民法は、賃貸人を保護するために、転借人が転貸人に賃料の前払をしたとしても、その事実をもって賃貸人に対抗することができないと定めている（613条1項後段）。

なお、適法な転貸がされた場合にも、賃貸人と賃借人（転貸人）の関係がそれによって影響を受けるわけではない。賃貸人は、引き続き、賃借人に対して賃貸借に基づく権利を行使することができる（613条2項）。

(2) 転貸と（原）賃貸借契約の解除

(i) （原）賃貸借契約の解除と転借人の地位

転借人の目的物の使用・収益をする権原は、賃貸人と賃借人（転貸人）の間の（原）賃貸借契約と、賃借人と転借人の間の転貸借契約の双方にその根拠を持つ。したがって、賃貸人と賃借人の間の賃貸借契約の効力が何らかの理由で失われた場合、転借人は目的物の使用・収益をする権原を失うことになる。とりわけ問題となるのは、（原）賃貸借契約が解除された場合である。

(ii) 債務不履行による解除

賃貸人の賃借人の間の賃貸借契約が賃借人の債務不履行を理由に解除された場合、転借人は、転貸借をもって賃貸人に対抗することができず、賃貸人からの明渡請求に応じなければならない。しばしば問題となる賃借人の賃料債務の不履行については、転借人としては、賃借人の賃料債務の弁済をし

（474条を参照）、賃貸借契約の解除を回避しようとすることも想定される。しかし、判例は、転貸がされている場合に賃貸人が賃借人の債務不履行を理由に賃貸借契約を解除する要件として、転借人に催告することを要求していない（最判昭和37・3・29民集16巻3号662頁など）。

　（原）賃貸借契約が解除によって終了した場合、転貸借は、賃貸人が転借人に対して目的物の返還を請求した時に、転貸人の転借人に対する債務の履行不能によって終了すると解されている（最判平成9・2・25民集51巻2号398頁）。改正民法の下では、616条の2の解釈として、同じ規律が妥当し続けるものと思われる。

(iii) 合意解除

　（原）賃貸借契約の合意解除については異なる考慮が必要である。自ら転貸借契約を締結した転貸人と、転貸借を承諾した賃貸人の間の合意によって、転借人の地位を覆すことができるのは適切でないからである。そこで、改正前民法の下で、判例は、信義誠実の原則（1条2項）を根拠として、賃貸人と賃借人の合意解除をもって転借人に対抗することはできないという立場を示してきた（大判昭和9・3・7民集13巻278頁など）。改正民法は、この規律を明文で規定している（613条3項本文）。

　さらに、判例は、借地上の建物が賃貸された事案（最判昭和38・2・21民集17巻1号219頁）のほか、賃借人の更新拒絶により賃貸借が終了する事案（サブリース契約に関する最判平成14・3・28民集56巻3号662頁）においても、信義誠実の原則に依拠して同様の判断を示してきた。改正民法の下では、これらの事案において613条3項の類推適用を認めるのか、それとも、引き続き信義誠実の原則を根拠に事案の解決を図るのが問題となる。

　以上に対して、合意解除の時点において、賃貸人が賃借人の債務不履行による解除権を有していたときは、目的物の使用・収益をする転借人の権原は合意解除によって失われる（613条3項ただし書）。立案担当者は、その根拠として、前掲・最判昭和38・2・21、および、最判昭和62・3・24（判時1258号61頁）の存在を指摘している（中間試案補足説明463頁、部会資料69A・60頁）。しかしながら、これらの判決はいずれも、賃貸人が合意解除をもって転借人に対抗することを認めたものではない。同項ただし書の根拠

は、賃貸人は転借人に催告をすることなく賃借人の債務不履行を理由に賃貸借契約の解除をすることができる（前掲・最判昭和37・3・29）以上、賃借人の債務不履行による解除権が発生している事案においては転借人の権原が失われてもやむを得ないという点に求められるべきであろう。

V　敷金に関する規律

1　敷金に関する規定の新設

不動産の賃貸借を中心として、賃貸借に基づいて生じる賃借人の債務を担保するために、賃借人から賃貸人に対して金銭が交付されることがある。このような金銭を敷金という。敷金の交付は社会において広く行われているにもかかわらず、改正前民法には敷金に言及するいくつかの条文が存在するにすぎず（旧316条・619条2項）、敷金に関する当事者の権利義務関係を定めた条文は存在しなかった。

このような状況にかんがみて、改正民法は、民法の債権編第2章「契約」第7節「賃貸借」に第4款「敷金」を新設し、敷金の定義のほか、当事者の基本的な権利義務関係を明らかにする規定を置いている（622条の2）。新設された同条は、これまでに判例および学説を通じて形成されてきた規律を明文化しようとするものであり、改正前に妥当していた規律の内容を変更することは意図されていない。

2　敷金の意義

改正民法の622条の2第1項柱書括弧書は、敷金の意義を明らかにしている。それによると、敷金とは、「いかなる名目によるかを問わず、賃料債務その他の賃貸借に基づいて生ずる賃借人の賃貸人に対する金銭の給付を目的とする債務を担保する目的で、賃借人が賃貸人に交付する金銭をいう」。この定義は、従来の判例（大判大正15・7・12民集5巻616頁など）や一般的な理解を踏まえたものであると説明されている（部会資料69A・52頁）。

敷金が交付された場合に当事者の間で発生する権利義務関係は、敷金交付者と賃貸人の間で締結される敷金契約に根拠を持つと考えられている。敷金

契約は、賃貸借契約に基づいて生じる債務の担保を設定するものであり、賃貸借に付随する契約ではあるものの、賃貸借契約とはあくまでも別個の契約である（最判昭和53・12・22民集32巻9号1768頁などを参照）。

3 敷金によって担保される債務の範囲

(1) 賃借人の債務——敷金返還請求権の発生時期

敷金は、賃貸借に基づいて生じる債務を担保するものであるところ、賃借人がどの時点までに負担する債務が敷金によって担保されるのかが問題となる。この問題は、敷金に関する規定が存在しなかった改正前民法の下では、一般的に、賃借人の敷金返還請求権がいつ発生するのかという問題と結びつけて考えられてきた。すなわち、賃借人の敷金返還請求権が賃貸借の終了時に発生すると考える（終了時説）のであれば、敷金はその時点までに賃借人が負担する債務を担保することになる。これに対して、目的物が賃貸人に返還されてはじめて敷金返還請求権が発生する（明渡時説）のだとすると、敷金は賃貸借終了後に賃借人が負担する可能性のある不法行為による損害賠償債務なども担保することになる。この問題に関して、学説では、目的物の返還と敷金の返還が同時履行の関係に立つと考えることができるという理由から終了時説も有力であったが、判例は、明渡時説を採用し、賃貸借終了後、目的物の明渡しまでに生じた「一切の被担保債権を控除しなお残額があることを条件として、その残額につき敷金返還請求権が発生する」という立場を明らかにしている（最判昭和48・2・2民集27巻1号80頁）。目的物が返還されると、敷金は、相殺のように当事者の意思表示を要することなく、目的物の返還時に残存する賃借人の債務に当然に充当され（最判平成14・3・28民集56巻3号689頁を参照）、賃借人はその残額について返還請求権を取得する。

改正民法は、賃貸人の敷金返還債務の発生要件という観点から、以上の判例法を明文化する規定を置いている。すなわち、改正民法622条の2第1項1号によると、賃貸借が終了し、かつ、賃貸人が賃貸物の返還を受けたとき、賃貸人は、受け取った敷金の額から賃貸借に基づいて生じた債務の額を控除した残額を賃借人に返還する義務を負う。

さらに、判例は、前掲・最判昭和48・2・2を前提として、賃貸人は賃貸

物の返還を受けた後に敷金を返還すれば足り、賃借人が負う賃借物を返還する債務と、賃貸人が負う敷金返還債務は同時履行の関係には立たないという立場を示してきた（最判昭和49・9・2民集28巻6号1152頁）。このような判例の立場は、改正民法の下でも維持されるものと考えられる。

(2) 賃借権が譲渡された場合

上記Ⅳで説明したとおり、賃借人は、賃貸人の承諾を得て、賃借権を譲渡することができる（612条1項を参照）。賃借権が適法に譲渡された場合、賃貸借契約は賃貸人と譲受人の間に引き継がれ、譲渡人（旧賃借人）は賃貸借契約から離脱する。この場合において、敷金に関する権利義務関係が賃貸人と譲受人（新賃借人）の間に引き継がれ、譲受人が負担する債務まで敷金が担保することになるのかが問題となる。

この問題に関して、判例は、敷金契約は賃貸借とは別個の契約であるほか、譲受人が新たに負担する債務まで敷金が担保すると解することは敷金を交付した譲渡人に予期していない不利益を被らせることになるとして、敷金に関する権利義務関係は譲受人には引き継がれないという立場を明らかにしている（前掲・最判昭和53・12・22）。改正民法は、この判例法を踏まえて、賃借人が適法に賃借権を譲り渡したとき、賃貸人は、受け取った敷金の額から賃貸借に基づいて生じた債務の額を控除した残額を賃借人に返還しなければならない旨を規定している（622条の2第1項2号）。

4　敷金の充当

賃貸借が終了して目的物が返還される前であっても、賃貸人は、賃借人が賃貸借に基づいて生じる債務を履行しないときは、敷金をその弁済に充てることができる（622条の2第2項前段）。敷金は賃借人が負担する債務の担保として賃貸人に交付されているものであるから、賃借人がその債務を履行しない場合、賃貸人は当該担保を実行して自らの債権を回収することができてしかるべきだからである。同項前段は、改正前の判例（大判昭和5・3・10民集9巻253頁）を明文化したものであり、こうした判例の立場は学説においても一般的に支持されてきた。

反対に、賃借人のほうから、敷金を自らの債務の弁済に充てるように主張

して債務の履行を拒むことはできない（622条の2第2項後段）。担保を設定
した債務者が担保の存在を理由に自らの債務の履行を拒むことは認められな
いからである。これも改正前の判例法であり（大判昭和10・5・15民集14巻
891頁）、学説においても異論は見られない。

53 賃貸借・使用貸借(3)——契約の成立・終了

慶應義塾大学教授 松尾 弘

要点

① 使用貸借を諾成契約化（ただし、書面によらないときは借主の受領まで貸主が解除可能）

② 使用貸借の冒頭規定に返還の約束のほか新たに返還時期の約束を追加

③ 使用貸借の終了事由を当然終了と解除による終了に整理

④ 賃貸借の冒頭規定に新たに返還の約束および返還時期の約束を追加

⑤ 賃借物の全部滅失等の使用・収益不能による賃貸借の当然終了を明文化

⑥ 附属物に対する収去の権利・義務および損傷に対する原状回復義務を明記

⑦ 貸主の損害賠償請求権の期間制限（返還時から1年）の間は消滅時効の完成を猶予

解説

I　はじめに

　使用貸借および賃貸借の成立ならびに終了をめぐり、改正民法は地味ながらも重要な新規律を導入した。すなわち、前記要点に挙げたように、①使用貸借を諾成契約化したこと、②・④使用貸借と賃貸借の冒頭規定に返還の約束および返還時期の約束を加えて平仄を合わせ、成立要件を明確化したこと、③使用貸借と賃貸借の終了事由を当然終了と解除による終了に整理し、⑤賃貸借の当然終了事由として賃借物の全部滅失等による使用・収益不能を明文

化したこと、⑥使用貸借と賃貸借の終了時における目的物および附属物をめぐる権利・義務を明確にしたこと、⑦貸主の損害賠償請求権と借主の費用償還請求権がともに返還時から1年間の除斥期間に服することを維持しつつ、前者についてはその期間内は消滅時効の完成を猶予したことが注目される。

Ⅱ　使用貸借の諾成契約化

1　諾成契約化の現段階

　改正民法は、使用貸借を要物契約としていた改正前民法593条をあらため、①貸主が「ある物を引き渡すことを約し」、借主が「受け取った物について無償で使用及び収益をして契約が終了したときに返還をすることを約する」ことによって効力を生ずるとし（593条）、諾成契約とした。もっとも、②貸主は、借主が借用物を受け取るまで契約の解除をすることができる（593条の2本文）。ただし、③書面による使用貸借についてはこの限りでない（同条ただし書）。

　例えば、貸主Aがその所有建物 *a* を借主Bに使用貸借する旨の合意をしたが引き渡さないことから、BがAに引渡請求する場合、①の使用貸借の合意が請求原因となる。これに対し、Aは抗弁として、②の使用貸借の解除を主張することが考えられる。しかし、Bは再抗弁として、③の使用貸借が書面によることを主張して、解除の効果を妨げることができる。これらは同じく無償契約である贈与の規律（550条）と類似しており、「書面」の意味も、贈与に関する判例を考慮しつつ、使用貸借の諾成化の趣旨に照らして解釈すべきである。なお、この書面には使用貸借の詳細な内容まで具体的に記載されていなくともよいが、目的物を無償で貸す旨の意思が現れている必要がある。また、この書面は電磁的記録によるものを含まない（贈与の場合と同様であり、消費貸借の場合と異なる。一問一答303頁）。

　もっとも、Bが書面による使用貸借を主張して建物 *a* の引渡しを請求しても、AがこれをCに賃貸や売却をして引き渡したり登記してしまうと、対抗要件を具備する方法がないBは対抗することができない。それを予防するために使用借権を被保全債権としてAに対して占有移転禁止の仮処分や

485

処分禁止の仮処分を申し立てることも、もともと実体法上対抗力を認められていない使用借権としては、実務上は困難であると考えられる。この意味では、使用貸借の諾成契約化といっても、現時点ではこの範囲の効力のものにとどまっていることに留意する必要がある。

2　冒頭規定における返還および返還時期の約束

　改正民法は、使用貸借の冒頭規定（593条）において、借主が「契約が終了したときに返還をすることを約する」旨を定めた（返還の約束＋返還時期の約束）。「契約が終了したときに」返還する旨（返還時期の約束）の定めは新規律である。一方、同じく貸借型契約である賃貸借の冒頭規定（601条）でも、返還の約束と返還時期（契約が終了したとき）の約束が新たに定められた。こうして、返還の約束が貸借型契約の成立要件であることが条文上も明確にされた（消費貸借に関する民法587条も参照）。

　なお、返還時期の合意については、これを貸借型契約の成立要件と見る見解と、成立要件から外して考える見解がある。もっとも、使用貸借および賃貸者に関しては改正民法が返還時期の合意も冒頭規定に加えたことは、これを単なる附款ではなく成立要件と見る見解（およびこの点に貸借型契約の特色を見出す意味での貸借型契約の理論）に親和的と見得る。

III　使用貸借の当然終了と解除による終了

1　使用貸借の当然終了事由

　使用貸借の終了事由に関する改正民法の規定（597条・598条）は、改正前民法における使用借主の借用物の返還時期に関する規律（旧597条）を、その前提にある法律問題である使用貸借の終了に立ち返って組み直すものであり、終了事由の体系化を図っている（論点整理補足説明372頁参照）。改正民法597条が一定の事実の発生による当然終了事由を、改正民法598条が契約解除の意思表示による終了事由を定めている（中間試案補足説明470頁参照）。

　このうち、使用貸借の当然終了事由は、①存続期間を定めた場合における期間の満了（597条1項）、②存続期間を定めなかった場合において、使用・

収益の目的を定めたときの目的に従った使用・収益の終了（同条2項）、③使用借主の死亡（同条3項）である。

①存続期間の満了による終了（597条1項）は、改正前民法597条1項を実質的に変更していない。

②存続期間を定めなかった場合における使用・収益の目的に従った使用・収益の終了（597条2項）は、改正前民法597条2項に相当する。しかし、改正前民法における例外則「ただし、その〔目的に従った〕使用及び収益を終わる前であっても、使用及び収益をするのに足りる期間を経過したときは、貸主は、直ちに返還を請求することができる」（同条2項ただし書）は改正民法597条2項に承継されなかった。これは、「使用及び収益をするのに足りる期間」が客観的かつ一律に判断をすることが容易でなく、借主の個別的事情、使用状況等によって異なり得ることから、当然終了事由とすることに適さないゆえに、解除事由（598条1項）に移したものと解される。規律内容の体系的明確化の方針の一環であると考えられる（中間試案補足説明470頁）。

③使用借主の死亡による終了（597条3項）は、改正前民法599条を承継するものである。

2　使用貸借の解除による終了事由

(1)　貸主の解除権

改正民法は、貸主の解除権として、使用貸借に特有の解除権を規定した。①当事者が使用貸借の存続期間を定めなかったが、使用・収益の目的を定めた場合において、当該目的に従って使用・収益をするのに足りる期間を経過したものと認められるときは、貸主は契約を解除することができる（598条1項）。これは、改正前民法597条2項ただし書に相当するが、「返還を請求することができる」前提として、「契約の解除」が必要であることを明確にした。

②当事者が使用貸借の存続期間も使用・収益の目的も定めなかったときは、貸主はいつでも契約を解除することができる（598条2項）。これは、改正前民法597条3項を承継するものであるが、やはり返還請求できる前提として、契約解除が必要であることを明確にした。

③貸主は、借主が借用物を受け取るまでは、契約を解除することができる（593条の2本文）。これに対し、借主は、使用貸借が「書面」によることを主張・立証して、解除の効果を妨げることができる（同条ただし書）。

(2) 借主の解除権

借主は、いつでも契約を解除することができる（598条3項）。これは、改正前民法には明文規定はなかったが、使用貸借の借主はいつでも目的物を返還できる（借主による期限の利益の放棄による契約の終了）との一般的解釈を、借主の解除権行使という構成をとって規定したものである（中間試案補足説明470頁）。

IV　賃借物の全部滅失等の使用・収益不能による賃貸借の当然終了

改正民法616条の2は、賃借物の全部滅失、その他使用・収益が不能になったときは、賃貸借はその事由の発生によって当然消滅することを規定した。これは、従来の判例法理（最判昭和32・12・3民集11巻13号2018頁、最判昭和36・12・21民集15巻12号3243頁）を明文化したものである（中間試案補足説明463-464頁）。同条は、債権法改正検討委員会の提案に遡る（基本方針3.2.4.25。詳解IV 307-310頁。論点整理補足説明366頁）。同条が定める使用・収益不能には、物理的原因以外の原因による場合も含まれる（中田・契約法428頁）。この規定は、賃貸借契約当事者の意思にも合致し、合理的であり、異論がない（通説とされる。中田・契約法428頁）。

もっとも、改正民法616条の2が、賃貸人の賃借人に使用・収益させる債務の履行不能による消滅を含んでいるとすると、契約成立後の履行不能（後発的不能）によって債務者には履行拒絶権が与えられ（412条の2第1項）、債務は存続するとの解釈との整合性が問題になり得る。たしかに、改正民法616条の2は、賃貸借契約の終了原因を定めたものであり、貸主・借主間の債権・債務全部の消滅事由を定めたものではない（借主による収去の権利・義務、原状回復義務、損害賠償義務、費用償還請求権などがなお存在する）。しかし、同条は、貸主の使用・収益させる債務は履行不能によって当然消滅すること

を前提としているという解釈が可能であり、そのことが履行不能によっても債務は消滅しないが、債務者に履行拒絶権を与える旨の改正民法412条の2の規律との関係を不透明にする感もある。改正民法616条の2が、貸主の使用・収益させる債務の履行不能による当然消滅を認める限りで、改正民法412条の2の例外則に当たるとすれば、その理由が問われる。あるいは改正民法616条の2は、改正民法412条の2についても、履行不能によって債務が当然消滅するとの解釈の根拠になるであろうか。

　ちなみに、使用貸借については、目的物の全部滅失等による当然終了については定められていない。無償契約である使用貸借の場合には、貸主は使用・収益させる債務を負わないから、目的物の全部滅失等による貸主の債務の当然消滅（そして、それによる契約の当然終了）ということがないからであると考えられる。

V　附属物に対する収去の権利・義務および損傷に対する原状回復義務

1　附属物に対する収去権と収去義務

⑴　使用貸借に関する規律

　改正前民法598条は「借主は、借用物を原状に復して、これに附属させた物を収去することができる」と定めており、附属物の収去権と借用物の原状回復義務を簡略に定めるにすぎない。これに対し、中間試案は、使用貸借の借主が借用物を受け取った後にこれに附属させた物があるときは、使用貸借の終了時にこの附属物を「収去する権利を有し、義務を負う」とし、ただし、借用物から分離することができない物または分離に過分の費用を要する物はこの限りでないとしていた（中間試案第39、3）。これは、使用貸借の借主の収去義務および収去権に関する一般的理解を明文化するものである（中間試案補足説明471頁）。

　これに対し、改正民法は、借主の収去権と収去義務について別個の規定を設けた。すなわち、借主は借用物を受け取った後に附属させた物を使用貸借終了時に収去する権利を持つ（599条2項）。一方、借主はその附属物を収去

する義務も負う（同条1項本文）。附属物が付合によって貸主の所有に属する
ことになっていても、借主は収去義務を負うと解されている（一問一答308
頁。もっとも、付合が生じて貸主の利益になっているときは、借主の原状回復義
務について当事者間に合意が成り立つ可能性がある一方、そうでないときには付
合が生じていない可能性もある。いずれにせよ、貸主の収去請求に対し、借主が
付合を主張して拒絶することは認められない）。ただし、附属物が借用物から分
離不能の場合または分離に過分の費用がかかる場合（借用建物の壁に塗られ
たペンキ、壁紙・障子紙等が挙げられる。中間試案補足説明464頁参照）は、収
去義務はない（同項ただし書）。なお、収去義務の履行不能が借主の帰責事由
によるときは、貸主はそれによって生じた損害の賠償請求をすることができ
る（412条の2第2項。一問一答308頁参照）。要件事実的には、貸主の収去請
求に対し、附属物が分離不能または分離に過分の費用を要することを借主が
主張・立証することにより、収去義務を免れる（抗弁事由）と解される。し
かし、その場合でも、借主は収去する権利は持つから、費用をかけてでも分
離することは可能である。もっとも、分離不能の附属物を分離しようとして
借用物を損傷することはできないし、損傷すれば借主は損害賠償義務（709
条）を負うことになる。貸主が、附属物の分離不能または付合を理由に借主
の収去権の行使を拒むことも考えられる。分離不能の場合、借主は収去権を
行使することはできないが、費用償還請求（595条）をすることは可能であ
る。また、付合の規定（248条）の適用も考えられる。一方、附属物の設置
が借用物の損傷に当たる場合は、借主は契約終了時に原状回復義務（599条
3項。後述2）を負うこともあり得る。

(2) 賃貸借に関する規律

　賃貸借の場合も、収去の権利および義務については、使用貸借の規律を準
用する（改正民法622条による改正民法599条1項・2項の準用）。なお、費用
償還請求については、使用貸借の規定（595条）の準用ではなく、賃貸借の
規定（608条）による。

2 損傷等に対する原状回復義務

(1) 使用貸借に関する規律

借主は、借用物を受け取った後に生じた「損傷」があるときは、使用貸借終了時にその損傷を原状に復する義務を負う（599条3項本文）。その際には、特約がない限り、借用物の「通常の使用及び収益によって生じた借用物の損耗並びに借用物の経年変化」による損傷（621条本文括弧書参照）も、原状回復義務の対象となる（これは、使用貸借では、①無償で借りる以上は借主が通常損耗もすべて回復する趣旨のこともあれば、②無償で貸すということは貸主が通常損耗もすべて甘受する趣旨のこともあり、一概にどちらが原則であるともいえないことから、デフォルト・ルール＝合意がない場合を補う任意規定を置かなかったことを意味する。中間試案補足説明471頁）。ただし、その損傷が借主の責めに帰することができない事由（帰責不能事由）によるときは、原状回復義務を負わない（599条3項ただし書）。したがって、借用物の返還を受けた貸主は、借主に対し、経年劣化部分なども含めて損傷部分の原状回復を請求することができ、それに対して借主は、特約がない限り、その損傷が借主の責めに帰することのできない事由によることを主張・立証することにより、原状回復義務を免れる。これは、危険負担ルールの一部であり、原状回復義務の債権者主義を採用したものと解される。貸主は借主の帰責事由によらない損傷リスクの負担を覚悟して貸すべき（そうでないときは特約をすべき）ということになる。

(2) 賃貸借に関する規律

賃貸借の場合、改正民法621条は賃借人の原状回復義務に、使用貸借の場合とは異なる制限を設けた。すなわち、賃借人は、賃借物を受け取った後に生じた損傷のうち、「通常の使用及び収益によって生じた賃借物の損耗ならびに賃借物の経年変化」については、原状回復義務を負わない（同条本文括弧書）。その理由は、通常損耗は賃貸借契約の締結時に当然に予定されるものであり、それゆえに減価償却費や修繕費等の必要経費として折り込んで賃料額を定めるのが通常と考えられる。したがって、通常損耗についても原状回復義務を負うとすると、賃借人に不公平な負担を課すことになるからであ

る（論点整理補足説明366-367頁、中間試案補足説明465頁）。これは、判例（最判平成17・12・16判時1921号61頁）を踏まえた、デフォルト・ルールの明文化である。

VI　損害賠償請求権・費用償還請求権の期間制限

1　使用貸借に関する規律

　①貸主の借主に対する契約の本旨に反する使用・収益によって生じた損害の賠償請求権（415条）、および②借主の貸主に対する借主が支出した費用の償還請求権（595条2項）は、いずれも債権として、一般の消滅時効に服する（166条）。それに加えて、これら①借主の用法違反による貸主の損害賠償請求権および②借主の費用償還請求権は、貸主が返還を受けた時から1年以内に請求しなければならないという特別の期間制限（600条1項。改正前民法600条と同じ。これは除斥期間と解されている）に服する。例えば、借主が特別の必要費（臨時費）を支出し、貸主に償還請求できるにもかかわらず償還請求しない間に、消滅時効が完成したときは、借主の償還請求に対し、貸主は消滅時効を援用することができる。これに加えて、使用貸借が終了し、貸主が借用物の返還を受けた時に、たとえ消滅時効期間がまだ1年以上あったとしても、借主は貸主への返還時から1年以内に請求しなければ、費用償還請求できなくなってしまう。これをどのように考えるべきか。

　ちなみに、中間試案は、このような除斥期間を借主の費用償還請求権に限って削除することを提案した（中間試案第38、14(3)）。費用償還請求権に関する民法196条・民法299条などの規定には、そうした除斥期間による制約がないからである（中間試案補足説明466頁）。

　しかし、要綱仮案はこの中間試案の提案を採用せず、改正前民法どおり、借主の費用償還請求権についても、貸主の損害賠償請求権と同様に、1年の除斥期間に服させる改正前民法の規定に復帰させた（要綱仮案第33、14・第34、5）。使用貸借終了後における貸主・借主間の権利・義務関係の早期確定を図ったものと解される。

　ただし、前記②借主の用法違反に対する貸主の損害賠償請求権については、

使用貸借期間中の貸主は借主が占有している借用物の用法違反の事実を必ずしも正確に知ることができず、それについて知らない間に、用法違反の利用による損傷時点から起算される損害賠償請求権の消滅時効が進行し、借用物の返還を受けて損傷に気づいた時にはすでに消滅時効が完成していた、または完成間近ということもあり得る（中間試案補足説明 466 頁）。そこで、改正民法は、改正前民法 600 条に追加規定を設け、損害賠償請求権については、貸主が返還を受けた時から 1 年経過するまでは「時効」は完成しないものとして（時効の完成猶予）、貸主の保護を図った（600 条 2 項）。これは、改正民法による新規律であり、改正前民法に対して貸主の利益保護を一歩進めるものである。

2　賃貸借に関する規律

賃貸借に関しても、使用貸借の規定（600 条）を準用し、同様の規律とした（622 条）。

Ⅶ　おわりに

以上に概観したように、改正民法は、使用貸借および賃貸借の成立要件、終了事由および終了後の権利・義務関係を、関連する判例法理も取り込み、改正前民法の規定に比べて明確に整理し、体系的整合性を増しているものと評価することができる。

54 請負(1)——契約不適合責任

中央大学教授 **笠井 修**

要点

① 仕事の目的物の種類・品質に関する契約不適合とそれに基づく「担保責任」規定の一元化
② 売買の契約不適合責任規定の請負に対する準用のあり方——請負固有の事情を反映した準用規定の解釈・適用の必要性

解説

I はじめに

　改正民法は、仕事の目的物の契約不適合に基づく請負人の責任を（売買の場合と同様に）債務不履行責任の一種として性格付けているものと理解されるが、請負の分野においては、もともと改正前民法下の多数説も同様の立場をとってきたため、この立場から見れば法的性質論においてはとくに変更が生じたわけではない。

　他方、このような性質論を前提としつつ、改正民法では売買と請負の間における契約不適合責任規定の一元化も図られている。すなわち、改正民法は、請負人の担保責任に関する改正前民法の諸規定（旧634条～640条）を、636条・637条のみを残して削除した上で、売主の契約不適合責任に関する諸規定（562条以下）を包括的に準用することとした（559条）。そして、改正後もこれらの規定に基づく契約不適合責任をまとめて、「担保責任」とよんでいる（636条・637条の見出し参照）。

　しかし、このような適用規定の一元化とそれによる条文の極端な簡素化の一方で、目的物の種類・品質の契約不適合について、請負には売買とは異な

る種々の独特の事情が存在することも否定することはできず、それを準用規定の解釈にどのように反映させていくかという新しい問題が生じてくる。その中で、改正前民法634条以下の規定について整備されていた判例・学説の諸法理が「準用規定の解釈」を通してなお存続するのか、あるいは法改正とともに消滅するのかについても見極めなければならない。

Ⅱ　改正前民法における請負人の瑕疵担保責任の規律

1　瑕疵担保責任の内容

　改正前民法においては、完成した仕事の目的物に「瑕疵」があったときは、請負人は改正前民法634条以下に規定する瑕疵担保責任を負い、この瑕疵担保責任規定については、有償契約に準用される売主瑕疵担保責任規定の特則であると同時に、債務不履行責任に関する一般規定の特則でもあると解されている（その上で、仕事完成の前後によって両責任に関する規範の守備範囲が分けられるものと一般に解されている）。

　その責任内容としては、①修補請求（旧634条1項本文。ただし、その瑕疵が重要ではない場合においてその修補が過分の費用を要するときには修補請求が否定される。同条同項ただし書）、②損害賠償請求（同条2項前段。この場合の損害賠償請求権と報酬請求権とは同時履行の関係に立つ。同項後段）、③契約解除（瑕疵による契約目的不達成が要件。旧635条本文。ただし、建物その他土地の工作物については、解除することができない。同条ただし書）に及ぶ。②の瑕疵の修補に代えてする損害賠償請求については、修補が可能である場合にも、注文者は、修補を請求しないでただちに修補に代わる損害賠償の請求を行うことができるものと解するのが判例（最判昭和52・2・28金判520号19頁、最判昭和54・3・20判時927号184頁）・通説である。

2　瑕疵担保責任の制限

　しかし、仕事の目的物の瑕疵が注文者が提供した材料の性質または注文者が与えた指図によるときは、上記の責任は生じないものとされている（旧636条本文。ただし、請負人が、その材料または指図が不適当であることを知りな

がら不告知の場合には責任を免れない。同条ただし書）。

3　瑕疵担保責任の存続期間等

その上で、上の瑕疵担保責任は、仕事の目的物の引渡時（引渡しを要しない場合には仕事終了時）から1年内に行わなければならないものとされている（旧637条）。ただし、建物その他の土地の工作物または地盤の瑕疵については、その種類に即して引渡時から5年または10年の担保期間を区別する特則がある（旧638条1項）。また、その瑕疵によって土地の工作物が滅失・損傷したときの瑕疵担保請求は、その時から1年内としている（同条2項）。改正前民法637条および638条1項の規定する担保期間は、改正前民法167条の消滅時効の期間内に限り、契約によって伸長することができる（旧639条）。

なお、担保責任を負わない旨の特約があっても請負人が知りながら告げなかった事実については責任を免れない（旧640条）。

III　改正民法における請負人の契約不適合責任の規律

改正民法においては、売買の契約不適合責任規定が請負にどのように準用されるか、すなわち、この準用規定が請負においてどのように解釈・適用されるかが大きな問題となる。

1　契約不適合と改正民法における「担保責任」

まず、仕事の目的物の種類・品質に関する契約不適合について、注文者は、①修補請求権（562条・559条）、②報酬減額請求権（563条・559条）、③損害賠償請求権（564条・415条・559条）、④解除権（564条・541条・542条・559条）を持つ。②については、改正前民法には明文規定の存しなかったものである。③④については、仕事の目的物に品質・種類に関する契約不適合がある場合もまた債務の本旨に従った履行がなされない場合の一例であることに基づいて、不履行責任の一般規定の適用を規定する売買の564条（この規定自体当然のことを述べているにすぎず、その存在意義は「念押し」にとどまる）

を準用したものである。

　法改正の過程においては、請負の契約不適合責任規定を、改正前民法のように、売買のそれと異なる形で規定することも考えられたが、そのような規律を必要とするいかなる相違があるかを明らかにし、責任内容の違いを条文上明確にすることが容易ではないとして、適用規定について上記のような一元化を行い、規律の具体的な内容については、「請負の性質を踏まえた個別の解釈論」に委ねたものである（部会資料88-2・8頁）。今後は準用規定の解釈によって、売買とは異なる請負固有の事情を適切に反映した契約不適合責任の規範形成を進めることが必要となる。

　なお、請負契約における目的物の「種類・品質に関する契約不適合」とは、一般的にいえば、仕事の目的物が契約において求められているところを充たさない状態をいう。この状態の評価は、個々の請負契約ごとに契約によって求められているところとの相違を評価して行われることになるが、改正前民法の瑕疵担保責任規定における「瑕疵」の評価要素はその相当部分において目的物の種類・品質に関する契約不適合の評価に応用し得るであろう。

2　個別の責任内容の修正

(1)　修補請求権

　契約不適合箇所の修補請求は、それによって仕事の目的物を契約に適合したものにすることを求めるものである。この修補請求権について改正民法は、改正前民法が設けていたような制限（旧634条1項ただし書）を規定せず、履行請求権の限界に関する一般規定（412条の2）に基づいてその限界を判断するものとした。この判断においては改正前民法634条1項における2要件がなお重要な評価要素として働くであろう。

　注文者に帰責事由があるときは、修補請求は排除される（562条2項・559条。なお、契約不適合が注文者の提供した材料や指図による場合も注文者の帰責事由によるものと評価され得るであろうが、その場合には直截に改正民法636条を根拠とするべきであろう）。

(2)　報酬減額請求権

　改正前民法においては、注文者の報酬減額請求権に関する規定は存在しな

かったが（損害賠償において考慮されていた）、改正民法では、報酬の減額請求が認められる。すなわち、契約不適合箇所の修補について、注文者が相当の期間を定めて修補の催告をし、その期間内に修補がなされなかったときは、注文者は、その不適合の程度に応じて報酬の減額を請求することができる（563条1項・599条）。また、これにかかわらず、修補が不能であるとき、請負人が修補を拒絶する意思を明確に表示したとき、修補の完了に一定の時期的条件があるにもかかわらず修補がその時期までになされないとき、そのほか催告をしても修補がなされる見込みがないことが明らかであるときには、注文者は、上記の催告をすることなく、ただちに報酬の減額を請求することができる（563条2項・599条。ただし、契約不適合が注文者の責めに帰すべき事由によるものであるときは、この限りではない。563条3項・599条）。

　請負人の損害賠償責任の免責が認められる場合（稀であろうが）にも、注文者は減額請求をすることができ、救済方法として重要な意味を持つ場合がある。

　なお、改正前民法634条2項が瑕疵に基づく損害賠償の支払と報酬の支払が同時履行の関係に立つとしていたのは、改正前民法の起草者によれば、この損害賠償額を裁判所が判断したときには請負人がすでに受領した報酬を費消してしまっているというリスクがあるから注文者をしてこれを回避せしめるとともに、両債権の相殺を可能にすることによって実質的な報酬減額を実現しようという趣旨によるものであった。このような考慮は、改正民法の下では直截に報酬減額請求権の行使によって実現されることになる。それにより、上記のような相殺の機能は相対的に重要性を失うことになるであろう。

　なお、やや問題となるのは、報酬減額分の算定をどのように行うかという点であるが、完成を実現するための修補に要するであろう額を減じるべき額とする方法、あるいは、完成するべき仕事に対する未履行分の割合を報酬額に乗じた額を減じるべき額とする方法などがあり得る。算定方法によっては、すでに述べたように、上の二債権の相殺による処理との差異が現れることがありうる。

(3) 損害賠償

　契約不適合に基づく損害賠償は、本旨不履行に基づく損害賠償の一般的な

規律（415条）に基づくものとなる。その結果、改正民法においては、この場合の損害賠償についても一定の免責（同条1項ただし書）の可能性が生ずる。

　また、この損害賠償責任によって賠償されるべき損害は履行利益に及ぶと解され、その範囲は改正民法416条によって決定される（改正前民法下で問題となった建替費用相当額の賠償請求の可否についても、もっぱら同条の規律によって決せられる。改正前民法635条は削除され、同条ただし書の趣旨との関係はもはや問題とならない。改正前民法の下における最判平成14・9・24判時1801号77頁参照）。賠償額の算定には、契約不適合があることによる目的物の市場価格の低下分を目安とする方法と不適合箇所の修補に要するであろう費用による方法とがあり、改正後においても利用されるであろう。

　ところで、改正前民法634条が削除されたため、改正民法においては、注文者が契約不適合箇所の修補に代えてただちに損害賠償の請求を行うことができるかは、債務不履行責任の一般原則に立ち返り改正民法415条2項の「履行に代わる損害賠償」の問題として判断されるものと解される（改正の審議の過程においてもそのような指摘があった。第90回会議議事録1頁以下）。他方、立案担当者は、修補に代わる損害賠償も同条1項の問題と解している（一問一答341頁）。これは、同条2項の規律する塡補賠償の理解にかかわる問題であり、今後大きな議論となるであろう。

　なお、仕事の目的物の契約不適合に基づく損害賠償の支払と請負報酬の支払は同時履行の関係に立つ（旧634条2項・533条〔括弧書参照〕）。この同時履行関係は両債権の全額において成立するのか、それとも対当額の部分に限られるのかが改正後も問題となり得るが、改正前民法下における判例は、原則として同時履行の関係を全額において認めていた（最判平成9・2・14民集51巻2号337頁。例外的に、瑕疵の程度や各契約当事者の交渉態度などを考慮した信義則上の留保がある）。また、その後相殺がなされた場合の報酬残債務について、相殺の翌日から履行遅滞に基づく責任を負うものとしていた（最判平成9・7・15民集51巻6号2581頁）。この規律自体は改正後も妥当するであろうが、他方で、すでに述べたように新たに報酬減額請求権が規定されたため、このような判例法の意義も限られたものとなった（算定において差異が生じる余地はある）。

(4) 解除

契約不適合を理由とする解除については、不履行に基づく双務契約の解除に関する一般規定の規律に委ねることが適切とされて（564条・541条・542条・559条）、不要となる改正前民法635条本文は削除された。同時に、土地工作物の瑕疵における解除を制限する同条ただし書の規定も、その妥当性が否定されて削除された。仕事の目的物である建物その他の土地の工作物が契約不適合であるがなお土地の工作物として価値が残っているという場合であっても、そのような目的物を注文者が抱え込まなければならないことは不当であるからである。

これにより、催告解除をする場合には、契約不適合の程度が軽微でないことが必要となる（541条）。

他方、改正民法634条2号は、請負が仕事の完成前に解除されたときは、既履行部分の可分性と利益性を充たす部分を完成したものとみなして、請負人からの、注文者の受ける利益の割合に応じた報酬請求を認めている。

では、改正民法634条2号にいう解除には契約不適合解除も含まれ割合的報酬が認められるであろうか。含まれるとすれば（その前提として、同号の「完成」の前にも契約不適合責任規定の適用を肯定する必要がある。例えば、この「完成」を「契約に適合した完成」と読む）、契約不適合解除の場合も請負人に割合的報酬を肯定する可能性が生じ、目的物を注文者が引き取ることになり、それは、解除制限（旧635条ただし書）を排除した意味を大きく削ぐことになるという問題が生じよう。これに対し、含まれないとすれば、（例えば、工事中断などにより）不履行解除がなされても、同号によって完成に到達していない仕事の目的物についてその（可分性と利益性を備える）既履行部分を完成したものとみなして保存しつつ割合的報酬を肯定しながら、他方で、ひとまず完成（あるいは、それに準ずる状態、引渡しなど）に達した後で行われた契約不適合解除では、逆に全部解除による原状回復（例えば、建物除却）を求めることは、いかにもバランスを欠くという別の問題が生じよう（目的物に軽微でない契約不適合がある場合には注文者の利益も認められないという見方もあるが〔一問一答339頁〕、例えば改正前民法下の請負の解除における注文者の利益の評価を見れば、そのようにいうことができないことは明らかである）。こ

の点をどのように調整するかは今後の議論に委ねられる。

3 契約不適合責任の制限

改正民法の、契約不適合が注文者が提供した材料の性質または注文者が与えた指図による場合の担保責任の制限規定（636条）は、請負の担保責任規定の組換えを表現上反映させたものにとどまり、実質的な修正ではない。

なお、契約不適合をもたらすような、注文者が提供した材料の性質または注文者が与えた指図は、注文者の責めに帰すべき事由と評価されて、それが不能をもたらした場合にはそのリスク負担（536条2項）をも左右する場合があろう。

4 契約不適合責任の存続期間等

改正民法は、注文者がその不適合を知った時から1年以内にその旨を請負人に通知しないときは、注文者は上記（2(1)～(4)）の救済を受けることができないものとして（637条1項。ただし、請負人が悪意・重過失であったときは、このような期間制限は働かない。同条2項）、改正前民法637条の規律を大きく改めた。これに伴い、改正前民法638条、639条は削除された。これは、売買における目的物の種類・品質に関する契約不適合を理由とする売主の責任における期間制限（566条）と同様の趣旨による規律である。

なお、担保責任を負わない旨の特約の効力については、売買における572条の規定を準用することとして（559条）、改正前民法640条を削除した。

IV 契約不適合責任に関する準用規定の適用範囲

改正前民法下においては、瑕疵のない仕事の完成が請負人の債務内容であるから、瑕疵があればそれも一種の不完全履行状態であるとしながら、他方で、仕事の完成の判断については、これを「予定工程を終えたか」によって行うものとする考え方が多数説であり、裁判例・実務の立場でもあった（東京高判昭和36・12・20判時295号28頁、東京高判昭和47・5・29判時668号49頁など）。そして、このように捉えられた「仕事の完成」が、報酬支払の前

提（注文者からの未完成の主張の排除）としての観点、担保責任規定の適用範囲を（債務不履行の一般規範との関係において）画する基準としての観点として、性質の異なる２つの機能を果たしてきた。そこには、請負債務の内容としての「瑕疵のない仕事の完成」とは別に、報酬請求や担保責任規範の適用の前提となる「予定工程の終了」（「一応の完成」ともいう）というもう１つの「完成」概念が存在していた。

　瑕疵担保責任規定の適用範囲は、請負人からの報酬請求に対する損害賠償との同時履行の抗弁権（旧634条2項後段）の存否（さらには相殺の可否）として問題となることが多かったため、報酬請求の可否と担保責任規定の適用の可否が、予定工程の終了によって連結され、同一の基準で判断されることに一定の合理性が認められていたのである。

　ところが、改正民法では建物その他の土地の工作物に関する解除制限（旧635条ただし書）が削除され、報酬請求に対し注文者が契約不適合解除を主張し得ることとなったから、予定工程終了説の利点は大きく失われたかに見える。

　しかし、予定工程終了による報酬請求権の行使を認めることにより、そもそも契約不適合の程度が解除権の発生をもたらさないような場合には、なお報酬請求が可能であり、また、（割合的報酬の規範〔634条2号〕が適用されると解すると）解除が認められても可分性と利益性の要件を充たす履行部分については、なお報酬請求の可能性が残る。

　そこで、予定工程終了によって契約不適合の評価の客体がはじめて出現したことを理論的な根拠として、改正民法においても予定工程終了の基準が維持されることになるであろう。

55 請負(2)——報酬請求権

大阪市立大学准教授　坂口　　甲

要点

① 仕事の完成または完成した仕事の引渡しが不能となった場合における請負人の報酬請求権
② 仕事が完成する前に契約が解除された場合における請負人の報酬請求権
③ 仕事の続行が中止され、契約が解除されない場合における請負人の報酬請求権

解説

I　はじめに

　請負契約は、仕事の履行割合ではなく、成果に対して報酬が支払われる契約類型である（632条）。したがって、仕事が完成しなければ、請負人は報酬を請求できないのが原則である（我妻・債権各論中Ⅱ601頁）。問題となるのは、仕事が完成していないにもかかわらず、請負人が報酬を請求できるという例外が認められるか、認められるとして、どのような場合に認められるかである。

　請負人の報酬請求権の発生時については、契約の成立時に発生すると考える立場（以下では、「契約時説」という。大判明治44・2・21民録17輯62頁。我妻・債権各論中Ⅱ647頁）と仕事の完成時に発生すると考える立場（以下では、「完成時説」という。来栖・契約法475頁・479頁、加藤雅信・契約法〔有斐閣、2007〕393頁）がある。

II 改正前民法における報酬請求権の帰すう

1 仕事の完成が不能となった場合

請負人の仕事の完成が不能となったり、完成した仕事の引渡しが不能となったりして、請負人が第一次的な履行義務から解放されたときは、請負人が注文者に対して報酬の支払を請求できるかどうかが問題となる。この問題は、次の3つの場合に区別して論じられてきた。

(1) 請負人の責めに帰すべき事由による不能

請負人の責めに帰すべき事由によって不能が生じたときは、注文者は、不能となった給付に代わる損害賠償（塡補賠償）を請求することができる（旧415条）。注文者の本来的な履行請求権は損害賠償請求権の形で存続しているから（債務転形）、その対価に相当する報酬請求権も存続する。注文者が解除とともに給付に代わる損害賠償を請求した場合は、報酬請求権は残らない。

(2) 両当事者の責めに帰することができない事由による不能

両当事者の責めに帰することができない事由によって不能が生じたときは、考え方が大きく2つに分かれていた。契約時説によれば、請負人の給付が不能となり、注文者の給付請求権が消滅する場合に、請負人の報酬請求権が消滅するかどうかが問題となる。これは、危険負担の問題であり、債務者主義により請負人は報酬請求権を失う（旧536条1項。我妻・債権各論中Ⅱ623頁、626頁以下）。これに対して、完成時説によれば、仕事完成前に不能となったときは、そもそも報酬請求権が成立していないから、危険負担の問題にはならない（来栖・契約法478頁以下）。ただし、完成時説でも、仕事完成後引渡前に不能となったときは、危険負担の問題になる（川井健・民法概論(4)〔補訂版〕〔有斐閣、2010〕292頁以下）。

(3) 注文者の責めに帰すべき事由による不能

注文者の責めに帰すべき事由によって不能が生じたときは、請負人は、報酬を請求することができる。この場合、請負人は、債務を免れたことによって得た利益を注文者に償還しなければならない（旧536条2項。最判昭和52・2・22民集31巻1号79頁）。契約時説では仕事完成の有無にかかわらず、

改正前民法536条2項により請負人が報酬請求権を行使できるようになり、完成時説では同規定により請負人の報酬請求権が基礎付けられる。

2 契約が解除された場合

請負人が仕事を途中まで行い、それを完成する前に注文者が請負人の債務不履行を理由に契約を解除したとき（旧541条以下・635条）、または、契約を任意解除したときに（641条）、請負人が既履行部分に相当する報酬の支払を請求できるかどうかが問題とされてきた。この問題は、注文者が契約を全部解除できるかどうかという形で議論されてきた。

(1) 原則——全部解除

請負契約は、仕事の完成を目的とする契約である。したがって、仕事が完成されない場合、注文者は、原則として、契約を全部解除することができる。その結果、請負人は、一切報酬を請求することができない（来栖・契約法485頁）。ただし、民法641条によって契約が解除されたときは、請負人は、注文者に対し損害賠償を請求することができる。

(2) 例外——一部解除

仕事が可分であり、かつ、注文者が既履行部分の給付に利益を有するときは、注文者は既履行部分については契約を解除することができず、未履行部分についてのみ契約を一部解除することができる（大判昭和7・4・30民集11巻780頁〔民法641条解除の事例〕、最判昭和56・2・17判時996号61頁〔請負人の債務不履行を理由とする解除の事例〕）。したがって、請負人は、既履行部分に相当する報酬を注文者に請求することができる。

3 仕事の続行が中止された場合

請負人が仕事の完成前に仕事の続行を中止し、かつ、契約が解除されなかった場合にも、既履行部分に相当する報酬請求権が認められるかが問題となる。裁判例の中には、請負人の責めに帰すべき事由によって仕事の続行が中止され、その後に注文者が別の請負人に残部の工事を完成させた事例において、前者の請負人に既履行部分に相当する報酬請求権を認めた原審の判断を是認した事例がある（最判昭和60・5・17判時1168号58頁）。

Ⅲ　改正民法における報酬請求権の帰すう

1　新規定の創設とその概要

改正民法は、請負人の報酬請求権に関して634条を新設した。同規定によれば、仕事の完成が不能となった場合（同条1号）、または、その完成前に契約が解除された場合（同条2号）において、既履行の仕事の結果のうち可分な部分の給付によって注文者が利益を受けるときは、その部分について仕事が完成したとみなされ、請負人は、注文者が受ける利益の割合に応じて報酬を請求することができる。

不能の規定（634条1号）は、従来の解釈では必ずしも明らかでなかった点を明確化したものであり、解除（同条2号）の規定は、従来の解釈を明文化したものである。

仕事の完成が擬制されるのは、注文者が利益を受ける部分に限られる。したがって、既履行の仕事の結果よりも注文者が利益を受ける範囲のほうが小さいときは、後者の範囲でのみ仕事は完成したものとみなされる（部会資料81-3・18頁）。例えば、塗装工事で、下塗り塗装の後にできるだけ早く上塗り塗装が行われなければ下塗り塗装の効用が発揮されない場合において、下塗り塗装後に仕事が中途で終了し、上塗り塗装がされないままに相当期間が経過してしまったときは、注文者が利益を受ける給付は存在しない。

2　仕事の完成が不能となった場合

(1)　請負人の責めに帰すべき事由による不能

(i)　全部不能の場合

注文者が履行に代わる損害賠償を請求するときは（415条1項2号1号）、本来の給付が価値的に実現されるから、請負人は、全部の報酬を請求できる。注文者が履行に代わる損害賠償とともに債務不履行を理由に契約を解除したときは（542条1項1号）、契約が原状回復されるから（545条1項本文）、請負人は報酬を請求できない。

(ii) 一部不能の場合

改正民法 634 条 1 号は、請負人の責めに帰すべき事由の存否とは無関係に割合的な報酬を認めている。したがって、請負人の責めに帰すべき事由によって履行が不能となったとしても、既履行の仕事の結果のうち可分な給付によって注文者が利益を受けているときは（一部不能）、利益を受けている部分について仕事は完成したものとみなされ、請負人は割合的な報酬のみを請求できる（同条柱書）。

請負人は、不能となった残部に相当する報酬を請求できない。ただし、注文者が契約の残部について履行に代わる損害賠償を請求したときは（415 条 1 項 2 項 1 号）、請負人は、残部に相当する報酬も請求できる。注文者が同時に残部を一部解除したときは（542 条 2 項 1 号）、その部分に相当する報酬は請求できない（直前の(i)を参照）。

(2) 両当事者の責めに帰することができない事由による不能

(i) 全部不能の場合

仕事の完成前に両当事者の責めに帰することができない事由によって全部不能が生じたときは、仕事の結果が存在しない以上、請負人からの報酬の請求は認められない。したがって、危険負担規定の適用を問題にする余地はない（この点は、改正前でも同様に解することができた）。

仕事の完成後に仕事の引渡しが不能となったときは、契約時説でも完成時説でも、請負人は報酬を請求することができる。この場合、注文者は、同時履行の抗弁権を主張して報酬支払を拒絶するか（633 条・533 条）、または、契約を解除して報酬債務を免れることができる（542 条 1 項 1 号）。したがって、この場合には、危険負担規定の適用を問題にする必要はない。

当事者間の特約により仕事完成前に報酬請求権の弁済期が到来し、かつ、その時点で履行期に仕事の完成が不能であることが明らかである場合には、注文者は、危険負担を理由に報酬支払を拒絶するか（536 条 1 項）、または、契約を解除して報酬債務を免れることができる（542 条 1 項 1 号）。

(ii) 一部不能の場合

既履行部分の給付が可分であって、それにより注文者が利益を受けている場合には（一部不能）、注文者が受ける利益の割合に応じて、請負人には報

酬請求権が認められる（634条1号）。

(3) 注文者の責めに帰すべき事由による不能

(i) 全部の報酬の請求

　注文者の責めに帰すべき事由によって不能が生じたときは、それが全部不能であるかどうかにかかわらず、請負人は、全部の報酬を請求することができる。この場合において、請負人が自己の債務を免れたことによって利益を得たときは、これを注文者に償還しなければならない（536条2項）。

　もっとも、完成時説の立場から536条2項によって報酬請求権を基礎付けようとする場合には、解除制度との関係を整理しておく必要がある。改正民法は、一定の債務不履行が生じた場合に債権者が反対給付請求権に拘束されるかどうかを債権者の意思に係らせる解除制度を採用した。ところが、従来の危険負担制度は、債権者の意思とは無関係に反対給付請求権の存否を決めていたため、新しい解除制度と相いれない。そこで、改正民法は、債権者が反対給付請求権の履行を拒絶できるかどうかという観点から危険負担制度の効果を定めることとした（同条）。それにもかかわらず、同条2項により反対給付請求権が基礎付けられるとすれば、新しい解除制度との矛盾をもたらしかねない（第94回会議議事録33頁〔山本敬三幹事発言〕を参照）。しかし、改正民法では、債権者の責めに帰すべき事由によって不履行が生じたときは、債権者は契約を解除することができない（543条）。その限りで、反対給付請求権が存続するかどうかの決定は債権者の意思から切り離されている。したがって、改正民法536条2項により反対給付請求権が成立すると解しても、新しい解除制度と矛盾することにはならないだろう。

(ii) 割合的な報酬の請求

　請負人は、既履行の仕事の結果のうち可分な給付によって注文者が利益を受けている限りで、割合的な報酬のみを請求することもできる（634条1号）。同規定の「注文者の責めに帰することができない事由によって」という文言は、注文者の責めに帰することができる事由によって仕事を完成することができなくなった場合に、請負人が改正民法536条2項により原則として全部の報酬を請求できることを明らかにするために挿入されている。したがって、注文者の責めに帰することができる事由があっても、634条1号による割合

的な報酬請求は妨げられない（第94回会議議事録39頁〔合田章子関係官発言〕）。

(4) 両当事者の責めに帰すべき事由による不能

請負人と注文者双方の責めに帰すべき事由によって仕事の完成が不能となった場合について、考えてみよう（第81回会議議事録32頁以下を参照。詳しくは、坂口甲「双務契約における両当事者の責めに帰すべき事由による履行不能——ドイツ法における効果論の一考察」神戸市外国語大学研究年報48号〔2012〕137頁以下）。例えば、ソフトウェアの製作を目的とする請負契約において、請負人には技術上の問題があり、注文者にはソフトウェアを製作するために必要な情報を十分に提供しなかったという問題があって、仕事の完成が不能となった。請負人と注文者の帰責事由の割合は6対4、完成したとすればソフトウェアが有したであろう価値は1000万円、報酬も1000万円とする。

(i) 注文者が履行に代わる損害賠償を請求する場合

注文者は、請負人の債務不履行を理由に、履行に代わる損害賠償を請求することができる（415条）。この損害賠償請求権の額は、4割過失相殺され（418条）、600万円となる。この場合、不能となった給付は金銭により履行されているから、仕事を完成した場合と同様に、請負人は、反対給付の全額（1000万円）を請求することができる。その結果、1000万円の価値を有するソフトウェアが完成されなかった損失は、次のように分配される。請負人は600万円の損害を賠償しなければならないので、600万円の損失を負担する。注文者は、600万円の損害が賠償されるものの、1000万円の給付を獲得できないので、400万円の損失を負担する。これにより、請負人と注文者の帰責事由の割合である6対4に対応する形で、各当事者が損失を負担することになる。

注文者が請負人に対して履行に代わる損害賠償を請求する場合には、不能となった給付が価値的に実現されることになるから、報酬請求権は当然に基礎付けられる。請負人にのみ帰責事由がある場合ですら全部の報酬請求が認められるのだから、注文者にも帰責事由がある場合に全部の報酬請求が認められるのはもちろんである。このことは、改正民法536条2項とは関係がない。しかし、給付の不能によって請負人に節約された費用があれば、これは償還されるべきであるから、同項後段の規定は類推適用されるべきだろう。

(ii) 注文者が履行に代わる損害賠償を請求しない場合

注文者が履行に代わる損害賠償を請求しない場合には、請負人は、改正民法536条2項により、1000万円の報酬の支払を請求することができる。報酬請求権の過失相殺は認められない（418条参照）。ただし、注文者の責めに帰すべき事由によって請負人に報酬相当額の損害が発生しているのだから、改正民法536条2項による請求権の性質は、反対給付に代わる損害賠償にほかならないと見る余地もある（三宅正男・契約法（総論）〔青林書院新社、1978〕87頁。平井・債権各論Ⅰ(上)210頁以下も参照）。このような立場をとるならば、報酬請求権を過失相殺することも許されるだろう。しかし、過失相殺が行われた場合に、注文者が損害賠償を請求する後訴が提起され、その請求が認められると、損失を帰責事由の割合に応じて分配することができなくなる。したがって、報酬の支払を訴求された注文者がその棄却を求めているにすぎないときは、裁判所は、釈明権を行使して、注文者に履行に代わる損害賠償の請求を促さなければならない（民訴149条）。

3 契約が解除された場合

(1) 債務不履行解除

(i) 注文者の責めに帰すべき事由がない場合

請負人が仕事を途中まで行い、それを完成する前に注文者が請負人の債務不履行を理由に契約を解除するときは（541条・542条）、契約を全部解除できるかどうかが問題となる。

(a) 原則——全部解除

注文者は、原則として、契約を全部解除することができる。改正前民法と同じである。

(b) 例外——一部解除

仕事が可分であり、既履行給付によって注文者が利益を受けるときは、注文者は、利益を受けない範囲でのみ契約を解除することができる。「請負が仕事の完成前に解除されたとき」（634条2号）とは、このような一部解除を指している。なぜなら、注文者が契約を全部解除して全部の報酬支払義務を免れる場合に、改正民法634条により報酬請求権が認められるのは、矛盾し

ているからである。

(ii) 注文者の責めに帰すべき事由がある場合

注文者の責めに帰すべき事由によって請負人の債務不履行が生じているときは、注文者は、契約を解除できない（543条）。同様に、両当事者の責めに帰すべき事由によって請負人の債務不履行が生じているときは、注文者の帰責事由の割合に相当する範囲で契約を解除できない（同条）。この場合、請負人は、注文者の帰責事由の割合に相当する範囲で報酬を請求できる（536条2項）。

(2) 注文者の任意解除

民法641条により注文者が契約を一部解除した場合に、請負人が同条による損害賠償を請求せずに、既履行給付のうち注文者にとって利益となる部分に相当する報酬のみを請求できること（634条2号）は、明らかである。問題となるのは、請負人が民法641条により損害賠償を請求する場合にも、634条が適用されるかどうかである。この場合にも同条が適用されるとする見解もあるが（第81回会議議事録39頁以下〔合田関係官発言〕）、これは不当だろう。注文者が契約を任意解除して請負人が損害賠償を請求するときは、既履行部分の報酬相当額が請負人に支払われなければならないのであるから、それによって注文者が利益を受けたかどうかを問題にすべきではない。これに対して、改正民法634条は、既履行部分が注文者にとって利益があることを理由に、請負人に割合的な報酬請求権を認める規定である。したがって、民法641条により契約が一部解除され、請負人が同条により損害賠償を請求する場合には、改正民法634条は適用されないと解すべきである。

4 仕事の続行が中止された場合

仕事の完成前に仕事の続行が中止され、かつ、契約が解除されない事例（解除が有効とは認められない事例も含む）は、次のように考えることができる（後藤勇・請負に関する実務上の諸問題〔判例タイムズ社、1994〕36頁以下を参照）。

第1に、請負人の責めに帰すべき事由によって仕事の続行が中止され、その後に注文者または別の請負人によって仕事が完成された場合のように、当

初の請負人の仕事の完成が不能となったと評価できるときは、請負人の責め
に帰すべき事由による全部または一部の不能が生じたものと考えられる（2
(1)を参照）。

　第2に、請負人の責めに帰すべき事由によって仕事の続行が中止され、そ
の後に仕事の完成が不能となったとは評価できない場合（請負人が履行を拒
絶している場合）、仕事が可分で既履行の給付によって注文者が利益を得てい
るときは、その限りで請負人に割合的な報酬請求権が認められる（634条類
推適用）。同条は、請負契約が中途で終了した場合に既履行部分が注文者に
とって利益となることを理由としてその部分に相当する割合的な報酬請求権
を請負人に認めているのだから、仕事の続行が中止された場合には同条を類
推適用することができるだろう。

　第3に、注文者の責めに帰すべき事由によって仕事の続行が中止されたと
きは、注文者の帰責事由によって請負人の仕事の完成が妨げられているのだ
から、仕事の完成は注文者の責めに帰すべき事由によって全部または一部不
能となったと評価できる（2(3)を参照）。

　第4に、両当事者の責めに帰すべき事由によって仕事の続行が中止された
ときは、両当事者の責めに帰すべき事由によって仕事の完成が不能となった
場合と同様に扱うことが可能だろう（2(4)を参照）。請負人の仕事の完成は、
注文者の帰責事由によって妨げられているのだから、不能となったと見るこ
とができる。

56 委任

一橋大学教授　**角田美穂子**

要点

① 委任・準委任の位置付けの再検討と整理の成果

② 復受任者の選任に関するルール創設により受任者の自己執行義務とその例外則を明確化

③ 報酬に関する規定の整備がされ、「履行割合型」のほか「成果完成型」の委任を明記

④ 任意解除権については判例法理を明文化

解説

I　サービス経済にふさわしい規定の模索

1　サービス契約の規制枠組再検討がもたらしたものとは

　民法制定以降の経済社会の変化の1つにサービス経済の比重の増大があるが、サービス取引で生起する法的紛争の解決に民法典は十分な指針を提供できているのか。こういった問題意識から、諸外国における民法改正をにらみつつ、サービス契約についての新たな典型契約の創設に向けた議論が展開された。では、その成果はどう評価すべきであろうか。それは、今後、明らかにされていくべき問題ではないだろうか。というのも、目立った形にはならなかっただけに見えにくいものになっているように思われるからである。

　議論の過程では各典型契約の特徴が鮮明に浮かび上がり、請負や委任、雇用といった馴染みのある典型契約相互の関係が再整理されており、これらは改正に結実している。これらも単体でみれば従来の通説や判例法理の明文化であることが多く、実務に変更を迫るものではない。しかし、条文化にいた

らなかった議論も改正された箇所と関連する限りにおいて解釈論の指針にはなり得るという意味で、未完の改革とでもいうべきではなかろうか。

　指針となるべきものとして、受け皿規定としての準委任規定改正論が挙げられよう。これは、法律行為でない事務を委託する契約について委任の規定を準用する旨を定める規定（656条）が、雇用・請負・寄託・委任のいずれにも該当しないサービス契約の受け皿としての役割を担っている中で、委任の規定をすべからく準用すべきではない契約類型と規定を括りだそうとした試みであった。すなわち、委任は「当事者間の個人的な信頼関係を基礎とする」点に特徴があるのであるから、受任者の個性（知識、経験、技能その他の属性）に着目して事務処理を託したのでない場合には、いくつかの委任の規定は適さないというべきで、例えば、契約終了について信頼関係がなくなれば契約を解除できる委任（651条）よりもむしろ雇用に準じた扱いをすべきではないか、ただし無償契約については別途考える必要があるのではないか、といった議論である（中間試案補足説明499頁以下、部会資料81-3・22頁、中田ほか300頁以下参照）。

　報酬に関する規定が整備されたことも（Ⅱ）、こういった再検討がもたらした成果の1つといえそうである（同旨、中田・契約法488頁）。原則は無償契約としつつ、有償契約である場合の報酬の支払方として、雇用のように委任事務処理の労務自体に報酬を支払う「履行割合型」と委任事務処理の成果が得られた場合に報酬を支払う「成果完成型」があることを明記した。「成果完成型」の委任では、報酬の支払時期は請負と類似するが、仕事完成義務はない点で異なる。

2　受任者の自己執行義務

(1)　書かれざる原則とその例外則

　委任は、当事者の一方が相手方に法律行為をすることを委託する契約であり、弁護士への法律事務の委託、不動産業者への不動産売買媒介の委託などが典型例として挙げられる。委任は当事者間の個人的な信頼関係を基礎とする以上、受任者は委任事務を自ら執行する義務を負うのが原則である（自己執行義務）。

しかし、委任者の「許諾を得たとき、又はやむを得ない事由があるとき」に限り復受任者を選任し、同人に委任事務を委ねることができる旨を定める規定が設けられることとなった（644条の2第1項）。これまでは、「委任による代理人」が復代理人を選任することができる要件を定めた規定（104条）を類推適用することで対応してきたが、同規定は復代理人が第三者との間でした法律行為の効果が本人に帰属するかという外部関係に関する規律であるのに対して、ここでの問題は、受任者が託された事務を第三者に委ねることが委任者との関係で債務不履行になるか否かといった内部関係であって、局面が異なる。このことを踏まえて別途、とはいえ、要件としては揃える形で導入されたのが、この規定である。

　審議過程においては、この事務処理を第三者に委託する要件が「やむを得ない事由」に絞られている背景には、単発的なオーダーメイド型の事務処理が想定されており、現代的な大量の事務処理委託には適合していないとして、「目的に照らして相当であると認められるとき」に第三者への事務委託を認める立法例（信託28条2号）を参照しつつ要件を緩和すべきではないかとの意見も出されたが（中間試案補足説明488頁以下）、コンセンサスが得られずに見送られている。この改正民法644条の2第1項は、準委任への準用規定から外すことの是非を含めて、今後の解釈運用上の論点となることが予想される。

(2) 委任者・復受任者関係

　代理権を付与する委任において、受任者が代理権を有する復受任者を選任したときは、復受任者は、その権限の範囲内において、委任者に対し受任者と同一の権利義務を有する旨を定めた規定も導入されている（644条の2第2項）。本人と復代理人の関係（106条2項、旧107条2項）を内部関係にも及ぼしたものである（最判昭和51・4・9民集30巻3号208頁、一問一答349頁、中田・契約法527頁以下）。

　なお、復受任者の選任の許否のルール（644条の2第1項）は、法律行為を委託された受任者一般について問題となり得るのに対して、同条2項の規定は代理権授与を伴う復委任についてしか適用がないことに注意されたい。この理由により、2項の規定は1項と異なり、準委任への準用はないと思われる。

Ⅱ　報酬に関する規定の整備

1　原則とその例外

⑴　原則は無償契約、特約があって有償契約

「受任者は、特約がなければ、委任者に対して報酬を請求することができない。」（648条1項）。つまり、特約があってはじめて報酬を請求できる。審議過程においては、委任の無償性の原則は弁護士などの高級な労務の提供は対価を取得するのになじまないとする古代ローマ法に由来するといわれているが今日の取引実態に適合しないこと、弁護士への訴訟委任の事案で報酬額について当事者間の合意がなかった場合でも委任者に相当の報酬額の支払義務があるとした判例（最判昭和37・2・1民集16巻2号157頁）もあることから、削除も提案されたが、実現にはいたらなかった。

⑵　報酬の支払い方：2パターン

報酬を支払う旨の特約があったとして、その支払い方に2パターンあることが規定されることになった。①委任事務の履行に対して報酬が支払われる「履行割合型」と②委任事務の履行の結果として達成された成果に対して報酬が支払われる「成果完成型」である。いずれも基本は後払（これは雇用、請負と同じ）であるが、これまでは①履行割合型のみであったところ、②成果完成型は新設されたものである。例えば、弁護士への訴訟委任において、勝訴した場合に成功報酬を支払う旨が合意されている場合や、不動産売買媒介契約において、委任者と第三者の間で売買契約が成立したときに媒介者が委任者に報酬を請求できるとされている場合などがこれに当たる。この場合、受任者は仕事の完成義務は負わないが、労務を提供しただけでなく結果として成果が生じてはじめて報酬を請求できる点で請負に似ている（633条参照）。そこで、請負に準じて、成果が引渡しを要するときは、その引渡時（648条の2第1項）、成果が引渡しを要しないときには、成果が完成した後でなければ、報酬の支払を請求することができないと規定されている（648条2項本文）。このような請負に近い類型が委任の中に新設されたことは、例えば、システム開発契約のように請負と（準）委任の双方があり得るサービスでは、

一定の影響を及ぼすことも予想される。

①履行割合型は雇用類似の改正前の規定の内容を維持することとされ（648条2項）、委任の報酬支払パターンでは原則的地位を占める点にも変更はない。これら報酬に関する規定は任意規定であって、当事者の合意やその解釈に委ねることも考えられるところ、委任事務の処理が中途で不可能になった場合の報酬請求権の帰すうについての規律とセットで整備されることとなった（中間試案補足説明493頁）。

2 委任事務処理が中途で終了した場合

改正前民法648条3項では（①履行割合型を念頭に置いた規定）、委任が「受任者の責めに帰することができない事由によって」履行が中途で終了したときに限り、すでにした履行の割合に応じた報酬請求を認めていた。これが、改正民法においては、雇用について、労働者の帰責事由によって労務を中途で履行することができなくなった場合においても割合的な報酬請求が認められることとなっており（624条の2）、委任をこれと別異に取り扱うべき合理的な理由は見当たらないことから、委任もこれに合わせることとされた（部会資料72A・14頁、一問一答350頁）。その結果、委任が終了した原因が「受任者」の帰責事由によるものであるか否かを問わずに、(a)「委任者」の責めに帰することができない事由によって委任事務の履行をすることができなくなった場合、または、(b)委任の履行が中途で終了した場合に、すでに履行した割合に応じた報酬請求が認められる（648条3項）。

なお、「委任者」の責めに帰することができる事由によって、委任事務が不能になった場合でも、改正民法536条2項前段の法意に従い、報酬の全部請求が認められる可能はあると考えられる（部会資料81 3 20頁、潮見・改正法の概要322頁、松尾博憲編著・Q&A民法改正の要点〔日本経済新聞出版社、2017〕162頁、一問一答351頁）。

②「成果完成型」の委任が履行の中途で終了した場合における割合的な報酬請求（648条3項）については、請負に関する改正民法634条が準用される（648条の2第2項）。

Ⅲ　任意解除権

1　原則：各当事者がいつでも解除可能

「委任は、各当事者がいつでもその解除をすることができる」（651 条1項）。委任は当事者間の信頼関係が基礎にある契約であるので、その信頼が崩れた場合になお契約に当事者間を拘束しておく意味はないからである。

とはいえ、このような債務不履行の有無を問題とせずに、「いつでも」契約からの離脱を可能とする原則の射程をめぐっては古くから争いがあった。それは、次に述べる例外則の解釈問題にとどまるものではない。先にⅠで述べたとおり、雇用・請負・寄託・委任のいずれにも該当しないサービス契約について、準委任が受け皿規定としての役割を果たしてきたことから、サービス契約からの離脱の可否をめぐって、この規定の準用の可否が問われることも多く、この問題は「在学契約」のように新たな無名契約と法性決定される契機ともなってきた（最判平成18・11・27 民集 60 巻9号 3437 頁）。平成 29年民法改正では新たな典型契約の創設も見送られたことから、この点は残された課題となっているのである。

2　例外則

改正前民法が定めている例外則は次のようなものである。その解除が、相手方に不利な時期であれば、相手方に損害を賠償しなければならない。ただし、例外則の例外として「やむを得ない事由」があれば賠償も不要となるというものである（旧 651 条2項）。

これ以外に、判例は、次のような例外則を形成してきた。まず、「受任者の利益をも目的とする」委任は、「原則として」解除できない（大判大正9・4・24 民録 26 輯 562 頁）。しかし、委任者が「解除権自体を放棄したものと解されない事情」があれば、解除ができるが、これによって受任者が受ける不利益は損害として賠償しなければならない（最判昭和 56・1・19 民集 35 巻1号1頁）。

もっとも、受任者が著しく不誠実など「やむを得ない事由」があれば解除

が可能と、ここでも例外則の例外が認められている。この判例法理にいう
「受任者の利益をも目的とする」委任に当たるものとして、例えば、債権者
（受任者）が、債務者（委任者）から、債務者が第三者に対して有する債権の
回収の委託を受け、回収した金額を債務者に対する債権の弁済に充てること
で、債権者（受任者）の債権回収を確実にする利益を得るような場合がある。
他方、委任事務処理に対する報酬を支払う旨の特約があるだけでは「受任者
の利益をも目的とする」とはいえないとされている（期間の定めのある税理
士顧問契約の事案、最判昭和58・9・20判時1100号55頁）。

改正では、以上の判例法理が明文化されることになった。その際、例外則
とその例外が改正民法651条2項本文および各号となり、改正前民法651条
2項の要件と併せて併記されることになっている（651条2項1号2号）。そ
の結果、やむを得ない事由がなく、かつ、解除権を放棄したものとは解され
ない事情もない場合には、例外則に戻り、解除できるが、受任者に不利益が
生じる場合は損害賠償で塡補すればよいことが明らかになった（部会資料
72A・16頁以下）。

3　書かれざる論点

もっとも、改正によって明文化された判例法理は、従来からその解釈や評
価をめぐってさまざまな見解が主張されてきたところでもある。ここでは、
改正に向けた議論の中で踏み込んだ提案もなされたものの、法改正として結
実しなかった点についての改正民法のスタンスを確認しておくこととしたい。

第1に、任意解除権を放棄する旨の合意の問題について。この合意は、前
掲・最判昭和56・1・19の「解除権自体を放棄したものと解されない事情」
があれば損害賠償をしつ解除が認められるのではなく、解除権そのものが認
められないとすることを意味する。そして、学説からは、受任者に担保権を
付与するための債権取立の委任、債務整理のための委任のように「委任の利
益が受任者又は第三者の利益のみを目的としている場合には、やむを得ない
事由があったときを除いて解除することができない」とする規定を設ける提
案もなされていた（部会資料46・78頁）。

しかし、このような事情があれば当事者は任意解除権を放棄する特約を結

519

んでいると考えられることからすれば、問題は、いかなる事情があれば任意解除権の行使が制限されるかではなく、そのような特約の効力が認められるか否かにある。そして、改正民法651条は任意法規であって、そのような合意も有効と認めることができる。そして、この点は改正の前後で変わるところがない。表面上、何ら措置が講じられなかったのは、このような判断による（部会資料46・78頁）。だとすれば、先の提案などは、意思解釈上の指針として活用していくことが期待されよう（中田・契約法536頁）。とはいえ、別荘地管理契約（準委任）の任意解除の可否が争われた下級審裁判例（東京高判平成28・1・19判時2308号67頁）では、任意解除権を否定するに当たって、その形式的根拠を、管理契約が「受任者の利益のためにも締結された委任契約」であることに求めたものの、その実は「全体管理による利益を享受しながら、……管理契約を一方的に解除してその費用負担のみを免れることを許容しているとは解され」ない点にあるように見える。先の定式化で包摂可能か、あるいは委任の規定の準委任への準用のあり方の問題なのかも含め、今後の課題であろう。

　第2に、改正民法651条2項により任意解除は認められるが、相手方に賠償すべき「損害」に、得べかりし報酬は含まれるかという問題がある。前掲・最判昭和58・9・20は得べかりし報酬の賠償を否定していたことから、法制審議会における審議では、当初、明文化する判例法理にこの部分も含められていたが、最終段階で外されることとなった。どのような報酬の合意であったのかという解釈問題が前提にあることから、一律に規範として書くのは適切ではないとの判断である。なお、会社法、一般法人法では、任期途中の会社役員（委任の規定が準用される）の解任の場合の損害賠償には報酬も含まれると解されている（解任について「正当の理由」がある場合を除き、解任によって生じた損害の賠償を請求できると定める、会社法339条2項、一般社団法人及び一般財団法人に関する法律70条2項について、第95回会議議事録44頁〔神作裕之委員発言〕、潮見・改正法の概要324頁、中田・契約法535頁）。

57 雇用

名古屋大学教授 和田 肇

要点

① 雇用の定義
② 報酬支払の要件
③ 有期（期間の定めある）労働契約の解除と更新
④ 無期（期間の定めない）労働契約の解約

解説

I はじめに

第8節「雇用」に関する規定では、今般の改正で改正民法624条の2の追加、626条1項の文言の修正とただし書の削除、同条2項の文言の追加、627条2項の文言の追加が行われている。しかし、全体の規定の基本的な構造や内容にはほとんど変更がない。

II 民法と労働法の関係

1 民法の雇用方式

雇用（契約）に関する規定については、労働立法、とりわけ2007年に制定された労働契約法との関係で、どのように規定をするか、議論があった（基本方針3.2.12.A参照）。すなわち、雇用に関する基本規定として民法の規定を残す方式（併存規定）では、従来どおり民法が一般法で、労働法が特別法という枠組みになる。ところが、民法には623条1か条を残し、他は労働法の規定に委ねる方式（労働法単独規定）では、こうした基本構造は変更さ

れることになる。今般の改正は、従来と同じく併存規定の方式とし、部分的な規定の修正にとどめている。その結果、民法と労働法の関係についての議論、とりわけ民法の雇用と労働法の労働契約（労働契約法、労働基準法第2章など）とは同じなのか（同一説）、それとも異なるのか（峻別説）という論争が、今後も続くことになる。

2　雇用と労働契約の異同

契約の成立に関しては、民法と労働法とで違いはない。民法623条は、雇用について、契約当事者の一方が「労働に従事する」ことと、他方がそれに対して「報酬を与えること」との合意によって効力を生ずると定める。労働契約法6条では、労働契約について、契約当事者の一方である労働者が「使用されて労働」し、他方当事者である使用者がこれに対して「賃金を支払う」ことについて合意することで成立すると定める。両者の規定は、文言が微妙に異なるが、実質的には同じ内容である。

ところが、法の適用を受ける労務提供者について見ると、民法の雇用と労働法の労働契約とでは異なっている。すなわち、前者では「労働に従事する」者すべてが労働者であるのに対して、労働基準法9条では、同法の適用される労働者を、「職業の種類を問わず、事業又は事務所（以下「事業」という）に使用される者で、賃金を支払われる者」としている。そして、この者が事業主（労働基準法は違反者に対する罰則を定める法で、同法10条でその対象となる者を使用者と定義しており、そこでいう事業主が労契法の「使用者」に該当する）と締結する契約を労働契約と解している。労働基準法は事業を単位として労働者保護を行う法であり、同法9条にいう事業とは、「一定の場所において相関連する組織のもとに業として継続的に行われる作業の一体」をいう（昭和22・9・13発基17号、昭和63・3・14基発150号）。したがって、事業性を有しない個人が一時的に大工や庭師などを使用した場合、民法の雇用には該当するが、労働基準法の労働契約には当たらない。また、労働基準法は、同居の親族のみを使用する事業で使用される者、および家事使用人についても適用されない（労基116条2項）。以上の限りで、民法の雇用と労働法の労働契約との差は残る。

労働契約法 22 条も、同法の適用除外の労働者について、同居の親族に使用される者に限定され、この点で家事使用人も適用除外者とする労働基準法と異なる。それ以外について、両方の労働者の関係については、両法は文言の類似性から同一であると解する見解（菅野和夫・労働法〔第 11 版補正版〕〔弘文堂、2017〕142 頁・166 頁、土田道夫・労働契約法〔第 2 版〕〔有斐閣、2016〕53 頁）と、両法の趣旨から異なるとする見解（西谷敏・労働法〔第 2 版〕〔日本評論社、2013〕46 頁以下、西谷敏＝野田進＝和田肇編・新基本法コンメンタール労働基準法・労働契約法〔日本評論社、2012〕312 頁以下〔和田肇〕）の対立がある。後者では、労働契約法は労働基準法と異なり刑罰法ではないので、労働者と労働契約の範囲を緩やかに解してもよいと主張する。具体的には、労働契約法 16 条の解雇権濫用法理の適用対象者の範囲で結論が異なる。

3　雇用・労働契約と他の労務提供契約

このように民法の雇用による労務提供者、労働基準法の労働者、労働契約法上の労働者については、微妙な相違があるが、大方は合致する。そこで、請負や委任などの労務提供契約と雇用（労働契約）をどのように峻別するか、学説・判例において議論されてきた。

労働基準法上の労働者（あるいは労働契約）を念頭に置いて、次のような判例法理が形成されてきた。まず、雇用、請負あるいは委任などの契約の形式によって判断するのではなく、実態に即して判断されなければならない。その際に重要なのは、使用従属関係の有無であり、仕事の依頼に対する諾否の自由の有無、業務遂行上の指揮命令服従性の有無、勤務場所・勤務時間の拘束の程度、代替者の使用の可否、報酬の労務給付に対する対価性の有無、独立した事業者性の有無等について総合的に判断される（横浜労基署長〔旭紙業〕事件・最判平成 8・11・28 判時 1589 号 136 頁など。労働基準法研究会報告「労働基準法の『労働者』の判断基準について」〔1985〕も参照）。

なお、民法学説でも、使用従属関係という概念を用い、雇用とその他の労務提供契約である請負や委任と区別している（新注民(16) 7 頁以下〔幾代通〕）。

Ⅲ　報酬の支払

　民法 624 条は、雇用における労働に対する報酬の支払時期に関する規定であり（労働なくして報酬なしの「ノーワーク・ノーペイの原則」については、双務契約に関する民法 623 条、労働契約法 6 条から導かれる）、後払であると定める（624 条 1 項）。双務契約に一般に適用されるべき同時履行の抗弁権の制度（533 条）は、ここでは適用がない。

　また、期間によって定めた報酬（週給や月給）については、その期間を経過した後でなければ請求できない（624 条 2 項）。なお、同項によれば、年俸制の場合にも報酬算定期間である 1 年を経過しないと報酬請求権は生じないと解されるが、労働基準法 24 条 2 項で毎月 1 回以上定期日に賃金を支払わなければならないとされており、同項は年俸制の場合に修正を受ける。

　他方で、期間途中で労務提供が不可能になった場合には、民法 624 条 2 項では不十分であるので、今回の改正で、改正前民法 648 条 3 項に存在した委任に関する規定を参考に、新たに改正民法 624 条の 2 が追加されている。すなわち、「使用者の責めに帰することができない事由によって労働に従事することができなくなったとき」、あるいは「雇用が履行の中途で終了したとき」には、労働者は、「既にした履行の割合に応じて報酬を請求することができる」。労働者に賃金債権を確実に確保するために設けられた規定である。

　なお、使用者の責めに帰する事由によって履行不能になったときには、改正民法 536 条 2 項により期間全体の履行分について期間満了後に請求することができる。

Ⅳ　一身専属性の規定

　雇用は、労務提供者の人的な能力・資格・個性に着目した契約であり、他方でこの者にとって誰が指揮命令をする使用者なのか重大な関心事であり、その意味で人的な要素が強い契約である。民法 625 条は、そのことに着目した規定である。

現実に適用が問題になるのは、民法625条2項であり、一時的に使用者が変動する出向（元の会社との契約関係も存続する）や、使用者の労務指揮権のみが第三者（派遣先）に移る労働者派遣について、同項から労働者の同意が要件とされる。出向の場合のこの同意は、多くの場合、就業規則の規定（「会社は業務の都合がある場合、労働者に出向を命じることがある。労働者は、正当な理由なくこれを拒否することができない。」）で充たされるとされる。

　これに対して使用者が完全に移る転籍については、使用者の権利の譲渡ではなく、使用者の地位の移転であるために、労働者の合意はその都度の明確なものでなければならないとされている（東京地判平成7・12・25判タ909号163頁〔三和機材事件〕）。

V　雇用の解除

1　民法の規定

　民法の雇用に関する規定の中心は、雇用の解除・解約や満了に関するものである（全9条のうち6条）。期間の定めがない場合（無期雇用）の解約について改正民法627条があり、期間の定めがある場合（有期雇用）の契約の解除について改正民法626条と民法628条が、期間満了後の更新に関する民法629条がある。なお、雇用の解除は、将来効しか持たない（630条）。

2　期間の定めのない雇用の解約

　改正民法627条1項によれば、両契約当事者は、2週間の予告期間を設けることにより、いつでも解約の申入れができる。この規定の「いつでも」とは、時期と理由の双方を問わない意味と解されている。この規定から、使用者の解雇の自由と労働者の辞職（退職）の自由が導かれる。

　ところが、労働法規では、労働者と使用者の経済的・社会的な力関係の違いに着目して、使用者の解雇の自由が大幅に制限されている。つまり、手続について、まず、労働者が業務上の負傷・疾病のために療養する期間とその後30日間、女性労働者が産前産後休業の期間とその後30日間は解雇ができない（労基19条）。この規定は、解雇の効力発生を制限するもので、そこで

525

定められた期間満了後に効力が生じるのであれば、解雇予告の意思表示自体は制限を受けないと解されている（水戸地龍ケ崎支判昭和55・1・18労民集31巻1号14頁〔東洋特殊土木事件〕）。

また、使用者が行う解雇予告については、30日以上（予告手当の支給に応じて日数が減少）前に行うか、30日分以上の予告手当の支払を行われなければならない（労基20条）。

次に、解雇の実体的規制として、解雇権濫用法理がある。労働契約法16条によれば、「客観的に合理的な理由を欠き、社会通念上相当であると認められない場合」、解雇は権利の濫用として無効となる。当初、判例法理によって形成された（最判昭和50・4・25民集29巻4号456頁〔日本食塩事件〕、最判昭和52・1・31集民120号23頁〔高知放送事件〕）が、2003年労働基準法改正で制定法化され（労基18条の2）、その後労働契約法制定で同法の規定が移されている（労契16条）。

改正民法627条2項、3項では、1項の例外が定められている。中間試案では、2項については、労働基準法20条の存在によって実際上の適用場面がなくなっていること、3項については、労働者の辞職の申入れに3か月を要求するのは長すぎて不当であることから、それぞれ削除が提案されていた（中間試案補足説明508頁）。ところが、今般の改正では2項のみが修正され、改正前は、報酬が期間によって定められた場合、両当事者は雇用を終了させる前月の前半までに解約の申入れを行うこととされていたのが、使用者からの解約の申入れのみを規制する規定に変更された。

それに対して627条3項はそのままの形で残されている。具体的には年俸制のケースが考えられるが、民法627条、改正民法626条2項などとの関係、あるいは年俸制の場合でも賃金は毎月1回以上支払わなければならないこと（労基24条2項）から考えて、規定の有効性について疑問が残る（土田道夫編・債権法改正と労働法〔商事法務、2012〕92頁〔根本到〕）。

3　期間の定めある雇用の中途解除

民法628条によれば、期間の定めがある場合であっても、「やむを得ない事由があるとき」は、当事者はただちに契約の解除をすることができる。こ

の規定の性格については、強行規定と解する見解（福岡地小倉支判平成16・5・11労判879号71頁〔安川電機八幡工場事件〕）と、任意規定と解し、やむを得ない事由がなくても中途解除（とりわけ使用者による）が可能であるとする見解（大阪地判平成17・3・30労判892号5頁〔ネスレコンフェクショナリー事件〕）があった。そこで2007年労働契約法改正により、17条1項が導入され、使用者からの中途解除（解雇）については、「やむを得ない事由がある場合でなければ」なし得ず、強行規定である旨が明確にされた。

民法628条にいう「やむを得ない事由」とは、労働契約法16条にいう客観的に合理的で、社会通念上相当とされる事由よりも高度なもので、期間満了まで待つことができないほど重大な事由をいう。有期雇用の期間の定めは、その期間が満了すると雇用が終了するという点では雇用保障機能が弱いが、その期間の解除には相当高度な事由が求められるという点では雇用保障機能を有している。

改正民法627条については2項が改正され、期間によって報酬を定めた場合の解約申入れが、改正前は両当事者とも「次期以降についてすることができる」とされていたが、改正により、この規定の適用は使用者に限定されている。したがって、労働者については、同条1項により2週間以上前に意思表示をすれば足りる。

4　期間満了等の場合の解除

改正民法626条によれば、雇用の期間が5年を超えるとき、あるいは終期が不確定であるときには、当事者は5年を経過した時点でいつでも契約の解除ができる。改正前は、「雇用が当事者の一方若しくは第三者の終身の間継続すべきとき」となっていたが、「終期が不確定なとき」にあらためられている。終身間の契約は人身を不当に拘束するもので、それを認めるような規定は望ましくないという配慮による（中間試案補足説明508頁）。

また、改正民法626条2項では、契約解除の意思表示の時期が、改正前は「3箇月前」とされていたが、改正では、労働者からの意思表示については、民法627条に併せて「2週間前」とされた。中間試案の段階では、使用者からの意思表示についても、民法627条1項に併せて「2週間前」とされてい

たが、従前どおり「3箇月間前」になされなければならない。

5　雇用の黙示の更新

　民法629条は、そのまま残された。草案段階では「従前の雇用と同一の条件（期間を除く。）」で更新するという案も出されたが（基本方針3.2.12.08）、この修正案は採用されていない。そのため、同一の労働条件には期間の定めも含まれるのか、それとも同条1項の後段との整合性から、期間については期間の定めがなくなるのかについて議論が続くことになる。なお、前説によると、有期雇用の中途解約には強行法規である労働契約法17条1項が適用されるはずであるが、そのことと民法629条後段が矛盾することになる。

VI　その他

　今回の民法改正の重要な点に、定型約款の規制が導入されたことがある（548条の2以下）。ところが、法務省民事局の解説では、労働契約のひな型である就業規則については、同規定の定型契約には該当しないとされている（法務省民事局「民法（債権関係）の改正に関する説明資料」）。定型約款は、「不特定多数の者を相手方として行う取引」であり、労働契約は、相手方の個性に着目して締結されるものであり、この要件を充足しないため、労働契約において利用される契約書のひな型は定型約款に含まれないとされる（法務省民事局「民法（債権関係）の改正に関する要綱案の原案（その2）補充説明」部会資料86-2・1頁）。

　この理由は必ずしも説得的ではないが、労働契約法において就業規則の特性に応じた同様の規制がすでに行われており、それで十分と考えるほうがむしろ合理的であろう。すなわち、定型約款の組入要件に対応する規定は、不当条項も含めて同法7条に、定型約款の変更に対応する規定は同法9条、10条に定めがある。これらの規定の解釈については、最高裁判決も含めて多くの蓄積がなされ、判例法理が形成されている。ただし、就業規則に定型契約の規定が適用ないしは類推適用する余地がないかは、今後も検討を要する課題として残されている。

58 寄託

筑波大学教授 **岡本　裕樹**

要点

① 寄託の諾成契約化

② 適法な再寄託の要件・効果

③ 第三者の権利主張と受寄者の地位

④ 受寄者利益の保護

⑤ 寄託者の損害賠償請求・受寄者の費用償還請求に関する期間制限

⑥ 特殊な寄託（混合寄託・消費寄託）の規律

解説

I　はじめに

　寄託は、寄託者からの委託に基づき、受寄者が寄託物を保管することを内容とする契約である。寄託者のために物の保管という事実行為を受寄者が行うことから、準委任の一種ともいえる。また、他人の物を保管するという点で、使用貸借・賃貸借と共通した内容を有し、受け取った物の消費を受寄者に認める消費寄託は、消費貸借に類似している。

　こうした寄託に関する民法の規定をめぐっては、以前より、大きく分けて3つの観点から、見直しの契機が存在していた。第1に、いくつかの規定につき、その合理性に疑問が持たれていた。その代表例が、寄託の要物性である。第2に、民法典制定後に約款や慣習により実務で発展した寄託取引に関する規律に対し、法律上の基礎を与え、それらの法的処理を安定化させる要請があった。第3に、民事法と商事法の関係を再構築する機運である。商法典にも、寄託責任を定めた規定がいくつか置かれている一方、商事法の改正

529

論議とともに、民事法と商事法との間の役割分担が俎上に載せられる中で、寄託に関する商法上の規定を民法に取り込むべきかも議論の対象となった。

このような背景の下、このたびの民法改正に当たり、種々の点について改正提案がなされた。ここでは、実際に改正にいたった内容に絞って、解説する。あらかじめ述べておくと、改正内容は、前述の寄託の法的性質をもとに、他の類似する契約類型に関する規定との調整を目的としたものが少なくない。

II　要物性の見直し

1　要物性の空洞化

改正前民法では、寄託は、受寄者が寄託物を受け取ることにより成立する要物契約とされていた。これは、ローマ法以来の伝統によったものであった。しかし、古くより、その合理性は否定されており、諾成契約とする立法論が主張されていた（梅・要義三 761 頁以下、我妻・債権各論中 II 704 頁など）。

こうした民法上の寄託に対し、商法上の倉庫寄託を諾成契約とする解釈論が主張され、また、実務では、契約自由の原則の下で、諾成的な寄託が広く利用されていた（新注民(16) 308 頁・315 頁以下・318 頁以下〔明石三郎〕）。

2　諾成契約化

(1)　諾成契約の一般化

改正民法では、学説や実務の状況を踏まえて、寄託者による寄託物保管の委託と、受寄者による承諾のみにより、寄託契約が成立することとなった（657 条）。これにより、受寄者は、寄託物につき、保管義務に加えて、引受義務を負う。

改正前民法下では、有償寄託のみ諾成契約とする見解もあったが（来栖・契約法 589 頁など）、こうした有償・無償の区別は採用されていない。また、寄託と同様に、要物性の見直しを受けた消費貸借では、従来の要物的消費貸借の類型を残したまま、書面による諾成的消費貸借の類型が新設されたが（587 条の 2）、寄託は、諾成契約に一本化されている。

(2)　寄託物受取前の寄託者の任意解除権

　諾成的寄託契約では、当事者の合意による契約成立と寄託物の保管の開始との間に、時間的間隔が生じる。この間の当事者関係につき、いくつかの規律が置かれている。

　まず、寄託者は、受寄者が寄託物を受け取るまで、契約を解除できる（657条の2第1項前段）。寄託は寄託者の利益のために行われるものであることから、契約後に寄託者が寄託を望まなくなった場合に、寄託契約を存続させる必要性がなくなるためである。返還時期を定めた寄託において、寄託者による一方的な返還請求を認めている民法662条1項と、同趣旨の規律である。なお、こうした解除権の承認は、寄託者が寄託物の引渡義務を負わないことも意味する（部会資料73A・10頁）。

　寄託者がこの解除権を行使し、これにより受寄者に損害が生じた場合、寄託者はその賠償義務を負う（657条の2第1項後段）。ここで賠償されるべき損害とは、寄託者に対して償還請求が可能な費用（665条・650条1項）に限られるとするのが、立案担当者の見解である（一問一答358頁注3）。

(3)　書面によらない無償寄託における寄託物受取前の受寄者の任意解除権

　また、書面によらない無償寄託では、寄託物の引渡しがあるまで、受寄者にも契約の解除が認められる（657条の2第2項）。書面によらない贈与の解除権（550条）と同様、無償寄託で一方的に債務を負担する受寄者のために、契約の拘束力を弱め、契約からの離脱を保障しているのである。したがって、書面によらない無償寄託では、受寄者は寄託物の引受義務を負わないということにもなる（詳解V 169頁以下参照）。

　書面が作成されていれば、受寄者が軽率に契約を締結したとはいえないため、受寄者に解除権は認められず、契約の通常の拘束力、すなわち契約内容に従って寄託物を引き受ける義務が生じる（部会資料73A・11頁）。

(4)　寄託物受取前の受寄者の寄託物引渡しに関する催告権と解除権

　これらの規律により、書面によらない無償寄託の場合を除き、寄託者が寄託物を引き渡さず、解除もしないとき、受寄者はいつまでも契約に拘束されることになる。こうした浮動的状況から受寄者を解放するために、受寄者には、相当の期間を定めて寄託物の引渡しを催告し、その期間内に引渡しがな

い場合に、契約を解除することが認められている（657条の2第3項）。寄託者は寄託物の引渡義務を負わないため、引渡しがなくても寄託者の債務不履行とはならないが、債務不履行の場合と同じ要件の下で、契約の解除が可能とされている（部会資料73A・11頁以下）。

III　再寄託の取扱いの変更

1　受寄者の管理義務

　寄託契約は、物の保管を他人に委託することを内容とし、受寄者に対する寄託者の属人的な信頼を基礎とする。そのため、原則として、受寄者による保管の目的を越えた受寄物の使用は、禁じられている。また、受寄者は、受寄物を第三者に保管させることも許されない（自己執行義務）。

2　再寄託の例外的承認とこれに伴う問題

　これに対し、改正前民法下では、寄託者の承諾がある場合に限り、第三者への再寄託が例外的に認められていた（旧658条1項）。そして、その際の当事者間の法律関係には、復代理に関する改正前民法105条と107条2項が準用されていた（旧658条2項）。

　こうした再寄託の規律に対しては、主に2つの観点から批判が示された。1つは、適法な再寄託の要件である。業務の専門化・分化が進む昨今、再寄託が必要で、寄託者の利益に適う場合も少なくない。しかし、寄託者の承諾の必要性が再寄託の制約となり、実務上の需要に対応できない状況にあった。この閉塞感は、寄託と同様に属人的信頼関係を基礎とする委任において、「やむを得ない事由」があるときに復委任を容認する解釈（104条の類推適用）が支配的となっていたことと比べても、顕著であった（詳解V 175頁、部会資料73A・13頁）。

　もう1つは、適法な再寄託の法律関係である。前掲の規定を準用すると、受寄者の履行補助者に当たる再受寄者が、寄託者に対して、直接に保管義務を負う一方で、受寄者の責任は、原則として、再受寄者の選任・監督に過失があった場合に限定されることとなっていた。このように寄託者が単に再寄

託に承諾しただけで、受寄者の責任が限定されることの妥当性について、疑問が呈されていた（詳解 V 176 頁以下、部会資料 73A・13 頁）。

3　再寄託に関する独自規定の設置

改正民法では、まず、寄託者の承諾を得たときだけでなく、「やむを得ない事由があるとき」にも、再寄託が認められることとなった（658 条 2 項）。これは、復委任に関する改正（644 条の 2 第 1 項）と平仄を併せる形となっている。

また、再寄託への復代理の規定の準用が排除され、再受寄者が、寄託者に対して、その権限の範囲内で、受寄者と同一の権利を有し、義務を負う旨を定めた独自規定が設置された（658 条 3 条）。これにより、再寄託における受寄者は、履行補助者の行為による債務不履行に関する一般原則に従って責任を負うこととなった（部会資料 73A・14 頁）。また、このことは、「やむを得ない事由」による再寄託の場合でも変わりがない（105 条後段を参照）。

Ⅳ　第三者の権利主張における受寄者の地位

1　受寄者の通知義務

受寄者は、寄託者に対して、寄託物返還義務を負っている。そのため、寄託者以外の第三者が、寄託物の所有権を主張して、引渡しを請求してきても、受寄者は、強制執行などにより引渡しを強制されない限り、寄託物をこの第三者に任意に引き渡してはならないと解されてきた。

こうした受寄者が、第三者からの訴訟提起等により、強制的に寄託物の占有を失うおそれがある場合、寄託者に、自らの権利を防御する機会を保障する必要がある。そこで、第三者から訴訟提起等を受けた場合、受寄者には、その旨を寄託者に通知する義務が課されてきており（旧 660 条）、この通知義務は、改正民法でも維持されている（660 条 1 項本文）。もっとも、第三者の訴訟提起等を寄託者がすでに知っているときにまで、受寄者に通知を要求する必要はないことから、こうしたときには、受寄者は通知義務を免除されることとなった（同項ただし書）。この改正は、賃貸借に関する民法 615 条と

533

平仄を併せるものである（部会資料 73A・15 頁以下）。

2　受寄者の寄託物返還義務

第三者の権利主張の際も、強制執行等により引渡しを強制される場合を除き、受寄者は第三者に寄託物を引き渡してはならないとする前述の解釈は、民法起草時からの支配的な見解であったが（我妻・債権各論中Ⅱ 718 頁、最判昭和 42・11・17 判時 509 号 63 頁も参照）、寄託者が寄託物の所有者ではないことも少なくない中で、この規律を条文により明確にすることが要請された。そこで、改正民法 660 条 2 項が、第三者の権利主張の際に、受寄者は依然として寄託者に対する寄託物返還義務を負うことを原則とし、例外的に、第三者への寄託物の引渡しを命ずる確定判決等があり、第三者に寄託物を引き渡した場合について、受寄者の債務不履行責任を免除する規定を置いている。なお、受寄者がこの免責を受けるためには、第三者の訴訟提起等について、受寄者が前述の通知義務を果たしているか、寄託者がその事実を知っていたことが必要である。

他方で、受寄者が契約に従って寄託物返還義務を履行し、寄託者に寄託物を返還した場合、寄託物上に権利を有する第三者に損害が生じることも考えられる。このとき、受寄者が第三者に対して損害賠償責任を負い、寄託者に対する受寄者の求償により処理する構成も考えられるが、その場合、寄託者と第三者との間の紛争に受寄者を巻き込むことになり、妥当ではない（部会資料 73A・17 頁以下）。そこで、寄託者に寄託物を返還した受寄者は、これにより第三者に損害が生じたとしても免責され、第三者の損害は、寄託者に対する賠償請求で処理することを内容とする規定が新設された（660 条 3 項）。ただし、この規定は、第三者に生じた損害の原因が、受寄者が寄託物を保管していたこと自体にある場合や、第三者への引渡しを命じる確定判決等に反して受寄者が寄託物を寄託者に返還したことにある場合についてまで、受寄者を免責するものではない（部会資料 73A・18 頁、一問一答 363 頁注 2）。

V 受寄者利益の保護

1 報酬支払に関する規律

受寄者利益の保護を拡充する改正も、いくつか行われている。

その1つが、有償寄託が中途で終了した場合の受寄者の報酬に関する規定の改正である。受寄者の報酬については、委任の規定が準用される（665条）。この準用元である改正民法648条3項は、改正前、受任者の帰責事由による中途終了の場合に、報酬請求権を認めていなかった。しかし、委任事務の処理に対して報酬が支払われる場合（「履行割合型」とよばれる）を想定すると、受任者の帰責事由による中途終了の際も、受任者は終了までは現実に事務処理を行い、それにより委任者が利益を得た以上、履行の割合に応じた報酬請求権を否定する理由はない（部会資料72A・13頁以下）。そのため、履行割合型の有償委任については、受任者の帰責事由を問題とすることなく、中途終了の場合に、既履行の割合に応じた報酬請求権が、受任者に認められることとなった（同項）。この規律は、本来的に履行割合型の報酬支払方式となる寄託にも準用され、有償寄託の中途終了に際し、受寄者にはすでに行った保管に対応する報酬請求権が認められる（624条の2・634条も参照）。

なお、改正民法648条3項1号に「委任者の責めに帰することができない事由によって」とあるのは、委任者の帰責事由による場合について、改正民法536条2項による処理が行われるためであり、委任者の帰責事由の存在が、一部報酬請求権を排除する趣旨ではない（部会資料81-3・20頁以下参照）。

2 返還時期前の返還請求における寄託者の損害賠償義務

基本的に寄託者の利益の下で行われる寄託においては、寄託物の返還時期の定めがあっても、寄託者に返還時期前の返還請求が認められてきた（旧662条）。ただ、寄託者の一方的な返還請求により、受寄者に損害が生じることも考えられ、その場合に寄託者の損害賠償義務を認める解釈が広く支持されていた（新注民(16) 351頁〔打田畯一＝中馬義直〕）。そうした中、今回の改正では、この寄託者の責任が、明文の規定により確認されることとなった

（662 条 2 項・591 条 3 項も参照）。ここでの賠償の対象は、返還請求がなされなければ受任者が得たと認められる利益から、受任者が債務を免れることによって得た利益を控除したものと解されている（部会資料 73A・21 頁、なお、詳解 V 182 頁以下も参照）。

VI　寄託者の損害賠償請求・受寄者の費用償還請求に関する期間制限

　改正前民法下では、寄託物の一部滅失または損傷を理由とする寄託者の損害賠償請求について、特別な短期の期間制限はなかった。他方で、倉庫営業に関しては、寄託物の損傷・滅失が受寄者の保管中に生じたものか否かが不明確になることを避けることを趣旨の 1 つとして、商法において短期の期間制限が定められている（商 625 条・588 条・626 条など）。また、使用貸借や賃貸借について、債権債務関係の早期の処理が望ましいとの理由から、借主に対する損害賠償請求権の行使期間が 1 年に制限されてきた（改正前の規律を維持する民法 600 条 1 項・622 条）。こうした事情は、民法上の寄託にも当てはまるものであることから（詳解 V 190 頁以下）、寄託にも、使用貸借・賃貸借に倣って、同様の期間制限が設けられることとなった（664 条の 2 第 1 項）。なお、全部滅失の場合には、寄託物返還義務が不能となっており、返還時からの期間制限になじまないだけでなく、債権債務関係の早期処理の要請も高くないため、この規定は適用されない（部会資料 73A・20 頁）。

　これに加え、債権債務関係の早期処理という趣旨から、使用貸借・賃貸借と同様に、受寄者の費用償還請求も、短期の期間制限に服することとなった（664 条の 2 第 1 項）。

　もう 1 点、使用貸借・賃貸借と平仄を併せた規律がある。貸借関係における貸主は、契約存続中に目的物の状況を把握することが困難であるところ、長期にわたることの多い貸借関係では、借主が用法違反をした時から 10 年以上経過しても貸借関係が存続し、この間、貸主が用法違反の事実を知らないまま、これを理由とする損害賠償請求権の消滅時効期間が経過する場合も考えられる。こうした不都合を防止するため、改正民法 600 条 2 項が、目的

物の返還時から1年を経過するまで、使用貸主の損害賠償請求権に関する時効は完成しないものとし（部会資料70A・65頁以下）、この規律は、改正民法622条により、賃貸借に準用されている。そして、寄託物の一部滅失・損傷による寄託者の損害賠償請求権につき、同様の状況が想定され得る寄託においても、同種の規定（664条の2第2項）が設けられている。

Ⅶ　特殊な寄託

1　混合寄託に関する規定の設置

特殊な寄託に関わる改正点は2つある。

その1つは、混合寄託に関する規定の新設である。混合寄託とは、受寄者が、ある寄託者から寄託を受けた代替性のある寄託物を、他の寄託者から寄託を受けた種類および品質が同一の寄託物と混合して保管し、寄託されたのと同数量の物を返還する寄託である。こうした混合寄託は、明文の規定はなかったものの、特殊な寄託の類型として解釈上認められていた（我妻・債権各論中Ⅱ716頁以下）。混合寄託では、寄託者の異なる寄託物を混合して保管することによって、寄託物の保管のための場所および労力の負担を軽減し、寄託の費用の節約にもつながることから、とくに倉庫寄託を中心として、実務上利用されてきた。このように実務上重要な役割を果たしていて、かつ、通常の寄託とは異なる規律が適用される混合寄託につき、法律関係の明確のために、新たな規定が設けられることとなった（部会資料73A・22頁）。

まず、複数の寄託者からの寄託物を混合して保管するには、受寄者は、各寄託者の承諾を得る必要がある（665条の2第1項）。これにより混合寄託が成立した場合、寄託者は、寄託した物と同じ数量の物について、返還請求権を有する（同条2項）。この返還請求は、ほかの寄託者の関与を要することなく、各寄託者が単独で行うことができる（部会資料73A・23頁）。ただし、寄託物の一部が滅失した場合には、寄託者の返還請求の対象が、混合寄託の総寄託物に対する自身の寄託物の割合に応じた数量の物に限定される。この場合、寄託者は受寄者に対して、損害賠償を請求できる（同条3項）。

537

2 消費寄託に関する規律の変更

もう1つ、消費寄託に関する規律が修正された。

改正前民法下では、寄託物の返還に関する規律の一部を除き、基本的に消費貸借の規定が、消費寄託に準用されていた。もっとも、消費寄託と消費貸借とは、たしかに、目的物の所有権が移転する点で共通するが、前者では、目的物の保管に関する危険を回避するという利益が、目的物を引き渡す寄託者にあるのに対し、後者では、目的物を利用するという利益が、目的物を受け取る借主にあるところに、本質的な違いがある。これらを考慮すると、消費寄託には、寄託者の利益に着目した寄託の規定を基本的に適用し、消費貸借の規律の準用は、目的物の所有権の移転に関する限りにとどめるべきと考えられる（部会資料75B・23頁以下）。これに加え、一般的に諾成契約化された寄託と、要物性が残された消費貸借との調整も必要となった。こうしたことから、準用の範囲は、貸主の契約内容に適合した目的物を引き渡す義務等と借主の価額償還義務に関する規定（590条・592条）に限定されることとなった（666条2項）。

ただし、消費寄託の性質を含む預貯金契約は、受寄者である金融機関が預かった金銭を運用することを前提とする契約類型であり、受寄者にとっても利益がある点で、専ら寄託者の利益を目的とする他の消費寄託と異なる（部会資料81-3・26頁）。そうした受寄者の利益を考慮して、預貯金契約では、受寄者に一方的に不利な規律である民法663条2項の適用を排除した上で、改正民法591条2項・3項を準用し、金融機関と預貯金者との間の利害を調整することとした（666条3項）。

59 組合

京都大学准教授 **西内 康人**

要点

① 契約総則規定の適用排除
② 組合員の一部に無効原因・取消原因がある場合の主観的波及的効力の不存在
③ 業務執行関係の整理
④ 組合財産関係の明文化
⑤ 加入関係と脱退関係の整理
⑥ 解散事由の明文化

解説

I はじめに

組合法の改正は多岐にわたるため、従来の解釈論や判例との関係に絞って、改正民法の特徴を、以下で概観する。

II 契約総則規定の適用排除

改正民法では667条の2が新設され、同条1項で改正民法533条と536条の適用排除を、改正民法667条の2第2項でほかの組合員の債務不履行を理由とした解除ができないことを定めている。

1 同時履行の抗弁権の排除

同時履行の抗弁権の処理に関し、改正民法は、従来の通説を受けたもので

539

あるが、以下のような微妙な違いもある。

(1) 従来の議論——同時履行の抗弁権の原則的否定

従来の通説は、同時履行の抗弁権を原則として否定していた。ただし例外的に、業務執行者が定められていない場合に未履行の組合員から出資債務履行請求が行われるとき、および、組合員が2人であるとき、この2つの場合には、同時履行の抗弁権を認める見解が有力であった（我妻・債権各論中Ⅱ 760頁）。

改正前民法533条の適用範囲につきこのような原則と例外を認める理由は、組合員間の利益衡量に求められてきた。これに対し、組合契約の性質論（契約か合同行為か）という問題は、同条の適用の有無については意味を持っていない（新注民(17)31頁以下〔福地俊雄〕参照）。

以上をまとめると、組合法では、利益衡量を理由に改正前民法533条の適用可能性があることを前提としてきたわけである。

(2) 改正民法——同時履行の抗弁権の否定

これに対し、改正民法ではこのような例外を認める利益衡量が否定され、改正民法533条の適用自体が排除されている。というのは、組合の業務の円滑の観点を重視するならば、このような例外を認めて履行拒絶の主張を許すべきではないと考えられるからである（部会資料75A・41頁参照）。

このため、従来の有力説が例外を認めていた場面についても、同時履行の抗弁権を否定するのが素直な解釈論である。

2 危険負担に係る履行拒絶権の排除

危険負担に関する規定の適用が排除される点は、従来の通説の議論を受けたものであり、特段の留意点はない。

3 解除規定の適用排除

解除規定については、改正民法の下では組合法に一部適用され得ることに留意が必要となる。

(1) 従来の議論——解除規定の包括的適用排除

契約解除に関する規定は、適用がないことでほぼ争いがない状況であった

（我妻・債権各論中Ⅱ762頁）。そこでは、解除法の規定ごとに、適用可能性を考えるという態度は採用されていない。

(2) 改正民法──解除規定の一部適用排除

これに対し、改正民法立法における議論では、解除規定のすべての適用が排除されるわけではないとの考えが、示されている（部会資料75A・42頁）。というのは、組合法では脱退制度や解散制度において解除の原因と効果につき契約総則の解除規定の特則が置かれていることが解除規定適用排除の理由だからである。つまり、こうした特則が妥当しない部分には、契約総則の解除規定を排除する趣旨が妥当しないからである。

組合法にこうした特則が妥当しない部分として具体的には、まず、特約上解除を認めている場合につき改正民法540条と民法547条が適用される余地がある。また、複数の組合員に対して解除の意思表示をする場合として、改正民法544条の適用もある。最後に、解散請求の場合にも、その方法については改正民法540条が適用される。

以上をまとめると、改正民法で適用排除されるのは解除原因（改正民法541条から改正民法543条、および、法定解除原因の排除と関連する改正民法548条）と原状回復効（改正民法545条、および、これと関連する民法546条）である。

Ⅲ 組合員の一部に無効原因・取消原因がある場合の主観的波及的効力の不存在

改正民法の667条の3は、組合員の1人の意思表示につき無効原因や取消原因があっても、他の組合員の間での組合契約の効力を認めている。

1 従来の議論

従来の通説は、組合員の1人の意思表示につき無効原因や取消原因がある場合に、他の組合員の間での組合契約に影響を与えることを前提に、組合と取引した第三者保護のためにこの効力を制限しようとしたものである。その特徴は以下のようになる。

(1)　時点——対外的取引開始時

まず、無効や取消しの効力制限の時点は、対外的取引を開始した時点となる。というのは、第三者保護を目的としていたからである。

(2)　主観的波及的効力の原則性——肯定

次に、1人についての無効原因や取消原因は、他の組合員の間での組合契約にも影響を与えることが原則とされている。この理由は、組合契約が人的信頼関係に基づいており、1人の脱落が持つ影響が大きいと考えられてきたためである。

(3)　無効原因・取消原因がある者によるその主張——否定

(2)との関係で、無効原因や取消原因の効力自体を奪う必要がある。そのため、無効原因や取消原因がある者についても、将来効を持つ形での脱退を許したにすぎない。

(4)　任意法規性——否定

第三者保護を目的としてきたことからすれば、以上の処理を、組合契約当事者の合意で変更することは許されなかったと考えられる。

2　改正民法の立場

改正民法は、以上のような従来の通説とは異なり、法的安定性と組合契約当事者の通常の意思を重視した形で、規定を置いている。その特徴は以下のようになる。

(1)　時点——組合契約締結時

まず、改正民法667条の3が適用される時点は、組合契約締結時である。というのは、対外的取引開始時点は、法的安定性を重視した場合には適合的な基準ではないからである。

(2)　主観的波及的効力の原則性——否定

次に、1人についての無効原因や取消原因は、他の組合員の間での組合契約にも影響を与えないことが原則とされている。これは、他の組合員の通常の意思は、当該組合員なしでも組合を存続させることにあると、考えたためである。

⑶　無効原因・取消原因がある者によるその主張──沈黙

　⑵との関係で、従来の議論とは異なり、無効原因や取消原因の効力自体を奪う必要はない。そのため、無効原因や取消原因がある者についてその主張が許されるかは、規定されておらず、解釈に委ねられている。

　ここで、脱退により責任財産が減少することや、組合員として債務を負う者が脱落することを問題視し、第三者の立場を保護すべきと考えるなら、従来の議論は本条の沈黙部分を埋める形で機能し得る。つまり、対外的取引開始後であれば、無効や取消しの主張を、当該原因がある組合員にも許さないとの解釈を導入する余地はある。

⑷　任意法規性──肯定か

　本条の根拠が、第三者保護ではなく、契約当事者の通常の意思に求められていることからすれば、本条は任意規定であると解釈するのが素直であるように思われる。

Ⅳ　業務執行関係の整理

　業務執行については、改正民法670条のほか、組合代理につき改正民法670条の2が定められ、以下のような事項が整理されている。

1　組合代理とその他業務執行との区別

　従来から、対内的業務執行と対外的業務執行は概念的に区別される以上、これを規定上も区別すべきとの意見があった。改正民法はこれを受けて、組合代理に関する問題を、改正民法670条の2にくくりだしている。したがって、改正民法670条はこれ以外の業務執行事項を扱うことになった。

　しかし、対外的業務執行と組合代理は必ずしも一致しないことに、留意が必要である。例えば、組合員全員が契約当事者として第三者との契約を締結する場合は、対外的業務執行ではあるが、組合代理ではない。このような組合代理ではない対外的業務執行は、改正民法670条で扱われることになる。

　また、改正民法は組合代理に関する従来の裁判例を変更するものではない（最判昭和35・12・9民集14巻13号2994頁〔業務執行者が定められていない場

合に、過半数の同意があれば有権代理であるとしたもの〕、最判昭和38・5・31民集17巻4号600頁〔業務執行者が包括的代理権を持ち、かつ、その代理権の内部的制限は善意無過失の第三者に対抗できないとしたもの〕)。

2　意思決定手続と意思執行手続の区別

次に、多数決による業務執行原則を定める改正前民法は、意思決定手続について定めるものであり、これを実現する手続、つまり、意思執行手続は明確に定められていないとの問題意識があった。

そこで、改正民法では、意思決定手続と意思執行手続を区別している。例えば、改正民法670条1項では、「組合の業務は、組合員の過半数をもって決定し、各組合員がこれを執行する」という形で、過半数による意思決定と、各組合員による意思執行を定めている。意思決定と意思執行という概念の区別に併せて、文言の微修正も行われている（671条・672条1項・673条）。

3　業務執行者を選任する場合の法律関係の明確化

業務執行者については、次の3点が明示された。

(1)　組合員以外の業務執行者の明示的肯定

改正前民法は、組合員以外の者を業務執行者に選任できるのか否かが明確ではなかった。そこで、改正民法670条2項では、これが可能であることを明示している。

(2)　総組合員による意思決定権限と意思執行権限の留保

業務執行者を定めた場合に、業務執行者でない組合員に意思決定権限や意思執行権限が留保されるのか、留保されるとしてそれはどのようなものか、改正前民法には不明確な点があった。そこで、業務執行者を選任した場合にも、総組合員に意思決定権限や意思執行権限が留保されることを、改正民法670条4項、改正民法670条の2第3項は明示している。

(3)　業務執行者が1人である場合の意思決定権限と意思執行権限の明示

業務執行者が1人である場合に、意思決定権限と意思執行権限がどのようなものになるのか、改正前民法には不明確な点があった。そこで、その者に単独での意思決定権限と意思執行権限が帰属することを、改正民法670条3

544　　59　組合

項、改正民法670条の2第2項は明示している。

V 組合財産関係の明文化

改正民法675条以下の組合財産に関する条文は、従来の通説を明文化する形で、以下のような規定が設けられている。

1 組合債権者による組合財産への権利行使可能性

組合債権者が、組合財産に対して権利行使できることは従来から認められていたものの、明文がなかった。そこで、改正民法675条1項ではこれを定めている。

2 組合債権者による組合員への責任追及における立証責任

改正前民法675条では、組合債権者が組合員に平等の割合で責任追及する場合、損失分担割合についての善意を組合債権者自ら立証しなければならないかのような文言を用いていた。しかし、この文言に反して、平等の割合による責任追及こそ原則であり、組合員の側が損失分担割合についての組合債権者の悪意を立証できた場合に限り損失分担割合が基準となるとの立証責任を、従来から通説は主張してきた。

改正民法675条2項は、改正前民法675条の文言を、基本的には、以上のような従来の通説による主張立証責任に併せて、整えたものである。すなわち、平等の割合と損失分担割合を組合債権者が選択して組合員への責任追及できることを本文に置き、組合債権者が損失分担割合につき悪意の場合に例外的に組合債権者が損失分担割合に拘束され得ることをただし書に置くことで、主張立証責任を明確化している。

3 組合員責任の付従性

組合員責任は従来から組合債務に対して付従性を持つと解されてきた。つまり、保証と同様に考えられてきたわけである。したがって、組合が有する組合債務に関する抗弁を行使し得るほか（457条2項参照）、組合が有する相

545

殺権、解除権、取消権はこれを組合が行使できる限度で組合員に履行拒絶権が認められると考えられる（同条3項参照）。

4　組合財産である債権の組合員単独での権利行使禁止

組合財産に属する債権を組合員単独では行使できないことは、大判昭和13・2・12（民集17巻132頁）で認められており、従来の通説もこれを認めてきた。そこで、改正前民法676条2項の規定を3項に移し、新たな2項にその旨を明示している。

なお、組合員単独での債権行使が認められないとしても、ある組合員単独での訴訟追行は認められる可能性がある。というのは、判例上、業務執行者が代表者となる組合の当事者能力や、業務執行組合員による任意的訴訟担当が認められているからである（最判昭和45・11・11民集24巻12号1854頁）。このような訴訟法の議論に、本条は影響を与えるものではない。

5　組合員債権者による組合財産への権利行使不能

組合員の債権者が組合財産に権利行使できないことを、従来の通説は認めていた。ただ、この解釈は改正前民法676条1項から導かれると解釈されていたにすぎず、明文規定を欠いていた。そこで、改正民法の677条にその旨を明示することにしている。

なお、相殺禁止を定めていた改正前民法677条は、改正民法の677条から導かれることから削除されている。

VI　加入関係と脱退関係の整理

加入は従来の判例（大判明治43・12・23民録16輯982頁）や学説により認められていたものの、改正前民法では明文の規定を欠いていた。また、脱退は改正前民法でも定められていたものの、脱退組合員の責任関係について不明確な点があった。そこで、以下のような規定が置かれることとなった。

1　加入関係の整理

加入は、これが認められる要件と、その責任関係が定められている。

(1)　組合員加入の要件

従来の通説は、組合員全員の同意を要件として、または、組合契約の定めがある場合にこれに従うことを要件として、組合員の加入を認めてきた。そこで、改正民法677条の2第1項は、このような加入要件を定めている。

(2)　加入前発生組合債務に対する加入者の個人責任の不存在

従来の通説は、会社法605条とは異なり、加入組合員が加入前の組合債務について責任を負うことを否定してきた。そこで、改正民法677条の2第2項は、これを明文化している。

2　脱退関係の整理

脱退は、その責任関係が新たに定められている。

(1)　脱退組合員の脱退前組合債務に対する個人責任

従来の通説は、脱退前に発生した組合債務につき、脱退組合員は脱退後も責任を負うことを認めてきた。そこで、改正民法680条の2第1項前段は、このことを明示している。

(2)　組合に対する担保提供請求権と免責請求権

脱退組合員による(1)の責任の履行は、実質的には他人の債務の履行に当たると、従来の通説は考えてきた。そこで、脱退組合員による組合への担保提供請求権と免責請求権を、改正民法680条の2第1項後段は定めている。

(3)　組合に対する求償権

脱退組合員による(1)の責任の履行は、実質的には他人の債務の履行に当たると、従来の通説は考えてきた。そこで、脱退組合員による組合への求償権行使可能性を、改正民法680条の2第2項は定めている。

Ⅶ　解散事由の明文化

改正前民法682条は、①組合目的である事業の成功または成功不能のみを

解散事由として定めている。しかし、②組合契約上の存続期間の満了、③組合契約上の解散事由の発生、④総組合員の同意が解散事由となることも、従来の通説は認めてきた。そこで、改正民法は、①を682条1号とした上で、解散事由として、②を2号、③を3号、④を4号に、付け加えた。

なお、組合員が1人となった場合に解散するか否かは、民法改正で議論されたが、立法化されなかった。下級審は一般にこの場合に解散するとしており（例えば、大阪地判昭和40・2・27判タ173号208頁〔建築ジョイントベンチャーから1人が脱退し、他の1人が組合債権を行使した事案〕）、この方向が継続するものと考えられる。

詳解 改正民法

2018年6月15日　初版第1刷発行
2020年6月1日　初版第5刷発行

| 編　　者 | 潮　見　佳　男　　千　葉　惠美子 |
| | 片　山　直　也　　山野目　章　夫 |

発 行 者　　小　宮　慶　太

発 行 所　　株式会社 商 事 法 務

〒103-0025 東京都中央区日本橋茅場町 3-9-10
TEL 03-5614-5613・FAX 03-3664-8844〔営業〕
TEL 03-5614-5649〔編集〕
http://www.shojihomu.co.jp/

落丁・乱丁本はお取り替えいたします。　　　　印刷／広研印刷㈱
© 2018 Y. Shiomi, E. Chiba,　　　　　　　Printed in Japan
N. Katayama, A. Yamanome
Shojihomu Co., Ltd.
ISBN978-4-7857-2632-4
＊定価はカバーに表示してあります。

JCOPY ＜出版者著作権管理機構　委託出版物＞
本書の無断複製は著作権法上での例外を除き禁じられています。
複製される場合は、そのつど事前に、出版者著作権管理機構
（電話 03-5244-5088、FAX 03-5244-5089、e-mail: info@jcopy.or.jp）
の許諾を得てください。